中国社会科学院学部委员专题文集
ZHONGGUOSHEHUIKEXUEYUAN XUEBUWEIYUAN ZHUANTI WENJI

经济理论与政策创新

程恩富◎著

中国社会科学出版社

图书在版编目（CIP）数据

经济理论与政策创新/程恩富著.—北京：中国社会科学出版社，
2013.1

（中国社会科学院学部委员专题文集）

ISBN 978 – 7 – 5161 – 1764 – 4

Ⅰ.①经…　Ⅱ.①程…　Ⅲ.①中国经济—经济理论—研究
②中国经济—经济政策—研究　Ⅳ.①F12

中国版本图书馆 CIP 数据核字（2012）第 279035 号

出 版 人	赵剑英	
出版策划	曹宏举	
责任编辑	赵　丽	
责任校对	李　莉	
责任印制	戴　宽	

出　　　版	中国社会科学出版社	
社　　　址	北京鼓楼西大街甲 158 号（邮编 100720）	
网　　　址	http://www.csspw.cn	
	中文域名:中国社科网　　010 – 64070619	
发 行 部	010 – 84083685	
门 市 部	010 – 84029450	
经　　　销	新华书店及其他书店	

印刷装订	环球印刷（北京）有限公司	
版　　　次	2013 年 1 月第 1 版	
印　　　次	2013 年 1 月第 1 次印刷	

开　　　本	710 × 1000　1/16	
印　　　张	27.25	
插　　　页	2	
字　　　数	433 千字	
定　　　价	82.00 元	

凡购买中国社会科学出版社图书,如有质量问题请与本社联系调换
电话:010 – 64009791

前　言

哲学社会科学是人们认识世界、改造世界的重要工具，是推动历史发展和社会进步的重要力量。哲学社会科学的研究能力和成果是综合国力的重要组成部分。在全面建设小康社会、开创中国特色社会主义事业新局面、实现中华民族伟大复兴的历史进程中，哲学社会科学具有不可替代的作用。繁荣发展哲学社会科学事关党和国家事业发展的全局，对建设和形成有中国特色、中国风格、中国气派的哲学社会科学事业，具有重大的现实意义和深远的历史意义。

中国社会科学院在贯彻落实党中央《关于进一步繁荣发展哲学社会科学的意见》的进程中，根据党中央关于把中国社会科学院建设成为马克思主义的坚强阵地、中国哲学社会科学最高殿堂、党中央和国务院重要的思想库和智囊团的职能定位，努力推进学术研究制度、科研管理体制的改革和创新，2006 年建立的中国社会科学院学部即是践行"三个定位"、改革创新的产物。

中国社会科学院学部是一项学术制度，是在中国社会科学院党组领导下依据《中国社会科学院学部章程》运行的高端学术组织，常设领导机构为学部主席团，设立文哲、历史、经济、国际研究、社会政法、马克思主义研究学部。学部委员是中国社会科学院的最高学术称号，为终生荣誉。2010 年中国社会科学院学部主席团主持进行了学部委员增选、荣誉学部委员增补，现有学部委员 57 名（含已故）、荣誉学部委员 133 名（含已故），均为中国社会科学院学养深厚、贡献突出、成就卓著的学者。编辑出版《中国社会科学院学部委员专题文集》，即是从一个侧面展示这些学者治学之道的重要举措。

《中国社会科学院学部委员专题文集》（下称《专题文集》），是中国社会科学院学部主席团主持编辑的学术论著汇集，作者均为中国社会科学院学部委员、荣誉学部委员，内容集中反映学部委员、荣誉学部委员在相关学科、专业方向中的专题性研究成果。《专题文集》体现了著作者在科学研究实践中长期关注的某一专业方向或研究主题，历时动态地展现了著作者在这一专题中不断深化的研究路径和学术心得，从中不难体味治学道路之铢积寸累、循序渐进、与时俱进、未有穷期的孜孜以求，感知学问有道之修养理论、注重实证、坚持真理、服务社会的学者责任。

2011 年，中国社会科学院启动了哲学社会科学创新工程，中国社会科学院学部作为实施创新工程的重要学术平台，需要在聚集高端人才、发挥精英才智、推出优质成果、引领学术风尚等方面起到强化创新意识、激发创新动力、推进创新实践的作用。因此，中国社会科学院学部主席团编辑出版这套《专题文集》，不仅在于展示"过去"，更重要的是面对现实和展望未来。

这套《专题文集》列为中国社会科学院创新工程学术出版资助项目，体现了中国社会科学院对学部工作的高度重视和对这套《专题文集》给予的学术评价。在这套《专题文集》付梓之际，我们感谢各位学部委员、荣誉学部委员对《专题文集》征集给予的支持，感谢学部工作局及相关同志为此所做的组织协调工作，特别要感谢中国社会科学出版社为这套《专题文集》的面世做出的努力。

《中国社会科学院学部委员专题文集》编辑委员会

2012 年 8 月

目　　录

第一篇　经济理论创新

第二篇 经济政策创新

第一篇

经济理论创新

论推进中国经济学现代化的学术原则

——主析"马学"、"西学"与"国学"之关系

一　问题的提出

1994 年年初，程恩富在《21 世纪：重建中国经济学》[1] 一文中曾对中国经济学的发展阶段和前景作了总体判断，引起连锁反响。关于"中国经济学向何处去"[2]，一直是经济理论界的热门话题。后来，这个话题又由一些学者以如何推进中国经济学的"国际化"、如何推进"现代经济学的本土化"等形式提了出来。[3] 在上述问题引导下，目前理论界流行诸如"西方经济学本土化"、"西方经济学中国化"、"中国经济学必须西方化或国际化"、"经济学要与国际接轨"、"西方经济学是现代经济学和建设经济学、马克思经济学是批判经济学或破坏经济学"、"西方经济学是发展市场经济的科学基础"、"政治经济学是意识形态而非学术"、"马克思主义经济学被西方经济学取代是改革方向"、"中国经济学的国际化只有先从组织上让非马克思主义的'海归'执掌院校"之类的解答。这是值得商榷的。

从科学创新的角度来看，提出问题是先导，但是，问题本身必须反映客观事实的内在矛盾和发展要求。从思维主体对客体事物的反作用来看，倘若提出的问题只是反映了事实的表面矛盾，或者只是反映了事物的假象

---

① 参见程恩富《21 世纪：重建中国经济学》，《社会科学报》1994 年 4 月 7 日。
② 参见于光远、董辅礽《中国经济学向何处去》，经济科学出版社 1997 年版。
③ 例如，《光明日报》2007 年 9 月 4 日的"理论周刊"版，发表了洪永淼的《中国经济学教育与研究必须国际化》、黄少安的《走国际化与本土化结合的路》等文章。

显示的矛盾，那只能对人们的思维起误导作用。只有反映了客观事实的内在矛盾和发展要求的问题，才能真正引导人们正确认识事物的本质和表象，从而达到正确地改造事物和实现主体价值目标的作用。

中国自 1956 年完成了属于社会主义准备阶段的新民主主义革命以来，便已经处于社会主义社会初级阶段，并逐步形成马克思主义指导下的包括经济学在内的中国特色社会主义文化。中国经济学作为应当科学地揭示当代中国经济运行和发展规律的重要理论，必须适应当代国际经济环境对中国社会主义经济提出的挑战，必须适应中国社会主义初级阶段的经济科学发展的要求。因而，对于中国经济学发展趋势的正确提问，就绝不是如何与现代西方经济学的接轨、使现代西方经济学"本土化"的问题，而应当是如何在唯物史观的指导下，推进中国经济学在科学轨道上实现现代化的问题。进一步说，也就是我国的经济学教学和研究如何适应现代社会主义市场经济和趋向社会主义的经济全球化的科学发展的需要，实现马克思主义经济学在中国的现代化和具体化的问题。

"问题和解决问题的手段同时产生。"[1] 分析如何推进中国经济学现代化这个问题涉及方方面面，我们认为，就解决这个问题的基本方针和原则而言（可能总体上适合整个哲学社会科学），可以扼要地概括为："马学为体、西学为用、国学为根，世情为鉴、国情为据，综合创新。"这里，"马学为体、西学为用"的用语，是对中国清朝末年洋务派官僚张之洞的所谓"中学为体，西学为用"这种表述在形式上的借用和内容上的创新。[2] 下面将较为详细地阐述我们对上述基本原则的一些看法，以期理论界展开研讨。

---

① 马克思：《资本论》第 1 卷，人民出版社 2004 年版，第 107 页。

② 关于"体用"概念，人们往往想到张之洞在 1898 年《劝学篇》中提出的"中学为体，西学为用"的主张。他所说的"用"，突破前期洋务派所划定的"西方技艺"，即器械与自然科学的范围，包含了"西方政艺"的部分内容，即主张在学校、赋税、武备、法律、通商等领域实施某些西方的模式。但是，他的"中学为体"，是要以儒家的"三纲五常"等伦理道德作为立国的不能更改的根本原则。所谓"西学为用"，主要是作为维护中国封建皇权和地主阶级统治的一种手段，从实质内容上看是改良主义。不过，这并不妨碍我们从语言角度对"体用"概念的使用。我们完全可以赋予"体用"以崭新的现代科学含义。

二 "马学为体"

"马学"是指中外马克思主义知识体系。这里的"马学",指的是中外马克思主义经济知识体系。它是在唯物史观和唯物辩证法指导下形成的内容极为丰富的中外马克思主义经济思想,包含19世纪中期以来马克思创作的《资本论》及其继承、丰富和拓展的经济学方法和理论。"体",在中国古代哲学语言中具有"根本的、内在的"含义。① 强调中国经济学现代化必须坚持"马学为体",就是要始终坚持马克思主义经济学是中国现代经济学的根本和主导。这就是说,中国经济学的现代化,在研究方向上,必须始终毫不动摇地坚持唯物史观和唯物辩证法的指引,"沿着马克思的理论的道路前进"②;在内容上,必须毫不动摇地以马克思主义经济学知识体系中的基本范畴、科学原理为主体,面对新的历史条件进行拓展和创新;在处理中外多元经济思想的关系上,必须毫不动摇地坚持马克思主义经济学的指导地位。"马学为体"是中国经济学现代化必须强调的根本原则。一旦偏离这一原则,理论创新将难以为继,经济学的现代化将偏离科学化的轨道。必须充分认识,中国经济学的现代化,绝不是一个简单的时空发展概念,而是在时空发展中的不断科学化的过程。只有"马学为体",才能保证实现中国经济学的现代化创新始终沿着科学的轨道前进。

同任何领域的学科一样,经济学有科学与非科学之分。科学的经济学必定是能够揭示经济现实的内外在机制和发展变化规律,深刻地从本质原因阐明表面经济现象的学说。它必定是能够分清经济现象的真相与假象的学说,从而是能够指导人们遵循客观规律从事经济实践,推动经济的社会形态按其内在规律向前发展的科学。由于经济学研究的现实对象与人们的物质利益关系不可分割地联系在一起,因而只有彻底抛弃为私人及其集团

---

① 参见《辞海》语词分册(上),上海辞书出版社2003年版,第200页。

② 让我们记住列宁的忠告:"从马克思的理论是客观真理这一为马克思主义者所同意的见解出发,所能得出的唯一结论就是:沿着马克思的理论的道路前进,我们将愈来愈接近客观真理(但决不会穷尽它);而沿着任何其他的道路前进,除了混乱和谬误之外,我们什么也得不到。"(《列宁选集》第2卷,人民出版社1995年版,第103—104页。)

谋利益的狭隘眼界，站在客观公正的立场上，才有可能做到实事求是地反映经济现实的本来面目，使经济学成为科学。显然，只有站在工人阶级立场上的经济学，才有公正无私的可能性；而只有贯彻唯物史观基本思想，才能客观辩证地揭示经济现实的真相。在人类有经济思想以来，能够实现唯物史观科学思想与公正无私的立场相统一的经济学，唯有马克思经济学和后马克思经济学。这就是中国经济学的现代化为何必须"马学为体"的缘由。

强调"马学为体"，有必要纠正近些年来流行的一些对马克思主义经济学的认识误区。

——有论著把马克思主义经济学视为与西方经济学各种流派相提并论的一种理论流派。这种观点是幼稚的或抱有宗派主义成见的。事实上，马克思主义经济学是以作出开创性贡献的马克思的名字命名的科学经济思想体系的总称。它是时代和实践的产物，是人类经济科学思想长期发展的硕果。作为人类的科学思想，如果没有马克思这个人物的出现，在历史发展到那个时代，它迟早也会通过别的人物不同程度地生成和发展。正如恩格斯指出的，"如果说马克思发现了唯物史观，那么梯叶里、米涅、基佐以及1850年以前英国所有的历史编纂学家则表明，人们已经在这方面作过努力，而摩尔根对于同一观点的发现表明，发现这一观点的时机已经成熟了，这一观点必定被发现"①。可见，以唯物史观和唯物辩证法作为基本方法的马克思主义经济学，不仅属于工人阶级，而且属于整个人类。当经济实践和认知能力已经使人类具备科学地反映客观近现代经济运动规律的时候，马克思主义经济学就必然会产生出来，必然随着人类社会经济实践的延续而进一步丰富和发展。

从经济思想体系的视野来看，应当说，科学经济学的现代化，指的就是马克思主义经济学的现代化。非科学的经济学当然也会在新的历史条件下采取某种现代的形式和内容或者说现代化，但是，形式上的现代式样和部分内容的客观性并不能说明经济学整个知识体系达到了现代历史条件下的科学性。例如，现代西方经济学的数理实证形式似乎很现代，但是并没

---

① 《马克思恩格斯选集》第4卷，人民出版社1995年版，第733页。

有跳出近代西方经济学亚当·斯密"利己经济人论"、萨伊"三要素价值论"和马歇尔"均衡方法论"的陈旧观念，其范畴的"核心带"内容依然是很片面的、不科学的，甚至连历史上李嘉图的思想深度都没有达到。[1]只有渗透唯物史观和唯物辩证法的马克思主义经济学的现代化，才是科学经济学的现代化。应当这样认识，马克思主义经济学是一个学派（恩格斯使用过"马克思学派"一词），但同时又是一个相对最正确的一个学派，因而可以成为中外经济实践的指导性理论和政策基础。

　　——有论著说，马克思创作《资本论》的目的（任务、使命）是"革命"，而当今的中国的任务是"建设"，因而要把马克思"革命的经济学"创新为"建设的经济学"，强调政治经济学资本主义部分的任务只是批判，社会主义部分的任务只是建设。按照这种观点，中国经济学的现代化，其含义就是构建"建设的经济学"。这是一种似是而非的说法，只会给人们造成马克思开创的经济学已经过时、政治经济学社会主义部分没有批判的方法、内容和任务等错觉。其实，这种说法曲解了马克思主义经济学立论的科学目的——揭示人类社会发展的客观经济规律，重点是阐明资本主义市场经济的规律和运行机制。

　　须知唯物史观的基本思想，就是"把经济的社会形态的发展理解为一种自然史的过程"[2]。马克思十分清楚地表明，他创作《资本论》的"最终目的就是揭示现代社会的经济运动规律"[3]。对于中国的科学经济学体系来说，无论是新民主主义革命和建设时期，还是社会主义革命或改革和建设时期，其立论的目的都是为了揭示客观经济规律。实现了这个目的，在前一时期就能为根据地和解放区的经济建设以及整个经济和政治的革命取得胜利服务，在当今时期就能为认清现代资本主义市场经济的痼疾和中国特色社会主义经济建设顺利发展服务。只有明确了经济学的这种科学目

---

[1]　李嘉图分析了工资与利润的矛盾，已经从流通领域深入到生产领域，在很大程度上看到了剩余价值体现的阶级矛盾。新自由主义的制度分析却停留在流通领域，否认劳动价值论和阶级矛盾。参见何干强《评唯心史观的制度解释》，载程恩富、黄允成主编《11 位知名教授批评张五常》，中国经济出版社 2003 年版，第 180—206 页。

[2]　马克思：《资本论》第 1 卷，人民出版社 2004 年版，第 10 页。

[3]　同上。

的，才能在理论创新过程中，遵循实事求是和解放思想相一致的原则，克服把批判与建设对立起来的片面僵化思维，辩证地把对国内外的错误经济理论和实践的科学批判同正确经济理论和实践的不断建设融合起来，进而自觉地把中国经济学的现代化与科学化结合起来，防止限于追求表面形式的"现代化"，拜倒在西方主流经济学的过度数学化和形式主义的学术窠臼之中。任何不断完善的完整认识和实践，都是不破不立，有破有立，破中有立，立中有破，经济学也不能偏离这一辩证的思维方法。

——有论著认为，强调马克思主义的指导地位，这只不过是出于"意识形态的原因"，具有意识形态的经济学"不是学术"。这种说法完全无视马克思主义经济学是有史以来唯一科学的思想体系；同时，还在人们中造成了一种经济学的科学性与意识形态性相对立的印象。其实，学科研究对象的实质是由人们的物质利益关系所决定的，各种理论经济学都不可避免地代表一定集团（在阶级社会中表现为阶级及其阶层）的利益，都不可避免地既是学术体系，又是一种理论信仰和经济意识形态表现为学术性、意识形态性的统一。马克思主义经济学和西方经济学概莫能外。马克思主义经济学的意识形态性质，体现在它代表和维护工人阶级和绝大多数人的经济利益，进而成为解放全人类的经济学说，具有学术性、科学性与意识形态性、阶级性以及实践性相一致的鲜明特征。因此，马克思主义经济学公开声明它代表工人阶级的利益，这正表现了它的科学性质。西方经济学明明代表资产阶级利益，明明只会用"利己经济人"的有色眼镜去片面地分析复杂的经济关系，却竭力掩盖自己具有意识形态的性质，用所谓经济学的非意识形态性来标榜自己的"学术性"或"科学性"，掩盖自己的非科学性，这不过是凸显它在科学上的虚弱性。

——此外，有论著推断说，西方市场经济搞了二三百年，发达资本主义国家的市场经济及其体制很成熟了，因而研究市场经济的西方经济学也很成熟和科学了，于是以为经济发达国家的经济学一定是先进的。这是一种错觉，用生产力发展与自然科学发展的状况来定性社会科学的先进与否问题，是明显有误的。发达资本主义国家的主流经济学，是为垄断资产阶级利益集团服务的，极端的利己主义和霸权主义，使这种经济学不可能客观地分析问题。其貌似高深的数理形式，往往是用数学逻辑的科学来掩盖、替代经济逻辑分析的贫乏。中外经济学界已有大量学者撰写了批判性的论著。[1] 与世界各国的社会主义经济制度相比，19 世纪 20 年代以来众多周期性经济危机和当前的西方金融危机，从根本上不断验证了资本主义市场经济制度的相对落后性和低效率性，不断验证了为这一制度辩护和出谋划策的西方经济学也不可能是先进的。只有渗透唯物史观的科学思想方法，站在无私的工人阶级立场上，为人类大多数人谋福利，推动社会主义生产关系和经济制度去适应经济社会化和全球化大趋势的经济学，才具有整体的科学性和先进性。

在追求经济学科学化的意义上，可以说，越是坚持"马学为体"，就越能促进中国经济学的现代化；而越是偏离"马学为体"，越是追随现代西方经济学，中国经济学越难以实现科学的现代化，而且有可能使中国经济学陷入现代资产阶级经济学"学术殖民地"和"马前卒"的可悲地位。这是值得高度警惕的。

三　"西学为用"

强调"马学为体"，便意味着不宜"西学为体"。"西学"是指西方马克思主义以外的知识体系。这里的西学，指的是西方的马克思主义经济学以外的经济知识体系，主要指阐述西方主流经济思想的西方经济学。西方经济学在新中国成立以来的学科含义中历来十分明确，不是地域性的概念，而是具有社会和阶级性质的概念。它是资产阶级经济学的总称，不包括西方资本主义国家的马克思主义经济学。现代资产阶级经济学简称为现代西方经济学。

我们应当充分认识现代西方经济学或西方主流经济学的非科学性。就整体看，它们仍然保持着当年马克思揭示的资产阶级经济学的非科学的固有特征。这主要是：（1）表面性（即庸俗性）。例如，研究市场经济的总供给和总需求关系，主要停留在流通领域，用心理等因素解释"有效需求"，看不到市场供求关系的深层问题实质上是阶级关系，是生产资料所

---

① 参见余斌《微观经济学批判》，中国经济出版社 2004 年版。

有制决定的生产关系和分配关系。（2）主观性。例如，单纯用"自私经济人"假设，来解释和演绎整个微观经济和宏观经济复杂的经济运动。（3）片面性。例如，沿袭斯密由于不懂劳动二重性、不懂资本流通和一般商品流通的区别和联系而丢掉了不变资本价值（实质是丢掉了生产生产资料的第Ⅰ部类产品价值的Ⅰc这一部分）所形成的"斯密教条"，仅以企业与居民的交换流程为基础分析宏观经济运动，把储蓄等于投资当作宏观经济平衡的基本条件，从而无法弄清各产业部门在再生产中的价值补偿和实物补偿的途径，无法科学地解决社会再生产运动中的产业结构调整问题。（4）虚伪性和辩护性。例如，认为基于生产资料所有制的资本主义生产方式是优越的，而只需改进资本主义分配方式，为资本主义经济对抗性的基本矛盾辩护，宣扬"私有产权神话"、"市场原教旨主义"、"社会主义是通向奴役之路"等。所以，从整体上说，现代西方经济学不是科学的经济思想体系。那种把现代西方经济学等同于"现代经济学"，主张"现代经济学本土化"的观点；那种认为中国经济学应当与西方经济学"国际接轨"，才有出路的观点，无异于把中国经济学推向整体上非科学的老胡同。

　　但是，不能使用"西学为体"，不等于不要"西学为用"。我们所说的"西学为用"，当然不是"西学为体"意义上的"为用"，而是在"马学为体"前提下对"西学"有扬有弃的借鉴和利用。按照我国古代哲学的"体用"一般含义，"'体'是最根本的、内在的，'用'是'体'的表现和产物"①。从这种"体""用"一致的思维看"马学"与"西学"，可以看到，两者之"体"存在唯物史观和唯心史观基本方法的根本区别，存在劳动价值论与要素价值论基本观点的根本区别；相应地，两者的"用"或者说表现形式和发生作用的方式也存在一些差异。譬如，在理论结构上，西方经济学分为微观经济学和宏观经济学两大缺乏有机联系的理论板块；而马克思主义政治经济学则从抽象上升到具体，是一个再现一定历史条件下的社会经济形态的有机理论体系（"直接生产过程、流通过程、生产的总过程"的"三过程体系"，或者再加"国家经济过程、国际经济

---

① 《辞海》语词分册（上），上海辞书出版社2003年版，第200页。

过程"的"五过程体系"①）。然而，如果把"马学"与"西学"的"体用"区别绝对化，以为"马学为体"就不能借鉴、利用"西学"，那就陷入了孤立地对待"马学"、"西学"的形而上学误区，在思想方法上就连近代的张之洞都不如了。

我们在坚持"马学""体用"一致的同时，有必要提出"西学为用"（这与毛泽东提出的"洋为中用"的精神是一致的，是批判地借鉴和利用的意思，而非"体用一致"意义上的"用"）。这是因为，在唯物史观看来，西方占主流地位的现代资产阶级经济学，作为观念的东西，它毕竟是"移入人的头脑并在人的头脑中改造过的物质的东西"②。尽管由于唯心史观方法论的妨碍，它不可能全面深刻地、实事求是地揭示发达或不发达资本主义经济的运动和发展规律，但是，从它具有的片面性、表面性和扭曲性的理论内容中，我们仍然能够通过分析，或多或少地从中发现许多现代历史条件下的经济事实和合理元素。马克思主义者可以受其启发，从其片面性分析中创新出全面性的理论，从其表面性分析中创新出结合表面性的实质性的理论，从其扭曲性分析中创新出正确性的理论。由于生产力水平和经济管理水平需要不断提高，因而对于包含生产力高度发展的社会经济形态多种信息的西方经济学知识体系，无论如何都不应抱不屑一顾的幼稚态度。

还应当认识到，尽管总体上说现代西方经济学不是科学的理论体系，但这不等于说它不包含任何科学成分。在西方经济学众多流派中，有的描述了社会分工制度、市场竞争机制对于生产力发展的促进作用，有的承认了资本主义社会失业、危机的不可避免，有的创建了宏观经济运行的总量分析、调控和预测方法，有的揭示出产业发展和经济增长的某些规律，有的对企业管理一般制度作了不同角度的研究，有的形成了经济政策学，凡此种种，或多或少地反映了社会经济、市场经济、资本主义市场经济的客观状况和人类探索真理的历程，提出了不少可改用或直接有用的经济范

---

① 马克思《资本论》三卷是"三过程体系"；"五过程体系"参见程恩富主编的《现代政治经济学》，上海财经大学出版社2000年版和2007年版。

② 马克思：《资本论》第1卷，人民出版社2004年版，第22页。

畴。这是我们坚持和发展马克思主义经济学的一个重要理论素材和思想来源。

在对待"西学"的态度上，马克思为我们树立了讲科学的榜样。他把资产阶级经济思想史上的"在科学史上具有意义，能够多少恰当地从理论上表现当时的经济状况"① 的经济见解，作为创立《资本论》的思想来源之一。在彻底批判资产阶级经济学非科学性和辩护性的同时，对于资产阶级经济学家提出的有一定合理性的经济范畴和科学原理，马克思采取的态度是，对它们用唯物史观的分析方法进行"术语的革命"② 和分析改造，并加以充分运用，比如，对于资产阶级经济学广泛使用的价值范畴，他通过唯物辩证的分析，赋予了它是抽象人类劳动的凝结这种科学含义。正是法国布阿吉尔贝尔的有关论述，启发马克思提出决定价值的社会必要劳动时间的含义是合乎社会再生产比例的劳动时间的这个命题③；对固定资本和流动资本这对范畴，他以劳动二重性的科学眼光，揭示出它们的形式区别在于价值流通和价值周转的根本差别，于是科学地划清了两者的界限。又如，马克思是在非常认真地分析研究了重农学派魁奈的经济表，研究了斯密在考察固定资本和流动资本时不自觉地表述的关于社会再生产的思想片断，才揭示出研究社会再生产要从社会总产品出发，弄清生产资料生产和消费资料生产这两大生产部类之间的交换关系，弄清全社会的产品价值构成要素之间如何形成合理的组合，使各种社会产品要素在货币流通的中介作用下，既实现价值补偿，又实现实物补偿，从而才形成了科学的社会再生产原理。④ 就这样，一批原本是资产阶级经济学的范畴和原理，经过马克思革命性的批判、借鉴和创新，以崭新的含义纳入了马克思经济学的科学系统。

毫无疑问，我们今天也必须"西学为用"，充分地运用现代西方经济学的思想资料，学会从中筛选、改进和吸收一切有价值的科学思想成分，融入有中国特色的现代马克思主义经济学体系之中。在这个意义上说，中

---

① 马克思：《资本论》第 1 卷，人民出版社 2004 年版，第 30 页。
② 同上书，第 34 页。
③ 参阅陈其人《世界经济发展研究》，上海人民出版社 2002 年版，第 410 页。
④ 马克思：《资本论》第 2 卷，人民出版社 1975 年版，第 398—399、404—410 页。

国经济学的现代化必须与国外经济学实行"引进来、走出去"的双向交流。尤其要看到，国外经济学某些学术前沿，恰好是马克思主义经济理论曾经提出过的，如制度分析就是如此。可以相信，马克思主义经济学在回应各种思想的碰撞中，更能显示它的科学力量！

这里有必要指出，绝不能把"西学为用"与一种流行的倾向混同起来，这种倾向认为，马克思主义经济学没有应用价值，在解决市场经济的实际问题方面只能用"西学"。应当承认，在过去的计划产品经济体制下，以及在这种体制下形成的传统政治经济学教科书，往往存在以实用主义或者以僵化的思想对待马克思主义经济学的态度。例如，把《资本论》理解为包容一切经济实践的著作，殊不知马克思强调，《资本论》主要是阐明资本的一般运动规律的，像国家经济行为、对外贸易、世界市场和市场竞争的实际运动、信用制度的具体形式和手段等，并没有纳入《资本论》的写作计划，"资本主义生产的这些比较具体的形式，只有在理解了资本的一般性质以后，才能得到全面的说明；不过这样的说明不在本书计划之内，而属于本书一个可能的续篇的内容"①。由于存在对马克思主义经济学的上述严重误解，多年来，中国马克思主义经济理论在应用经济学领域进展很慢。一些应用经济学家直接照搬西方应用经济学进行教学和研究，以致产生只有西方经济学才有应用价值这种错觉的重要原因。也由于上述原因，中国经济学在马克思主义经济学的"用"上，下的工夫还很不够，还远不能满足中国特色社会主义经济实践的要求。然而，这并不意味着在马克思主义经济学的"体"中应当毫无原则地注入西学的"用"。以上我们已经强调，马克思主义经济学之"体"有自己的"用"。

正确的态度是，我们必须努力完成马克思没有完成的任务。处于社会主义市场经济和经济全球化新的历史条件下，在弄清资本一般性质的基础上，弄清由此产生的一系列现代具体经济形式，创建马克思主义的现代应用经济学，如马克思主义金融学、马克思主义贸易学、马克思主义财政学等。正是这方面的重要任务，决定了我们应当尤其重视现代西方应用经济学，努力吸收"西学"这方面的有益成分，同时加快发展马克思主义的理

---

① 《马克思恩格斯全集》第25卷，人民出版社1974年版，第127页。

论经济学和应用经济学。这样的"西学为用"，是为丰富和发展马克思主义经济学之"体"服务的，也是中国经济学现代化的内在要求。

四　"国学为根"

广义的"国学"是指中国古近代社会科学和自然科学的知识体系；较狭义的"国学"是单指中国古近代社会科学知识体系或单指中国古近代自然科学知识体系。本文所说的国学，指的是中国古近代知识体系中的经济思想。国学为根，就是要在中国经济学现代化过程中，重视中国古近代经济思想中的精华，并以此为根基。正如毛泽东曾强调"古为今用"，"我们这个民族有数千年的历史，有它的特点，有它的许多珍贵品"。"从孔夫子到孙中山，我们应当给以总结，承继这一份珍贵的遗产。"① 这对于形成中国特点、中国气派和中国风格的经济学现代体系，具有不可低估的思想价值。

在唯物史观看来，中国本土历史上形成的各种经济思想，都是一定历史时期经济事实的多重反映。它们直接、间接甚至扭曲地反映着的，不仅有在相同历史条件下各国普遍存在的经济因素，而且有中国特殊的国情和文化因素，这些特殊性因素所生成的经济思想属于中国经济学之"根"。同时，借用生物学的说法，传统的经济因素属于中国经济形态的"基因"。只要中国作为民族国家还存在，这些"基因"就会存在。在中国经济学的现代化的进程中，始终重视中国的特殊国情和历史传统因素及其经济思想，才有助于形成具有中国特色的现代马克思主义经济学。

不言而喻，古近代经济思想不可能达到唯物史观思想方法的高度。作为认识主体的经济思想家，除了少数人代表革命农民的利益之外，多数人站在统治阶级或剥削阶级立场上，观察和分析经济问题。他们对当时经济形态的理解，不能不有一定程度的表面性和片面性，有的往往是扭曲地反映经济现实。因此，我们主张以"国学为根"，不是说可以简单地、不分青红皂白地弘扬"国学"，而是主张剔除其封建性的糟粕，吸收其体现中

---

① 《毛泽东选集》第2卷，人民出版社1991年版，第533—534页。

国优良传统的、科学性的精华。

历史地看，中国古近代经济思想中，包括许多给当代人诸多启发的科学成分，确实是很了不起的。例如，我们在史书中可以读到"劳则富"①、"节用而爱人，使民以时"②、"治国之道，必先富民"③、"俭节则昌，淫佚（逸）则亡"④ 等，这些经济思想认识到劳动创造财富，富民才能强国，主张爱护劳动力，珍惜劳动时间，崇尚节俭，反对浪费；我国古籍中关于预先规划国家经济活动（如《管子》的"国规"思想）、封山禁猎、封湖禁渔等记载，包含着从全局布局生产力，力求经济持续发展等，可以说是现代国家调控、可持续发展思想的先声。这些思想反映了人类社会经济运动的一般要求，具有长远的思想价值。

研究中国古近代经济思想，尤其可以发现一些体现中国特殊国情因素的科学经济思想。例如，汉代初年的晁错，为了充实国家北部边境的防务，提出"移民实边"的建议。他改变秦王朝为达到同样目的用政治权利强迫移民的方式，用经济方式鼓励人民迁移边疆，凡应募的自由民均赐以某种低级的官职并免除其家人的劳役，并先行修好住所，备置器具，使移民"至有所居，作有所用"。尽管他当时的建议并未得到落实，但是，其移民建议把安定人民生活与防卫边境结合在一起，周密细致，难能可贵。⑤两千多年后的今天，看"移民实边"的经济思想，这显然是由中国有广阔的内陆边境这种国情所决定的，至今也有现实意义。新中国成立以来，毛泽东、党中央关于"屯垦戍边"的重大决策以及新疆生产建设兵团在我国西北边疆地区创造的巨大业绩，可以说正是"移民实边"这种中国特有的传统经济思想的现代创新，具有显著的中国特色。这种举措在西方发展经济学中是看不到的。如果把思想凝固在西方经济学教科书关于城市化这种

① 《大戴礼·武王践阼·履屦铭》，载胡寄窗《中国经济思想史简编》，中国社会科学出版社1981年版，第2页。

② 《论语·学而》，载胡寄窗《中国经济思想史简编》，中国社会科学出版社1981年版，第47页。

③ 《管子·治国》，载周伯棣《中国财政思想史稿》，福建人民出版社1984年版，第2页。

④ 《墨子间诂·辞过》，载周伯棣《中国财政思想史稿》，福建人民出版社1984年版，第104页。

⑤ 参阅胡寄窗《中国经济思想史简编》，中国社会科学出版社1981年版，第192—193页。

发展战略上，便不会想到"屯垦戍边"这种从国情出发的成功决策。又如，中国疆土辽阔，每年不同地区大小自然灾害或多或少总难避免，因而历代思想家很少不接触救灾荒问题的。南宋时期的董煟撰写了《救荒活民书》，评价了前人提出的各种救灾荒措施，系统地提出了自己的救荒政策。① 这些政策涉及丰年与歉年之间、城市与乡村之间、官府与百姓之间、灾区与非灾区之间、赈济救灾与依靠市场之间等关系的处理意见，为现代的救灾救荒提供了宝贵的思想资料。我国在经济现代化过程中，仍然需要不断地与自然灾害作斗争，研究历代关于救灾救荒和反贫困的经济思想，必将有益于中国现代经济学的历史厚重感和丰满。

研究中国古近代知识体系中的经济思想，还有助于增强推进中国经济学现代化的民族自信力，纠正那种一讲经济现代化，就只想到西方经济学的学术自卑乃至崇洋心理。历史展示出我国古近代产生过许多卓越的经济思想，如春秋战国"百家争鸣"时期，产生了《管子》（相传为崇奉管仲的一些学者所作）这样的系统论述经济管理的著作，内容涉及经济哲学思想、经济与政治的关系、财富与劳动的关系，阐释了分配、消费、贸易、财政以及市场、货币、价格等广泛的经济范畴，堪称世界范围内的罕见的经济学辉煌巨著；产生了一批具有深刻思想的大家，如墨翟把"利"归结于物质财富，那时就提出了与西方近代斯密思想相近的"交相利"的思想（彼此相利，利人就是利己）；范蠡提出了可能是全世界最早的经济循环论②；还有关于人口问题的理论和政策的长期争论与探讨，这些思想都可与西方古希腊等思想家对人类的贡献相媲美。

就近代具有进步意义的经济思想而言，洪秀全的《天朝田亩制度》和《资政新篇》，反映了农业空想社会主义和工商业资本主义的经济思想和政策主张；康有为在政治上虽然是保皇的改良主义者，但他的《大同书》，是用"国学"语言和智慧来表达社会主义的经济思想和终极经济模式，是具有中国风格的最具想象力的空想社会主义著作，足以名列世界伟大空想社会主义思想家之列，并在一定意义上成为"国学"的集大成者和终极

---

① 参阅胡寄窗《中国经济思想史简编》，中国社会科学出版社1981年版，第361—363页。

② 同上书，第27—31页。

者，成为"马学"的同盟者；体现新生资本主义生产关系发展要求的经济思想也并不单纯是西方的舶来品，以孙中山为代表的、反帝反封建、扶助农工的中国式的民族资本主义思想，以及平均地权和抑制私人大资本的小资产阶级经济思想，也有"马学"和建设国有经济为主导和控制力以及公有制为主体的初级社会主义可溯源、可借鉴之元素。

　　显然，在推进中国现代经济学具有中国特点、中国气派和中国风格的过程中，如果忽视"国学为根"，而是推崇经济学的"西化"、"国际化"，进行西方经济学的"思想拷贝"和"学术盗版"，其后果只能是使越来越多的经济学人变成忘记本国的经济思想史和经济史，缺乏民族精神和学术创新能力的"理论搬运工"。近些年来，这种倾向实际已经蔓延。目前不少高校忽视或者不开中国经济史和中国经济思想史的课程，师资尤其紧缺，是应当引起高度重视的时候了！

五　"世情为鉴"和"国情为据"

　　"马学"、"西学"和"国学"，这三大知识体系的本身都属于学术结晶、思想资料和理论来源的范畴。前面阐述的"马学为体、西学为用、国学为根"，无非是我们在推进中国经济学现代化进程中对这三大知识体系的作用定位和价值取向。然而不能忘记，已经形成的三大知识体系都是观念形态的东西。它们归根结底都不过是经济事实在人的头脑中的某种反映。我们强调"马学为体"，这是因为"马学"同"西学"和"国学"相比，具有较大的科学性和较多的真理性，即"马学"客观地反映了一定历史条件下的经济的社会形态的运动和发展规律，并为人们在新的历史条件下进一步探索不断演变的客观经济运动和发展规律，提供了科学的方法。但是，我们绝不能认为，中国经济学的现代化只要同现有的思想材料打交道，就可以完成。我们认真地研究先辈们和同辈们存在的经济思想文献，为的是继承已有的智慧，获得人类发展到当代应达到的最高科学思维能力。而要全面深入地推进中国经济学的现代化，我们还必须密切结合新的中外经济实践，才能圆满地做到。结合现代中外经济实践，是推进中国经济学现代化的至关重要的环节。

　　结合实践，就是要遵循"通过实践而发现真理，又通过实践而证实真理和发展真理"①的认识规律，来推进中国经济学的现代化。作为经济领域科学真理的现代马克思主义经济学，不是天才的头脑中固有的，也不是实践自发可提供的。它只能来自人的头脑自觉运用科学的思维方法，对经济事实进行科学的抽象和正确的反映。只有通过社会经济实践这个不可缺少的中介过程，人们才有可能从经济的表面现象深入到经济的内部本质，从而发现经济规律和内在经济机理，并用理论形式再现它们。马克思的研究方法没有过时，他说"研究必须充分地占有材料，分析它的各种发展形式，探寻这些形式的内在联系。只有这项工作完成以后，现实的运动才能适当地叙述出来"②。曾经领导我国财经工作、作出过卓越贡献的老一辈经济领导人陈云提出，"不唯上、不唯书、只唯实，交换、比较、反复"③，这也是我们应当遵循的结合实践的原则和学风。

　　在经济不断社会化和全球化的今天，必须确立世界的眼光，面向全球范围的中外经济实践，做到"世情为鉴"和"国情为据"，知己知彼，方能科学地推进中国经济学的现代化。

　　（1）"世情为鉴"。"世情"有多样和深邃的含义，从经济的角度是指世界各国和世界总体经济的历史、现状和趋势。经济"世情"的来龙去脉和正反多方面的经验教训，对于中国经济学的现代化有着不可忽视的重要实践来源。以20世纪90年代以来美国经济的发展为例，如果全面地弄清情况，便可以看到其发展的两类原因：一类是出于高科技推动的生产力、信息化和经济全球化，以及经济关系、经济体制和政策的相应调整，这是一般原因。另一类是特殊原因，如苏联解体、东欧国家的相对削弱和经互会的瓦解等，使美国在资源、市场、技术、人员和军火等方面获利巨大；包括金融在内的经济霸权主义的特殊地位，使美国成为较为安全的贸易和投资场所，是贸易逆差最大和资本净流入最大的国家，并通过大量发行美元、各种对冲基金、控制国际经济组织等，来主导制定和推行较有利于美

---

　　① 《毛泽东选集》第1卷，人民出版社1991年版，第296页。

　　② 《马克思恩格斯全集》第44卷，人民出版社2001年版，第21—22页。

　　③ 《陈云文选》第3卷，人民出版社1995年版，第371页。

国的国际经济秩序和规则及某些保护主义措施，合法与非法地占有了别国的大量财富，客观上也推动了本国的经济增长。这后一原因的"经验"不但不能照搬，而且是必须高度警惕的。事实上，美国在实行新自由主义的经济政策后，经济似乎有了相当发展，但即使有高科技、高利润军火和经济霸权，美国经济发展速度也并不快，而且发生过经济衰退，近年又发生影响全球的"次贷危机"和金融危机。可见，美国经验教训不可照搬。

又如，新自由主义主张非调控化的市场原教旨主义、宣扬"私有产权神话"、反对建立国际经济新秩序、反对建立福利国家而主张福利个人化和贫富两极分化。在美英等发达国家推行下，一度成为全球盛行的经济学思潮。然而，纵观近10年来这种思潮主导下的经济全球化实践，可以清晰地看到：苏东是出现倒退的10年，拉美是失去的10年，日本是爬行的10年，美欧是缓升的10年。被联合国认定的49个最不发达的国家（亦称第四世界），并没有通过私有化和发达资本主义国家主导的经济全球化途径富强起来，有的反而更加贫穷。近年来，拉美国家纷纷倾向"社会主义"，这显示出，新自由主义主导全球化阶段正走向终结，经济全球化终将趋向社会主义主导的阶段。

以上述"世情"为鉴，中国现代经济学对西方现代经济学"中看难中用"的理论，对美国经济发展的经验和新自由主义经济政策，就不能采取欣赏、照搬的态度。[①]

（2）"国情为据"。创造中国特色、中国气派和中国风格的科学现代经济学，只能依据由生产力水平决定的社会形态、文化传统、自然环境等复杂因素构成的国情，其中又包含各种"色层"的省情、市情、县情和城乡差别实情等；中国人民的当代社会经济实践是在这种现实的国情下展开的，也只有广大人民群众的经济实践，才具有鲜活性和深刻性，才有可能将经济国情的多样性和层次性显示出来。因此，只有依靠广大人民群众的经济实践，才能做到"国情为据"，这是中国经济学现代化进程中实现科学创新的主要现实源泉。

---

① 参见程恩富《世界政治经济学学会会长开幕词》，载程恩富、顾海良主编《海派经济学》第14辑，上海财经大学出版社2006年版，第3页。

改革开放30多年来，广大人民群众最重要的经济实践是极其丰富的，值得科学抽象和总结。就"中国模式"或"北京共识"的经济制度和战略内涵而言，至少可以提炼为"五结构说"，即共同主张要建立和完善"五个结构"：一是公有制主体型的多种产权结构；二是劳动主体型的多种分配结构；三是国家主导型的多种市场结构；四是自力主导型的多种开放结构；五是科学发展型的多种战略结构。其中，实践和理论难点在努力实现社会主义公有制与市场经济的高效结合。要充分看到，中国城市已经出现了一批富有实力、活力和竞争力的国有大型和特大型企业及企业集团。中国农村也出现了一批坚持社会主义公有制，在市场经济环境中实现共同致富的典型，如河南的南街村和刘庄、江苏的华西村和长江村等。从它们的实践经验中，可以发现前无古人的市场经济与公有制有效结合的新规律和新机理。只有从这些富有创造性的社会主义经济新生事物和实践经验中汲取营养，才能真正推进中国马克思主义经济学的现代化。

六 "综合创新"

上述阐发的"马学为体"、"西学为用"、"国学为根"、"世情为鉴"、"国情为据"，它们最终都要贯彻和落实到中国经济学现代化进程中的"综合创新"上。

从哲学层面上说，经济学现代化的"综合创新"，就是人的思维充分运用各种思想资料，结合现代历史条件下的社会实践，实事求是地反映经济现实运动和发展趋势，并形成科学经济理论的过程。唯物史观方法论认为，思维要实事求是地反映现实，就必须尽可能详细地占有各种历史的和现实的经济材料，运用唯物辩证法（它是客观事物运动的一般辩证法在人的头脑中的反映）努力发现其中的内在联系，并客观地、全面深入地加以分析。而全面深入地揭示经济现实运动和发展的规律，也就是综合。分析与综合是对立的统一，不断地贯穿在思维与现实之间反映与被反映的过程之中。没有分析，就不可能综合；没有在不断分析过程中的相应的不断综合，也就不能做到深入的分析和全面的综合。而分析与综合要做到逐步地接近真理，就必须建立在不断发展的社会实践的基础上。因此，在唯物史观看来，中国经济学现代化进程中的"综合创新"，也就是运用唯物辩证法，对古今中外的经济实践、对"马学"、"西学"和"国学"三大知识体系所提供的经济事实和思想材料进行分析与综合的过程。"综合创新"，意味着积极吸收和正确处理三大知识体系之间的相互关系，以及理论上的分析综合与实践检验之间的关系。

由此可见，中国经济学现代化过程中的这种"综合创新"，乃是追求真理的经济学者在唯物史观指导下发挥主观能动性的过程。在这个过程中，"马学为体"、"西学为用"、"国学为根"应当成为正确发挥主观能动性的基本学术原则。这就是说，要以中外马克思主义科学的经济学理论为主体或导体，以西方非马克思主义经济学知识和合理元素为借用，以古近代的经济思想史料为思想源头和根基，进行实质性的综合创新和理论超越。

应当看到，中国经济学的现代化要在科学的轨道上前进，道路不会平坦。作为理论经济学的"马学"与"西学"，由于本质上各自都必然代表一定阶级的经济利益，这种经济利益之间的对立性，不可避免地通过理论的人格化，即坚持"马学为本"和坚持"西学为本"的经济学家，在他们之间的学术交流和思想博弈表现出来。马克思指出，"政治经济学所研究的材料的特殊性，把人们心中最激烈、最卑鄙、最恶劣的感情，把代表私人利益的复仇女神召唤到战场上来反对自由的科学研究"①。这种情况在中外经济思想发展史上是得到证实的。由此说来，中国经济学的现代化，不单纯是学术上一般的坚持"马学为本"和对"西学"、"国学"的有扬有弃的创造性思维活动，而且不可避免地包含着复杂的意识形态的互动和交锋。追求真理的经济学者对此应当有充分的思想准备，并在这种博弈中采取主动积极的态度。因为真理通过人格化才能战胜谬误，追求真理的经济学者应当力求成为人格化的真理，应当具有捍卫真理的主动性、为真理而奋斗不止的自觉性。

坚持"马学为本"的"综合创新"，除了必须主动应对经济学领域同西方学术思想和意识形态的论争之外，还必须努力纠正中外学界存在的思

---

① 马克思：《资本论》第 1 卷，人民出版社 2004 年版，第 10 页。

想方法的认识误区。例如，目前流行甚广的误区就是：哪国经济强大，就认为要照搬哪国的经济制度及其主流经济学范式；或者以为市场经济体制只有一种固定的模式，可以不管市场经济制度的所有制性质的社会规定和国别类型，照抄照讲所谓"无国度性"、"无阶段性"、"无阶级性"和"无意识形态性"的西方经济学范式。在片面地、绝对地、机械地看事物的形而上学思想方法影响下，过去出现过的对经济学"苏联范式"的盲目崇拜，现在又以倾向"美国范式"表现出来，殊不知以美国为代表的现代西方经济学已陷入"范式危机"而无法自拔。现代西方经济学的分化并生成众说纷纭的许多流派，部分表明它并未完全真正形成经济学体系、核心和方法的共同"范式"。诚然，西方经济学相对计划产品经济体制下的传统政治经济学，在现代市场观念和实证分析、数量分析、边际分析等研究方法方面，拓宽了人们的视野，的确给中国经济学带来了某些新思想、新方法。不过，注重经济理论形式的现代化并不能表明理论内容的科学化，盲目地崇拜现代西方经济学的某些形式主义方法和理论，只会使中国和世界的整个经济学现代化走入歧途。西方国家的许多主流经济学家也看出了这一点，如凯恩斯、列昂节夫、科斯、斯蒂格利茨，还有许多左翼激进经济学家，都不同程度地批评过经济学追求形式化的害处。[①] 所以，中国学者就更应纠正这种错误认识。

中国经济学现代化的"综合创新"，为的是形成具有中国特色、中国风格和中国气派的中国现代马克思主义经济学。这需要确立自主创新的志气和方法。应当结合中外实践，从简单引进和模仿国外经济学的自在方式，实现向理论创新的自觉或自为方式的转变，不断提高"文化自觉"和"理论自觉"的意识。这意味着要实现两个超越：既在具体化的意义上超越马列经典经济学，又在科学范式的意义上超越当代西方经济学；要体现两种实践：既体现东西方市场经济实践，又体现有中国特色的社会主义实践；要显现两种创新：既要有经济学的某些常规发展，又要有其范式的革命。它将是一种科学反映经济现代性的"后现代经济学"，同时也将是一

---

① 参见程恩富《范式革命与常规理论发展——经济学的分化与综合》，《光明日报》2004 年 1 月20 日。

种"后马克思经济学新综合"。也就是在唯物史观指导下，以世界眼光，坚持"马学"为指导或主体，在当代国外经济学继续分化和局部综合的基础上，去实现全面系统的科学大综合。其中包括分析和借鉴国外马克思主义经济理论、西方左翼激进经济理论、新老凯恩斯主义经济理论（其理论地位和作用总体相当于马克思所说的"资产阶级古典经济学"，而多种新自由主义经济学的理论地位和作用总体相当于马克思所说的"资产阶级庸俗经济学"，但也不等于没有任何可取之处）、克鲁格曼国际经济理论、发展经济学、比较经济学以及"中心—外围"等发展中国家经济理论；积极汲取当代哲学、伦理学、美学、心理学、法学、政治学、系统学、场态学、生物学、数学等多学科的可用方法。①

在这个综合创新的过程中，中国的马克思主义经济学者应当同各国学界和政界（如国外执政或不执政的共产党）的马克思主义经济研究者建立密切的良性互动关系。同时，要遵循学术发展规律，坚定不移地贯彻落实"双百方针"，允许和鼓励马克思主义思想体系内部发展不同经济学派，在活跃的学术争鸣中深化理论研究，探索和构建中外学界马克思主义与政界马克思主义的良性互动机制。这必将有利于中国乃至全球经济学的现代化。

当前，中国经济学在改革开放和"学术走出去战略"的推动下正在快速向前发展。我国一大批老中青经济学家结合建设中国特色社会主义经济和经济全球化的伟大实践，正在积极推进中国马克思主义经济学的现代化，目前已呈现出经济学的"五大发展态势"。即注重对重大现实经济问题进行体现科学发展观的理论和政策探讨、注重对经济学原理的超越性发展、注重对政治经济学理论的数学表达和分析、注重用现代马克思主义政治经济学引领应用经济学创新、注重与国外马克思主义经济学的互动和借鉴，并已经产生了一批富有开拓性的理论成果。② 这种发展态势的出现，正是马克思主义经济学具有强大生命力和持续创新力的表现，也反映出中

---

① 参见程恩富《范式革命与常规理论发展——经济学的分化与综合》，《光明日报》2004 年 1 月 20 日。

② 参见程恩富《经济学现代化及其五大态势》，《高校理论战线》2008 年第 3 期。

国社会主义现代化建设的内在要求。我们坚信，坚持"马学为体、西学为用、国学为根，世情为鉴、国情为据，综合创新"的基本思维方法和学术原则，必将使中国经济学的现代化道路越走越宽广，并为中国特色社会主义经济和世界经济的科学发展作出应有贡献。

参考文献

[1] 程恩富：《21 世纪：重建中国经济学》，《社会科学报》1994 年 4 月 7 日。

[2] 于光远、董辅礽：《中国经济学向何处去》，经济科学出版社 1997 年版。

[3] 马克思：《资本论》第 1 卷，人民出版社 2004 年版。

[4] 余斌：《微观经济学批判》，中国经济出版社 2004 年版。

[5] 陈其人：《世界经济发展研究》，上海人民出版社 2002 年版。

[6] 胡寄窗：《中国经济思想史简编》，中国社会科学出版社 1981 年版。

（原载《马克思主义研究》2009 年第 4 期）

政治经济学现代化的四个学术方向

中国经济学和政治经济学现代化的学术原则应当是"马学为体、西学为用、国学为根、世情为鉴、国情为据、综合创新"[①]。而政治经济学的现代化应当是在国际化、应用化、数学化和学派化这四个学术方向上持久地开拓创新。

一　政治经济学的国际化

马克思主义政治经济学从它诞生之日起就是一个国际化的学说，只是后来随着世界上社会主义国家的建立和"冷战"的兴起，政治经济学在东西方两大阵营以及在每个阵营的不同国家内分别走上了不同的发展道路，并日益隔绝起来。中国改革开放以后，对国外的马克思主义政治经济学研究日益关注，翻译和引进了不少学术成果，但迄今为止，这种交流主要是单向的，还处于中国政治经济学界了解和借鉴国外政治经济学的阶段。随着中国长期经济发展奇迹的出现、中国经济模式优势的确立，尤其是中国经济在西方金融和经济危机的爆发后的优异表现，中国的政治经济学理论发展日益得到国际知识界的关注。现阶段政治经济学国际化的中心思想是加大双向交流：一方面，中国在世界上的地位越来越重要，中国马克思主义经济理论研究的国际影响也日趋扩大；另一方面，西方金融和经济危机使马克思主义在苏东剧变之后重新得到世人的广泛关注，马克思在《资本论》中对于资本主义市场经济的批评也被西方国家的民众甚至一些政要认

[①]　参见程恩富、何干强《论推进中国经济学现代化的学术原则》，《马克思主义研究》2009 年第 4 期。

可。国外一大批马克思主义经济学家，如大卫·科茨、莱伯曼、柯瑞文、迪劳内、伊藤诚等以马克思主义经济学的基本原理与当代世界经济的具体实际的结合为主题，阐述了世界资本主义和社会主义市场经济的一系列新的理论和政策思路，为中国经济学家的理论创新提供了可供借鉴的宝贵思想资源。随着中国经济参与世界经济进程的加深，中国马克思主义经济学的研究除继续关注中国的发展外，也将逐步扩大国际视野，积极参与全球政治经济学和左翼经济学的学术研讨和争论。这有益于把马列主义经济学及其中国化理论客观和正确地介绍到各国，有益于中国抵御西方发达国家施加给中国经济的无理压力、维护中国的合理经济权益和推动世界经济的公正有序发展，有益于加强中国政治经济学在世界马克思主义经济学界的平等交流和"话语权"，有益于与西方主流经济学界的对话和论争，以增强对整个国际知识界的影响力。

政治经济学国际化正在积极地进行之中。最近六年，由各国学者推选的中国经济学家领衔的全球学术团体——世界政治经济学学会分别在中国、日本、法国和美国召开世界政治经济学大会；2010 年，创办了《世界政治经济学评论》国际英文季刊；2009 年开始，每年评选"21 世纪现代政治经济学杰出成果奖"；2011 年开始，每年评选"世界马克思经济学奖"，不断双向翻译发表一些重要著作和论文。2011 年，中国社会科学院支持创刊的《国际批判思想》（中文翻译为《国际思想评论》）国际英文季刊，由 30 多个国家的约 50 位国际知名学者担任编委，政治经济学探讨和评论是其十多个重要学科之一。这些世界级的政治经济学学会、刊物、翻译和评奖等学术工作，均有力地推动了中国政治经济学的国际化和国外政治经济学的中国化，在各国的学术影响迅速增大。

二　政治经济学的应用化

理论是为社会实践和应用服务的，经济理论更是如此，强调经世济民和民富国强，以便更好地解决中外经济社会发展中的问题。现代政治经济学理论应当更多地被运用、拓展到部门经济、应用经济和专题经济的学科中去。从近年来的情况看，西方经济学理论的广泛应用是经济学发展的主要趋势。比如，西方经济学的基本概念、理论、原理和分析方法等，都渗透到了金融、贸易、产业经济等学科之中，体现了理论经济学对应用经济学的引领作用。这一点是值得马克思主义经济学借鉴的。不过，西方金融和经济危机爆发后，西方发达国家内部、西方发达国家之间以及西方发达国家与发展中国家之间的矛盾日益激化，以西方经济学为基础理论的国际金融、国际贸易、发展经济学等应用经济学的内在缺陷日益显露，急需运用科学的经济学基础理论来改造这些应用学科。许多问题，如金融衍生产品到底是化解金融风险、促进经济发展的利器，还是国际金融垄断寡头扩大金融风险、掠夺世界人民的工具，其真相到底如何等，这些都需要根据马克思主义政治经济学原理改造和发展的相关应用经济学来系统诠释。

马克思主义经济学可以分为马克思主义理论经济学（其中政治经济学是主体）和马克思主义应用经济学两个层次。应当说，经典马克思主义经济学本身已包含对现代学者所细分的应用经济学的分析。马克思关于货币、价格、工资、企业、流通、分配、产业、金融、汇率、信用、危机等理论及其应用，都是当时历史条件下政治经济学理论具体化、部门化和应用化的精华。尽管由于著作篇幅有限，论述得还不够，而且随着时代的变迁，这些理论的部分结论有一定的局限性，但只要根据现实的经济发展对这些理论精髓进行深入挖掘和科学扩展，就能够很好地指导各门应用经济学和交叉经济学。以许多应用经济学和新兴交叉经济学都要涉及的供求关系为例，马克思抓住了资本主义经济的本质，即对私人剩余价值的追逐，论证了资本主义市场经济必然出现生产的相对过剩，出现供给与需求的不平衡。"资本家的供给和需求的差额越大，就是说，他所供给的商品价值越是超出他所需求的商品价值，资本家的资本增殖率就越大。他的目的，不在于使二者相抵，而是尽可能使它们不相抵，使他的供给超出他的需求。"① 因此，与建立在供给与需求处处均衡分析之上的西方经济学相比，马克思主义政治经济学能够给予各门应用经济学科真正科学的方法论和理论导向。

与西方学术界中的"经济学帝国主义"，即用西方经济学的思想和分

---

① 马克思：《资本论》第2卷，人民出版社2004年版，第134页。

析方法研究和解释其他社会科学所研究的问题相类似，政治经济学的应用化，还包括其被应用到其他各个学科，尽管其中的缘由与"经济学帝国主义"大不相同。政治经济学关于劳动、财富、价值、产权、资本、资源、成本、收益、经济利益、按比例发展、经济调节机制和经济全球化等分析方法和原理，其中有不少可以被借鉴应用到其他社会科学的学科中。正是因为政治经济学揭示了现代社会的经济运动规律和机制，而经济系统与政治、文化和社会等其他系统存在一定的联系和发展的某种共性，因而它对于其他相关学科往往具有渗透和双向借鉴的意义，这在经济社会学、经济哲学、经济伦理学、经济心理学、经济人类学、新政治经济学、人口学、国际政治经济学、国际关系学等学科发展中尤其重要。

推动政治经济学应用化的方式较多。这里只说明两点：一是要加强大学生和研究生教材的编写。目前，中国社会科学院马克思主义研究院正在组织全国科研单位和大学，重新编写150门左右的理论经济学、应用经济学、交叉经济学及相关学科的教科书，以便逐步摆脱中国经济学科"被殖民化"（美化为中国经济学"与国际接轨"或"国际化"）的严重偏向，构建真正具有时代精神、世界实践和科学创新的马克思主义经济科学的完整学科体系，实现"以我（国）为主"的经济学双向交流和国际化。其特点和综合创新之处，便是以经济全球化、区域化和集团化为背景，以中外现代经济关系和经济制度为对象，广泛运用中外马克思主义政治经济学及其应用的最新科学研究成果来创造性地编著，能够体现中国和世界现代马克思主义经济学的最高研究水平，适合各国马克思主义经济学的教学和进一步的研究需要。二是要重视由马克思主义政治经济学家领衔召开的应用经济领域和相关领域的研讨会。政府、学术界和社会各界人士，共同研讨经济问题，也是一种很好的方式。近年来中国社会科学院马克思主义研究院和经济社会发展研究中心联合十余所高校共同举办的"中国经济社会智库高层论坛"，应用马克思主义经济学方法和理论精神，对社会普遍关心的重大现实问题进行独创性研讨，已先后提出"先控后减的新人口策论"、"机关、事业和企业联动的新养老策论"、"转变对外经济发展方式的新开放策论"和"城市以公租房为主的新住房策论"等，引起社会各界的广泛重视，起到了很好的建言献策和理论传播效果。

三　政治经济学的数学化

重视数学分析，在定性分析的基础上进行必要的定量分析，一直是马克思主义政治经济学的优良传统之一。《资本论》就是一个典范，可以说，在古典政治经济学体系中运用数学最多的就是马克思。"马克思使用的计算，主要是用作文字论证的补充说明，他的文字论证将过程和横断面分析结合在一起了，这样的计算即使对今天现有的数学技巧来说，也是做不到的。"① 马克思曾说："为了分析危机，我不止一次地想计算出这些作为有规则曲线的升和降，并曾想用数学方式从中得出危机的主要规律（而且现在我还认为，如有足够的经过检验的材料，这是可能的）。"② 马克思重视数学方法在经济研究中的作用，但并不迷信数学，而是始终将数学方法建立在正确的分析前提上，即以唯物辩证法为指导，坚持以科学抽象法、逻辑方法和历史方法作为分析的基础。此外，马克思还认为，在纯数学领域内进行的研究，必须通过经济分析进行检查，使它不脱离某一经济现象所固有的经济规律。由于坚持了上述原则，马克思的经济学理论的数学化分析能够增强理论的解释力和科学性。

相比之下，现代西方经济学虽然运用了大量的数学工具，但由于其出发点时常失误或脱离现实，因而其数学化的结果并不能表明其理论的科学性和精确性。例如，西方宏观经济学的计量经济学模型的联立方程组中，通常必有一个方程是按总供给与总需求相均衡的原则设立的，从而这样的数学模型求解出来的结果，必定与生产过剩等的常见实情相距甚远，从而无法发现经济运行中的问题，也无法预测经济危机。另外，数学模型的复杂性并不与数学模型的科学性成正比。比如，西方宏观经济学模型为了体现自己的科学程度，喜欢搞上百个方程和上百个变量的过于复杂的大型模型，却忽略了每个变量都存在计量误差，随着方程数和变量数的增加，每

---

① ［美］肯尼思·梅（K. May）：《价值和价格：对温德尼茨解法的一个注释》，《经济学杂志》1948 年第 6 期。

② 《马克思恩格斯全集》第 33 卷，人民出版社 1995 年版，第 87 页。

个变量的些许误差的集合会放大成巨大的误差，从而使得模型只有纸面上的意义，难以科学认知和应用。

对政治经济学的数学化可以有两种态度。第一种是坚持唯物辩证法和历史唯物论为总的方法论原则，同时高度重视利用数学分析工具，把数学分析与现代马克思主义政治经济学前提假设和理论基础结合起来，进行马克思主义经济学原理的论证、阐述和发展，以弥补定性分析和规范分析的不足。这里所说的数学化，并非化得越深越好，而是依据理论分析的必要性和可能性。第二种则是盲目地与西方主流经济学接轨，注重数学分析的形式主义和滥用数学工具。为了数学而分析，而不是为了分析而运用数学，甚至为了便于参照西方经济学的方式运用数学，而采用西方经济学所使用的部分错误假设和前提，背离了在政治经济学里运用数学的初衷，得出了许多错误的结论。现代西方主流经济学偏好以片面的或脱离现实的假设为研究经济问题的出发点，建立一个"理论假设—逻辑推演—实证检验"固定的分析模式，并视为唯一科学的研究范式，排斥研究方法和叙述方法的多样性，以至于把亚当·斯密的《国富论》和马克思的《资本论》称之为经济哲学而非经济学著作，这是典型的现代教条主义。前一种态度是中国经济学的主攻方向之一，后一种态度则是需要避免的。

需要指出的是，西方经济学对于数学工具的运用是不充分的。马克思曾经讽刺李嘉图："看来，除了资产阶级社会形式以外，'欧文先生的平行四边形'是他所知道的惟一的社会形式。"[1] 与此类似，"令所谓的利润函数一阶导数等于零是西方经济学家所知道的唯一的求解利润最大化的方法"[2]。但是，一方面，这一方法并不总是求解利润最大化的方法；另一方面，考虑到风险的存在，资本家也并不处处追逐短期利润的最大化。显然，不受西方经济学束缚的政治经济学可以更为合理地使用更多的数学方法。

经济学研究中的模型，除了文字模型和图表模型以外，数学模型是重要的表达和分析方法。政治经济学的数学化，将在以下几个方面促进中国

---

[1]　马克思：《资本论》第1卷，人民出版社2004年版，第94页。

[2]　余斌：《经济学的童话》，东方出版社2008年版，第19页。

经济学的发展：（1）可以运用现代数学的最新成果，为逻辑分析、抽象分析和定性分析等方法提供支撑，对马克思主义经济理论进行更全面的阐述，如价值转型问题、劳动生产率与价值量变动的关系问题等；（2）可以运用数学工具，对现代社会中经济发展的经验材料进行更科学的归纳、整理和分析，并为国家和企业的经济决策提供更为翔实的依据，如劳动报酬和人口的统计分析等；（3）在马克思主义方法论的基础上，对现代市场现象进行数学解释，有利于马克思主义经济理论与西方经济理论的对比，从而增强人们的理论辨别力，如国有企业的真实效率等；（4）可以使理论更严谨和清晰，易于表达，增强马克思主义经济学的学术解释力和说服力，如一般利润率下降规律等。总之，政治经济学的数学化，将有利于弥补目前政治经济学研究中的部分缺憾，大大促进其理论的传承和创新，真正体现中国经济学的时代特征。

四　政治经济学的学派化

《辞海》中对"学派"一词解释为："一门学问中由于学说师承不同而形成的派别。"这种定义的学派是传统的"师承性学派"。学派还可以指以某一地域、国家、民族、文明、社会或某一问题为研究对象，而形成具有特色的学术群体。这种现代性的学术群体，同样可称为"学派"。在西方经济学界中，有芝加哥学派、奥地利学派、剑桥学派等以地域命名的学派，有重农学派、货币主义学派、供应学派、产权学派等以概念或主题命名的学派，也有凯恩斯主义学派、后凯恩斯主义学派等以某一重要理论创始人命名的学派。以这三种不同形式命名的经济学学派的形成和发展，除了某些是与对抗马克思主义经济学有关之外，主要还是与资本主义国家中阶级的分层及其利益的分层有关，如有的学派主要维护的是大地主阶级的利益，有的学派主要维护的是小资产阶级的利益，有的学派侧重维护的是产业资本阶级的利益，有的学派侧重维护的是金融资本阶级的利益，有的学派主张资产阶级的经济改良主义，有的学派主张维护大垄断资产阶级的利益等。随着各自所维护的阶级和阶层在社会和统治集团内部地位的升降，这些学派的学术影响力也相应地升降。

与资产阶级经济学学派的形成和发展不同，中国政治经济学的学派化，不是为了代表劳动阶级不同阶层的利益，而是都应站在劳动阶级和广大人民的整体立场，都应遵循马克思经济学的方法论和理论精神，都应尽可能地全面系统地掌握实际经济情况，在此基础上对马克思主义政治经济学方法、理论及其应用进行深入探讨，并由于认识上的不同或不能完全做到"三个都应"而形成各自的学术流派。

实际上，随着马克思主义政治经济学研究的日益深入，政治经济学的学派化，将是未来的一个主要方向。这是因为，马克思发现的唯物史观和改造旧哲学形成的唯物辩证法，第一次打开了人们科学地认识人类历史发展规律的大门，马克思主义博大精深，涉及经济学、政治学、社会学等许多学科，而且这些学科之间还有丰富的交叉内容，单凭个人或少数几个人的努力要全面研究马克思主义并将其应用于各个学科是做不到的，形成学派势在必行。

学术自由、繁荣和质量的标志之一是学派化，其益处，一是可以集中研究主题，避免泛泛而谈和不够深入的缺点，体现研究成果的特色，形成具有深度的学术积累；二是可以在不同学派中形成争鸣，增强政治经济学的辨别力和旺盛力，形成有学术渊源的思想发展史；三是可以通过学派的传承和壮大，凝聚有特色的研究群体，形成研究合力。在日本政治经济学界，劳农派、宇野派、新古典马克思主义经济学派、演化经济学派等都颇有影响。目前，国内政治经济学研究领域已开始形成一些影响程度不同的学派，如以中国社会科学院和上海财经大学为研究基地的新马克思经济学综合学派（或称海派经济学）等。有些人以为形成学派很简单，其实，学派化对学者尤其是学派的学术带头人的要求会更高。学派要能站得住脚，就要求学者在经济学方法、理论和政策研究上与别人有科学价值的重要区别，但又不能像许多西方主流学派那样，只是把某一方法、理论或政策加以极端化和片面化，呈现极端成派的不良学术格局和倾向。如产权学派只认定产权这一因素最重要，货币学派只认定货币政策最重要，供给学派只认定供给最重要，从而缺乏辩证的系统分析思维，缺乏在一定条件下各种重要因素的地位相互转化的认知。另外，学派不是封闭性的宗派，其思想和人员均应呈现动态式的开放。马克思主义政治经济学的诞生和发展，曾经与各种经济学思潮和流派进行互动、批评和反批评。现代政治经济学的学派化不应当宗派化和极端化，而应当促进思想解放、互相借鉴和正常的学术批评，形成合乎学术规范的争鸣局面。

（原载《学术月刊》2011 年第 7 期）

范式危机、问题意识与政治经济学革新

一 "苏联范式"与"美国范式"①:两种范式在中国的命运

新中国成立以来,我国理论经济学的发展基本上沿两条主要线索展开:马克思主义或社会主义政治经济学(包括"苏联范式")和西方经济学(包括"美国范式")。由于受社会制度演进的影响,二者在中国的命运沉浮也被深深地打上了政治的烙印。1979 年以前在中国流行的主流经济理论是斯大林《政治经济学教科书(社会主义部分)》影响下的"苏联社会主义政治经济学范式"。此范式在中国经济理论舞台上以 20 世纪 50 年代末到 1978 年这段时间最为活跃。而新中国成立初期到 1957 年由于以王亚南、孙冶方等经济学家为代表的"马恩原著"派的坚持,"苏联范式"与"马恩原著"派的理论观点既有争鸣又有补充,交织在一起,后来在政治舆论的影响下,"苏联范式"占了上风。1979 年以后,中国经济生活、政治生活发生重大转折,"苏联范式"随着"文化大革命"的结束而日渐势微。马克思主义学派与中国改革实践相结合而进行理论创新,大有发展。同时,"美国范式"在中国经济学界大行其道,发展势头极为迅猛。这两派理论有相同之处,也有重大差异,因而科学地综合起来难度相当大,需要寻找新的理论生长点。

目前的理论经济学研究空前活跃,思潮纷呈,但对中国转轨问题的解释又往往缺乏一以贯之的理论框架,因此"范式危机"的呼声很高。我们

---

① 关于"苏联范式"是指 20 世纪 50 年代以苏联《政治经济学教科书》为代表的经济学理论体系。"美国范式"在本文中是指西方主流经济学理论,由于在当代以美国为中心,故在此特称"美国范式",以与"苏联范式"相区分。

认为，对于经济学理论来说，其生命力依赖于其对现实经济问题的解释力和预见力。从这个角度来说，中国理论经济学中"苏联范式"和"美国范式"都面临现实问题的巨大挑战。与其说"范式危机"是某一理论范式的危机，不如说中国经济学面临的是各种"教条主义"经济理论范式的总危机，曾经令中国经济学人所顶礼膜拜的理论"图腾物"不见了，代之而起的是"百家争鸣"的局面。

二　问题意识:反思中国经济学

"问题意识"是经济学范式危机在经济学家群体中的积极反应。它标志着中国经济学家的工作从理论引进、模仿的自在方式到理论创新的自觉或自为方式的转变，也反映了中国经济学家对教条主义的摒弃和主体意识的觉醒。

"问题意识"包括对现实经济问题的挖掘和对经济学问题自身的反省两个方面。前者涉及理论解释力问题，而后者则涉及经济哲学问题（程恩富、张建伟，1998）。现实总是不断地对固有经济学范式提出挑战，从而推动经济学理论的动态演进（包括范式转换），形成经济学家和经济学、现实问题之间的叩问与解答。中国要想构建一个有中国特色的新政治经济学理论体系，就必须带着"问题意识"对在中国出现的有影响力的理论学说进行反思和整理，其中包括理论前提、假设、方法论基础和理论逻辑本身，并在此基础上超越它们。

（一）　西方主流经济学（"美国范式"）

近年西方主流经济学在中国的影响是不容忽视的。从美国引进的原版或中译本教材、著作和论文的教学已经逐渐占据了财经类学生基础理论课程的核心地位。这些西方主流经济学的理论研究方法和思想体系正在改变着青年学生、中青年学者甚至社会大众的思维、信念和信仰体系。政治经济学的教学虽然在课程时间表上仍占有一定分量，但从接受主体（学生）的知识分布和结构来看，西方经济学已经主宰了大部分学生的思维，他们对已经发生的西方经济学的"范式危机"并无感觉。对于这种现象我们再也不能像从前那样简单地从感情上将西方经济学痛斥为"庸俗经济学"，而应从理性的高度去客观评价西方主流经济理论。诚然，西方主流经济学的确给中国输送来了市场观念和实证分析、数量分析、边际分析等经济科学的研究方法，开拓了思路。另一方面，它的过度的形式主义和在理论前提上与中国转型经济的脱节，也会使中国经济学误入歧途。实际上，这种担心不是多余的，即使在美国也有很多经济学家持相同态度。1991 年由美国 12 位著名经济学家组成的"经济学研究生教育委员会"发表了一份报告，表示他们担心大学正在费劲儿地培养一代技术高超、但对现实经济问题一无所知的"低能特才者"。从经济哲学的角度来看，西方主流经济学的个人主义、实证主义不过是工具理性和功利主义哲学的经济学用语，西方主流经济学家自觉或不自觉地皈依于某种政治意识形态的信念，会借助于知识的积累和传播扩散其思想上的影响，造成接受主体很可能自觉或不自觉地成为凯恩斯所说的某些思想家的奴隶。从现实经济问题的角度来看，西方主流经济学的价值或许仅仅是提供了一种成熟的市场制度运作的理想参照系（另一种理论是"乌托邦"）。而对中国来说，许多理论前提是不存在的，其理论的解释力也就大打折扣。人们或许对中国 80 年代和 90 年代发生的严重通货膨胀记忆犹新，当时的局面就是采纳了某些经济学家模仿凯恩斯主义用通胀刺激有效需求的建议，从而形成错误决策的不良后果。中国现实经济问题积累而成的经验事实是检验西方主流经济学理论的标尺，它们至少在许多方面已经证伪了西方主流经济学的一些理论假说。当然，方法论上的哲学反思和现实经济问题的经验证据，并不能代替对西方主流经济学内在逻辑的批评。西方宏观经济学和微观经济学的脱节，至少说明西方主流经济学在逻辑体系的一贯性上存在问题，斯蒂格利茨的最新《经济学》教科书也只是在一定程度上弥补了这一缺陷。逻辑是反逻辑的最有力的手段（"以毒攻毒"），英国剑桥学派代表人物斯拉法和罗宾逊两人正是发现了新古典资本理论在多个产品模型上的逻辑悖论才构成对主流资本理论的深刻批判的。由于条件不成熟，目前西方主流经济学的地位并没有因非主流经济学家的有力批驳而发生根本性的动摇，但有一点是可以肯定的，对其保持怀疑和批判态度很可能会更有利于经济理论本身的发展。

（二）"马克思经济学范式"和"苏联范式"

"苏联范式"是综合马列主义和斯大林主义经济理论，并以计划经济为研究主题的社会主义经济学体系。尽管其中有不少科学成分，但总体上不符合社会主义市场经济的运动规律，因而已日渐衰弱。但我们也不能把"马克思范式"与"苏联范式"混为一谈（吴易风，1996年），批判"苏联范式"而全盘否定"马克思范式"。政治经济学的"马克思范式"在理论上的优点是显而易见的，如其中包含人文精神、哲学意味和价值判断，其理论层次的丰富性，理论预见力和深刻性，理论体系的完整性（逻辑与历史的统一）等，但它毕竟是以分析自由竞争式的资本主义经济为主，而对社会主义经济没有提供一套系统的分析框架。马克思擅长对经济社会长期动态分析是其理论优点，但它不可能面面俱到地分析资本主义私有制度和市场制度的具体细节，人们也就难以从中找到具体问题的现成答案。不过，马克思所提供给我们的是一个与西方主流经济学家（主要是新古典主义）迥然不同的理论参照系，通过这个参照系我们能够看到资本主义市场经济的另一面，以及未来经济社会形态的演进方向，从而使我们在市场化改革过程中避免重蹈覆辙。"马克思范式"鲜明的理论特性表现于其理论的哲学倾向。科学抽象法以历史唯物主义和唯物辩证法为基本方法的方法论体系，如此完美地统一于他的理论框架之内，渗透着无可辩驳的逻辑力量。列宁指出："虽说马克思没有留下'逻辑'，但他遗留下《资本论》的逻辑，应当充分地利用这种逻辑来解决当前问题。在《资本论》中，逻辑、辩证法和唯物主义的认识论，都应用于同一门科学……"① 但是，这些方法的应用又使其理论晦涩而艰深，很多读者（学生和青年学者）望而却步。这也影响了接受主体的接受意愿和接受程度。"马克思范式"是具有鲜明的批判倾向的。马克思发现了资本主义经济体制下人的各种"异化"现象，也就是说，他将"人"的全面和自由发展理解为"将来完成时"，对人的终极关怀，使马克思经济学中洋溢着人文精神。他对社会的批判或许能让我们在追求经济效率的同时保持对"经济发展"与"人的

---

① 列宁：《列宁全集》第55卷，人民出版社1990年版，第290页。

发展"之间关系的清醒洞察。但是，马克思的这类本质分析往往被当代经济假象所掩盖，从而受到不被认同的嘲讽与拒绝。简言之，"马克思范式"在中国面临的是灵活运用和发展，以及与之密切相关的在知识市场中的地位问题。我们的态度是：马克思的理论属于"经典"，而不是"教条"，应从其"空筐结构"的理论体系中寻找源源不断的思想启示，而不应在顶礼膜拜中死背它的若干词句。

（三）西方"产权范式"

西方产权理论虽然在美国处于非主流地位，但对中国的影响甚大。西方主流产权理论采用的是新古典主义 + 交易费用的分析范式，从而在新古典经济学的框架内加入交易费用内容，使新制度经济学与新古典经济学区别开来并改变了研究方向——交易费用使所有权的分配成为经济分析的首要因素，从而使制度结构成为理解经济的关键（恩拉恩·埃格特森，1996）。西方产权理论发展制度主体分析、交易费用分析和契约分析对中国经济转型具有一定的理论解释力，从而引致了中国产权理论研究的繁荣。在理论繁荣的背后，西方主流产权理论也有一些理论误区，如"产权神话"、"自私人"假设、关于公平与效率的片面观点等。尤其是私有化"产权神话"更应引起我们的足够重视，此种神话在东欧国家和俄罗斯经济转轨中引起的经济后果和社会悲剧已经为我们提供了生动的例证。美国著名经济学家斯蒂格列茨认为："这个神话十分危险，因为它误导许多转轨国家仅仅关注产权问题，过分信赖私有化，而忽略了一系列更广泛的问题。"① 因此，研究产权问题，一定要结合中国的国情。对于中国来说，经济立法和执法方面的工作比单纯的产权明晰显得更为重要。在腐败盛行、竞争不公平、信用混乱等情况下，即使是明晰了公有产权关系，企业家个人用这种权力追求利润最大化的行为，也不一定符合社会理性。

---

① ［美］JosephE. Stieglitz：*Wither Socialism*，MIT Press，Cambridge，MA，1995。

三　"四面楚歌"的背后：知识市场中
政治经济学的地位与作用

马克思主义是中国的主流意识形态。随着中国市场化改革的深入，各种西方经济学思潮在不同程度上冲击了我国的主流经济学，理论经济学领域出现了多元化趋势。政治经济学的垄断地位开始接受市场的考验并出现明显的动摇。造成以上局面的原因是多方面的，但制度环境的改变是其主要原因。从政府的角度来看，要推行市场化改革必然要求关于市场经济的西方经济理论知识能在公众中广为传播，这可以从制度经济学理论中找到根据。按照制度经济学的理论，正如科学知识的进步也会使制度变迁的供给曲线向右移动（拉坦，中文版，1994）。因此，西方经济学某些科学知识的传播必然会使制度创新（市场化改革）的成本大为降低。从这个意义上说，政府鼓励传播西方经济理论是一个客观选择，但往往缺乏必要的正确引导。从科研的队伍来看，政治经济学理论研究队伍实力锐减，很多原来研究政治经济学的人也转到应用学科或西方经济学方面的研究。许多学术刊物也在提供一种激励：用西方经济理论作为分析工具的论著较容易发表，尤其是权威刊物为与国际接轨而提倡实证方法和数学的应用，这些信号都极大地影响了科研人员的偏好，降低了科研人员研究政治经济学的积极性。从舆论倾向来看，政治经济学理论被一些人视为迂腐、僵化和保守的理论，甚至不少政治经济学的研究者同情者也被扣上"左派"或"新左派"的帽子。政治经济学在中国经济学界的地位下降是一个客观事实。对于这个事实，有其深刻的政治、经济背景，我们不能再对此仅停留在好与坏的二元判断上，而是应该深思其背后的思想根源、经济根源和政治根源。中国实行的是社会主义市场经济，马克思主义是我国的主流意识形态，而隶属于马克思主义的政治经济学在学术界地位下降到底意味着什么？阻止其地位和作用下降有多项工作可做，其中一条就是发展马克思主义，革新政治经济学，增强其对现实问题的解释力，以便巩固政治经济学的学术地位，更好地发挥其在理论经济学中的基础作用。

四　政治经济学的理论创新——新政治经济学

中国理论经济学的发展面临巨大挑战，政治经济学与西方经济学之间如何优势互补、相互借鉴，将是一个跨世纪的难题。我们认为，对于中国理论经济学的建设不能急于求成，好高骛远，也不能一味追求大体系和改良主义的中西大综合。目前要做的主要工作是：选择合适的理论切入点，多方面借鉴科学研究方法论，丰富中国经济学家研究的工具箱；选择中国一些具体问题作深入、细致的理论分析、案例分析，并归纳一般性结论；以马克思主义的制度经济理论为核心，科学地综合西方制度经济理论、公共选择理论、西方主流经济学等各派学说，背靠中国经济转型的现实，为构建中国新政治经济学体系做基础性的研究。以下仅列举两点：

（一）方法论上的创新

传统政治经济学在利益矛盾分析，揭示事物本质关系和长期演进方面有明显优势，但从现代经济科学的角度来看，它还缺乏公理化的程式，规范化的学术结构和对现实问题的关注。有必要从相临学科研究方法中寻找借鉴，如法学的案例分析法、数学的逻辑演绎方法、史学的归纳法、现代科学哲学（系统论、控制论、信息论）中的有关方法等，各种方法应交互使用，有机结合，使政治经济学不仅具有哲学的灵魂、科学的理论结构，而且具有解释现实经济问题的穿透力和精确性。

（二）以制度经济学的综合、超越和发展为契机，为新政治经济学的产生打下基础

制度经济学与马克思主义政治经济学、西方主流经济学之间在分析方法或理论渊源上有不可分割的联系，可以将其作为桥梁和纽带把三者综合在一起，催生出新政治经济学。实际上西方某些左翼制度经济学家已经开始努力做这件事情了，其最新发展态势尤其引人注目。

1. 跳出效率导向的单方面论述，关注分配的公平及深层制度结构，与马克思的观点相融合。

2. 制度经济学中交易费用理论与信息经济学、管理科学、行为科学等理论相互交叉与融合形成组织经济学，是制度经济理论在微观经济领域的应用，也使其根植于更为现实的土壤之中。

3. 当代产权理论家巴泽尔将"博弈论"引入产权理论，被认为是新制度经济学从"交易费用"到"博弈均衡"发展的重要转折点。而产权界定的博弈分析的发展势必与马克思的阶级分析具有相通之处，二者如能相互吸收，则可避免新制度经济学长期动态分析之不足。

4. 通过计算机将混沌理论和自组织理论引入制度分析，提高了制度主义建模的精确性。在这方面值得一提的是迈克尔·J. 拉齐斯基的工作。他将系统动力学计算机模拟建模引入制度分析，拓展了现行的制度理论。

5. 俄罗斯、东欧等转型国家制度变迁的实践提供了制度分析的丰富素材，这些国家可以作为制度经济理论效力检测的实验田。

6. 公共选择学派将经济学应用于政治决策过程的分析，其学说被称为是"80 年代的政治经济学"①。

制度经济学家在上述各方面的努力，实际上可以归结为三个方面：第一，回到"古典"去，将西方主流经济学遗失的"人的主体性"纳入理论分析体系中来；第二，关注现实，引入交易费用，摆脱主流经济理论完全竞争的理论"乌托邦"；第三，给制度经济学注入科学性、严密性。我们从制度经济学的最新发展中能够看到"新政治经济学"的曙光，它或许如彼德·德鲁克所说的"既是一种'人性'，一种道德哲学，一种精神科学，又是一种严谨的科学"②。这些均为我们变革政治经济学提供了丰富的理论养料。

参考文献

[1] 吴易风：《两种范式危机论》，《当代经济研究》1996 年第 3 期。

[2] 恩拉恩·埃格特森：《新制度经济学》，吴经邦等译，商务印书馆 1996 年版。

---

① ［美］詹姆斯·M. 布坎南：《自由市场和国家——80 年代的政治经济学》，上海三联书店 1989 年出版。

② ［美］彼得·德鲁克：《走向下一种经济学》，载［美］D. 贝尔和·克里斯托尔编《经济理论的危机》，上海译文出版社 1985 年版。

［3］拉坦:《诱政性制度变迁理论》,《财产权利与制度变迁——产权学派与新制度学派译文集》,上海三联书店 1994 年版。

（原载《河南社会科学》1999 年第 1 期,第二作者为张建伟）

用发展的马克思主义政治经济学
引领应用经济学创新

一　问题的提出

　　每当世界经济发生重大事件的时候——东欧剧变、苏联解体、全球化浪潮、亚洲金融危机乃至时下由美国次贷危机诱发的世界性经济危机等，马克思的理论在欧美、在全球一再冲出书斋，让那些反马克思、怀疑马克思的西方主流经济学家也不得不承认马克思经济学思想的科学性和强大生命力，纷纷从马克思的著作中去寻找现实经济问题的答案。观察一种思想是否具有生命力，一是看其是否与现实历史的发展相吻合，二是看其是否能够对社会发展方向产生影响。马克思主义经济学是一门历史的科学，固然有其历史的局限性，但是它对社会经济发展历史的预见性以及对社会经济发展方向的影响力，是任何其他的理论都无法与之相比的。中国社会主义革命和社会主义建设尤其是改革开放以来的巨大成就是在马克思主义理论与中国具体实践相结合的中国特色社会主义理论指导下取得的，我们完全可以说，离开马克思主义的指导就不可能有中国特色的社会主义经济改革和建设的成就，就不可能形成有中国特色的社会主义经济改革和发展模式，这是不容怀疑的。但是很多学者还是坚持认为马克思主义经济学是革命的、破坏旧世界的经济学，而不是建设新世界的经济学。自 20 世纪 90 年代中期以后，我国理论经济学界"去马克思化"的倾向愈演愈烈，西方经济学主流化的声音甚嚣尘上，马克思主义经济学的指导地位被削弱、被边缘化，有人甚至错误地认为西方经济学是我国经济改革和经济发展的指导思想，中国经济改革和经济发展取得的举世瞩目的成就是西方经济学理论在我国成功运用的典范，有些经济学家公然主张用西方经济学取代马克思主义经济学；中国实行改革开放、建立社会主义市场经济体制成了社会主义失败论和马克思主义经济学过时论的证据。这种状况在一定程度上说明马克思主义经济学理论的发展和创新与现实世界的发展有差距，降低了马克思主义经济理论对现实经济问题的解释能力，这是必须要正视的事实。我国应用经济学的一些学科自觉或不自觉地脱离了现代马克思主义经济学的理论基础，不加甄别地直接照抄照搬现代西方应用经济学的论著，缺乏学术原创，处于学术"被殖民"或"学术搬运工"的状态。这有悖于中央倡导的构建具有中国特色、中国风格和中国气派的哲学社会科学体系的精神，因此，有必要加强用发展的马克思主义经济学的理论、观点和方法引领应用经济学的创新，夯实马克思主义经济学指导地位的根基，而不是仅仅停留在抱怨、忧虑、喊口号和不作为的层面上。

二　马克思主义经济学是一个科学体系

对马克思主义经济学的看法，学术界存在多种观点。如张宇和孟捷教授将马克思主义经济学概括为三种形式：经典马克思主义经济学、传统马克思主义经济学和现代马克思主义经济学，从而实现马克思主义经济学在当代的继承、创新和发展。[①] 这种观点从马克思主义经济学发展的时间序列上进行归纳和分类，当然不失为一种可资借鉴的发展马克思主义经济学的思路，但是并没有回答马克思主义经济学是不是一个学科体系的问题，或者说只承认马克思主义经济学是一个学科而不是一个学科体系。

从学术界对马克思主义经济学理论体系的多种理解也可以很容易得出一个结论：马克思主义经济学不是一个学科体系。对经典马克思主义经济学的理解大致是以《资本论》和《帝国主义论》为蓝本来建立马克思主义政治经济学的理论体系的。对传统马克思主义经济学的理解实际上是以"苏联模式"为蓝本并结合我国的社会主义建设实践产生的新理论、新问

---

① 张宇、孟捷等主编：《高级政治经济学》，经济科学出版社2002年版。

题来建立政治经济学的理论体系，并将其人为地划分为社会主义和资本主义两个部分。与突破"两部分制"相对立的一种观点是"三部分制"，即由政治经济学原理、社会主义微观经济学、社会主义宏观经济学三部分组成。也有学者主张突破"两部分制"，这方面的理论成果还相当丰富，如程恩富教授的"五过程论"就是这方面的代表。对现代马克思主义经济学的理解，认为现代模式是探索创新中的模式，要求运用马克思主义经济学的方法论研究当代社会经济生活，是马克思主义经济学基本理论在当代的继承、发展与创新。在对待发展、创新马克思主义经济学，构建马克思主义政治经济学的现代形式这个问题的态度上，有人主张"修补式"，即在传统政治经济学的基础上，补充当代生活经济社会的元素，进行创新和发展；有人主张"嫁接式"，即将西方主流经济学的研究方法和成果嫁接到马克思主义政治经济学中来，重建中国特色的社会主义经济学；也有人主张"去马克思化"的"重构式"，即用所谓的现代经济学范式取代马克思的经济学范式，重建中国的政治经济学。无论是哪一种观点，一方面反映了马克思主义经济学学术界百家争鸣、积极探索、直面挑战的科学精神和学术气魄，另一方面也不可否认，马克思主义经济学学术界内部对事关马克思主义经济学发展创新的重大问题存在着严重的分歧，需要尽快实现统一。

在传统意义上，人们习惯于将马克思主义经济学作为马克思主义政治经济学的同义语，将两者完全等同起来，这种认识的危害性表现在：人为地割断了马克思主义政治经济学与其他应用学科之间的逻辑联系，实际上就是主动放弃了对应用经济学科的指导性，客观上为"学术殖民"提供了条件，为"学术搬运工"们提供了行动空间，更不用说用马克思主义政治经济学引领应用经济学创新了。西方经济学固然有许多值得批判的地方，但是也有值得马克思主义经济学借鉴的地方。比如以宏观经济学和微观经济学为核心，以国际经济学、国际贸易学、发展经济学、国际金融学、国际投资学、产业组织学等为依托的学科体系。如果我们把宏观经济学和微观经济学视为西方经济学的理论经济学，那么其基本概念、基本理论、基本原理、基本的分析方法和分析技术等都渗透到了诸如国际金融、国际贸易、发展经济学等学科之中，体现了理论经济学对应用经济学的引领作用，这一点非常值得马克思主义经济学借鉴。所以，笔者认为，马克思主义经济学是包括马克思主义理论经济学（政治经济学）和马克思主义应用经济学两个层次在内的完善学科体系。实际上，这个观点也不是什么新的提法，马克思的六册写作计划已经可以被视为马克思主义经济学学科体系的雏形，这是马克思经济学思想的完整体现，只是由于马克思没有完成他的这个宏大的计划，后来者才一再忽视除《资本论》以外的经济学思想。在这个体系中，马克思主义政治经济学就应该是整个学科体系的基石，处于金字塔的塔尖，它除了揭示人类社会经济发展的一般规律以外，还必须能够为其他的学科提供基本概念、基本理论、基本方法、基本的分析范式和分析逻辑，甚至也包括一些基本的分析技术，只有这样，马克思主义政治经济学与应用经济学之间的天然联系才能建立起来，马克思主义政治经济学的指导地位才能实实在在地得到体现，也才能更好地用发展的马克思主义政治经济学引领应用经济学创新，改变中国的应用经济学被"学术殖民"的现状，也唯有如此，才能建立起具有中国特色、中国风格和中国气派的经济学学科体系。

三　用马克思主义政治经济学的元理论引领应用经济学创新

对马克思主义政治经济学的性质，恩格斯曾经在两个地方有过论述，一是 1876 年在《反杜林论》第二篇《政治经济学》中写道："因此，政治经济学本质上是一门历史的科学。它所涉及的是历史性的即经常变化的材料；它首先研究生产和交换的每个个别发展阶段的特殊规律，而且只有在完成这种研究以后，它才能确立为数不多的、适用于生产一般和交换一般的、完全普遍的规律。同时，不言而喻，适用于一定的生产方式和交换形式的规律，对于具有这种生产方式和交换形式的一切历史时期也是适用的。"① 二是 1895 年恩格斯在写给威·桑巴特的信中谈到"不论资本家还是资产阶级经济学家都没有意识到：这种追求的真正目的是全部剩余价值

---

① 《马克思恩格斯选集》第 3 卷，人民出版社 1995 年版，第 489—490 页。

按同等的比例分配给总资本。那么平均的过程事实上是怎样完成的呢？这是个非常有趣的问题，马克思本人对此谈得不多。但是，马克思的整个世界观不是教义，而是方法。它提供的不是现成的教条，而是进一步研究的出发点和供这种研究使用的方法。因此这里还有一些马克思自己在这部初稿中没有做完的工作要做"①。这两段引文实际上告诉我们这样一个结论：马克思主义政治经济学不是教义和干巴巴的原理，而是随着历史的发展变化而不断丰富发展、具有高度开放性的思想体系和方法论体系，但同时，马克思主义政治经济学又蕴藏着适用于一切历史时期的元理论，也就是通常人们所说的马克思主义政治经济学的"硬核"。元理论抑或硬核是马克思主义政治经济学得以发展创新的基础，也是用发展的马克思主义政治经济学引领应用经济学创新的出发点，是马克思主义经济学体系中理论经济学与应用经济学内在的、本质联系的接点。究竟什么是马克思主义政治经济学的元理论？要回答这个问题可能相当困难。除了马克思创立的辩证唯物主义和历史唯物主义的方法论外，应该还有其他更具体的理论。纪宝成教授和张宇教授曾经提出过要加强对马克思主义经济学基本理论和基本观点的研究，并具体阐明了他们的学术主张：（1）对因主观和客观原因被忽略或简化了的马克思主义经典作家的科学观点要正本清源；（2）对与当前现实不符的观点要实事求是地根据实践的发展加以修正；（3）对因历史条件所限，马克思主义经典作家没有深入讨论和研究过的问题，要根据马克思主义的立场、观点和方法做出科学的解释；（4）要分清哪些是马克思主义经济学中不能动摇的基本观点，哪些观点是根据当时的历史提出的并随着历史的变迁而不断改变的具体结论。② 所谓"不能动摇的基本观点"就是本文所说的元理论，但是他们也没有更具体地指出哪些是"不能动摇的基本观点"。关于马克思主义政治经济学的元理论，目前我国学术界尚无比较系统和权威的研究成果，林岗教授和张宇教授关于马克思主义经济学的五个方法论命题——（1）从生产力与生产关系的矛盾运动中解释社会

---

① 《马克思恩格斯选集》第 4 卷，人民出版社 1995 年版，第 742—743 页。
② 张宇、孟捷等主编：《高级政治经济学（第二版）》，中国人民大学出版社 2006 年版，第 17—18 页。

经济制度的变迁；（2）在历史形成的社会经济结构的整体制约中分析个体经济行为；（3）以生产资料所有制为基础确定整个经济制度的性质；（4）依据经济关系来理解政治法律制度和伦理规范；（5）通过社会实践实现社会经济发展规律与目的的统一，[①] 具有先导性和奠基性的意义。程恩富教授关于现代马克思主义政治经济学的四大理论假设——（1）新的活劳动创造价值假设；（2）利己和利他经济人假设；（3）资源和需要双约束假设；（4）公平与效率互促同向变动假设，是对马克思主义政治经济学元理论研究的开创性工作。[②]

　　尽管对马克思主义政治经济学元理论的研究尚不成熟，有待深入系统的挖掘和凝练，但马克思主义政治经济学元理论无疑是引领应用经济学创新发展和构建马克思主义应用经济学学科体系的逻辑起点，同时也是马克思主义理论经济学与应用经济学内在联系的逻辑接点，有了这个逻辑接点，应用经济学理论体系的展开就获得了一个纲。

四　用马克思主义政治经济学引领应用经济学创新的逻辑路径

　　由于马克思主义政治经济学的元理论还缺乏系统的、共识性的成果，加之不同的应用经济学也各有其自身的特质，所以在这里我们只能原则性地提出一种用发展的马克思主义政治经济学引领应用经济学创新的逻辑路径，我们将其概括为：根据马克思主义政治经济学的元理论，结合不同应用经济学的特质（研究对象和最终要达到的目的），确定元理论与应用经济学特质之间内在的逻辑联系，构建该应用经济学的概念体系和分析范式，进行应用经济学理论体系和方法体系的逻辑展开，从而实现对具体的经济现象和经济问题的科学解释，提出符合事物发展规律的政策建议。从整个经济学（包括理论经济学和应用经济学）学科体系的演化过程可以看

---

　　① 张宇、孟捷等主编：《高级政治经济学（第二版）》，中国人民大学出版社 2006 年版，第 42—66 页。

　　② 程恩富、胡乐明主编：《经济学方法论：马克思、西方主流与多学科视角》，上海财经大学出版社 2002 年版。

出，绝大多数应用经济学学科都是从政治经济学这门基础性学科中衍生出来的，政治经济学与应用经济学之间本身就存在着天然的联系，它们原本理论相通、理论分层相关、分析方法相连、政策应用相通，因而才有经济学一、二、三级学科和研究方向的内在联系和差别。现在提倡社会科学各个学科之间以及社会科学和自然科学之间的相互渗透与交叉融合，说明社会科学与自然科学之间除了方法上的相互借鉴外，客观上也存在着共通的元理论，这是交叉与融合的基础。既然社会科学与自然科学之间都能够交叉与融合，难道经济科学内部政治经济学与应用经济学之间反而要人为割断它们的联系、断绝学术上的渊源关系吗？事实上，无论承认与否，用马克思主义政治经济学的元理论，在科学借鉴现代西方经济学的理论和方法的基础上，创新应用经济学的成功范例并不少见。如我国著名的《资本论》研究专家张熏华教授，运用马克思主义政治经济学的理论和方法，开创性地编写和撰写过《土地经济学》、《交通经济学》和《环境经济学》等著作，为这些学科的建立和完善作出了重要的理论贡献。20 世纪 90 年代初期，程恩富教授运用马克思主义政治经济学的原理和方法，在科学借鉴西方经济学合理成分的基础上，编写了国内第一部大文化领域的应用经济学著作——《文化经济学》，成为用现代政治经济学的元理论指导应用经济学创新的代表作之一。在国外也不乏用马克思主义政治经济学指导应用经济学创新获得成功的例子，唐珏岚 2007 年向"首届现代马克思主义政治经济学与应用经济学创新"国际学术会议提交的论文——《20 世纪90 年代西方〈资本论〉研究现状》就列举了若干这方面的例子，如英国约克大学的史蒂夫·汤姆斯 2005 年在《会计学观察评论》上发表的《资产定价模型，劳动价值理论和它们对会计理论的意义》一文中就指出，西方主流的会计理论和金融理论无法合理解释真实的社会经济关系，而马克思的方法得到发展并被广泛应用于包括管理学、劳动合约和社会资本研究等方面，马克思的理论与现代金融和会计的分析方法结合，提供了对资本主义分析的基本工具。有的西方学者甚至根据马克思的劳动价值论，构建了现代资本主义的会计理论体系。总之，马克思主义政治经济学蕴藏着非常丰富的思想和科学价值，而应用经济学又是一个庞大的体系，有各自特定的研究对象、研究任务和研究方法。要实现用发展的马克思主义经济学引领并指导应用经济学创新，关键是要实现下列三个方面的结合：一是马克思主义政治经济学的元理论与具体的应用经济学研究对象的结合，并将这种结合通过统一的逻辑主线贯穿整个学科的全过程；二是马克思主义政治经济学的元理论与以具体的应用经济学学科的起始范畴和核心范畴为基础构成的多层次的概念体系相结合；三是马克思主义政治经济学的元理论要与具体的应用经济学学科的研究方法相结合，从而能够将现实经济问题归入一个规范、科学的分析框架中，并能形成有效结论，用以解决和指导社会经济实践。

参考文献

［1］张宇、孟捷等主编：《高级政治经济学》，经济科学出版社 2002 年版。

［2］《马克思恩格斯选集》第 3 卷，人民出版社 1995 年版。

［3］《马克思恩格斯选集》第 4 卷，人民出版社 1995 年版。

［4］张宇、孟捷等主编：《高级政治经济学》，中国人民大学出版社 2006 年版。

［5］程恩富：《现代马克思主义政治经济学的四大假设》，《中国社会科学》2007 年第 2 期。

［6］程恩富、胡乐明主编：《经济学方法论：马克思、西方主流与多学科视角》，上海财经大学出版社 2002 年版。

（原载《教学与研究》2010 年第 2 期，第二作者为王朝科）

马克思主义制度经济理论探讨

一　关于经济制度的层次和基本框架的分析

马克思主义经济学是以生产关系或经济关系为研究对象的，由于这些经济关系均日益被制度化，因而也可以说是以经济关系及其经济制度为研究对象的。西方新制度经济学直接表述为以经济制度为研究对象。但是，研究对象上的相同并不意味着这两种理论的相同。这两种理论是建立在不同的方法论和价值观基础上的，因而它们研究的理论逻辑和得出的结论也是完全不同的①。

马克思把经济制度的内涵明确地界定为生产关系在法律上的反映。同时，马克思又对制度赋予了更广泛的含义，他把制度视为社会认可的存在于各个方面的一系列规则。马克思把社会经济关系和经济制度作为分析的主要对象，在此基础上展开对其他制度的研究。

马克思把生产资料的所有制作为社会经济制度的核心和基础，因而对生产资料所有制的研究是马克思主义制度经济理论中心内容，并向两个方面展开对有关制度的分析：一方面是与生产力和经济发展直接相联系的各项具体制度，包括劳动制度、资本制度、工厂制度、土地制度、管理制度、税收制度等；另一方面是与政治、法律、文化发展相联系的各项制度，包括国家制度、政治制度、法律制度等。

在马克思主义制度经济理论的语境中，对制度的理解是广义的。它既包括社会的基本经济制度，也包括各项具体经济制度。这种广义的制度可

---

① 顾钰民：《马克思主义制度经济学》，复旦大学出版社 2005 年版，第 6—9 页。

以分为三个层次：一是社会的基本经济制度；二是反映社会基本经济制度，但又具有相对独立性的经济体制；三是以一定的经济体制为条件的各项具体的经济规章制度。这三方面的制度从不同的层次上作用于社会生产力和经济的发展。

首先，反映社会基本经济性质的制度从经济系统的根本（核心、基础）层次上影响社会生产力的发展和经济效率的提高。在现代社会中，存在着反映不同社会经济性质的两大基本经济制度：财产私有制度和财产公有制度（撇开财产个体私有经济制度，相应地派生出按资分配与按劳分配两种基本分配制度）。基本经济制度的选择是由不同的生产力性质、价值取向和基本国情来决定的，因而具有鲜明的社会性和阶级性。对于财产私有制度和财产公有制度，哪一种制度具有更高的经济效率，不同的经济理论有着完全不同的结论。马克思认为，在人类社会发展的不同历史阶段，由于生产力发展水平的不同，以及相应的社会条件不同，财产公有制度和财产私有制度对生产力发展和经济效率提高产生的影响作用也是不同的。但是，从发展趋势上说，随着社会生产力的发展和生产社会化程度的提高，现代财产公有制度比财产私有制度更能够促进生产力的发展和经济效率的提高，更能够促进经济公平和社会公正，这一点与西方新制度经济学的认知恰恰相反。

马克思主义制度经济理论的一个重要特点在于它对基本经济制度有着深刻的分析，科学地揭示基本经济制度从根本上影响生产力发展和经济效率提高的内在规律和客观机制。坚持马克思主义的经济学说，就必然要坚持马克思关于基本经济制度从根本上影响生产力发展的理论。在基本经济制度的确定上，不仅是一个首要和重大的经济理论问题，而且是一个首要和重大的经济实践问题。

其次，经济体制层次的制度从经济系统的总体层次上直接影响生产力的发展和经济效率的提高。这一层次的制度通过对社会经济关系、资源配置方式和经济运行机制的安排，使经济能够高效率地运转。作为经济体制层次的制度，既同社会基本经济制度的运转有着直接的联系，又有着自身的相对独立性，它不属于社会基本制度的范畴。例如，在计划体制与市场体制、计划调节（国家调节）与市场调节、开放体制与非开放体制等问题上，便是如此。在基本经济制度不变的条件下，可以通过这一层次制度变革来选择不同的经济体制模式，以更好地促进生产力，提升经济效率。

研究经济体制层次的制度，客观依据主要是经济管理水平和管理价值观。从理论与实践分析，对涉及宇观经济（全球经济）、宏观经济、中观经济和微观经济的管理水平越高，就越可以采用较高级的经济（管理）体制。以一国或全球来说，经济管理水平越低，市场体制成分和市场调节手段就越多；反之，计划体制成分和计划调节（社会计划调节、国家计划调节、全球计划调节）手段就越多。作为经济发展及其体制演化趋势的一个样板，即越来越成为超国家的欧盟经济体制及其计划调节，已经成为明证。东盟、非盟等也会逐渐步其后尘。20 世纪 80 年代以来暂时流行的新自由主义经济体制观和管理价值观不可能根本阻挡体制发展的大趋势，当前国际金融危机和经济危机及其国内外应对体制和政策，再次印证了这一点。国际金融危机必然生成更好更多的国际金融体制及其管理调节手段。一国的金融和经济危机也必然生成更好更多的国家计划管理和调节手段。

社会主义市场经济体制与资本主义市场经济体制相比较，不仅在根本经济制度层面有重大区别，而且在体制层面也有或应有重要区别。对于以社会化大生产为生产力基础和以市场为资源配置基础方式的社会来说，在经济体制层次的制度方面必然具有共性的东西，在很多方面面临的问题和所要解决的矛盾都是共同的。倘若社会主义市场经济体制欲克服资本主义市场经济体制的某些严重弊端，实现国民经济又好又快的发展，达到更高目标的社会经济绩效和经济公平，只能实行"以市场调节为基础、以国家调节为主导"的"国家主导型市场经济体制"。

最后，各项具体的规章制度从系统的具体层次上直接影响生产力的发展和经济效率的提高。这一层次的制度是通过对各类经济主体的利益关系、内部结构和操作机制的安排，使它们能够以最小的成本为代价来取得最大的经济利益，由此促进生产力和提升综合经济效率。各项具体的制度是以一定的经济体制为条件的，即经济体制从总体上制约着具体的制度。但作为具体的制度，它更具有多样性和灵活性。这一层次的制度更多的是以个体行为作为规范的对象，它在规定了个体具有的各项权利的基础上，也明确了相应的责任、义务和利益。正是通过这种权利、责任、义务和利益的规范，使经济活动能够高效率和公平公正地进行。

二 关于马克思主义制度经济理论的若干主要内容

1. 关于经济发展与制度因素

马克思主义经济学认为，生产力是社会的生产力，因为孤立的人是无法进行社会生产的。马克思特别注重对经济发展和经济活动中的制度因素的研究。一方面，马克思总是把现实中的经济现象和经济活动置于一定的经济关系或经济制度下来进行分析，这样，才能在对经济现象和经济活动的发现中抓住事物的本质。另一方面，马克思又总是把经济的发展与经济制度的发展变化联系在一起，把生产力和经济发展看做经济制度演变的最终决定因素，运用历史唯物主义的观点揭示了经济制度演变的客观规律；同时也从生产力和经济发展的社会条件的角度探究经济制度与经济活动效率之间正反作用的内在联系[①]。在政治经济学的视野里，制度是经济发展的重要影响因子，但不是唯一的，因为还有自然条件和科技条件。

2. 关于经济制度的起源

马克思主义经济学明确强调，最早制度起源的特点在于它不是人们主观唯意志地做出安排的结果，而是人们为维持生存和生产而自发形成的。这也是制度的起源与制度的发展演化的根本差别。制度的形成本身就构成了社会生产不可缺少的一个组成部分。如果说制度的起源在于人与自然的关系，制度的形成同时也就构成了人类进行社会生产活动的不可缺少的一个组成部分。这样，人类的生产活动必然涉及两方面的关系：一方面是人与自然的关系；另一方面是人与人之间的关系。人与人之间的关系就是通过一定的生产关系或经济制度来体现的。因此，研究社会生产的一个重要内容是对生产关系或经济制度的研究。马克思关于人类学的思想和恩格斯的《家庭、私有制和国家的起源》，都充分表明了这一点。

3. 关于经济制度的本质

从马克思主义经济学精神看来，制度的本质反映的是不同的人（个

---

① 《马克思恩格斯全集》第23卷，人民出版社1972年版，第56—57页。

人、集团或阶级等）之间的经济利益关系。对经济制度本质的这一界定，是从以下两个方面来认识的。

其一，一种经济制度是对不同的人在社会生产中居于不同地位的一种确认，并且这种确认具有强制性和约束性。在不同的社会中，不同利益集团、不同的阶级和阶层在社会生产中处于不同的地位，要使这种不同的地位能够保持下去，就要求有带有强制约束性的经济制度，而当一种制度能够使不同利益集团的不同地位保持下去时，实际上也就规范了他们之间的经济利益关系。因为不同的社会地位，不同的经济利益关系，意味着他们对社会经济利益不同的支配权利，从而决定了他们能够得到社会经济利益的不同份额。如果不改变既定的制度，那么，不同利益集团的社会地位、经济关系、经济权利不可能得到改变，社会经济利益的分配格局也不会变化。从这一意义上说，制度在本质上要解决的就是利益关系问题。

其二，任何一个集团、阶级或阶层的经济利益都要通过制度来保障。制度是由在社会经济中占优势的集团、阶级或阶层按照有利于维护自身利益的原则建立起来的，并且要求社会其他的集团、阶级或阶层按照这一制度的要求从事社会生产活动，以及从中得到利益。从这一点来说，现实的经济制度主要体现的总是在社会经济中占优势地位的集团和阶级的利益。在社会经济中占优势地位的集团或阶级，也会对现存的经济制度进行改变和调整，但这种改变和调整不会涉及制度性质的变化，而是在不改变基本性质的框架内，对其形式和局部内容的改变和调整，根本目的也是为了更好地实现自身的整体或长远利益。如果一种制度不能充分地体现高效率和高公平，那么，最终也是不能保证制度主导者的经济利益的。从这一意义上说，经济制度改变和调整的根本目的在于经济利益。

马克思正是基于对制度本质的深刻认识，把政治经济学的研究对象定位在研究生产关系即经济制度上。在马克思看来，在社会生产过程中属于生产力范畴的人与自然的关系，不是政治经济学所要研究的对象，这是自然科学要解决的问题。而在社会生产过程中属于生产关系范畴的人与人之间的关系，即体现经济利益关系的经济制度才是政治经济学研究的重点。生产力是人们获得经济利益的手段，经济利益才是人们从事经济活动的目的。因此，只有透过经济现象，揭示经济现象背后的经济关系的本质，才能科学地认识经济活动的实质，进而深刻认识一种社会经济制度。

4. 关于经济制度的核心

从一定意义上看，经济制度是生产关系在法律上的反映，即生产过程中人与人之间相互关系的法律规范。但同时也可把经济制度视为得到社会认可的存在于各个方面的一系列经济规则，赋予经济制度更广泛的含义。马克思以前者为基础展开对其他制度的研究。因为在马克思看来，社会经济制度是人们从事经济活动的最重要的制度，其他的一切制度都是由此决定并在此基础上展开的。比如可以说，《资本论》就是揭示资本主义市场经济制度发生、发展与消亡的运动规律，因而政治经济学研究的任务就在于揭示经济制度运动的整个发展规律和机制。

马克思把生产资料的所有制作为社会经济制度的核心，因而对生产资料所有制的研究是马克思主义制度经济理论的关键和基础。以此向两个方面展开对有关制度的分析：一是与生产力和经济发展直接相联系的各项具体制度，如劳动制度、资本制度、土地制度等；二是与政治、法律、社会、文化发展相联系的各项制度，如政治制度、社会制度、文化制度等。

5. 关于价值运动的制度条件

马克思认为，价值运动的制度条件之一是财产私有制度。商品和商品经济的出现是以社会分工和财产私有制度的存在和确立为条件的，因而是在一定的经济制度条件下才存在的。价值运动的制度条件之二是市场竞争制度。财产私有制度是使劳动产品成为商品的重要条件，或者说是使人类的劳动以价值的形式表现出来的重要条件，但不是唯一条件，因为价值的运动还涉及价值量的确定和价值的实现，而价值量的确定和价值的实现又是和市场竞争制度联系在一起的。因此，市场竞争制度是价值运动的又一制度条件。

从公有制经济中的商品和商品经济的形成来看，需要推进马克思上述重要条件内涵的分析。当公有制企业处于完全独立或独立性较大的经济主体的条件下，其财产公有制度也必然会要求所生产的劳动产品转化为商品，进行市场交换和市场竞争，从而表现为价值运动。

6. 关于雇佣劳动制度

马克思认为，私人资本的运动包含了资本主义经济运行的主要内容，反映了资本主义经济发展的规律和实质。对资本主义经济的分析，始终是以私人资本的运动为主线的，而资本运动的起点是劳动力的商品化，因而建立在私人资本基础上的雇佣劳动制度是以劳动力成为商品作为前提条件的。在资本主义私有制基础上确立的雇佣劳动制度，就其本质来看，反映的是资本主义社会特有的经济关系。这一经济关系的基本特征是把私人资本与雇佣劳动的关系分解为私人资本对劳动力的购买和私人资本对劳动力的使用两层关系，雇佣劳动制度的本质就是通过这两层关系来体现的。

对马克思主义经济学的进一步分析，可知它有劳动、资本和剩余价值三大范畴体系。其中，劳动范畴体系中有具体劳动、抽象劳动、私人劳动、社会劳动、产业劳动、商业劳动、银行劳动、联合劳动等；资本范畴体系中有不变资本、可变资本、固定资本、流动资本、货币资本、生产资本、商品资本、产业资本、商业资本、银行资本、农业资本、土地资本、垄断资本等；剩余价值范畴体系中有利润、平均利润、超额利润、产业利润、商业利润、银行利润、农业利润、垄断利润、利息、绝对地租、级差地租等。须知，在关于资本主义的经济范畴中，雇佣劳动与资本是轴心；在资本主义市场经济制度中，雇佣劳动制度与资本制度是轴心。

三　马克思与西方学者关于制度理论的比较

1. 关于制度的重要性

制度对于经济发展的重要性，无论是西方新制度经济学，还是马克思主义制度经济学，均确认无疑。它们都相信经济发展和经济活动效率的提高，不仅涉及生产要素的投入问题，而且与经济制度有着直接的关系，认为制度是影响经济发展和效率的一个重要因素，因而也都把制度作为研究对象和研究范围。不过，双方也存有歧见。

西方新制度经济学认为，不管在什么条件下，经济制度对于经济发展都是第一位重要的，强调制度重于一切。而马克思主义制度经济学则认为，经济制度体现一定的经济关系和经济基础，归根结底还是由社会生产力决定的。经济制度和经济关系同生产力、科技和自然资源相比，对于经济发展和经济效率的作用是不同的，不能简单认为哪个更重要。只有当不改变经济制度，经济就难以更好更快发展的时候，改变经济制度才是最重要的；反之则其他因素可能更为重要。

2. 关于私有制度的效率

西方新制度经济学对制度问题的研究是以私有产权具有最高效率为立论基础的。他们围绕产权问题而展开的一切研究始终没有偏离这一核心观点，所做的一切分析最终要说明的也是这一观点。

马克思主义制度经济理论是以否认私有产权具有最高效率为立论基础的。马克思并不否认各种私有产权具有不同的效率，但否认它具有最高效率，从而为建立公有产权奠定了理论基础。从总体上认识这一点，是理解马克思主义制度经济理论关键之一。

3. 关于制度的现象与本质

西方新制度经济学对产权、企业性质、交易费用等问题的研究，是从经济活动的现象入手的，通过一系列的假设和抽象来分析制度因素对经济活动的影响。但他们的分析没有或很少涉及现象背后的经济本质。西方新制度经济学对制度理论作出的贡献和存在的局限，都与他们的这一分析特点有着直接的联系。马克思主义制度经济理论涉及的对生产、交换、分配、产权、企业问题的研究，既立足于对经济现象的分析，但更侧重于对现象背后经济本质的分析。从这一意义上说，马克思主义制度经济理论更具有科学性和深刻性。

4. 关于制度范畴的内涵

在对制度范畴的理解上，西方新制度经济学要比马克思主义制度经济学更为宽泛，他们对制度的理解不仅包括"正规约束"的法律规范，而且还包括"非正规约束"的伦理道德规范。而马克思主义制度经济学只是把制度界定为社会经济关系的法律规范，而并不包括属于意识形态的伦理道德规范。当然，就西方新制度经济学研究涉及的主要内容来说，也是法律规范意义上的制度。但是，就对制度范畴研究的界定来说，马克思主义的制度经济理论在这一点上更准确。

这是因为，西方新制度经济学所涉及的制度是得到社会认可的、带有强制性的、能够约束人们行为的一种规范。这样的制度只能是法律意义上的规范，是人为地做出的一种规则安排。诚然，这种制度的调整、发展和变化会受到作为意识形态的伦理和文化的影响，但这只是影响，而不构成制度的本身。如果把这部分"非正规约束"也包括在制度范畴之中，就会使对制度研究涉及的面过于宽泛，从而模糊了制度经济学与伦理学的学科界限。

5. 关于制度范畴的研究重点在对制度范畴研究重点的定位上，马克思研究的重点是经济制度，并且这种经济制度是有层次的，前面已有阐述。从不同的层次来揭示制度范畴的内涵，就使马克思主义制度经济理论具有显著的深刻性。

西方新制度经济学在对制度研究中没有明确的层次性，他们更多的是从社会经济运行和微观层次来研究制度问题，以及从经济活动的效率方面来研究经济行为。例如，企业产权问题、由市场交易而引申出的交易费用问题等，而没有从人与人之间的实质关系方面来研究制度问题。这就决定了西方新制度经济学理论的局限性，因而其深刻性比马克思主义制度经济理论要逊色。

6. 两类制度理论的基本结论

马克思主义的创始人虽然没有从一般意义上给"制度"下过明确的定义，但他们的论著从不同方面、不同层次使用了制度概念，如"生产资料所有制"、"财产制度"、"工厂制度"、"土地制度"、"国债制度"、"税收制度"、"法律制度"、"保护关税制度"等，而且也是把"制度"视为一系列的包括多方面的规则。马克思主义政治经济学是研究社会生产关系及其发展规律的科学，它从本质关系上剖析了各种社会经济制度及与其相适应的政治、法律制度等。马克思经济学和新制度经济学都重视制度及其作用，但对制度的分析具有重大的差别。

其一，马克思把社会生产关系当做随着生产力的发展不断演变的人们之间的必然关系，将制度视为依存于这些客观关系、反映其要求的规则，视为历史的产物，而不是像西方制度经济学家那样，把制度描绘为符合于人性需要、由人们制定和选择的东西。

其二，马克思本着历史唯物主义的分析，按照不同制度在社会中的地位，将它们分为经济基础与上层建筑两大类，论证了它们之间的辩证关系，并在每类中区别了基本的、主要的制度和其他制度。而西方新制度经济学家只是从一般意义上分析制度，对于各类制度没有做出本质性的划分，不能正确揭示社会经济制度大系统中各子系统之间的内在关系。

其三，马克思把生产资料所有制作为社会经济制度的核心，其他的一切制度都由此决定和在此基础上展开。而西方制度经济学家是把所有制的具体表现——产权制度作为核心制度，认为其他制度的性质与特征主要取决于产权制度。

其四，马克思侧重于从不同的社会经济形态和阶级关系上揭示制度的特征，而西方新制度经济学家只是在抽象意义上界定制度，认为制度与劳动、土地、资本一样，是一种影响生产与交易成本的稀缺资源，只关注制度与人们利益的关系，不研究制度的社会性质，没有揭示制度背后支配人们经济行为并决定制度的特殊性质的阶级关系或利益集团关系。

参考文献

［1］顾钰民：《马克思主义制度经济学》，复旦大学出版社 2005 年版。

［2］《马克思恩格斯全集》第 23 卷，人民出版社 1972 年版。

（原载《学习与探讨》2009 年第 3 期）

科学地认识和发展劳动价值论

——兼立"新的活劳动价值一元论"

江泽民同志《在庆祝中国共产党成立八十周年大会上的讲话》中指出："我们应该结合新的实际，深化对社会主义社会劳动和劳动价值理论的研究和认识。"我们结合中外经济现实及当前研究的难点和疑点问题作一分析，并重点提出和论证"新的活劳动价值一元论"。

一　发展劳动价值论对解析现代市场经济运行特点和规律的意义

马克思创立的劳动和劳动价值理论是对资产阶级古典经济学的一种科学扬弃，是反映劳动者利益的政治经济学体系的基点，具有学术上的科学性、运行上的实践性与功利上的阶级性。劳动价值论的学术地位和政治重要性，使得资产阶级经济学家和政治家一致强调，只有推翻它，才能从逻辑上拆毁马克思主义和共产党的理论大厦。因此，我们必须面对知识经济和社会主义市场经济的新情况和新任务，科学地坚持和发展马克思的劳动价值论。

劳动价值论是分析资本主义市场经济的理论基石和有效方法。近现代西方经济学并没有完全科学和准确地揭示出资本主义市场经济的运动规律和运行机制，其根源在于"劳动价值论缺位"，由此不断推出的新学说和新政策难以根治整体绩效不高和贫富对立的顽症，经济的知识化和全球化不可能根本扭转这一态势。

劳动价值也是分析社会主义市场经济的理论基石和有效方法。在当前现实经济生活中，如何不断完善市场型按劳分配与按生产要素分配的政策，怎样高度重视科技活动、文教劳动和管理劳动，如何在单位保障变社会保障的改革中实施妥当的方式，集体所有制改为股份合作制的股权应怎样分配，是否要实行私营业主加入共产党的特殊收费措施（英国工党每年依据资本家党员的年收益加收一笔用于救济穷人的专项款），以及价格体系、所有制结构、东西部关系等的理论解析和政策制定，都直接或间接同劳动和劳动价值论有关，迫切需要运用发展的马克思主义劳动价值来指导。

更具体地说，目前强调对社会主义社会劳动和劳动价值论的再认识和研究，有着以下特别重要的现实意义。一是有益于突出科技和教育劳动的重要性。与马克思所处的时代相比，当今个人总劳动中智力劳动所占的比重明显增大，社会总劳动中智力劳动所占的比重明显增大，因而有必要充分肯定并深入探讨科技劳动和教育劳动如何创造巨大价值的内在机理与多种变量，为"科技是第一生产力"奠定经济学上的劳动价值论基础。

二是有益于纠正文化劳动不创造价值的传统观点，大力发展社会主义先进文化。当今物质产业的文化含量急剧提升，独立的文化产业也急剧扩大。先进文化观念的创造与传播，先进文化技术和物质设施的创造与使用，先进文化商品（许多高雅文艺和健康的大众文艺作品）的创造与交换，均离不开活劳动创造价值或实现价值这一基本原理。

三是有益于重新认识管理劳动的巨大作用，加强社会主义各项经济管理。过去，似乎创造价值的是企业内直接操作人员。厂长、经理等管理者好像仅仅是指挥、协调，并不创造价值。现在可以明确，不仅公有制生产性企业，而且私有制生产性企业，凡是直接从事具体经营管理的劳动都是创造价值的生产性劳动。也就是说，私营企业的具体经营管理者所获得的正常薪金是自己创造价值的货币表现，非剥削所得。

四是有益于阐明按劳分配为主体与按生产要素分配的体制，改善和促进社会主义市场经济条件下的财富和收入分配结构。马克思设想的按劳分配是计划和产品型的，同劳动价值论没有关系，而改革是从计划经济体制转向市场经济体制，市场型按劳分配同劳动价值论有直接的关联，因为生产性和流通性企业的分配都与价值的创造和交换密切相关。从活劳动创造价值的角度出发，可以科学地解析现阶段坚持劳动主体型分配格局的必然性，进而在实践中促进财富和收入的合理分配。

二 消除对马克思原创的劳动价值论的认识误点

其一，认为劳动创造价值是指体力劳动，因而在知识和信息等经济要素日显重要的条件下，劳动价值论过时了。其实，在马克思看来，劳动是劳动力的支出，本来就包括体力劳动和脑力劳动，而且，脑力劳动即智力劳动或知识劳动在个人和社会中所占的比重会日趋增大。

其二，认为劳动价值论产生于小生产时代，因而在当今新科技革命时代中劳动价值论已不适用。众所周知，马克思科学的劳动价值论产生于近代第一次科技革命和产业革命时代，是社会化大生产的理论产物。随着科技革命的不断进行，劳动价值论需要进一步发展和完善，但其基本论点和视角依然是适用的。

其三，认为劳动价值论不承认有形或无形的生产要素在创造使用价值和价值的重要作用。这是一种误解。劳动价值论一直强调，土地、资本、知识、信息之类的生产要素是商品使用价值的直接构成要素，并且是活劳动创造商品新价值的重要经济条件，主张活劳动创造价值并不否定不同生产要素在经济活动中的各自作用。

其四，认为劳动价值论仅适用于实物交换的场合和一国内部的交换。这显然是片面。马克思的劳动价值论既可以解释实物交换和一国内部的交换，也可以解释服务等非实物的生产和交换，解释全球范围内的商品交换。因为其商品两因素、劳动二重性、价值创造和价值交换等基本原理和分析方法，完全可以扩展至服务交换和世界范围。

其五，认为物化劳动或劳动的土地生产力创造价值，合乎劳动价值论的核心论点和方法。事实上，主张物化劳动也创造价值，只是生产资料创造价值的同义语；主张非劳动的生产要素，或者说劳动的土地生产力和资本生产力也创造价值，不过是用马克思的语言来表达19世纪西方庸俗经济学的"生产要素价值论"。劳动价值论应当不断发展，但不能否定活劳动创造商品价值这一核心论点。

其六，认为创造价值的劳动不包括科技劳动和企业管理劳动。在马克思的原创学说中，不仅科技劳动明白无误地算作创造价值，而且视其科技含量的大小而算作程度不同的复杂劳动；不仅生产物质商品的企业高级职员和经理创造价值，而且这类企业的资本家若担任经理即直接从事经营管理，除了具有剥削的一面，其经营管理的活动也创造一部分价值。

三　准确地推进和发展劳动和劳动价值理论

马克思沿袭当时西方经济学家的普遍方法，将政治经济学研究的出发点和基本范围定位在社会物质生产领域，因而其劳动价值论的分析层面也局限于物质生产。这在非物质生产极不发达的 19 世纪，是无可非议的，因为理论研究的重点同实践的需要分不开。可是，当今世界，包括中国在内的各个国家，精神劳动和服务劳动在社会总劳动中所占的比重日渐增大，非物质生产部门在社会总部门中所占的比重日渐增大，智力劳动在个人劳动总支出中所占的比重也日渐增大。在一些发达国家，物质生产所占的比重已不到一半。在这种情况下，如果我们不及时拓展政治经济学和劳动价值论的出发点与研究范围，把马克思和西方学者当时没有重点分析的非物质生产领域纳入探讨范围，那么，劳动价值论将会因得不到发展而变得苍白无力。马克思主义作为一种科学方法和原理，必须不断推进和完善。

依据马克思关于活劳动创造为市场交换而生产的商品价值，以及纯粹为商品价值形态转换服务的流通不创造价值的科学精神，我认为，凡是直接为市场交换而生产物质商品和精神商品，以及直接为劳动力商品的生产和再生产服务的劳动，其中包括自然人和法人实体的内部管理劳动和科技劳动，都属于创造价值的劳动或生产劳动。这一"新的活劳动价值一元论"，不仅没有否定马克思的核心思想和方法，而且恰恰是遵循了马克思研究物质生产领域价值创造的思路，并把它扩展到一切社会经济部门后所形成的必然结论。具体来说：

第一，生产物质商品的劳动是创造价值的生产性劳动。如为市场提供物质商品的农业、工业、建筑业、物质技术业等领域中的生产性劳动。

第二，从事有形和无形商品场所变更的劳动是创造价值的生产性劳动。如为市场提供货物和人员空间位移的运输劳动，提供书信、消息、电报、电话等各种信息传递的邮电劳动。场所变更或信息传递就是广义交通劳动产生的效用，它们是可以发生在流通领域内的特殊生产性部门。

第三，生产有形和无形精神商品的劳动是创造价值的生产性劳动。如为市场提供精神商品的教育、社会科学、自然科学、文化技术、文学艺术、广播影视、新闻出版、图书馆、博物馆等领域中的生产性劳动，其中包括讲课、表演等无形商品或服务劳动。

第四，从事劳动力商品生产的服务劳动是创造价值的生产性劳动。直接涉及劳动力这一特殊商品的生产和再生产的部门，除了包括上述有关人们生活的生产性部门以外，还包括医疗、卫生、体育、美发、美容、沐浴等。

四　不能把整个第三产业的服务劳动都视为创造价值的生产性劳动

通常所说的第三产业比较繁杂，有多种层次和类型。其中，有的属于不为市场交换或不进入市场交换而进行的政治、行政、军事、法律等服务劳动，如党、政、军，公、检、法等有关部门的活动。尽管这类上层建筑领域的活动或服务劳动有财务收支、劳动报酬、服务收费等经济问题，也是社会重要的劳动领域和服务部门，但总体上不是商品，不是为市场商品交换而从事的生产性服务劳动。

也有的属于为商品和货币流通服务的劳动，如一般贸易、金融、中介等部门的服务活动，其性质和目的是为有形和无形商品的价值形态转换提供重要服务，是具体实现社会上现存商品价值的交换领域，因而与创造商品价值的生产性劳动有本质的差别。

从经济实践及其逻辑出发，纯粹买卖、纯粹中介和纯粹监督之类的活动或服务劳动没有新增一个商品，也就没有创造和生产商品的新价值。这是马克思劳动价值论的基本方法和原理之一。不过，若从"有作用"这个特殊意义来说此类劳动，那么，自然它们都有"价值"了，但已是非劳动价值论意义上的创造"价值"。

有的论著用马克思的一段话来直接论证一切服务创造商品的新价值。

马克思说："服务就是商品，服务有一定的使用价值（想象的或现实的）和一定的交换价值。"① 这一引证说明是不成立的。因为马克思所说的交换价值，是一种使用价值同另一种使用价值相交换的量的关系或比例，有交换价值或价格的东西或商品未必都有价值，它们是有联系的不同概念，如未开垦的土地、良心等。

应当指出，在任何市场制度下，各类劳动都体现了社会分工，有的属于创造价值的生产劳动，有的属于实现价值或价值形态转换的流通劳动，有的属于分割现存价值的分配劳动。我们不能潜意识地认为，只有创造价值的生产劳动才是重要的；或者只有确认本部门和个人的劳动是创造价值的生产劳动，才能获取高收入，因而把一切服务劳动，乃至社会上所有的有效劳动和有益劳动，统统说成是创造商品新价值的。这就有意或无意地混淆了现实经济生活中不同的劳动分工和活动性质。

我们更不能照搬西方经济学，认为一切同国内生产总值相关的活动都是生产劳动，因为这会有意或无意地否定价值创造与价值分割、国民收入的初次分配与再分配，以及不同类型的劳动在本质上的差异。

五　离开活劳动的科学技术本身无法创造价值

马克思的劳动价值认为，新价值只能来源于劳动者的活劳动，生产过程中的其他要素都不能创造新价值。现在要说明的是，为什么在现代生产活动中，科学技术作为第一生产力，具有日益突出的地位和作用，但离开了活劳动仍然不创造新价值。对此，必须从理论上搞清楚以下两个问题：

第一，科学技术的运用使人类的劳动不断地起着自乘的作用。

科学技术在生产过程中的运用之所以能够生产出更多的使用价值和价值，是因为科学技术的运用提高了劳动者的劳动生产率，提高了活劳动的复杂性，从而使人类的劳动不断地起着自乘的作用。因此，把握这一关系就成为理解全部问题的枢纽。

科学技术对使用价值和价值的创造所具有的巨大作用，是通过劳动生

---

① 《马克思恩格斯全集》第 33 卷，人民出版社 2004 年版，第 144 页。

产率的提高和活劳动的复杂程度来实现的。科学技术对提高劳动生产率具有决定性作用，正是通过把科学技术这一要素融进其他生产要素，即劳动者、劳动工具、劳动对象与科学技术相结合，劳动者便具有较高的劳动生产率，劳动者的劳动能够得到自乘，从而创造出更多的使用价值和价值。所以，直接创造价值的是人类的活劳动，而不是科学技术本身，或者说，从广义文化角度观察，作为创造使用价值和价值的主体只能是劳动者。如果说有变化的话，那就是在科学技术高度发达的条件下，价值的源泉在于高复杂和高效率的活劳动。

劳动者运用先进的科学技术能够创造出更多的使用价值和价值，始终是和劳动者的活劳动效率提高联系在一起的。因此，对问题的分析是不能跳过劳动者活劳动效率提高这一环节的。如果把活劳动抽象掉以后，就看不到劳动与价值创造之间的关系，剩下的只是科学技术与价值之间的关系，这样，很容易陷入科学技术自身也创造价值的误区。从逻辑上分析，如果认为科学技术也能创造价值，实际上也就否认了不同劳动生产率的活劳动对价值创造的重要性。因为如果科学技术能够自动创造价值的话，活劳动效率的提高也就是无关紧要的了。若是这一结论能够成立的话，我们一再强调的提高劳动生产率又有什么实际意义呢？

第二，说科学技术本身不创造价值，并不等于否认科学技术对价值创造的重要作用。

这是因为，科学技术在生产过程中的运用不仅是创造出更多的使用价值的前提，而且也是创造出更多的价值的必要条件。没有科学技术的运用，就不会有日益发达的社会生产力和不断提高的劳动生产率，因而也就不可能创造出日益丰富的使用价值。同样，没有科学技术的运用，也不可能创造出日益增多的价值。在现代化生产过程中，科学技术对使用价值和价值创造的作用，比以往任何时候都更加突出、更加重要。只有看到这一点，才能高度重视科学技术的作用，劳动价值论才能从发展的观点去解释现实经济生活中的现象。但是，在这同时也必须看到，科学技术在生产过程中作为一个生产要素的性质并没有改变，因而它本身也不能成为价值创造的源泉和主体。科学技术对价值创造具有的越来越重要的作用，并不能赋予它在生产过程中具有创造价值的功能。

在实现生产过程中，科学技术并不是以独立的形态存在的，它是包含在先进的机器设备之中的。因此，运用先进的机器设备就是在生产过程中运用了先进的科学技术。如果说科学技术能够创造价值，那么，由此推论的逻辑结论必然是先进的机器设备也能够创造价值。所以，实际上主张科学技术创造价值的观点与机器设备创造价值的观点是有着内在联系的。

总之，在生产过程中涉及的各种要素中，只有劳动者的活劳动才创造价值，其他生产要素不论其存在的形式如何，不管它是以物质形态存在，还是以知识形态存在，作为这一要素的本身是不创造价值的。他们只是在生产过程中转移自身的价值，从而成为价值的一个构成部分，却不能成为创造新价值的源泉。

六　生产性企业私营业主的经营管理活动是创造价值的

我国传统的政治经济学承认，在公有制企业中，厂长经理从事生产性管理活动是创造商品价值的生产劳动，而对于资本主义私营企业内，从事生产性经营管理的活动能不能创造价值的问题，则持完全否定或回避的态度。这在分析逻辑上就形成一种难以自圆其说的矛盾：本来属于创造价值的生产性管理活动，一旦与该企业的财产私有权相结合，便全部丧失其创造价值的生产劳动属性。

其实，倘若生产性私营企业的主要投资者或所有者，同时又是该企业的实际经营管理者，那么，这种管理活动具有两重性：一是从社会劳动协作的必要管理中产生的劳动职能，客观上创造商品的新价值；二是从财产所有权获利的必要管理中产生的剥削职能，客观上又无偿占有他人的剩余劳动。在现实经济生活中，这两种职能交织在一起，并由一个人来承担，并不妨碍在科学分析进程中加以定性区别。①

现在，我们应该恢复马克思的原创性论断。马克思明确指出：在资本主义生产性企业中，"利润中也包含一点属于工资的东西（在不存在领取

---

① 参见程恩富《生产性管理活动都是创造价值的生产劳动》，《社会科学》1995 年第 7 期和《经济管理活动创造价值吗?》，《人民日报》2000 年 12 月 14 日。

这种工资的经理的地方）。资本家在生产过程中是作为劳动的管理者和指挥者出现的，在这个意义上说，资本家在劳动过程本身中起着积极作用。……这种与剥削相结合的劳动……当然就与雇佣工人的劳动一样，是一种加入产品价值的劳动。"①

据此，我们可以得到一个深化的认识：第一，不管生产性企业的财产状况如何，凡是单纯从事管理的经理人员，都属于熟练劳动者，并应获得包括较高复杂劳动在内的熟练劳动的工资。例如，在雇佣人数、资本额和利润量等方面，某个业主制企业达到社会规定的私营企业的标准，而该生产性企业的所有者又亲自从事实际经营管理，这样，其某些管理活动应视为能创造新价值的生产劳动。诚然，假如经理同时拥有企业内外的大量财产及其收益，那他就具有双重身份，而不再是一个单纯的经营管理者。这种情况也并不罕见。

第二，纯粹的货币资本家，包括各类证券、期货、外汇市场上的单纯投资和炒作的人，在不参与生产性企业管理的情况下，当然不属于创造商品新价值的生产劳动范畴，而是资本这一生产要素参与收益分配的具体表现。

第三，股份公司内部实际管理的权利与责任是复杂而多样的，其中有部分董事长、董事和监事仅是"挂名"，并不精通本公司的基本业务，一年只出席几次会议，对经理提出的经营战略和策略的报告进行审批（俗称"橡皮图章"），事实上没有积极参与公司重大经营决策的制定和监督实施。他们实际上只参与因单纯财产所有权产生的活动，如招聘总经理、分股息和红利等。这类活动含创造新价值的生产劳动的成分极少，甚至完全不包含。

第四，鉴于上述事实，可以把马克思在《资本论》中阐明的利润分割理论推进一层：第一层是马克思已阐明的，不管是借入资本，还是自有资本，企业总利润按照资本的单纯所有者（即马克思说的"法律上的所有者"）与资本的使用者（即马克思说的"经济上的所有者"）两重职能和权利，先分割为利息与企业主收入；第二层是马克思尚未阐明的，不管资本的使用者与资本的具体管理者是否合二为一，企业主收入，按照资本的使用者和具体管理者两重职能和权利，再分割为企业主纯收入与管理收入

① 《马克思恩格斯全集》第46卷，人民出版社2003年版，第219—220页。

（管理工资）。

七 无效劳动、有害服务和非法活动是否创造价值

作为有形商品和无形商品的两因素，其使用价值与价值是不可缺一的统一体。不能为市场创造出新的使用价值的劳动是不可能创造出新的价值的，因而不提供使用价值的无效劳动也就没有价值，甚至有些无效劳动还表现为"负效劳动"，如损害环境的生产劳动可能是"负价值"。

依据马克思的思路，奸夫和淫妇是互相提供重大的服务和互相满足的，骑士帮助罪犯拦路抢劫、打家劫舍，也是对罪犯的重大服务，但诸如此类有害服务的体力和脑力的支出不仅不创造价值，而且损害社会总价值，也可表现为"负价值"。资本主义社会将"红灯区"等某些有害服务合法化，并计算到第三产业和国内生产总值中去，这正是社会主义要消除的社会问题和经济弊端。

在经济领域，非法活动有两类：一类是有害的活动，如制造毒品，自然什么价值也不创造；另一类是有用的和有效的活动，如擅自冒用别人的商标生产毛巾，且收益很大，这本身是创造价值的生产性劳动，但属于非法活动或非法劳动，应进行法律制裁。

参考文献

［1］程恩富：《文化经济学通论》，上海财经大学出版社 1999 年版。

［2］程恩富、施锡铨、朱富强等：《经营者收入的博弈分析——劳动价值论的一种拓展》，《经济学动态》2001 年第 4 期。

［3］程恩富：《马克思经济学与经济思维方法——与张五常先生商榷之四》，《学术月刊》1996 年第 10 期。

［4］吴易风：《价值理论"新见解"辨析》，《当代经济研究》1995 年第 4 期。

［5］卫兴华：《关于深化对劳动和劳动价值理论的认识问题》，《经济学动态》2000 年第 12 期。

［6］胡钧：《挑战劳动价值论的新课题》，《高校理论战线》2001 年第 5 期。

（原载《财经研究》2001 年第 11 期）

马克思"商品价值量与劳动生产率变动规律"新探

——对劳动价值论的一种发展

马克思关于"商品价值量与劳动生产率变动规律"的理论在逻辑上和实践上都存有缺憾。这一缺憾不仅引起了经济理论界关于劳动价值论的长期争论，也与劳动生产率日益提高和社会财富的价值总量日渐增加的经济现实相悖。

本文试图在坚持马克思关于活劳动创造价值的理论基础上，对"商品价值量与劳动生产率变动规律"这一劳动价值理论的重要内容作一创造性的发展，并构成"新的活劳动价值一元论"的重要内涵之一。

一　商品价值量与劳动生产率反向运动规律的争议

马克思的劳动价值论在当代遇到了极大挑战的关键点之一，是马克思关于商品的价值量与体现在商品中的劳动量（劳动时间）成正比，与这一劳动的生产率成反比的规律这一理论，无法完整地解释在科技不断进步、劳动生产率不断提高的背景下，商品生产中的社会劳动量和社会价值总量在不断增加的这一现象，即社会价值总量与劳动生产率一般会产生正向变动的事实。如美国直接生产过程中的劳动量自 20 世纪 30 年代以来一直呈不断下降的趋势，但是，美国的国民生产总值却一直呈不断上升的趋势，而我国直接生产过程中投入的劳动量远远大于美国，但是，国民生产总值却仅是美国的 1/9。①

　　为此，我国理论界对马克思关于商品价值量与劳动生产率变动规律作了许多的探讨，大致有两类观点：

　　第一类观点是坚持马克思的商品价值量与劳动量成正比，与劳动生产率成反比的规律。持这类观点的经济学者在解释当代经济实践问题时的理由又都不同。

　　一些学者认为，目前，国内外关于国民生产总值或国内生产总值的统计，是以不变价格计算的。它实际是使用价值量的指标，或者说是反映使用价值量的价格指标，而非价值量指标。劳动生产率提高，与单位商品价值成反比，但与同一劳动时间创造的使用价值成正比，在价格不变情况下与价格的增加也成反比。②

　　这种解释与马克思的价值理论并不一致，因为无论如何含有新价值的商品价格都是以它的价值为基础，是它的价值的表现形式，以不变价格计算的国民生产总值在剔除了币值变动因素和非价值表现的价格之后，从一个较长的时间来观察，其基础仍是价值。这些学者的解释，虽然坚持了马克思的一个理论原则，却丢掉了马克思的另一个理论原则。

　　一些学者认为，价值并不是计量社会财富的尺度，而是商品交换的基础，是在两种商品相交换时，用来证明两者在量上是相等的，而不是用来衡量社会财富多与寡，因此计量国民生产总值的标准不是价值。

　　这种解释是将使用价值和价值相分离，商品是使用价值和价值的统一体，两者不可分离，商品的使用价值是价值的物质承担者，没有使用价值的东西就不会有价值。两种商品在交换时，即一种使用价值与另一种使用价值交换时，唯一能够计量两者在量上差异的东西就是价值，因为它的实体是一种同质量的抽象劳动。可见，将使用价值或社会财富与价值割裂开来，把价值视为与使用价值无关的东西也违背了马克思劳动价值论的基本前提。

---

　　①　转引自卫兴华《关于深化对劳动和劳动价值理论的认识问题》，《经济学动态》2000 年第 12 期。

　　②　参见卫兴华《关于深化对劳动和劳动价值理论的认识问题》，《经济学动态》2000 年第 12 期。

第二类观点认为，马克思的商品价值量与劳动量成正比，与劳动生产率成反比的规律不成立，而实际上劳动生产率与商品价值量是成正比例变动的。他们认为，"为其生产的一定量的使用价值所体现或支出的劳动量＝劳动时间×劳动生产率"，① 并举例，假定甲生产者仍用原来的生产方法，每年生产 2 单位粮食，乙使用机器可以生产 4 单位粮食，按照市场交换规律，生产者乙的收入比生产者甲高一倍，这种收入差别不是劳动差别带来的，而是物质条件变化（生产资料）从而提高了劳动生产率的结果。据此认为，"当我们在马克思的社会必要劳动时间中加入使用价值的生产以表明各个生产者之间的劳动生产率的差别，如果更进一步在上述基础上再引入技术进步，'价值与劳动生产率成反比'这一结论就很难成立了，商品的价值和收入分配已经不仅是取决于劳动时间，而且也取决于各个生产者之间的劳动生产率的差别，由此可以推论出价值与劳动生产率的正比关系"②。

由于这种观点是将活劳动以外的物化劳动（生产资料等）加入到创造价值的劳动之中，并进而提出，"劳动自身的生产力与劳动资本的生产力以及劳动的土地生产力共同创造价值"，从而就完全远离了马克思的劳动价值理论的基本点。

简言之，既然学术界现存上述两种观点均有明显失误，那么，如何在坚持马克思劳动价值论整体精神的基础上对马克思关于商品价值量与劳动生产率变化规律作出新的探索和发展，便是当今亟须进一步深入研究的重要课题。

二 商品价值量与劳动生产率反向运动规律的逻辑缺憾

马克思关于商品价值量与劳动生产率反向运动规律的逻辑缺憾主要体现在以下几个方面：

1. 关于劳动生产率与商品价值量反向运动的表述只是一种实际状态，

① 谷书堂：《新劳动价值论一元论——与苏星同志商榷》，《中国社会科学》1993 年第 6 期。
② 同上。

而非全部状态。

马克思关于劳动生产率与商品价值量反向运动规律暗含一个重要假定前提，即撇开了劳动主观条件对劳动生产率的影响，而只考虑劳动客观因素对劳动生产率的影响。在这样前提条件下，马克思才能将商品的使用价值与具体劳动联系在一起，将价值与抽象劳动联系在一起，进而确定劳动生产率取决于具体劳动的效率，使用价值的变动是具体劳动生产率作用的结果，两者依同方向变动。在马克思暗含的这一假定下，"生产力的变化本身丝毫也不会影响表现价值的劳动——不管生产力发生了什么变化，同一劳动在同样的时间内提供的价值量总是相同的"。从而得出"商品的价值量与体现在商品中的劳动量成正比，与这一劳动的生产率成反比"。① 这里的同一劳动是指同一企业的劳动，同样的时间则是指这一部门生产某种商品所需要的社会必要劳动时间。如传统的权威教科书中就是这样叙述的：一月份某厂 1 小时生产 4 吨钢，1 吨钢价值是 1/4 小时；二月份，这个厂劳动生产率提高到 1 小时生产 8 吨钢，1 吨钢价值降为 1/8 小时。这是因为在劳动生产率提高的场合，劳动时间并没有变，支出的劳动量也没有变，发生变化的仅仅是具体劳动。结果是，同量的劳动原来凝结在 4 吨钢中，后来凝结在 8 吨钢中，从而每吨钢的价值量减少了一半，可见，这里丝毫没有考虑劳动生产率与劳动主观因素复杂化之间的变量关系。

但是，在分析影响劳动生产率变化的因素时，马克思又承认劳动生产率是由劳动的主观条件、劳动的客观条件、劳动的自然条件等多种因素决定的。他认为，"劳动的生产力，由许多事情决定的，其中有工人的平均熟练程度、科学的发展水平和它在工艺上应用的程度，生产过程的社会结合，生产资料的规模和效能，以及各种自然条件"②。显然，这里的劳动复杂程度、熟练程度以及劳动强度等劳动条件是劳动的主观条件，而生产资料、技术等劳动条件则是劳动的客观条件。

同样，马克思还承认，就个别企业而言，"生产力特别高的劳动起到了自乘的劳动作用，或者说，在同样的时间内，它创造的价值比同种社会

---

① 马克思：《资本论》第 1 卷，人民出版社 2004 年版，第 53—54 页。
② 同上书，第 53 页。

平均劳动要多"。① 即使在世界范围内，马克思也认为"国家不同，劳动的中等强度也就不同；有的国家高些，有的国家低些……强度较大的国民劳动比强度较小的国民劳动，会在同一时间内生产更多的价值……生产效率较高的国民劳动在世界市场上也被算作强度较大的劳动"②。

这样，在马克思的这一理论中，就出现了影响劳动生产率变动的因素，包含劳动复杂化和劳动强度这类主观因素，同考察劳动生产率变动的结果舍弃劳动复杂化和劳动强度的不一致的论述，导致逻辑上的悖论。

2. 马克思商品价值量与劳动生产率反向变动规律不完全适用纵向分析。

劳动生产率是一个动态的变化过程，社会必要劳动时间也是一个动态的变化过程。在动态中，随着劳动生产率的变化，社会必要劳动时间外延会变化，它可能提高也可能缩小。这是因为，生产力特别高的个别劳动强度和复杂程度的提高会改变行业社会平均劳动的加权平均值，从而使社会必要劳动时间发生变化。尽管马克思认为，"在每一个价值形成过程中，高级劳动都要不断地还原为社会平均劳动，例如，把一日高级劳动还原为×日简单劳动"，③ 而不再考虑复杂劳动问题。但这样，劳动生产率提高前和提高后的社会必要劳动时间内涵就可能不一样，关于这点，马克思也意识到了，他说："每一种商品（因而也包括构成资本的那些商品）的价值，都不是由这种商品本身包含的社会必要劳动时间决定的，而是由它的再生产所需的社会必要劳动时间决定，这种再生产可以在和原有生产条件不同的、更困难或更有利的条件下进行。"④ 这样，就动态的或纵向比较结果看，马克思所讲的"同样劳动时间"就是存在着，其内涵也会发生变化。

但是，马克思在那一"反比"经典理论表述中用来计量劳动量的劳动时间是自然时间，是用日、小时为尺度的有长度、有限度的时间。在逻辑上是承认 1 日为 24 小时，2 小时是 1 小时的 2 倍。但是，在实际的分析

① 马克思：《资本论》第 1 卷，人民出版社 2004 年版，第 645 页。
② 同上书，第 614 页。
③ 同上书，第 224 页。
④ 同上书，第 158 页。

中，我们会发现，如果钢铁厂原来生产 1 吨钢的社会必要劳动时间是 10 小时，现在劳动生产率提高了，生产 1 吨钢的社会必要劳动时间是 1 小时。那么，现在 1 小时创造的价值量等于原来 10 小时创造的价值量，即现在 1 小时等于原来 10 小时，这时，马克思的劳动时间就不是自然意义上的时间了，这时 1 小时劳动时间代表或表现的劳动量绝不是原来 1 小时包含的劳动量。所以，就静态来看，劳动量由自然劳动时间计量没有矛盾，但是，进行动态分析，劳动量是无法由自然劳动时间计量的，这正是马克思商品价值量与劳动生产率变动规律中的又一个逻辑上的缺憾。

事实上，在其他场合，如马克思在分析相对剩余价值生产时就意识到了用劳动自然时间计量价值量的缺憾。因而指出，"现在，计量劳动时间的，除了它的'外延量'以外，还有它的密度。现在，十小时工作日中一个较紧张的小时，同十二小时工作日中一个较松弛的小时相比，会包含相同的或者更多的劳动，即已耗费的劳动力。因此，较紧张的一小时的产品同较松弛的 $1\frac{1}{5}$ 小时的产品相比，会具有相同的或者更多的价值"。① 这里，马克思已经意识到了劳动时间尺度的外延尺度和内涵尺度的存在与区别，随着由劳动密度和劳动强度所引起的劳动生产率提高，单位劳动时间内创造的价值量是不相等的。但是，囿于马克思自己关于"反比"的特定假设，客观上否定了劳动生产率与价值量可能存在的正向变动关系。这样，在逻辑上又导致生产力特别高的复杂劳动获得的价值只能是其他企业转移来的结论，这就否定了生产力特别高的复杂劳动直接创造价值的理论，这不仅使他的这一理论在逻辑上出现又一不一致，而且也导致了价值创造与价值转移问题的长期争议。

三　商品价值量与劳动生产率变动规律的新界定及其意义

首先，要完善这一理论研究的前提条件，要将劳动的主观条件引入马克思的商品价值量与劳动生产率运动规律之中。

---

① 马克思：《资本论》第 1 卷，人民出版社 2004 年版，第 472 页。

　　劳动生产率的提高是劳动的客观因素作用的结果仅是一种理论推测，就现实而言，劳动客观条件的任何变化都不可避免地引起劳动的主观条件的变化，如采用新的或更先进的机器设备后，直接使用机器的工人的劳动程度和劳动复杂程度可能降低也可能提高，但是，这时工人的概念可能不是一个单体，而是一个总体，就"总体工人"的劳动而言，其劳动的强度和复杂化都有提高的趋势。如果认为劳动客观条件变化可以引起劳动率变化，而主观条件变化不能引起劳动生产率变化，这与现实并不吻合。在现实经济社会中，劳动的客观条件单方面变动的情况只是一种可能性，更多的情况是两者的同步（可能是不同比例）变动。

　　而且，就一般意义而言，引起劳动生产率变化的重要因素是科技的进步，马克思认为科技是生产力，而科技进步对劳动生产率的影响主要是通过渗透到劳动的主观和客观条件之中而对劳动生产率起作用，这其中劳动的主观因素——劳动者是决定因素，没有劳动者就没有人类劳动，也就不能创造出任何使用价值和价值。所以，劳动的主观和客观条件的变化在许多场合是不可割裂的。马克思一方面承认科技的发展和应用是提高劳动生产率的最重要因素，科技进步是通过对劳动的主观条件和客观条件的改善而作用于劳动生产率之上，这其中人是最主要的因素，另一方面又没有分析劳动的主观条件变化，即劳动的复杂程度、熟练程度和强度提高对劳动生产率的推动作用。这是导致马克思"商品价值量与劳动生产率运动规律"出现逻辑上的悖论的重要原因。

　　就顺序而言，也应是先有科技的进步，随之才有劳动的主观条件的变化，然后才是劳动生产率的变动。劳动生产率变动的逻辑顺序应该是：

　　这样，马克思的"生产力的变化本身丝毫也不会影响表现价值的劳动——不管生产力发生了什么变化，同一劳动在同样的时间内提供的价值

量总是相同的"论断就不具有普遍意义了。这一方面在于，社会生产力变化本身就有表现价值的劳动因素的作用，这时的劳动也不是原来意义上的劳动，就劳动的复杂程度而言也已发生了变化。所以，当我们将劳动的主观条件引入到马克思分析的逻辑前提中，商品价值量与劳动生产率的运动方向就会发生变化，可能出现正向变动的趋向。

其次，将计量价值量的时间尺度区分为社会必要劳动意义上的劳动自然时间（外延尺度）和劳动密度时间（内涵尺度）。

由于马克思将劳动时间确定为劳动自然时间，他虽然看到了劳动时间的"密度"，看到了社会必要劳动时间的动态运动，可是，在"反比"理论表述中没有区分劳动的自然时间和密度时间，而不得不得出：劳动生产率越高，生产一个商品所必要的劳动时间就越少，凝结在该商品中的劳动量就越少，它的价值也就越小。反之，劳动生产率越低，生产一个商品所必要的劳动时间就越多，凝结在该商品中的劳动量就越多，它的价值也就越大。如果我们考虑到由于劳动的复杂程度、熟练程度和强度提升所引起的劳动生产率提高，并将社会必要劳动时间区别为自然劳动时间和密度劳动时间（个别劳动时间也一样），那么，同样 1 小时里包含的劳动复杂化和强化的程度是可以有差别的。这样，劳动生产率与商品价值总量就存在正方向变动的关系。

总之，劳动生产率提高表明劳动者在单位自然时间内不仅可以创造更多的使用价值，而且，由于劳动时间密度的提高（即劳动复杂化和强化程度提高）也可以创造更多的价值。一般所说的劳动者人力资本的高低和劳动积极性的高低，在实际发挥作用中大都涉及劳动的复杂程度、熟练程度和强度，而不可能脱离它们独立存在。

基于上述认识，我们认为，无论从个别企业，还是从部门和全社会来观察，商品价值量与劳动生产率变动规律可以包括以下几个方面：

（1）如果劳动生产率变动是由劳动的客观条件变动而引起的，劳动的主观条件没有发生变化，那么劳动生产率与商品价值量是反方向的变动关系。数量关系：

单位商品价值量（v）＝一定劳动时间（T）/使用价值量（Q）＝1/劳动生产率（P）

（2）如果劳动生产率变动是由劳动的主观条件变动引起的，劳动客观条件没有变动，那么，劳动生产率与价值量变动是正方向变动。这里有两种情况：一种情况是自然社会必要劳动时间发生了变化（外延增加或减少），另一种情况是自然社会必要劳动时间不变。但是，密度社会必要劳动时间增加了，即在同样社会必要劳动时间里，劳动复杂程度和强度提高，可以创造更多的价值。

（3）如果劳动生产率变动是由劳动的主观和客观条件共同变动引起的，劳动生产率与价值量变动方向不确定，也可能是正方向变动也可能是反方向变动。

一般而言，个别企业、同一部门或行业和全社会的劳动生产率提高，会使商品价值总量呈现出增长的趋势。这是因为，在现实经济活动中劳动生产率提高或多或少都会伴随着劳动的复杂化和熟练程度的提高。

我们对商品价值量与劳动生产率的规律作了如上的界定和新理解，对于坚持与发展马克思的劳动价值理论极有价值。

1. 有益于坚持"活劳动创造价值"，而不是物化劳动或劳动要素创造价值这一劳动价值理论的根本原理。因为，如果遵循这样的一个规律，劳动生产率变动带来的价值量的变动都只能是活劳动变动的结果，而不是其他因素作用的结果。这样，可以避免我们误入背离马克思劳动价值理论的歧途，重演李嘉图弟子的悲剧。

2. 有益于解释传统的劳动价值论无法解决的难题，即随着劳动生产率的提高，劳动时间和活劳动量都在减少而社会总价值却在不断增加的矛盾。

3. 有益于科学地说明科技劳动和管理劳动在价值创造中的作用，可以承认在社会必要劳动时间不断缩小的情况下，他们可以创造更多的价值的事实。

参考文献

[1] 马克思：《资本论》第 1 卷，人民出版社 2004 年版。

[2] 程恩富：《科学地认识和发展劳动价值论——兼论"新的活劳动价值一元论"》，《财经研究》2001 年第 11 期。

[3] 程恩富：《劳动价值论的认识创新》，《毛泽东邓小平理论研究》2002 年第 2 期。

[4] 程恩富、顾珏民：《新的活劳动价值一元论》，《当代经济研究》2001 年第 11 期。

[5] 洪远朋：《〈资本论〉难题探索》，山东人民出版社 1985 年版。

[6] 洪远朋、马艳：《关于劳动和劳动价值理论的十认识》，《复旦月报》2002 年第 2 期。

[7] 马艳：《关于价值创造和价值转移之争的探讨》，《学术月刊》2002 年第 6 期。

[8] 苏星：《劳动价值论一元论》，《中国社会科学》1992 年第 6 期。

[9] 谷书堂：《新劳动价值论一元论——与苏星同志商榷》，《中国社会科学》1993 年第 6 期。

[10] 卫兴华：《关于深化对劳动和劳动价值理论的认识问题》，《经济学动态》2000 年第 12 期。

（原载《财经研究》2002 年第 10 期，第二作者为马艳）

比较优势、竞争优势与知识产权优势理论新探

——海派经济学的一个基本原理

国际分工和国际竞争要以比较优势为基础，这是古典经济学的传统观点。到了 20 世纪 90 年代出现了竞争优势理论，然而随着时代的发展，比较优势和竞争优势的局限性越来越明显，应发展更符合实际要求的理论来解释并引导国际竞争和国家经济发展。知识产权优势是指培育和发挥拥有以自主核心技术和自主名牌为主要内容的自主知识产权的经济优势，是相对于比较优势、竞争优势而言的第三种优势。本文并不是简单地否定比较优势理论和竞争优势理论，而是认为知识产权优势理论是与前两者有联系的一种新发展。

一　比较优势理论在我国的发展及其局限性

长期以来，指导我国参与国际分工和交换的是比较优势理论，即劳动生产率及各国资源禀赋的不同能影响世界贸易的方向和贸易利得，通过国际分工可以使贸易双方（甚至是具有绝对劣势的一方）都获得更大的福利。直至现在，许多学者和实务工作者依然强调要发挥我国的资源比较优势。事实上，我们应该看到比较优势是有很大的局限性和对于我国的不适应性的。

随着国际贸易的发展，比较优势理论越来越不能充分合理地解释新的现象。具体表现在以下几点：（1）比较利益理论的一些前提条件在当今世界已经不存在。无论是以劳动生产率差异为基础的比较成本说，还是以生产要素供给为基础的资源禀赋说，其比较利益的前提是各国的供给条件、

生产条件不可改变，资源、生产要素不能在国际间流动。在这种假设条件下，具有比较优势的资源及其产品才可能具有垄断优势。但当今生产要素和资源可以在国际间加快流动，自然资源可以被改良和再造，也可以被新材料所替代，劳动力的技能和素质的提高，又可克服劳动力数量不足的矛盾。（2）比较利益理论所讲的比较成本是对本国的产品进行比较而言的，不意味着本国比较成本低的产品在国际竞争中就一定具有竞争优势。（3）比较利益理论只注意了经济因素而忽略了非经济因素，忽视了经济安全。（4）比较优势仅仅注重了静态的比较利益，而忽略了动态发展优势。（5）比较优势理论片面地强调了资金的重要性，认为只要积累了足够的资金，就能自动地内生出一个发展高科技产业的机制，而忽略了信息、知识、人力资本的培养，实际上这些因素对于 IT 技术创新更为重要。（6）比较优势论证了在自由贸易条件下如果充分发挥市场价格机制的作用，就已实现稀缺资源在国际范围内的最优配置。这一概念强调了"看不见的手"的作用。只要市场机制起作用，只要存在资源的稀缺性，比较优势就会客观地发生作用，国家的发展战略也要顺应比较优势原理的要求。但是，它忽视了"看得见的手"——企业作为竞争主体的作用。事实上，现代企业可以通过有意识的战略选择来配置稀缺资源，进行人为比较优势的创造。

再结合我国情况来分析，作为发展中国家的大国，其所拥有的资源比较优势不外乎是大量廉价的劳动力和绝对量不小、但人均占有量较低的自然资源。中国选择与资源禀赋决定的比较优势相符合的产业和技术结构，不外乎是大力发展劳动密集的技术含量低的产业，这样中国将陷入"比较优势陷阱"，因为劳动密集型产品的市场需求缺乏弹性，其未来市场的容量小，市场扩张难度大，贸易摩擦会加剧，导致贸易条件恶化。在科技创新突飞猛进的情况下，劳动密集型产品的比较优势最终会失去竞争优势，而且大力发展劳动密集型产业还会导致进口漏出和储蓄漏出。前者指发展中国家需要以一部分收入从国外进口技术密集型产品用于消费，后者指因国内缺乏投资品工业，国内的储蓄还要漏到国外去购买投资品。这样的产业结构安排和贸易格局很难起到带动本国经济发展的效应，这使得劳动密集型产业不能成为带动产业升级的领头产业（杨叔进，1983）。

（一）缺乏技术优势和竞争优势的资源禀赋比较优势难以为继。按照比较优势理论，中国拥有几乎取之不尽的廉价劳动力，这对于中国而言，发展劳动密集型产业在国际贸易中具有强大的竞争优势。然而，一旦考虑到生产率的差异，偏重劳动密集型产品的中国在出口方面的低工资优势就不太明显，甚至较之某些国家还处于劣势。以1998年的数据为例，美国的平均工资是中国的47.8倍，但考虑到生产因素，创造同样多的制造业增加值，美国的劳动力成本只是中国的1.3倍；日本的这两个数字是29.9和1.2；菲律宾和玻利维亚的工资约4倍于中国，而单位劳动力成本比中国低30%—40%。因此，考虑到技术因素，我们发展劳动密集型产业根本无优势可言，更不用说依赖劳动密集型产业带动产业结构的升级换代，实现与发达国家的收敛。

在现实的贸易中，一国潜在的比较优势能否实现，贸易利润能否获得，取决于一国具有比较优势的产品是否具备竞争优势。如果不具备竞争优势，产品将被排除在国际交换之外，比较利益就无法实现。而比较优势是相对于本国的资源和另一国的情况，在世界范围内就不一定具有价格竞争力了，加上受到国际金融体制的影响及其他非价格因素如产品质量、性能、款式、包装、运输费用、品牌偏好、文化内涵、售后服务、差异化等的影响，使得产品在国际市场上的竞争力由价格竞争力和非价格竞争力共同决定。如果发展中国家在非价格方面的竞争力太弱，它们即使具有低价格的比较优势，也会丧失竞争优势。

（二）按照比较优势选择产业结构会带来一些严重的后果。可以看出，除了上面所分析的比较优势理论的局限性之外，如果单纯按照比较优势指导我国的贸易和经济发展战略，可能具有比较优势的劳动密集型产业也不一定就能在世界上具有竞争优势。如果一味坚持按照由比较优势选择产业和技术结构，大力发展劳动密集型产业，出口劳动密集产业，会带来一系列后果。

一是贸易条件的恶化。按照比较优势发展我国的劳动密集型产业可能会带来贸易条件的恶化，这可以从供给和需求两个角度来分析。从供给方面看，发展中国家根据现有的比较优势参与国际分工，进行的生产主要在于初级产品和劳动密集型的工业制成品方面，随着越来越多的发展中国家加入到全球化过程中来，劳动密集型产品的供给也越来越多，形成所谓的

"合成谬误"，从而使得这类产品在国际上竞争激烈，贸易条件不断恶化。从需求方面看，更是发展中国家贸易条件恶化的重要原因，因为各国经济的发展和人均收入的提高，国际市场上劳动密集型产品的国际需求日益减少。再深入到从需求结构分析，传统的劳动和资源密集型产品日趋饱和，国际消费需求结构以及相应的投资需求结构已向更高层次转换。我国出口的劳动密集型产品加工程度低、技术含量少、产品质量不高，这种中低档次劳动密集型产品出口面对的只能是日益缩小的国际市场和日益下降的价格水平，形成与发达国家高新技术产品交换的贸易条件越来越恶化。这方面普雷维什和辛格在 20 世纪 50 年代针对初级产品，沙克和辛格在 90 年代对劳动密集型制成品都作过理论和实证分析。

考虑贸易条件的恶化，许多有比较优势和竞争优势的产业其实并不一定适合中国参与。就拿大多数人都看好的纺织工业来说吧，由于全球市场的扩张非常有限，而且知识与技术含量较高的设计与面料后续加工又不是中国的强项，因此，尽管该产业是个典型的劳动密集型产业，但不大可能成为中国参与国际分工的最佳选择。诸如此类的例子还很多。

中国贸易条件恶化情况一览表

	1985	1989	1990	1991	1992	1993	1994	1995	1996
出口价格指数	185.35	130.4	129.7	100.00	89.12	99.57	93.95	75.21	87.86
进口价格指数	77.59	87.93	95.93	100.00	103.75	106.50	108.50	110.25	111.8
贸易条件	238.89	148.30	135.20	100.00	85.90	93.70	86.20	68.20	78.60

转引自张碧琼《国际资本流动与对外贸易竞争优势》，中国发展出版社 1999 年版，第 263 页。

二是劳动密集型产品的需求弹性小、附加值低，易出现出口的"贫困化增长"，同时，我国劳动密集型产品的出口市场过于集中，生产地区分布也不均衡，使我国产品极易遭受国际经济波动的影响和冲击。正如发展经济学家托达罗所说：赋有充裕的非技术劳动供给的第三世界国家，由于专门生产密集使用非技术劳动且世界需求前景和贸易条件十分不佳的产品，从而陷入一种使其在非技术、非生产性活动上的"比较利益"永久存在的停滞的环境中，这将会抑制该国资本、企业精神和技术技能在国内的增长。

三是发达国家对发展中国家歧视性的贸易政策，使我国的劳动密集型产品受到了诸多的贸易壁垒的阻碍，在国际市场上发展的空间越来越有限。它使我国的以劳动密集型产品为主的出口贸易在国际分工中处于从属和被动的不利地位，极易落入"比较优势陷阱"。在目前人类社会空间中，落后国家拥有竞争优势的劳动密集型产品只占很小的一部分。当众多资源禀赋相似的落后国家都来瓜分这些产品上的竞争优势时，每个国家所能占有的产品种类就更少了。况且，我国又是发展中大国，不可能像小国一样，仅靠有限的几种劳动密集型产品就能实现持续的快速发展。假如中国不顾自己是大国这一事实，去从事专业化生产，那么，世界绝不可能为中国提供如此巨大的市场。与此同时，国内各个地区客观存在的、具有较大差别的资源禀赋优势，也将无法得到充分的发挥。

由上述分析可见，仅靠比较优势是难以实现我国经济发展的重任的。不过，比较优势理论是否就过时、没有价值了呢？答案是否定的。有丰富的天然资源和较低的劳动成本，是经济发展的有利条件。许多发达国家的发展最初就是由资源禀赋的产业带动的。只是如果仅仅满足于这些因素，往往就会陷入"比较优势陷阱"。

针对传统比较优势的局限性，一些学者指出，以竞争优势为基础，提高我国竞争力。更多的学者认为，比较优势与竞争优势不是非此即彼的关系，二者有一定的相容性。重要的是应寻求由潜在比较优势向竞争优势转化的途径。其实，我们深入分析就会发现，这种途径就是创新和技术。

如果发展中国家注重技术进步，则可以防止贸易条件的恶化，促进经济发展。尹翔硕、许建斌（2002）通过模型证明发展中国家如果专业化生产和出口低技术产品，其贸易条件长期来看会恶化。这种恶化会导致它们原来的比较优势降低，从而使它们有可能实施进口替代，转而使国内生产一部分高技术产品。当然，如果仅仅有这样一个市场过程，并不能使发展中国家的贸易条件改善，从而也不会使发展中国家的福利水平提高，与发达国家的差距缩小。但是，如果发展中国家以此为契机，通过政府教育和技术政策，一方面发展教育，提高人力资本，另一方面推动科研，提高技术水平，最终会缩小与发达国家的差距。而且，发展中国家不一定要等到贸易条件恶化后才实施教育和科技政策，推动高技术产业的发展。如果发展中国家从一开始就推动技术进步，那么在贸易条件恶化前就可能影响世界产品价格，防止贸易条件的恶化和差距的拉大。

二　竞争优势理论在我国的发展及其缺陷

20 世纪 80 年代以来，波特相继发表了他的著名的三部曲：《竞争战略》（1980 年）、《竞争优势》（1985 年）和《国家竞争优势》（1990 年），提出并完善了竞争优势理论。波特认为，一个国家之所以能够兴旺发达，其根本原因在于这个国家在国际市场上具有竞争优势，这种竞争优势源于这个国家的主导产业具有竞争优势，而主导产业的竞争优势又源于企业由于具有创新机制而提高了生产效率。波特所指的一个国家的竞争优势也就是企业、行业的竞争优势，具体包括六个方面的因素：生产要素、国内需求、相关支撑产业、企业的战略结构和竞争、政府的作用、机会（包括重要发明、技术突破、生产要素与供求状况的重大变动以及其他突发事件等）。

我国学者 20 世纪 90 年代初引进介绍波特的国家竞争优势理论[1]，至 90 年代中后期兴起了研究竞争优势的高潮。一些学者将比较优势与竞争优势理论并列，认为比较优势已经过时，应当强调竞争优势，而越来越多的学者认识到不能割裂二者的联系，应当寻求从比较优势到竞争优势的途径，但归根结底还是推崇竞争优势。而竞争优势理论的缺陷却很少提及或一笔带过。事实上，波特理论也有其局限性和对中国的不适应性。

（一）竞争优势的许多结论不适合解释发展中国家的情况，钻石模型主要是根据发达国家尤其是美、日的成长过程所总结出来的，波特认为市场需求越苛刻、越高级，产业的竞争力就越高，但在大多数发展中国家，目前许多产业的发展还处于起步或成长阶段，并没有能力来满足苛刻、高级的市场需求。如果发展中国家将苛刻的、高级的市场需求用法律的形式

---

[1]　本文作者收集到的最早介绍波特模型的是《经济社会体制比较》1991 年第 5 期上的一篇介绍性文章《波特理论模式：发挥国家竞争优势》。

确定下来（如通过严格的环境保护法律或产品质量法律），则在国际竞争中，发展中国家的相关产业的企业将难以和发达国家的企业竞争，并最终使其丧失国际竞争力。

（二）竞争优势理论的隐含前提假设在于：资本是充裕的，企业可以轻易获得先进的技术和管理经验。这与现实条件并不完全符合。国际范围内的资本流动仍然受到诸多限制，一些穷国自身的积累能力也有限；尤其对一些发展中国家来说，技术落后和管理经验不足的情况更严重。因此，在扶持自己的幼稚产业时，一定程度的垄断和贸易保护是必需的，自由竞争只会造成打击民族工业的后果。在对日本的经验进行分析时，大多数经济学家都把日本通产省实行的产业扶持政策作为日本经济成功的一个重要原因，而竞争优势理论对这点的忽视显然构成了它的一个根本缺陷。

（三）钻石体系包括的特质有好几项，而简化的答案往往会把问题内部一些最重要的部分掩盖掉。这反映了战后影响国际竞争和国家经济发展的因素的复杂性，一国经济发展是受多个方面影响，甚至不同的国家影响因素也不相同。但是考虑的因素过多又使其步入另一个极端：如果把所有凡是有影响的因素都考虑进去，却往往也会掩盖了真正的关键因子。科学研究就是要从复杂的现象中抽象出其中的规律或决定性因素，而不能凡是影响的因子都一一列出。

（四）波特的分析没有考虑跨国公司的作用，而明显的例证表明，跨国公司在国际贸易和国际分工中的作用不可忽视。同时也使得产业竞争优势有时不完全取决于国内因素。

（五）波特模型的逻辑是国家的竞争力取决于企业和产业的竞争力，因而他的分析从企业的竞争战略出发。但是他又几乎完全将企业竞争优势归因于企业外部的市场力量，并假设这一力量与企业进行市场定位，构筑进入和退出市场壁垒的能力相一致。企业所处的外部环境的确很重要，但过分强调国内市场、相关产业、同业竞争、机会和政府等外部因素而忽视企业自身的因素也是难以有说服力的。

尤其是对于我国，竞争优势所含因素太多，而我国一时是很难具备全部要素的，如果没有重点地制定战略，发展的质量将会受到影响。波特自己也承认，国家的竞争优势倒也不需要齐备所有的关键要素，国家缺少两个关键要素也不会妨碍它寻求竞争优势，但他没能指出到底如何从仅拥有一两种要素（如自然资源）发展到拥有互动的整体竞争优势。而我们知道，要想持续发展，拥有持久的竞争力，必须拥有垄断性的资源，而自然资源如上分析是可以替代和跨国流动的，因而难以是垄断性的。只有无形的资源——知识，才是国家最大的财富。拥有自主知识产权优势，是一个企业和国家能取得垄断利润的关键。

三   构建知识产权优势理论与战略

比较优势理论的缺陷使得我们认识到，不仅不能指望单纯发展比较优势产业来推动国家经济的选择性赶超和高效益发展，而且满足于比较优势还可能造成贸易条件恶化，陷入比较优势陷阱；竞争优势综合因素太多，而且并不十分适合发展中国家的现实要求；进入新世纪，知识、名牌和核心技术越来越发挥着重大作用，对于企业参与世界竞争、提升综合国力、维护国家安全都有重要意义，因而重视和培育知识产权优势是提高后发国家核心竞争力的必然和迫切要求。有些论著认为，现在知识和技术已没有国界，落后国家可以模仿或买进先进技术。但是，对于企业乃至国家而言，最先进的技术和名牌往往是买不来。没有自主独立的科技创新体系和名牌开发体系，就只能受制于人。

当前，针对比较优势和竞争优势的理论和实践缺陷，我国应大力培育和发展"第三种优势"，即"知识产权优势"。所谓知识产权优势，是指通过逐步拥有以自主核心技术和自主名牌为主要内容的自主知识产权的经济优势，是相对于比较优势、竞争优势而言的第三种优势。

知识产权优势不是同比较优势和竞争优势完全对立的，而是与它们既有区别又有联系的。知识产权优势不能脱离比较优势和竞争优势基础，是在既定的比较优势和竞争优势基础上的更核心层次的国家优势。它避免了笼统的竞争优势的理论缺陷，而突出了以核心技术和名牌为核心的经济优势或竞争优势。它不仅应体现在我国的高新技术产业部门及具有战略意义的产业部门，这些必须逐步掌握自主研究、自主开发、具有自主知识产权的核心技术和名牌，建立以自主知识产权为基础的技术标准体系，而且还应体现在我国传统的民族产业或低端产品部门，包括劳动密集型产业部门，也必须塑造在国际上具有一定影响力的民族名牌，拥有自主知识产权的中低级关键技术。

比较优势是由一国资源禀赋和交易条件所决定的静态优势，是获取竞争优势的条件；竞争优势是一种将潜在优势转化为现实优势的综合能力的作用结果；比较优势作为一种潜在优势，只有最终转化为竞争优势，才能形成真正的出口竞争力。现在要实现我国出口产品的结构升级，就必须以国际经济综合竞争为导向，将现有的比较优势转化为竞争优势，而其中的关键就在于创造和培育我国的知识产权优势。

只有具有自主知识产权的优势，企业和产业的竞争优势才有可能形成并长期保持。或者说，知识产权优势是持久高端竞争优势的必要性条件。波特在钻石体系的第一项中特别强调高级人力资本和研发的重要性。具有较高物资资本水平国家的企业，必须雇佣具有高人力资本的人才，强调研发和新产品开发的重要性，这是这些企业利用本国的比较优势，在国际市场上取得竞争优势的必然要求和表现。

另外，相对于比较优势和竞争优势，知识产权优势更恰当地反映了时代特点和经济发展的要求。比较优势、竞争优势往往都是用进出口值或净出口值来衡量，但进出口值不一定能代表真正的国际竞争力，也不一定代表这一产业在国内的产业结构和产业升级中的地位及对 GDP 的贡献，因为它受到很多因素的影响，如国家的对外政策、经济波动等。同样，对 GDP 作出重大贡献的也不一定是出口量大的，国内需求也是不容忽视的重要方面。所以，比较优势、竞争优势的一些数据可能并没反映问题的实质。而新时期的知识产权的作用是具有决定性的，合适的技术发展路径才能缩短与发达国家的差距，促进经济有选择性的赶超或跨越。

知识产权优势的培育，是一个综合而需要长期努力的过程。我国与发达国家相比，知识产权方面存在很大的优劣势差距，这就要求我们要认清趋势，加快发展，制定持久而全面的选择性赶超战略。这里要强调的是，知识产权优势并不等于高新技术，而是应针对不同的时期、不同行业和不同的研究机构，有不同的含义和重点。就短期战略而言，制造业要注意"干中学"，发展实用技术，企业为技术创新的主体，国家提高技术标准；

就中期战略而言，要认清世界产业发展的趋势，促进生化、电子、信息等技术的研发，以多体系科研机构为主体，国家促进合作协调和加强知识产权保护；就长期战略而言，要加强基础研究，以国家和高校的研究机构为主体，加大资本和人力投资，提高国民素质，创立和发展国家科技创新体系。另外，各地各部门都要注重打造名牌，保护原有民族名牌，鼓励新名牌在国内外的拓展。

在我们海派经济学家看来，面对这个既充满机遇又充满挑战的新时代，我国要最大限度地获取贸易发展的动态利益，更好地通过对外贸易促进产业结构的良性调整，必须拥有自主知识产权的核心技术和打造自主知识产权的国际品牌，就必须以知识产权优势理论作为应对经济全球化和发展对外贸易的战略思想，并在结合比较优势与竞争优势的基础上，大力发展控股、控技（尤其是核心技术）和控牌（尤其是名牌）的"三控型"民族企业集团，突出培育和发挥知识产权优势，早日真正打造出中国的世界工厂而非世界加工厂，从而尽快完成从贸易大国向贸易强国和经济大国向经济强国的转型。那种只强调保护国内外知识产权，不强调创造自主知识产权的做法，那种主要寄希望于依赖不断引进外资、外技和外牌的策略，那种看不到跨国公司在华研发机构的正负双面效应而一味欢迎强国推行"殖民地科技"的开放式爬行主义思维，都是不高明的科技发展"线路图"和开放理念。

参考文献

［1］廖国民：《入世后中国的贸易战略：比较优势还是选择性赶超?》，《上海经济研究》2003 年第 5 期。

［2］尹翔硕、许建斌：《论落后国家的贸易条件、比较优势与技术进步》，《世界经济文汇》2002 年第 6 期。

［3］陶然、周巨泰：《从比较优势到竞争优势——国际经济理论的新视角》，《国际贸易问题》1996 年第 3 期。

［4］洪银兴：《从比较优势到竞争优势：兼论国际贸易的比较优势理论的缺陷》，《经济研究》1997 年第 6 期。

［5］鲍晓华：《从比较优势到竞争优势》，《财贸经济》2001 年第 4 期。

［6］程恩富：《构建知识产权优势理论与战略》，《当代经济研究》2003 年第 9 期。

［7］程恩富、丁晓钦：《世界工厂与知识产权优势》，《社会科学家》2003 年第 1 期。

［8］洪银兴：《经济全球化条件下的比较优势和竞争优势》，《经济学动态》2002 年第 4 期。

［9］［美］迈克尔·波特：《国家竞争优势》，华夏出版社 2002 年版。

［10］肖梦：《波特理论模式：发挥国家竞争优势》，《经济社会体制比较》1991 年第 5 期。

［11］杨叔进：《经济发展的理论与策略》，江苏人民出版社 1983 年版。

（原载《求是学刊》2004 年第 6 期，第二作者为廉淑）

论马克思主义与可持续发展

　　胡锦涛同志在党的十七大报告中倡导科学发展观，而科学发展集中体现之一是可持续发展，因为不以最广大人民利益为本的发展、不全面的发展、非协调的发展以及非和谐的发展，都将导致发展的延缓或者停滞，是不可持续的。

　　同时，我们看到，可持续发展涉及的人口、资源和环境问题，伴随当今世界的经济日益全球化，已经成为全球性的共同问题。当今世界的财富占有和收入分配的两极分化更加严重，除中国之外的世界赤贫人口还在继续增加，全球失业人口居高不下，劳动人口的人均工作时间减少徘徊不前、甚至变相增加。全球以追逐利润为目标的现代工业的生产方式，还不断地开拓新的投资领域和扩大生产规模，以更快的速度耗尽可再生和不可再生的资源，并不断地向自然界排放大量有害物质。以追求享乐和功利为时尚的现代人类的生活和消费方式，还在不断地挖掘人的消费潜能和刺激人的消费欲望，并不断向自然界遗弃更大规模的生活垃圾。现代工业和人类对资源的消耗和对环境的污染已经超过自然本身的吸收能力、补偿能力、再生能力和恢复能力，这不仅导致全球的生态环境危机，而且人类自身的生存也处于危险之中，人类正面临可持续发展的危机。

　　因此，人类不得不思考人口、资源、环境与发展的关系，不得不反思以牺牲生态谋求经济增长、以牺牲劳工谋求资本增值、以牺牲他人谋求自身福利、以牺牲整体谋求局部发展、以牺牲长远谋求眼前利益、以牺牲精神谋求物质占有、以牺牲后代人谋求当代人享受的不可持续的发展方式，不得不挖掘当代人类社会经济走向不可持续发展道路的深层根源，不得不探求人类可持续发展的道路、方式和前景。作为全人类的精神财富，马克思主义为人类社会和自然界的可持续发展提供了科学的世界观和方法论，马克思主义本身就蕴涵着可持续发展的核心理念，并在发展目标上与可持续发展达到了完美的统一。

一　马克思主义提供了可持续发展的科学方法论

马克思主义的辩证唯物论把自然置于人赖以生存和发展的前提和基础的地位，表明可持续发展的客观物质基础是良好的生态环境和足够的自然资源。马克思指出："自然界，就它自身不是人的身体而言，是人的无机的身体。人靠自然界生活。这就是说，自然界是人为了不致死亡而必须与之处于持续不断的交互作用过程的、人的身体。所谓人的肉体生活和精神生活同自然界相联系，不外是说自然界同自身相联系，因为人是自然界的一部分。"[①] 自然不仅给人类生产和发展提供生产资料、劳动对象和活动场所，甚至直接提供生活资料，而且自然环境的差异是社会分工的自然基础，制约着社会生产的布局、结构和规模。因此，可持续发展必须做到"保护生态环境""进行生态修复"和"污染防治"，"发展清洁能源和可再生能源"，"建设资源节约型、环境友好型社会"[②]，否则，生态恶化和环境污染，人类就不能够也无法在地球上生存，当然谈不上"可持续发展"。其次，马克思主义的辩证唯物论表明，自在的自然世界自身具有不以人的意志为转移的客观规律。这就要求可持续发展必须尊重自然规律，否则必然遭到自然的惩罚，导致发展的非可持续性。恩格斯告诫人类，"我们统治自然界，决不像征服者统治异族人一样，决不是像站在自然界之外的人似的，——相反地，我们连同我们的肉、血和头脑都是属于自然界和存在于自然界之中的；我们对自然界的全部统治力量，就在于我们比其他一切生物强，能够认识和正确运用自然规律"[③]。恩格斯当时就看到人类因不尊重自然规律而遭受到的惩罚和导致的发展的不可持续性，"美索不达米亚、希腊、小亚细亚以及其他各地的居民，为了得到耕地，毁灭了

---

① 《马克思恩格斯全集》第3卷，人民出版社2002年版，第272页。
② 胡锦涛：《高举中国特色社会主义伟大旗帜　为夺取全面建设小康社会新胜利而奋斗》，人民出版社2007年版。
③ 《马克思恩格斯选集》第4卷，人民出版社1995年版，第383—384页。

森林，但是他们做梦也想不到，这些地方今天竟因此而成为不毛之地，因为他们使这些地方失去了森林，也就失去了水分的积聚中心和储藏库。阿尔卑斯山的意大利人，当他们在山南坡把在山北坡得到精心保护的那同一种枞树林砍光用尽时，没有预料到，这样一来，他们就把本地区的高山畜牧业的根基毁掉了；他们更没有预料到，他们这样做，竟使山泉在一年中的大部分时间内枯竭了，同时在雨季又使更加凶猛的洪水倾泻到平原上"[1]。同时，马克思主义的辩证唯物论指明，作为自为的、主体的人，能够在认识和正确运用自然规律的前提下，充分发挥人的能动性和自觉性，去利用自然和改造自然，保持发展的持续性。既不主张忽视和不尊重自然规律的"控制"自然和"征服"自然的"人类中心主义"，又不主张人是自然奴役和无条件地顺从自然的"生态中心主义"或"自然中心主义"，主张人与自然和谐相处，在符合"生态原则"或"自然原则"的前提下达到经济丰裕和社会自由的充分实现。

马克思主义辩证地看待经济发展与环境问题、资源限制的关系。缺乏环保意识、忽视生态自然规律的、粗放式的经济发展会造成环境的破坏，导致发展的非可持续性；而注重环境保护、尊重生态自然规律的集约式的经济发展又会有助于环境的改善，达到发展的可持续性。可持续发展的基础是发展，不能因为保护环境就"限制增长"或者要求"零增长"或"负增长"。若不解决人口的贫困问题，也不可能实现保护生态环境。因为贫困人口会为短期生存需要而破坏环境和掠夺性使用自然资源。因此，停止经济发展，甚至负经济增长并不一定能解决环境问题。同样，既不能因为经济发展受到现有资源的约束而放弃经济发展，又不能因为人类开发新资源的潜力巨大，而在经济发展中不注重资源节约和提高资源的利用效率。停止经济发展或者采取负增长只能是延缓现有资源的使用时间，并没有解决现有的资源的有限性问题。而经济发展却给人类提供了更多时间和空间，不断地开发新资源和替代资源。人类发展史也正是如此，以能源为例，19世纪中期以前，人类能源以柴草为主，在1860年全世界的能源结构中，木柴占75%，煤以及少量的石油、天然气仅占25%。1900年，进

----

[1]《马克思恩格斯选集》第4卷，人民出版社1995年版，第383页。

入煤炭时代，煤在能耗中占到 57.6%，柴草下降到 40% 以下。20 世纪 60 年代中叶，进入石油时代，石油和天然气在总能耗中的比率超过了煤炭。虽然以现有已探明的储量和开采趋势等数据进行乐观的估计，煤和原油也将会在未来 200—300 年的时间内开采完和消耗尽。[①] 但是，人类一定会凭借自身的智慧和科技能力在煤和石油枯竭之前开发出更经济的替代能源。然而即便如此，人类依然需要节约和集约地使用这些能源资源，因为这些能源资源在使用的过程中，释放的过量温室气体和大量有毒气体如果没有处理，会对环境造成破坏。因此，为保持发展的可持续性，对可再生资源的利用率必须控制在可再生率之下，对不可再生资源的利用率不能超过替代能源的开发利用率。但是，通过提高再生资源的再生率、不可再生资源的开发利用率，仍然可以提高再生资源和不可再生资源的利用量，满足人类可持续扩大再生产的需要。其次，马克思主义辩证地看待科技对自然的影响。科技的进步，一方面表明人类对自然规律的认识和利用的深化，提高了现有资源的利用效率和开发替代资源的能力，以及解决环境问题的能力；另一方面却可能导致以更大规模和更快速率耗竭现有资源，而且人类因对科技产品的消费而产生的大量工业废弃物和生活垃圾，超过了自然的同化和吸收能力，造成了对自然的破坏。但是，这正说明科技本身是中性的，环境问题的产生，不是在于科技的进步，而是在于科技的如何使用。如果科技仅仅是不顾生态环境破坏的财富和利润追逐的工具，那么科技的应用必然带来生态灾难。正如恩格斯指出的，蒸汽技术"只有它的资本主义的应用才使它主要地集中于城市，并把工厂乡村转变为工厂城市。但是，这样一来它就同时破坏了它自己运行的条件。蒸汽机的第一需要和大工业中差不多一切生产部门的主要需要，就是比较纯洁的水。但是工厂城市把一切水都变成臭气冲天的污水。……要消灭这样新的恶性循环，要消灭这个不断重新产生的现代工业的矛盾，又只有消灭现代工业的资本主义性质才有可能。只有按照一个统一的大的计划协调地配置自己的生产力的社会，才能使工业在全国分布得最适合于它自身的发展和其他生产要素的

---

① 世界经济年鉴编辑委员会：《世界经济年鉴》（2001 年卷），经济科学出版社 2001 年版，第 384 页。

保持或发展"①。因此，解决环境问题，实现可持续发展，并不是停止科技进步，而是改变技术的使用方式。

马克思主义的历史唯物论表明，人与自然的关系是发展变化的，与人与人关系的发展史伴随的是人与自然关系的发展史。在人类社会的初期，人类从属、顺从和敬畏自然，自然居于人与自然关系的主导和显赫的地位。马克思和恩格斯指出："自然界起初是作为一种完全异己的、有无限威力的和不可征服的力量与人们对立的，人们同自然界的关系完全像动物同自然界的关系一样，人们就像牲畜一样慑服于自然界；因而，这是对自然界的一种纯粹动物式的意识（自然宗教）。"② 随着生产力的发展和生产关系的变化，人类走向了支配、控制和征服自然，人上升到人与自然关系的主导和显赫的位置，于是生态自然问题开始显现并日益严重，导致人类发展的非可持续性。恩格斯当时就看到资本主义"关于这种惊人的经济变化必然带来的一些现象，……所有已经或者正在经历这种过程的国家，或多或少都有这样的情况。地力损耗——如在美国；森林消失——如在英国和法国，目前在德国和美国也是如此；气候改变、江河淤浅在俄国大概比其他任何地方都厉害"③。随着生产力的进一步发展，人类对自然规律认识逐渐深入，但是，"仅仅有认识还是不够的，为此需要对我们的直到目前为止的生产方式，以及同这种生产方式一起对我们的现今的整个社会制度实行完全的变革"④，从而达到人与自然的关系的和谐，实现可持续发展。马克思主义的历史唯物论还从历史的角度揭示，发达国家与发展中国家在解决环境问题上应承担共同而有差别的责任。当今面临的全球环境问题主要是发达国家长期发展和工业化过程中积累的结果，发达国家今天积累的大量财富是建立在其前代人大量耗竭自然资源和排放废弃物基础上的，因此，其当代人在享受财富的同时需要在治理环境问题上承担更多责任。同时，发达国家今天较高的生活水平需要比发展中国家消耗更多的人均资源，而且必然排放更多的人均废弃物，这也需要相应承担更大的治理环境

---

① 《马克思恩格斯选集》第3卷，人民出版社1995年版，第646页。
② 《马克思恩格斯选集》第1卷，人民出版社1995年版，第81—82页。
③ 《马克思恩格斯全集》第38卷，人民出版社1972年版，第365页。
④ 《马克思恩格斯选集》第4卷，人民出版社1995年版，第385页。

问题的责任。还必须看到，当今发达国家环境的改善，一部分是由于发达国家对外污染输出的结果。发达国家不仅直接向发展中国家输出在本国禁止使用的有毒工业产品、工业废弃物以及生活垃圾，而且把"肮脏产业""耗能产业"转移到发展中国家。因此，发达国家不仅需要减少本国的污染排放，而且有责任把环保和治污技术向发展中国家进行廉价转移。当然，发展中国家在加速发展的同时，不仅需要承担与其能力相适应的治理环境问题的责任，而且需要节约资源、提高资源的利用率以及尽可能减少污染的排放，以不损害后代人满足其需要的能力。在实现前代人、当代人和后代人之间代际公平和当代人代内公平的基础上，保障发展的可持续性。

二　马克思主义蕴涵着可持续发展的核心理念

马克思主义不仅给可持续发展提供了科学的方法论，而且正是在科学方法论的支撑下，马克思主义经典作家已经对可持续发展的核心理念作了大量阐述，如循环和节约经济思想、适度人口思想、全面协调发展思想、适度和绿色消费思想。

关于循环和节约经济思想，马克思主义经典作家不仅论述了循环经济的"减量化""再利用""再循环"（3Rs）原则和可行性条件，而且对不同的节约方式进行了阐述。马克思指出："把生产排泄物减少到最低限度和把一切进入生产中去的原料和辅助材料的直接利用提到最高限度。"① 这正是循环经济中所要求的在生产的输入端贯彻的"减量化"（reduce）原则，而至于从源头能减少多少资源的使用和废弃物的排放，不仅"取决于所使用的机器和工具的质量"，而且"还取决于原料本身的质量"②。这就要求从提高工艺技术、改进生产流程、革新产品设计和开发新型材料等方面提高资源的利用率，实现"减量化"的目标。马克思积极评价科技进步对生产和消费废弃物"再利用"（reuse）的积极价值，"化学工业提供了

---

① 《马克思恩格斯全集》第46卷，人民出版社2003年版，第117页。
② 同上。

废物利用的最显著的例子。它不仅找到新的方法来利用本工业的废料，而且还利用其他各种各样工业的废料，例如，把以前几乎毫无用处的煤焦油转化为苯胺染料，茜红染料（茜素），近来甚至把它转化为药品"①。马克思高度赞扬通过资源的"再循环"（recycle）而实现的节约。"关于生产条件节约的另一个大类，情况也是如此。我们指的是生产排泄物，即所谓的生产废料再转化为同一个产业部门或另一个产业部门的新的生产要素；这是这样一个过程，通过这个过程，这种所谓的排泄物就再回到生产从而消费（生产消费或个人消费）的循环中。"② 马克思看到人们对农产品消费的排泄物不能回到土地而造成的巨大浪费和污染，"消费排泄物对农业来说最为重要。在利用这种排泄物方面，资本主义经济浪费很大；例如，在伦敦，450 万人的粪便，就没有什么好的处理方法，只好花很多钱用来污染泰晤士河"③。而且，马克思严格区分了因废弃物"再利用"和"再循环"而实现的节约与提高资源利用率而进行"减量化"节约的不同。"应该把这种通过生产排泄物的再利用而造成的节约和由于废料的减少而造成的节约区别开来"④，这就要求在工艺技术、生产流程、产品设计和原料采用等方面，还要优先考虑产品生产和消费产生的废弃物可以"再利用"和"再循环"的方案。马克思还充分阐述了循环经济的技术和经济上的可行性。科技的进步不仅发现了废弃物的有用性质，而且通过科技的进步带来机器的应用和改良，提高了资源的利用率，"由于机器的改良，废料减少了"⑤，而且，"机器的改良，使那些在原有形式上本来不能利用的物质，获得一种在新的生产中可以利用的形态"⑥。由于原材料价格的上涨、大规模生产和不变资本的节约，循环经济也具有经济上的可行性。"原料的日益昂贵，自然成为废物利用的刺激。"⑦ "由于大规模社会劳动所产生的废料数量很大，这些废料本身才重新成为贸易的对象，从而成为新的生产要

---

① 《马克思恩格斯全集》第 46 卷，人民出版社 2003 年版，第 117 页。
② 同上书，第 94 页。
③ 同上书，第 115 页。
④ 同上书，第 117 页。
⑤ 同上书，第 95 页。
⑥ 同上。
⑦ 同上书，第 115 页。

素。这种废料，只有作为共同生产的废料，因而只有作为大规模生产的废料，才对生产过程有这样重要的意义，才仍然是交换价值的承担者。这种废料——撇开它作为新的生产要素所起的作用——会按照它可以重新出售的程度降低原料的费用，因为正常范围内的废料，即原料加工时平均必然损失的数量，总是要算在原料的费用中。在可变资本的量已定，剩余价值率已定时，不变资本这一部分的费用的减少，会相应地提高利润率。"① 这就提示人们需要从技术上和经济上两方面，实现从"资源—产品—废物"的不可持续的传统经济发展方式向"资源—产品—再生资源"的可持续的循环经济发展方式转变。

关于适度人口思想，马克思主义经典作家不仅提出人自身的生产的可持续问题，而且提出人自身生产要与物质生产和自然相适应，才能保持发展的可持续性。恩格斯指出："根据唯物主义观点，历史中的决定性因素，归根结蒂是直接生活的生产和再生产。但是，生产本身又有两种。一方面是生活资料即食物、衣服、住房以及为此所必需的工具的生产；另一方面是人自身的生产，即种的蕃衍。"② 人口生产同样涉及人与自然的关系和人与人之间的关系，"生命的生产，无论是通过劳动而达到的自己生命的生产，或是通过生育而达到的他人生命的生产，就立即表现为双重关系：一方面是自然关系，另一方面是社会关系"③。因为即使保持人均生活水平不下降，随着人口规模急剧扩大，对物质总需求也会迅速增加，这就要求扩大再生产，从而加大对资源需求和环境的压力。而如果人口的增长率超过了生产的增长率，必然导致人均生活水平的下降。因此，保持适度的人口出生率和适度的人口总量是必要的。同时，适度人口还意味着人口中的劳动力结构和数量的供给，与简单再生产或扩大再生产对劳动力的需求相符合。马克思指出："生产资料的数量，必须足以吸收劳动量，足以通过这个劳动量转化为产品。如果没有充分的生产资料……劳动就不能得到利用；……就没有用处。如果现有生产资料多于可供支配的劳动，生产资料

---

① 《马克思恩格斯全集》第 46 卷，人民出版社 2003 年版，第 94 页。
② 《马克思恩格斯选集》第 4 卷，人民出版社 1995 年版，第 2 页。
③ 《马克思恩格斯选集》第 1 卷，人民出版社 1995 年版，第 80 页。

就不能被劳动充分利用，不能转化为产品。"① 如果人和物的比例关系不能满足社会扩大再生产，甚至简单再生产的需要，发展的可持续就会遭到破坏。当然，人类社会的可持续发展不是建立在人口数量的不断增加上，而是依靠人口质量和素质的提升带来的劳动生产率的提高上。马克思强调人口素质提高的重要性，"真正的财富就是所有个人的发达的生产力"②。马克思当时就看到，随着资本有机构成的提高和技术水平的提升，同样的生产规模对劳动力的数量需求下降，而对劳动力的素质要求却提高了。同样，人口的数量和质量也会反过来影响生产的方式。低素质的人口必然采取外延式、粗放型的生产方式，这种生产方式对自然资源的投入大而产出低，对生态环境损害大，而经济效益和社会效益低，是不可持续的。"个人的充分发展又作为最大的生产力反作用于劳动生产力"③，而控制人口数量和提高人口质量，也需要像物质生产一样需要转变生产观念和实施生产计划。恩格斯指出："……必须立刻进行这种（社会主义）改革，原因是只有这种改革，只有通过这种改革来教育群众，才能够从道德上限制生殖的本能。""如果说共产主义社会在将来某个时候不得不像已经对物的生产进行调节那样，同时也对人的生产进行调节，那么正是这个社会，而且只有这个社会才能无困难地做到这点。"④

关于全面协调发展思想，马克思主义经典作家不仅论述了经济内部不同部门要协调发展，而且论述了城市与乡村的区域间、工业与农业的产业间的统筹发展。马克思在论述简单再生产和扩大再生产时，详细阐述了生产资料生产部类和消费资料生产部类之间应按一定比例协调发展，才能保证整个简单再生产和扩大再生产的持续进行。马克思还指出："城市和乡村的对立的消灭不仅是可能的。它已经成为工业生产本身的直接必需，同样它也已经成为农业生产和公共卫生事业的必需。只有通过城市和乡村的融合，现在的空气、水和土地的污染才能排除，只有通过这种融合，才能使现在城市中日益病弱的大众把粪便用于促进植物的生长，而不是任其引

---

① 《马克思恩格斯全集》第45卷，人民出版社2003年版，第34页。
② 《马克思恩格斯全集》第31卷，人民出版社1998年版，第104页。
③ 同上书，第108页。
④ 《马克思恩格斯选集》第4卷，人民出版社1995年版，第642、641页。

起疾病。"① 而且通过一定的组织形式可以发挥城乡的优点而避免二者的缺陷，"公民公社将从事工业生产和农业生产，将把城市和农村生活方式的优点结合起来，避免二者的片面性和缺点"②。并且通过工业与农业的协调发展来消除城乡的差别，"把农业和工业结合起来，促使城乡对立逐步消灭"③。其次，马克思主义经典作家还强调了精神文化生产与物质资料生产的协调发展，认为物质资料生产的发展虽然决定了精神文化生产的发展，但是精神文化生产的发展也对物质资料生产的发展起到反作用。"要研究精神生产和物质生产之间的联系，首先必须把这种物质生产本身不是当作一般范畴来考察，而是从一定的历史的形式来考察。……如果物质生产本身不从它的特殊的历史的形式来看，那就不可能理解与它相适应的精神生产的特征以及这两种生产的相互作用。"④ 而且，精神文化生产发展的成果要与物质资料生产的成果一样为人民所共享，"……使每个人都有充分的闲暇时间去获得从历史上遗留下来的文化——科学、艺术、社交方式等等——中一切真正有价值的东西；并且不仅是去获得，而且还要把这一切从统治阶级的独占品变成全社会的共同财富并加以进一步发展"⑤。再次，马克思主义经典作家把全面协调发展的目的指向了人，强调实现人的全面而自由的发展。"一切民族，不管他们所处的历史环境如何，都注定要走这条道路，——以便最后都达到在保证社会劳动生产力极高度发展的同时又保证每个生产者个人最全面的发展的这样一种经济形态。"⑥ "……人类全部力量的全面发展成为目的本身。在这里，人不是在某一种规定性上再生产自己，而是生产出他的全面性。"⑦ 人的全面、充分和自由的发展是建立在生产力的高度发展的基础上的，"而只有这样的条件，才能为一个更高级的、以每一个人的全面而自由的发展为基本原则的社会形式建立现实

① 《马克思恩格斯选集》第 3 卷，人民出版社 1995 年版，第 646—647 页。
② 《马克思恩格斯选集》第 1 卷，人民出版社 1995 年版，第 240 页。
③ 同上书，第 294 页。
④ 《马克思恩格斯全集》第 26 卷第 1 册，人民出版社 1972 年版，第 296 页。
⑤ 《马克思恩格斯选集》第 3 卷，人民出版社 1995 年版，第 150 页。
⑥ 《马克思恩格斯全集》第 25 卷，人民出版社 2001 年版，第 145 页。
⑦ 《马克思恩格斯全集》第 30 卷，人民出版社 1995 年版，第 480 页。

基础"①。而人的全面、充分和自由的发展又进一步推动生产力的进一步发展，"节约劳动时间等于增加自由时间，即增加使个人得到充分发展的时间，而个人的充分发展又作为最大的生产力反作用于劳动生产力"②。

关于适度消费和绿色消费思想，马克思主义经典作家不仅强调了消费对环境的压力，不能超过自然生态环境的吸收能力、补偿能力、再生能力和恢复能力，而且论述了消费要与经济发展水平和生产能力相适应，同时避免过度奢侈消费和消费不足。在马克思看来，"奢侈是自然必要性的对立面。必要的需要就是本身归结为自然主体的那种个人的需要"③。恩格斯指出："在一种与人类本性相称的状态下……社会应当考虑，靠它所支配的资料能够生产些什么，并根据生产力和广大消费者之间的这种关系来确定，应该把生产提高多少或缩减多少，应该允许生产或限制生产多少奢侈品。"④ 还看到奢侈浪费在资本主义私有制的条件下的必然性，"但资本主义生产的进步不仅创立了一个享乐世界；随着投机和信用事业的发展，它还开辟了千百个突然致富的源泉。在一定的发展阶段上，已经习以为常的挥霍，作为炫耀富有从而取得信贷的手段，甚至成了'不幸的'资本家营业上的一种必要。奢侈被列入资本的交际费用。……但是资本家的挥霍仍然和积累一同增加，一方决不会妨碍另一方"⑤。马克思主义经典作家不仅强调对可循环和再利用的产品的绿色消费理念，而且强调人类要不断增加对发展资料和精神产品的消费，从而把绿色消费的理念提高到前所未有的高度。人类对物质产品的适度消费，绝不仅仅意味着人类的自我克制，而是有更多时间进行教育培训和精神文化的消费，从而在实质意义上实现人类的解放和全面发展，同时通过这种"绿色"的全面消费而实现的人类素质的提高反过来又促进生产力的发展。在马克思经济学的视阈内，"真正的经济——节约——是劳动时间的节约。而这种节约就等于发展生产力。可见，决不是禁欲，而是发展生产力，发展生产的能力，因而既是发展消

---

① 《马克思恩格斯全集》第44卷，人民出版社2001年版，第683页。
② 《马克思恩格斯全集》第31卷，人民出版社1998年版，第107—108页。
③ 《马克思恩格斯全集》第30卷，人民出版社1995年版，第525页。
④ 《马克思恩格斯全集》第3卷，人民出版社2002年版，第462页。
⑤ 《马克思恩格斯全集》第44卷，人民出版社2001年版，第685页。

费的能力，又是发展消费的资料。消费的能力是消费的条件，因而是消费
的首要手段，而这种能力是一种个人才能的发展，生产力的发展"①。马克
思认为"工人必须有时间满足精神需要和社会需要"②，"……不仅可能保
证一切社会成员有富足的和一天比一天充裕的物质生活，而且还可能保证
他们的体力和智力获得充分的自由的发展和运用"③。

三 马克思主义与可持续发展目标相同

马克思主义经典作家深刻地揭示了资本主义社会经济发展的不可持续
性，指出资本主义私有制和私有资本积累规律必然引发人的不平等、非均
衡和片面发展，带来人的异化和人与自然关系的灾难。马克思指出资本主
义私有制社会同以往社会相比具有巨大的历史进步性，赞扬资产阶级在它
不到一百年的统治中所创造的财富，比过去一切世代所创造的财富还要多
还要大，但是，又同时指出建立在资本主义私有制基础上的资本积累和生
产，受到资本主义财富占有和收入分配两极分化以及劳动阶级有效消费不
足的限制，资本主义的社会经济发展必然不断地被周期性的经济危机所打
断。私有资本运动的规律强迫资本家，以牺牲劳工的身体、健康和闲暇，
降低劳工的工作条件，压低劳工的生存条件以及损害环境等手段，实现可
变资本和不变资本的节约和利润最大化。"资本主义生产方式按照它的矛
盾的、对立的性质，还把浪费工人的生命和健康，压低工人的生存条件本
身，看作不变资本使用上的节约，从而看作提高利润率的手段。……使工
人挤在一个狭窄的有害健康的场所，用资本家的话来说，这叫作节约建筑
物；把危险的机器塞进同一些场所而不安装安全设备；对于那些按其性质
来说有害健康的生产过程，或对于像采矿业中那样有危险的生产过程，不
采取任何预防措施，等等。"④ "在各个资本家都是为了直接的利润而从事
生产和交换的地方，他们首先考虑的只能是最近的最直接的结果。……而

---

① 《马克思恩格斯全集》第31卷，人民出版社1998年版，第107页。
② 《马克思恩格斯全集》第44卷，人民出版社2001年版，第269页。
③ 《马克思恩格斯选集》第3卷，人民出版社1995年版，第757页。
④ 《马克思恩格斯全集》第46卷，人民出版社2003年版，第101页。

不再关心商品和买主以后将是怎样的。……西班牙的种植场主曾在古巴焚烧山坡上的森林，以为木灰作为肥料足够最能盈利的咖啡树施用一个世代之久，至于后来热带的倾盆大雨竟冲毁毫无掩护的沃土而只留下赤裸裸的岩石，这同他们又有什么相干呢？"① 私人资本对利润的追逐是过去一段时期和当今世界社会危机和生态危机的根源。

马克思指明，只有积极扬弃资本主义私有制，实行自然和生产资料共同所有、经济计划统筹、社会民主治理，才能达到人道主义和自然主义的统一、人的解放与自然解放的统一，才能真正解决人与自然、人与人之间的对立矛盾，实现人与自然、人与人、人与社会、社会与自然的和谐和人类的可持续发展。"共产主义是私有财产即人的自我异化的积极的扬弃，因而是通过人并且为了人而对人的本质的真正占有；因此，它是人向自身、向社会的即合乎人性的人的复归，这种复归是完全的，自觉的和在以往发展的全部财富的范围内生成的。这种共产主义，作为完成了的自然主义＝人道主义，而作为完成了的人道主义＝自然主义，它是人和自然之间、人和人之间的矛盾的真正解决，是存在和本质、对象化和自我确证、自由和必然、个体和类之间的斗争的真正解决。"② 从而实现"人类与自然的和解以及人类本身的和解"③，并且"社会化的人，联合起来的生产者，将合理地调节他们和自然之间的物质变换，把它置于他们的共同控制之下，而不让它作为一种盲目的力量来统治自己；靠消耗最小的力量，在最无愧于和最适合于他们的人类本性的条件下来进行这种物质变换"④。可持续发展是社会主义和共产主义社会的重要特征，因而国外生态马克思主义或生态社会主义强调人类要不断追求和践行可持续发展。事实上，也只有马克思主义的生态环境价值观，在实现对世界的胜利的社会主义改造的基础上，才是应当和最终必然普世的"普世价值观"之一。

可持续发展应是满足当代人需求又不损害子孙后代满足其需求能力的，满足一个群体、地区或国家需求又未损害别的群体、地区或国家人群

---

① 《马克思恩格斯选集》第 4 卷，人民出版社 1995 年版，第 386 页。
② 《马克思恩格斯全集》第 3 卷，人民出版社 2002 年版，第 297 页。
③ 同上书，第 449 页。
④ 《马克思恩格斯全集》第 46 卷，人民出版社 2003 年版，第 928—929 页。

满足其需求能力的，人与自然、人与人、人与社会、社会与自然和谐的发展。解决可持续发展问题，必须与解决人口贫困问题结合起来，保护和满足社会所有人民的基本需要，普遍提供可持续生存的基本条件，如食物、卫生和教育，以保证人们不会为了短期生存需要而被迫耗尽自然资源；人口发展要与变化着的生态系统提供的生产潜力相协调；对可再生资源的利用率必须控制在可再生率之下；对不可再生资源的利用率不能超过替代能源的开发利用率；对环境污染和生态的破坏不能超过环境和生态的净化能力。提倡通过转变价值观念和改变生活方式来实现可持续发展。诚然，只有逐步改造非社会主义的市场体系和生产关系，建立一个不被利润和国内生产总值的追逐所支配，而以最大限度地满足人们物质、精神和生态环境需要为目的的社会，才能建立和完善资源节约型和环境友好型的"两型社会"，向真正实现人的全面、自由和协调发展的方向挺进。

（原载《马克思主义研究》2008 年第 12 期，第二作者为王中保）

邓小平的辩证经济思维及其现实意义

邓小平关于社会主义初级阶段的经济发展、改革和开放有一系列的重要设计和论述，全面准确地把握其中的辩证观点，能逐步统一人们的思想认识，积极推动当前全面建设小康社会和现代化建设进程以及科学发展观的落实。

一、既强调推进市场经济，又强调坚持社会主义，指出"社会主义和市场经济不存在根本矛盾"；这就从总体上否定了将二者截然对立。

综观中外近现代经济学说的演进，可以看到一种长期支配世界经济运动的思潮，即认为市场经济只能与资产私有制相容，资产公有制只能与计划经济相容。我国市场化取向的经济体制改革打破了这一教条。邓小平指出："不要以为，一说计划经济就是社会主义，一说市场经济就是资本主义，不是那么回事，两者都是手段，市场也可以为社会主义服务。"他多次重申："计划多一点还是市场多一点，不是社会主义与资本主义的本质区别。计划经济不等于社会主义，资本主义也有计划；市场经济不等于资本主义，社会主义也有市场。计划和市场都是经济手段。"在社会主义初级阶段，生产力的水平和人的素质及管理能力决定了纯粹的计划经济难以行得通，而只能和必然选择市场经济模式。

社会主义经济制度的产生是为了满足生产力发展的内在要求，通过市场（与国家宏观调控有机结合）来发展生产力，与坚持和完善社会主义经济制度的原则并不矛盾，二者是相互促进的。经济体制从传统的计划经济向新型的市场经济转变，属于社会主义性质的生产关系及其制度的自我调整与完善，在更大程度上适应生产力发展的需要。邓小平精辟地阐述了必须坚持社会主义经济制度与道路："过去行之有效的东西，我们必须坚持，特别是根本制度，社会主义制度，社会主义公有制，那是不能动摇的"；

"现在我们搞经济改革，仍然要坚持社会主义道路，坚持共产主义的远大理想，年青一代尤其要懂得这一点"。

总之，改革中要继续坚定地走邓小平指引的社会主义市场经济道路，不断地调整和完善市场经济制度和社会主义根本经济制度——公有制及其实现形式。不能重蹈苏东国家放弃社会主义制度的覆辙，不能用市场经济的共性来否定其特性，以抽象的"社会公正"观念来描述社会主义本质，进而否定"社会主义市场经济"这一科学用语。市场与社会主义的日益亲和（美国经济学家罗默和巴德汉均认为"市场社会主义"是可行的），将克服资本主义市场经济的重大弊端，并成为高于它的先进社会经济形态，从经济制度上促进"三个代表"的充分实现。

二、既强调发展各种非公有制成分，又强调公有制为主体原则，认为"吸收外资也好，允许个体经济的存在和发展也好，归根到底，是要更有力地发展生产力，加强公有制经济"；这就清楚地规定了"主体与辅体"的社会所有制结构，有助于继续围绕发展生产力和加强公有制而不断调整结构。

邓小平指出，"我们允许个体经济发展，还允许中外合资经营和外资独营的企业发展，但是始终以社会主义公有制为主体"；他还特别说明，"我们吸收外资，允许个体经济发展，不会影响以公有制为主体这一基本点。相反地，吸收外资也好，允许个体经济的存在和发展也好，归根到底，是要更有力地发展生产力，加强公有制经济"。

邓小平主张实行"主体—辅体"的社会所有制结构是极为重要的。我国经济改革的目标是构建社会主义市场经济体制，即公有制主体型的市场经济模式，而不是私有制主体型的市场经济模式。这就是说，在迈向市场经济的改革中，不放弃含国有经济和集体经济及合作经济在内的公有制主体地位，而是要将公有产权与市场经济有效地融合在一起，实现一种以公有法人型联合劳动为基础的经济制度。这种具有中国特色的社会主义，鼓励个体、私营和外资等其他经济成分的发展，作为公有制经济的辅体或重要组成部分及社会主义初级阶段基本经济制度的有机构成内容，但公有资产在社会总资产和经营性资产中要占质与量的优势，国有经济要控制国家的经济命脉，并真正体现对整个国民经济发展的各种主导作用。①

因此，把公有制贬为可用可不用的经济手段，主张国有经济缩减到西方国家所占的比重；或者主张国有制不能与股份制相融合，所有股份制企业应完全放弃国家资本和集体资本控股权等，都是不明世界经济发展趋势本质的悲观思维，不利于在深化企业改革中发展和壮大公有制经济及实行"主体—辅体"的社会所有制结构。我们应当在不断探索公有制的多种实现形式和多种经济成分有序发展规律的基础上，继续完善社会主义社会初级阶段的基本制度结构。

三、既强调市场的重要性，又强调计划的优越性，主张"计划和市场都得要"；这就在根本上明确了需建立市场调节与国家调节的双重调节机制，有助于继续视实际情况而灵活运用市场和国家调节手段。

市场与计划是现代社会经济的基本矛盾之一。从邓小平关于经济运行或经济调节的很多言论中可以清晰地看到，其辩证思想的真正特点在于：一是不断发展、完善，从赞成"计划经济为主，结合市场经济"，到肯定"社会主义计划经济是有计划的商品经济"，又演变为"计划经济和市场经济相结合"，再发展为"计划经济与市场调节相结合"，最后赞成"建立社会主义市场经济体制"；二是概念同一，在泛指的意义上，将计划与市场、计划调节与市场调节、计划经济与市场经济二组范畴等同使用，并视其为非制度本质的经济手段或经济方法；三是有机结合，始终如一地强调计划、计划调节应同市场、市场调节有效地相结合，视目标和时点的不同而灵活地配组。

可见，针对我国以往高度集权式的计划经济体制的弊端，邓小平主张"社会主义也可以搞市场经济"，其核心思想是强调计划与市场、计划调节与市场调节的结合，并非主张实行单纯的市场调节或新自由主义的市场经济。根据邓小平的思想精髓和我国转型期的经济实况，当前那种不赞成国家宏观调控，主张政府的作用仅限于"守夜人"，只认定市场调节的基础地位而放弃国家调节的主导地位（学术界公认高速发展期的日本和韩国为

---

① 参见程恩富《西方产权理论评析——兼论中国企业改革》，当代中国出版社1997年版，第124页。

"政府主导型"），企盼在经济发展和对外开放中实行完全自由放任的政策（如美国弗里德曼等曾作此建议）等观点，实质上都是国际新自由主义保守思潮的某种反映，偏离了经济国际化和社会化的内在趋势。今年以来，国家针对经济整体开始过热和某些产业供求较严重失衡的态势，及时实施强有力的调控措施，已取得了明显的成效，这再次证明邓小平这一辩证经济思维的正确性。

四、既强调部分地区和部分人可以先富起来，又强调按劳分配原则，提出"发展经济要走共同富裕的道路，始终避免两极分化"；这就清晰地勾画了现阶段的基本分配格局，有助于继续协调经济公平与经济效率的分配机制和统筹区域经济的发展。

邓小平主张实行以按劳分配为主体的"先富—共富"的社会分配结构。在他的设想中，"一部分地区、一部分人可以先富起来，带动和帮助其他地区、其他的人，逐步达到共同富裕"。他强调"我们坚持了社会主义公有制和按劳分配的原则"，认为"社会主义发展生产力，成果是属于人民的。就是说，在我们的发展过程中不会产生资产阶级，因为我们的分配原则是按劳分配。当然分配中还会有差别，但我们的目的是共同富裕"。

邓小平还说："社会主义不是少数人富起来、大多数人穷，不是那个样子。社会主义最大的优越性就是共同富裕，这是体现社会主义本质的一个东西。如果搞两极分化，情况就不同了，民族矛盾、区域间矛盾、阶级矛盾都会发展，相应地中央和地方的矛盾也会发展，就可能出乱子。"又说："我们的政策是不使社会导致两极分化，就是说，不会导致富的越富，贫的越贫。坦率地说，我们不会容许产生新的资产阶级。"他精辟地总结道："社会主义的本质，是解放生产力，发展生产力，消灭剥削，消除两极分化，最终达到共同富裕。"

当前，我们必须遵循邓小平这一辩证思维，确立科学发展观和正确的政绩观，继续促进"先富—共富"这一"非均衡—均衡"变动的有序发展，预防社会两极分化的形成。政府要在分配领域运用工资、奖金、税收、公共福利、社会保障等手段和机制，事先主动防止某些分配不公的产生，事后积极纠正某些分配不公的现象，使个人之间、单位之间、产业之间、地区之间、民族之间、群体之间、阶层（阶级）之间及各自内部的分配差距日趋合理化，并确保按劳分配的主体格局，同时鼓励各种生产要素凭产权关系和实际贡献参与分配。即使在目前国家宏观调控的新形势下，也不能放松有序开发西部和协调区域经济共同发展的进程。

五、既强调发展是硬道理，又强调效益和质量，指出"不是鼓励不切实际的高速度，还是要扎扎实实，讲究效益，稳步协调地发展"；这就摆正了速度、效益与质量之间的关系，有助于继续推动经济增长方式从粗放型向集约型转变和科学发展观的落实。

"发展"是当今世界的主题之一，对于一个经济文化相对落后的发展中社会主义国家来说，尤为重要。改革前30年，尽管国民生产总值年均增长6%多，初步建立了一个独立的国民经济体系，社会生产、综合国力和生活水平都有了较大的提高，但由于人口激增、体制弊端和政策失误等多种缘故（对外援助和备战开支也较多），使生产不能满足人民和国家需要的迅速增长，因而"发展"或"高速发展"就成为改革以来的硬道理和政策体系的轴心。邓小平曾先后从确保"翻两番"，经济波浪式前进和上台阶，国家政治和人民生活稳定，避免经济相对滑坡或落后，借鉴日本等国际经验，充分利用和平时间和国际斗争等几个层面，揭示为何要把"发展"作为硬道理。

另一方面，速度、效益、质量和结构是紧密关联的几个核心问题，必须正确处理和安排这些主要经济关系。这在我国经济建设的历史上有过许多宝贵的经验教训。邓小平在强调经济增长速度的同时，也阐述了效益、质量和结构的重要性，提出要持续、稳定和协调地发展。他突出以下几个观点：首先，要按照经济规律办事，不能蛮干，注意理顺各种经济关系；其次，要首先抓好管理和质量，讲求效益；再次，要持续、稳定和协调地发展，不要有不切实际的高速度；最后，要突出战略重点，调整产业结构。简言之，"要采取有力的步骤，使我们的发展能够持续、有后劲"。

依上所述，正确地系统地掌握邓小平关于速度与效益等关系的辩证思想，就要记住他所希望的"出现若干个发展速度比较快、效益比较好的阶段"的教导，反对那种"增长就是一切"，不惜损害自然和社会环境，或搞破坏性的资源开发和高耗资源，或片面追求有缺陷的国民生产总值指标，或维持以数量扩张为特征的粗放型增长方式，或单纯地引进外资数量多少论政绩等的一些错误观点和做法，确立可持续发展及经济与社会全面发展的新观念，走新型工业化的道路，不断提高整个国民经济的素质和效益，尽快实现以高科技和科学管理为主的集约型增长方式，并在高效益和高层次产业结构的基础上保持高速度，圆满实现科学发展观。

六、既强调充分调动个人、基层、地方和部门的积极性，又强调中央要有权威即中央说话能够算数，"必须把国家、集体和个人利益结合起来"；这就廓清了不合乎现代市场经济发展规律的各种自由主义模糊观念，有助于继续促进企业与政府以及各级政府之间的权力界定和角色转型，提高党的综合执政能力。

邓小平赞成通过实行家庭联产承包责任制和统分结合的双层经营制，来调动农村基层组织的积极性和促进农业的产业化进程；提出"用多种形式把所有权和经营权分开，以调动企业积极性"；主张应该有计划地大胆下放权力，让地方有更多的自主权；指出要在改革开放中搞活银行等经济部门。同时，邓小平又说："改革要成功，就必须有领导有秩序地进行。没有这一条，就是乱哄哄，各行其是，怎么行呢？""我们要定一个方针，就是要在中央统一领导下深化改革。"他强调"该集中的要集中"，"中央必须保证某些集中"，"中央如果不掌握一定数额的资金，好多应该办的地方无力办的大事情，就办不了，一些关键性的只能由中央投资的项目会受到影响"。概言之，邓小平认为要"充分发挥国家、地方、企业和劳动者个人四个方面的积极性"；"必须把国家、集体和个人利益结合起来，才能调动积极性，才能发展社会主义的生产"。

遵照邓小平的上述辩证思想，我们既要建立政策性计划、金融和财政为核心的国家宏观调控系统，维护全局利益的统一性，又要在集中指导下赋予个人、基层、地方和部门必要的权力，形成有统一指导下兼顾局部利益的灵活性。在存在个人选择、法人选择、市场选择和社会选择的复杂条件下，中央要学会在"博弈"中（所谓上有政策、下有对策，就是一种博弈）完善各项政策和机制，树立应有的领导权威。参考我国历史上成功的经验及日本、德国和韩国等"跳跃式"发展的做法，有必要在廉洁、廉价、民主和科学管理的前提下确立"小而强的政府"主导地位或主脑地位（萨缪尔森认为市场没有心脏和大脑），建立强市场和强政府互补性功能的

"双强"格局，使我国的国家经济职能和作用略大于资本主义国家。这是因为，我国的情况是：一个相对落后的社会，要赶超最发达的西方国家和实现跨越式发展；一个经济转型的社会，要尽快实现向市场体制的有序过渡；一个以公有为主体的社会，要充分发挥国有经济的主导功能。为了在市场经济的基础上更好地施展国家的作用和调控效应，需要加快调整政府机构，转变政府职能，彻底解决政资不分、政企不分、政事不分和党政不分的现象，不断提高执政能力。

七、既强调积极利用外国的资金和技术及对外开放，又强调独立自主和自力更生，主张"自力更生为主、争取外援为辅"；这就科学地阐明了现代化建设的一个基本方针，有助于统筹国内发展与对外开放。

在邓小平看来，"我国的对外开放、吸引外资的政策，是一项长期持久的政策"。他主张兴办经济特区和开发区，主张向发达国家和第三世界国家都开放，主张积极发展对外贸易，主张引进国外资金、技术和人才。与此同时，邓小平指出"要继续在独立自主、自力更生的前提下，执行一系列已定的对外开放的经济政策，并总结经验，加以改进"；"独立自主，自力更生，无论过去、现在和将来，都是我们的立足点"；"归根到底，我们的建设方针还是毛主席过去制定的自力更生为主、争取外援为辅的方针"。

在整个现代化建设过程中，要坚定不移地实行邓小平关于"有计划地利用外资"和"有计划、有选择地引进资本主义国家的先进技术"及整个对外开放路线，切实"统筹国内发展与对外开放"，努力把对外开放提高到新的水平。其中包括要精心调控引进技术和资本的战略与策略，增强自主知识产权创新的程度。① 例如，引进技术和设备应同时引进先进的管理方法，吸收与创新相结合；加强谈判、商检和征税等方面的管理，消除外商的某些不法行为；防止国际资本在某些部门形成垄断，切实维护国家经济安全，促使外商活动符合国家产业导向；实行双向开放战略和民族品牌战略，大力推动中国企业"走出去"；不能单纯以引进外资和外国技术

---

① 参见丁晓钦《在创建世界工厂过程中实施知识产权优势战略——访海派经济学家程恩富》，《国际经贸谈》2003年第3期。

的数量多少论政绩，应不断提升对外开放的综合质量和国民经济整体效益，促进自主式经济发展。

八、既强调吸收和借鉴当今世界各国一切反映现代社会化生产规律的先进经营方式和管理方法，又强调不能照搬西方资本主义国家的做法，指出"要有中国的特色"，"建立起充满生机和活力的社会主义经济体制"；这就可以择优地学习外国先进的经济管理等方面的成果，有助于推进中国特色的社会主义经济的建设。

邓小平多次提出："资本主义已经有了几百年历史，各国人民在资本主义制度下所发展的科学和技术，所积累的各种有益的知识和经验，都是我们必须继承和学习的。""社会主义要赢得与资本主义相比较的优势，就必须大胆吸收和借鉴人类社会创造的一切文明成果，吸收和借鉴当今世界各国包括资本主义发达国家的一切反映现代社会化生产规律的先进经营方式、管理方法。"不过，邓小平也指出："改革开放必须从各国自己的条件出发。每个国家的基础不同，历史不同，所处的环境不同，左邻右舍不同，还有其他许多不同。别人的经验可以参考，但是不能照搬。""我们既不能照搬西方资本主义国家的做法，也不能照搬其他社会主义国家的做法，更不能丢掉我们制度的优越性。"他强调"我们决不学习和引进资本主义制度，决不学习和引进各种丑恶颓废的东西"。

以邓小平"建设中国特色的社会主义"为旗帜，我们就必须在通晓中外历史和现状的前提下探索发展生产力的新路子，重构生产关系的新体制，制定上层建筑的新法规，确立意识形态的新观念。一切背离社会主义初级阶段质的经济规定性、经济伦理观、基本国情和人民意愿的种种言行，尽管也以"初级阶段"和"中国特色"的面貌出现，但都不会合乎建设中国特色社会主义的客观规律。应当在继续反对新自由主义（日本东京大学伊藤诚教授认为苏东国家的悲剧是西方新自由主义的失败①）、资产阶级自由化和思想僵化的基础上，把建设中国特色的社会主义事业全面推向新的阶段。而且还要反对迷信西方的教条主义倾向，当前的重点应反对西方理论和政策的教条主义，正如中国社科院院长陈奎元指出的："那种

---

① 程恩富、曹雷：《当代外国学者对新保守主义经济思潮的研究》，《财经研究》2004 年第 2 期。

把马克思主义著作的一些词句和个别结论当作教条的倾向，在党内和社会变革中的影响日渐式微"，而"迷信西方发达国家反映资产阶级主流意识形态的思想理论，把西方某些资产阶级学派的理论甚至把发达资本主义国家的政策主张奉作教条。这种倾向在意识形态领域以及经济社会变革中的影响力正在上升。……对于第一种教条主义，理论工作者中早有质疑，党的领导人也有告诫，但是至今还未引起思想理论界应有的反响，没有进行认真的鉴别，有的甚至还充作理论创新的成果，向思想、政治、经济和文化教育等各个领域渗透。假如我们忽视这种教条主义的危害，'全盘西化'的威胁就会向我们逼近，改革的方向、共产党的执政地位、劳动人民的切身利益都将受到挑战，我们党难免步他人的后尘，犯下历史性的错误"①。这是合乎邓小平一贯倡导的关于反"左"与反右都要实事求是的正确判断。

（原载《毛泽东邓小平理论研究》2004 年第 9 期，第二作者为徐惠平）

---

① 陈奎元：《繁荣发展中国特色的哲学社会科学》，《人民日报》2004 年 4 月 20 日。

如何看待中国经济发展模式

中国经济社会发展的巨大成就世所瞩目。中国经济发展总量GDP已经跃居世界第三位，仅次于美国和日本。进出口总额跃居世界第三位，仅次于美国和德国。外汇储备跃居世界第一位。特别是，中国改革开放后连续30年的经济长期持续高速增长，年均GDP增长率达到9.6%，就经济增长的时间之久和速度之快来说在世界范围内是首屈一指的。2008年中国人均国民总收入已经达到3292美元，步入了世界中等收入国家之列。尤其在2007年伊始的金融、经济危机席卷全球，发达国家和众多发展中国家纷纷受到冲击和陷入衰退时，中国经济依然强劲增长，2009年全年GDP增长率预计将超过8%。而此时又恰逢新中国成立60周年，于是中外学者纷纷热议和关注经济社会发展的"中国模式"，以便总结和提炼中国经济社会发展的道路、经验和规律，以资世界借鉴参考和中国承前启后。

一　关于经济发展"模式"说

关于经济发展的"模式"说早已有之，一旦一国或一地区经济发展取得显著成就或者具有突出特点，就会有相应的模式提出。比如，以德国、瑞士、挪威、瑞典等为代表，强调政府作用和福利社会的"莱茵模式"，或者称为"民主社会主义模式"；以美国、英国为代表，强调自由竞争市场经济的"盎格鲁—撒克逊模式"，或者称为"自由资本主义模式"；以韩国、新加坡、中国香港和中国台湾等为代表，强调政府主导市场经济的"东亚模式"，或者称为"新兴市场经济模式"；以墨西哥、阿根廷等为代表，强调践行经济"私有化、非调控化、自由化"为特征的"华盛顿共识"的"拉美模式"，因其是失败的，又被称为"拉美陷阱"、以俄罗斯等为代表，强调经济迅速"私有化、非调控化、自由化"而失败的"激进转轨模式"，或者称为"休克疗法"；以苏联为代表，强调集中计划经济而取得巨大成就的"苏联模式"，因其弊端是明显的和主要是在斯大林执政时期实践的，因而又被称为"斯大林模式"；以越南为代表，强调利用市场经济的"社会主义定向的市场经济模式"，又称为"越南模式"，等等。不同的发展模式虽然各有特点，但是也有共性。比如，"民主社会主义模式"和"自由资本主义模式"都是以资本私有制为基础的发达资本主义国家的发展模式。而"拉美模式"和俄罗斯"激进转轨模式"则是以"自由资本主义模式"为样板的发展中资本主义国家的发展模式，因而也统称为"新自由主义模式"。"东亚模式"更多是以"民主社会主义模式"为样板的发展中资本主义国家的发展模式。"苏联模式""越南模式""中国模式"，乃至"古巴模式"等，都是以资本公有制为基础的社会主义国家的发展模式。只不过"苏联模式"和"古巴模式"突出的是计划手段的作用，而"越南模式"和"中国模式"突出的是利用市场手段的作用。

二 中国经济发展不是遵循"新自由主义模式"

通常人们更注重的是不同发展模式的特点，这些特点区分开了不同发展模式。不过，即使是同一个发展模式，中外学者站在不同立场和观察角度，得出的结论也不尽相同；即使是中国学者对中国经济发展模式的看法也不尽相同。比如一些学者认为，中国经济发展是遵循了"新自由主义模式"。这些学者认为：30 年改革开放取得的成就是遵循西方资产阶级主流经济学及其衍生经济政策的结果，改革就是向新自由主义经济学核心理念——"华盛顿共识"靠拢的过程。30 年改革开放之所以取得巨大成就，就在于中国走了一条以市场化、私有化、非调控化为导向的改革道路。市场是配置资源的最佳工具，其配置资源的效率远胜于国家计划和政府干预，政府干预反而降低了资源配置效率。因此，政府干预越少越好，市场作用越大越好。企业家和个人是理性的"经济人"，企业家对利润的追求与个人对私人财产的追求，可以实现社会资源的最优配置。地方分权引起的地方竞争和对外开放引入的制度竞争是中国发展的推动力。30 年改革开放的过程，就是市场自由化过程，也是整个经济的非公有化的过程。非公经济比例不断上升、公有经济比例不断下降，说明外资企业和私营企业等私有经济比国有企业和集体企业等公有经济具有更高的经济效率。这些学者还认为，中国目前的改革开放仍然存在一些问题，原因主要是市场化程度不够，政府干预过多，私有化还不彻底，并提出要进一步推动市场自由化改革，减少政府干预。

这些学者仅仅看到，中国在从传统高度集中的社会主义计划经济体制向社会主义市场经济体制转变的过程中，确实是借鉴了西方资产阶级经济学关于市场经济一般规律的理论论述，并在实践中从过去过分强调集体利益转向适当强调个体利益，从几乎单纯的公有制经济到适度降低公有制经济中的比重和开创公有制的多种实现形式，鼓励、支持和引导个体、私营和外资等私有经济发展。于是，这些学者就误以为中国改革开放是遵循了西方资产阶级主流经济学及其政策主张的逻辑。事实上，如果遵循西方资产阶级主流经济学及其政策主张的逻辑，中国就不可能坚持和完善以公有制为主体和按劳分配为主体的基本经济制度。如果遵循了新自由主义经济学的逻辑，实行市场原教旨主义的市场经济，同样就不可能坚持和完善社会主义宏观调控和提高宏观调控水平，还不可能倡导独立自主的以自力更生为立足点的对外开放。显然，中国经济发展的"新自由主义模式"论没有抓住中国经济发展的主要特征。中国经济发展的新自由主义模式论提出中国经济改革和发展是以西方理论为指导的说法是不符合实际的，同时，也会误导中国经济改革和发展的方向。

同时应当看到，中国 30 年改革开放取得的巨大成就，不仅不是遵循西方资产阶级主流经济学及其衍生经济政策的结果，而且现阶段出现的收入和财富占有的差距、资源的破坏性开采和浪费性使用、环境污染、公有资产流失等问题，恰恰是受到以新自由主义经济学为代表的西方资产阶级主流经济学宣传和影响的结果。西方资产阶级主流经济学倡导企业片面追求利润最大化，导致企业不注重资源节约，肆意排放生产污染物，最大限度地压低工资和降低工作条件，甚至生产和兜售假冒伪劣商品，严重损害人民生命健康。个人唯一寻求财产最大化，引发个人损公肥私、行贿受贿、道德沦丧，甚至严重暴力犯罪。

公有制企业，尤其是国有企业的布局、结构和行业的调整，甚至一些国有企业破产倒闭，是为了更好地发展壮大公有制经济，不能就此笼统地说公有制经济效率低。正如，一些私有制企业破产倒闭，不能证明私有制企业效率低一样。中国改革开放 30 年取得的巨大成就是以公有制为主体的多种经济成分共同发展的结果，充分体现了公有制经济的宏观和微观高效益，而中国改革开放 30 年经济的健康快速发展和未来的持续发展，更是归功于公有制经济的主体地位和国有经济的主导作用。因为只有保证公有制经济的主体地位才能保证按劳分配的主体地位和生产与消费的良性循环，从而保证经济的长期持续发展。反观之，以资本主义私有制为基础的市场经济，是按资分配为主体和收入分配的两极分化，必然出现有效消费不足和生产相对过剩，进而导致经济不断地被经济危机所打断，不可能长期持续高速发展。中国经济发展假若是遵循新自由主义模式，同样逃脱不了拉美模式失败的命运。相反，中国经济长期持续快速发展，恰恰说明中国并没有遵循经济发展的新自由主义模式。

三　中国经济发展不是遵循"民主社会主义模式"

还有一些学者认为，中国经济发展是遵循和应该遵循"民主社会主义模式"。这些学者认为，民主社会主义模式既演变了资本主义，也演变了社会主义。以瑞典为代表的社会民主党人就成功地创造了在发达资本主义国家的民主框架内和平过渡到社会主义的道路，即民主社会主义道路。民主社会主义模式是由民主宪政、混合私有制、社会市场经济、福利保障制度构成。中国所实行的改革开放政策，如"实行包产到户，废止近乎单一的公有制，实行多种所有制共同发展，允许一部分人先富起来"，是把代表先进生产力的资本家请回来，是要发展混合私有制经济，这些政策都是对社会主义的演变或者说修正，只是"为了避免'修正主义'之嫌，我们称之为中国特色的社会主义道路"，中国所要建设的社会主义市场经济，是迈向民主社会主义道路的关键性一步。

民主社会主义模式论者只看到中国私有制经济的发展，看不到公有制经济的主体地位和国有经济的主导作用；只看到中国允许一部分人先富起来，看不到中国按劳分配为主体，而且最终要消灭私有制及其剥削，消除两极分化，最终实现共同富裕；只看到社会主义市场经济与资本主义市场经济所具有的共性，看不到二者性质上的本质差别，即社会主义市场经济是建立在公有制为主体的市场经济基础之上，而资本主义市场经济是建立在私有制为主体的市场经济基础之上；只看到福利保障制度对于资本主义社会缓和资本与劳动的矛盾，改善工人阶级的生活状况具有积极意义，看不到福利资本主义是资产阶级的改良思想和主张，私有资本条件下的利润是为资产阶级所有，资本主义的福利保障制度所提供的合格的雇佣劳动力是为资产阶级剥削服务的，劳动阶级的地位没有根本改变。"民主社会主义模式"论者片面看待中国经济发展及其模式，误以为中国经济发展是遵循"民主社会主义模式"，而实际并非如此。

需要注意的是，中国的经济发展过程始终是在坚持马克思主义经济理论的指导下和坚持社会主义制度的前提下，改革社会主义生产关系中不适应社会生产力发展状况的一些环节和方面，借鉴国外合理的管理经验和先进技术为我所用。改革既不是改变社会主义制度的性质，发展也不是照抄、照搬国外的发展模式。中国要建立和完善的社会主义市场经济，是要把社会主义基本制度和市场经济结合起来，充分发挥社会主义制度和市场经济二者的优势，这正是中国取得巨大成就的重要原因。中国通过改革，突破了西方资产阶级经济学认为只有资本主义私有制才能与市场经济相结合的理念，"实行社会主义基本制度与市场经济相结合的社会主义市场经济体制，是科学社会主义发展史上的伟大创举"，是马克思主义政治经济学的重大理论创新。如果把中国经济发展的模式说成"中国模式"，那这种模式无疑是社会主义的发展模式。因其具有中国特色，可以称为中国特色社会主义的经济发展模式（与政治发展、文化发展和社会发展相对应，还有中国特色社会主义的政治发展模式、文化发展模式和社会发展模式，统称为中国特色社会主义发展模式）。考虑到这种模式的显著特征即公有资本与市场经济相结合，经济发展的中国模式又可以称为中国特色社会主义市场经济模式。

四 经济发展的中国模式的特征

经济发展的中国模式或者说中国特色社会主义市场经济模式区别于其他模式的显著特征，是经济发展的"四主型"制度，即公有主体型的多种类产权制度、劳动主体型的多要素分配制度、国家主导型的多结构市场制度、自力主导型的多方位开放制度。

第一，公有主体型的多种类产权制度。所谓公有主体型的多种类产权制度是指在公有制为主体的前提下（包含资产在质上和量上的优势），发展私有经济。中国在多种所有制的动态发展中，注重保持公有制与私有经济之间作为"主体—辅体"的所有制结构。当然，这种所有制结构的保持并非简单地控制私有经济的上升，而是在私有经济发展壮大的同时，巩固、发展和壮大公有制经济，始终保持公有经济的基础和主体地位与国有经济的主导和控制地位。

第二，劳动主体型的多要素分配制度。所谓劳动主体型的多要素分配制度是指按劳分配为主体，多要素所有者可凭产权参与分配，经济公平与经济效率呈现交互同向和并重关系。公有制为主体的产权制度为按劳分配为主体的分配制度提供了可行性的前提条件。在多要素参与分配的条件下，中国注重提高劳动报酬在初次分配中的比重，着力提高低收入者收入，逐步提高最低工资标准，不断完善企业职工工资正常增长机制和支付保障机制。

第三，国家主导型的多结构市场制度。所谓国家主导型的多结构市场制度是指多结构地发展市场体系，发挥市场的基础性资源配置的作用。同时，在廉洁、廉价、民主和高效的基础上，发挥国家调节的主导型作用。中国经济在保持发挥市场调节资源配置的基础作用的同时，注重发挥国家的计划手段和财政、货币政策的调节作用，既用市场调节的优良功能去抑制"国家调节失灵"，又用国家调节的优良功能来纠正"市场调节失灵"，实现一种"基础—主导"的双重调节机制。

第四，自力主导型的多方位开放制度。所谓自力主导型的多方位开放制度是指要处理好引进国外技术和资本同自力更生地发展自主知识产权、高效利用本国资本关系，实行内需为主并与外需相结合的国内外经济交往关系，促进从追求引进数量的粗放型开放模式向追求引进效益的质量型开放模式转变。中国注重在结合比较优势与竞争优势的基础上，大力发展控股、控技（尤其是核心技术）和控牌（尤其是名牌）的"三控型"民族企业集团和民族跨国公司，突出培育和发挥知识产权优势，目的是打造出中国的"世界工厂"而非"世界加工厂"，实现从贸易大国向贸易强国、经济大国向经济强国的转型。

当然，经济发展的中国模式不仅仅是一种社会主义的发展模式。中国作为发展中国家，经济发展的中国模式还是一种发展中国家的发展模式；中国作为从社会主义计划经济向社会主义市场经济转轨的国家，经济发展的中国模式还是一种转轨模式。比如，在形成中国特色社会主义市场经济模式的过程中，转轨的速度是渐进的，转轨的步骤是试错的和由点到面的，转轨的顺序是以先立后破为主的，转轨的方式是以强制和诱导并用的，等等。因此，经济发展的中国模式可以为社会主义国家、发展中国家和转轨国家借鉴是理所当然的。但是作为一种成功的经济发展模式，中国模式也具有一定程度的普遍意义，正如一些专家学者指出的，它同样可以为发达国家所借鉴。

（原载《前线》2009 年第 10 期，第二作者为王中保）

经济改革与和谐社会的经济体制基础

——在美国哈佛大学和麻省理工学院等的讲演

一 邓小平初级社会主义经济观的独创性

在近现代政治经济学和科学社会主义发展史上，邓小平关于初级社会主义的经济观具有独创性和新颖性。其初级社会主义经济观及其制度公式＝公有制主体＋按劳分配主体＋调控型市场经济。具体来说，就是在所有制结构层面，实行市场化的多种公有制，并使之成为主体，保持在质上和量上的优势，同时发展各类非公有制经济，使之成为所有制结构中的辅体。在分配结构层面，实行市场型的多种按劳分配，并使之成为主体，同时发展各类按资分配，使之成为分配结构中的辅体。在资源配置或调节机制层面，实行以市场调节为基础的市场经济制度，同时保持较强的国家调节。

邓小平关于初级社会主义的经济制度观具有重要的理论和实践意义，打破了西方学界和政界至今仍占主流的近现代经济学和政治学的陈腐教条，把作为主体的公有制度与市场经济制度相结合。若操作得法，社会主义或公有制可以比资本主义或私有制更适合市场经济制度，产生更高的整体绩效和社会公平。

难解的问题在于：邓小平的这一独创性理论同以前的马克思主义经典理论是什么关系呢？马克思、恩格斯和列宁的社会主义经济制度观及其公式＝完全社会所有制＋完全社会按劳分配＋完全计划经济。那种认为列宁主张社会主义有商品生产和商品交换的看法是不精确的，因为他与马克思和恩格斯一样，强调从资本主义社会向社会主义社会过渡的时期，才存在商品货币关系。而斯大林和毛泽东降低了社会主义的经济制度标准，其社会主义经济制度观及其公式 = 两种公有制 + 货币型按劳分配 + 商品型计划经济。

我研究后的独特看法是：上述马克思主义经典作家关于进入社会主义起点标志的不同观点，属于三种科学社会主义及其经济制度观；由于划分标准的独特性，因而狭义的三种科学社会主义观都是可以成立的，各个社会主义国家可以自由选择（越南实行"定向社会主义的市场经济"，就选择了马克思、恩格斯、列宁这种社会主义观），并不妨碍广义社会主义的建设和改革；不过，我们没有必要用其中的一种理论去有意贬低或否定另外两种理论，因为他们属于划分标准的分歧，而非社会发展本质和最终方向的区别；邓小平初级社会主义经济观的真正贡献，在于共产党执政后不是急于消灭市场经济和私有制，而是有效地利用它们去为社会主义服务。

应当指出，邓小平关于初级社会主义经济制度和社会主义本质的理论，同当代社会党国际的民主社会主义或社会民主主义理论有着本质上的区别。后者认为，社会主义的制度特征和本质是"自由、公正、互助"。自由是指每个人都可以发展自己的个性，参与政治、经济和文化活动；公正是指每个人都享有各种机会均等，其中包括社会保障、财产和收入以及权利的平等分配；互助是指个人之间相互乐于彼此承担责任，使别人获得与自己同等的平等和自由权利。中国个别经济学家与此相似的新表述为：社会主义 = 社会公正 + 市场经济。实际上，此类貌似新颖的表述背离了邓小平的社会主义经济观，抛弃了公有制和按劳分配占主体，其结果，是不可能较充分地实现"自由、公正、互助"，也不可能建设好社会主义类型和性质的市场经济。

二　经济改革的目标层面与和谐社会的体制基础

近年，中国政府除了提出"科学发展观""提高自主创新能力"等正确方针外，又明确提出"构建社会主义和谐社会"概念，其意义重大。和谐社会应是民主法治、公平正义、诚信友爱、充满活力、安定有序、人与自然和谐相处的社会，即和谐社会是一种可以具体体现在政治、法律、文化、体制、社会和生态六个方面的文明状态。当前不仅要看到社会不和谐的种种现象，而且要找到其深层根源，更要寻求缓解它的机制和制度。中国经济体制改革的目标或经济改革的体制层面，可以说是"四主型经济体制"，而这一新经济体制正是奠定社会主义和谐社会的经济体制基础。

（一）公有主体型的多种类产权制度

这种制度在公有制为主体的前提下，发展中外私有制经济。它应当表现在资本结构、就业结构、GDP结构、税收结构、外贸结构等多方面。中国是在多种所有制共同的动态发展中保持这一"主体—辅体"的宏观所有制结构，而非简单地控制私有制的上升。但如果私有经济占的比例过高，必然引起贫富严重分化和高失业等一连串社会现象和由此派生的社会不和谐。据国家发展改革委员会和国务院研究室的研究报告估算，现在个体私营所有制经济占整个国民经济的1/3左右，如果再加上占国民经济13%强的外资经济，那么，私有制经济在国民经济中的比重将达到46%强，已经逼近50%的临界点了。

因此，我国在调整和完善所有制结构过程中，必须坚持社会主义初级阶段的基本经济制度，巩固和壮大社会主义公有制经济基础，克服新自由主义的思想和政策障碍。具体主要从以下几个方面采取措施：

首先，构建社会主义和谐社会必须坚持公有制为主体的底线。中国《宪法》规定："中华人民共和国的社会主义经济制度的基础是生产资料的社会主义公有制，即全民所有制和劳动群众集体所有制。"如果动摇了社会主义基本经济制度，听任"国退民进""公退私进"，必然使较多的工人、农民被弱势化，就难以实现人民当家做主与社会和谐。当前，要求认真务实地推进国有企业的实质性市场转型改革，就必须建立国有资产管理部门严格的行政问责制和经营奖惩制度。

其次，必须重塑国有经济的质量和数量优势。公有经营性资本的数量与质量及整体发展同科学发展密切相关。国有经济是全民共同所有的，是实现产业升级、技术进步和培育有国际竞争力产业和企业的主力，是影响社会主义市场经济发展方向的经济成分，也是历次国家宏观调控迅速产生理想效果的所有制基础。国有经济是工人阶级以所有者与劳动者双重身份从事工作的立身之所，直接涉及广大职工群众的就业、福利和生活质量。

再次，壮大城乡集体经济和合作经济，推进邓小平一贯强调的关于"农村改革和发展的第二个飞跃"。中国《宪法》规定："国家保护城乡集体经济组织的合法权利和利益，鼓励、指导和帮助集体经济的发展。"发展集体经济具体可从以下几个方面采取措施：一是大力发展统分结合的集体层经营；二是壮大农村集体所有制经济，实现联产承包制到集体化的第二次飞跃；三是提倡有条件的地方发展集体经济联合体；四是在集体经济联合体的基础上进一步发展合作农场；五是强化合作经济包括农户之间的合作（横向一体化），以及在此基础上的农村合作组织加公司这样的合作（纵向一体化）。

诺贝尔经济学奖获得者、新凯恩斯主义代表人物斯蒂格利茨十多年来一直公开批评私有产权迷信和市场迷信。西欧国家私有化二十多年，国家资本仍然没有卖光，竞争性领域仍然有国有企业。德国银行中的"公有成分占40%"。在20世纪90年代末期，自由市场指数方面高居第三位的芬兰，目前在竞争性领域仍然存在一批国有企业，它们"是高效和有创新的"。而成功度过了亚洲金融危机的中国台湾地区的银行中"公有成分"竟达到57%。在竞争性领域中有一批国有企业是能够赢利的，赢利后的国有企业不仅可以反哺于民，还有利于保持社会公平和公正，防止收入差距进一步扩大。这也是国有企业、国有资本的一种功能和"控制力、影响力、带动作用"的体现。

20世纪90年代以来，一些国家的实践证明，大搞私有化或民营化等新自由主义是造成"苏东是倒退的十年，拉美是失去的十年，日本是爬行的十年，美欧是缓升的十年"这一结果的最主要原因之一。被联合国认定的49个最不发达的国家（亦称第四世界），也没有通过私有化的途径富强起来，有的反而更加贫穷。这不仅是美欧和日本的马克思主义经济学家一致的实证分析结论，而且斯蒂格利茨也认为，正是"私有产权神话"等新自由主义理论和政策，导致了苏东国家和拉美等发达和不发达国家的经济不和谐和各种危机。包括中国在内的全球经济，迫切需要在反思和超越新自由主义的保守经济理念中振兴或健康发展。

（二）劳动主体型的多要素分配制度

这种分配制度以按劳分配为主体，多要素所有者可凭产权参与分配，经济公平与经济效率呈现交互同向和并重关系。目前我国收入的基尼系数和五等份所表示的差距已经较大，甚至比一些资本主义国家还要大，但更令人担忧的应是社会财产占有上的贫富分化趋向。近年为何财富和收入的贫富差距在一片反对和控制声中反而扩大了，那是因为很多人不懂得包括许多公有资产采取的廉价送卖等所有制措施必然决定分配走势。现在中央政府强调"注重社会公平和正义"，是极有针对性的，应采取产权和分配上的双重措施，才能真正做到"提低、扩中和控高"的分配和谐。

应当承认，非公有制经济在其发挥促进社会生产力发展这一积极作用的同时，也产生了一些问题，劳资矛盾就是其中最突出的问题。1993—2002 年，我国劳动争议案件年均增长 36.3%，涉及人员年均增长 41.3%，其中非公有制企业尤为严重。非公有制企业的劳资矛盾主要表现为：

一是私营企业雇工工资有不升反降的趋势。根据国家工商局调查的数据显示，2003 年国有企业在岗职工工资超过了私营企业雇工工资的 1.8 倍，私营企业雇工工资低于集体企业在岗职工工资。有些企业劳动强度大、劳动时间长、劳动报酬低，有的企业还拖欠、克扣职工工资。

二是非公有制企业安全生产问题严重。有些企业劳动条件差，忽视劳动保护、安全设施建设，安全生产事故频发。2005 年 5 月 31 日全国总工会劳动保护部公布了《关于非公有制企业职工劳动保护问题的调研报告》。报告指出，在天津、浙江、江苏等省市非公有制经济发展较快的地区，安全生产和职工劳动保护方面存在不少问题。据统计，2003 年，天津市非公有制企业因工死亡 58 人，占全市工亡总数的 68%；江苏省非公有制企业事故起数与死亡人数均占全省的 67%；浙江省是非公有制企业大省，也是安全事故的重省，生产安全事故总数位居全国第三。其中，非公有制企业发生工业伤亡事故 736 起，死亡 756 人，分别占全省事故总数和死亡人数的 82.4% 和 89%。

三是劳动合同的签订情况并不理想，参加社会保险的比例很低。在私营企业中签订了劳动合同的员工仅为 64%，有些企业根本不签订劳动合同，这就使员工的劳动权利得不到法律保护，一旦发生工伤事故或出现有关劳动报酬、劳动条件、劳动时间的争议，员工将陷于极为不利的境地。有些私营企业不按照国家有关规定缴纳失业保险金、退休养老金、医疗保险金。根据第六次私营企业抽样调查数据显示，私营企业参加医疗保险的为被调查企业的33.4%，参加养老保险的仅为38.7%，参加失业保险的仅为16.6%，而且这些参加保险的企业也只是为很少一部分雇工投保。

完善社会主义市场经济条件下的分配制度和分配关系，就要高度重视劳动关系，尤其是劳资关系，积极化解各类矛盾。要根据国家的有关规定，确定和实行不同地区、不同产业的最低工资标准，为职工提供医疗、养老、失业等保险，解除职工的后顾之忧；要建立健全劳动保护制度，完善劳动合同制度，保护职工的身体健康，保护劳资双方的合法权益。在处理劳动关系和劳资矛盾的过程中，要建立政府、企业、劳动者个人三方协调机制，在企业层面处理好各方的利益关系。

（三）国家主导型的多结构市场制度

这一制度即多结构地发展市场体系，发挥市场的基础性配置资源的作用，同时，在廉洁、廉价、民主和高效的基础上发挥国家调节的主导型作用。科学倡导"市场取向的改革"与随意滥用"市场化改革"是不同的。现在中国讲究改革的科学性和协调性，就是既要用市场调节的优良功能去抑制"国家调节失灵"，又要用国家调节的优良功能来纠正"市场调节失灵"，实现一种"基础—主导"功能性双重调节机制，这样，容易达到社会经济和谐。为何上访、闹事、犯罪和社会失衡的现象较为普遍，就是因为国家调节存在不到位或不得当的情况。只要看看近年来，所谓管理层收购等活动中出现的严重问题，并引发各阶层公众的不满和不和谐，就可得知某些政府部门的调控有多滞后和不明智。没有人否定市场化产权改革，但不可背离市场规律乱来。

（四）自立主导型的多方位开放制度

这一制度即处理好引进国外技术和资本同自力更生地发展自主知识产权和高效利用本国资本的关系，实行内需为主并与外需相结合的国内外经济交往关系，促进追求引进数量的粗放型开放模式向追求引进效益的质量型开发模式转变。应在结合比较优势与竞争优势的基础上，大力发展控股、控技（尤其是核心技术）和控牌（尤其是名牌）的"三控型"民族企业集团和民族跨国公司，突出培育和发挥知识产权优势，早日真正打造出中国的世界工厂而非世界加工厂，从而尽快完成从贸易大国向贸易强国和经济大国向经济强国的转型。尤其要加速在船舶、汽车、电子、生物、宇航、海洋等重要领域发展"四跨"（跨地区、跨部门、跨产权和跨国家）、"三控型"国有跨国公司，这是趋利避害地参与经济全球化的关键。那种只强调保护国内外知识产权，不强调创造自主知识产权的做法；那种主要寄希望于不断引进外资、外技和外牌的依赖式策略；那种看不到跨国公司在华研发机构的正负双面效应而片面迎合强国推行"殖民地科技"的开放式爬行主义思维，都是不高明的科技发展"线路图"和开放理念，也不利于整个开放素质的提升和国内外经济的统筹与协调发展。在以往的对外开放中，在土地、资源、生态、税收等一些问题上均存在程度不同的无序性和不协调，需要进一步改善。一国的经济和谐与经济全球化分不开。

三　对新中国的经济变迁能采取历史虚无主义态度吗？

目前，对新中国的经济变迁采取历史虚无主义态度的观点很流行，但流行不等于事实，不等于真理。有的论著全盘否定新中国的历史功绩，声称共产制度在中国也推行了几十年，行不通也是事实，共产制度的经济劣迹，史无前例；说什么共产制度带来的一穷二白，竟然沦落到今天不堪的地步，是人类历史的悲剧，希望中国不要以"文化大革命"后的经济增长，证明共产政制的优越性，等等。

我们可以用众多的统计资料批驳这一历史虚无主义的歪曲。事实上，新旧中国纵向比较和中外横向经济比较的结论是：自1840年到1949年的109年间，包括国民党统治的20多年在内，造就了中国近代史上"一穷二白"的社会格局，与世界主要国家的经济差距是在拉大的，而新中国成立后的30—40年间，许多经济差距在不断缩小；旧中国腐朽落后的私产制生产关系严重阻碍了生产力的提高，比印度发展还慢；西方主要资本主国家限于私产制的障碍，没有充分释放科技进步和产业革命所蕴藏的经济潜能，不少重要经济指标的增长比有较大弊端的"计划社会主义"大国要慢；新中国最初 30 年在较僵化的计划产品经济体制中运行，其发展得益于公有制内生机制的优势，一些重要经济指标赶上并超过了多数私产制国家，与某些较发达国家的若干重要经济差距缩小了。所以，中国选择社会主义没有错，现代化建设也是有相当成效的（改革前 30 年的 GNP 增长速度年均为 6.1%，改革后大约为 9.5%）。致使我国没有全面超过一切私产制国家的原因，主要在于人口增长太快，以及传统体制部分抑制了公有制和生产力的巨大潜力。现有的改革，正在逐步纠正传统公有制社会的体制弊病，并已日益展示出比西方制度更具活力的制度新貌。

四　中国会走向资本主义的道路吗？

对于中国近代史，有些论著的错误观点可以浓缩为以下"三部曲"：

首先，在历史上否定旧中国是正式的私产制度，以消除人们对资本主义的厌恶。他们说：在近代历史上，中国没有正式地推行过明确的私产制度，邓小平及其他中国的主要执政者从来没有经历过以健全私产制度为基础的资本主义经验，他们怎么可以反对他们不知道是什么的制度呢？

其次，在操作上以苏东国家为样板，希望由中国共产党通过推行私产制来瓦解社会主义。他们说：由共产党推行私产制，听起来有点语言矛盾，但权力所在，说不通却也是可行之道。苏联及东欧的经验，应该证明多年来的先见之明。

最后，在理论上高颂所谓科斯定律，指出中国一定会走向资本主义的私产制度。他们说：基于中国坚持门户开放、增加生产及维持政局安定的三个情况下，用科斯定律所演变出来的结果，就是中国一定会走向近乎私产的道路。

在我看来，上述"三部曲"的论断均经不起科学的推敲。其一，只要一个社会在法律制度上和现实生活中主要体现的是财产及其剩余索取权的私人性，那么，该社会便归属私有制一类。旧中国显然属于半封建、半资本主义的私产制社会。其二，真正精通历史辩证法的先进群体，不会主张走资本主义道路。把目前中国从公有制单一型计划产品经济体制，向公有制主体型市场经济体制转变，视为走资本主义私产制老路，这缺乏经济学的依据。其三，稍有经济学知识的人都很难赞成下列逻辑：只要中国坚持门户开放、增加生产及维持政局安定，就必然实行私产化。难怪私产权学派的同行反应颇为热烈，但同意上述"三部曲"论断的人甚少。美国经济学家舒尔兹说得对：经济学不能在这种事上作推测。

五 创新的马克思主义经济学家是改革的首创者

社会上流传一种论调，说什么马克思主义经济学家一贯思想僵化，反对社会主义改革。近年来，中外真正的马克思主义经济学家联合新老凯恩斯主义者和左翼经济学家等，都在重点批评新自由主义经济学，但这易被扣上"极左""走回头路""反对改革"的帽子。

我想说明一个事实，即创新的马克思主义经济学家是我国改革的最早倡导者！由于马克思主义经济学家一贯比较谦虚，反对市场炒作和学术泡沫，而自由市场本身就极易导致学术市场的"假冒伪劣理论商品"的泛滥，因而很容易出现一批被中外媒体吹捧成所谓"主流经济学家"、"著名经济学家"等理论或人物。其中有些"改革家"只是社会主义市场取向改革的"同路人"，实质属于资本主义市场取向改革的"改革家"或"改向家"（类似匈牙利的经济学家科尔奈、苏联的经济学家波波夫）。最近，西方媒体再次发动"西强我弱"的攻势，又选择了"华尔街版的中国十大经济学家"，试图影响我国正在激烈进行的"现代马克思主义经济学与现代西方经济学关系"的争论。值得欣慰的是，广大网民正在猛烈抨击某些所谓"主流经济学家""媒体经济学家"，这本质上是广大人民群众自觉地反对错误经济思潮的一种正义行动。

可以列举许多事例证明：现在仍然坚定的马克思主义经济学家是我国改革的最早倡导者。不过，他们往往不是市场塑造的"媒体经济学家"或"主流经济学家"，而是学界认同的"杰出经济学家"，如于祖尧、刘国光、杨圣明、苏星、卫兴华、张薰华和已故的许涤新等。

例一，于祖尧是我国社会主义市场经济的最早倡导者和杰出贡献者。

1979 年 4 月，在江苏省无锡市举行的全国价值规律理论讨论会上，中国社会科学院经济研究所于祖尧研究员（曾任所党委书记兼副所长）提交《试论社会主义市场经济》一文，是国内最早正式提出"社会主义市场经济"概念和理论的。他指出"社会主义既然实行商品制度，那么，社会主义经济在本质上就不能不是一种特殊的市场经济，只不过它的性质和特征同资本主义市场经济有原则的区别。为了加快实现四个现代化，搞好经济改革，应当怎样正确地对待市场经济，这是我们经济学界需要认真研究的重大课题"①。可见，现在仍坚定的马克思主义经济学家于祖尧，才真正是我国社会主义市场经济理论的最早倡导者和杰出贡献者。

例二，刘国光是主张缩小指令性计划和市场改革取向的最早倡导者和杰出贡献者。中国社会科学院刘国光研究员（曾任副院长，现为特邀顾问）是力主社会主义市场改革取向的，他在 1979 年 7 月一次关于经济体制改革取向问题的座谈会中明确提出，高度集权的苏联模式仅是社会主义经济体制模式之一，东欧国家偏重分权、偏于分散的市场体制和用经济办法管理经济的模式，也是社会主义经济体制的重要模式之一，我国经济体制改革在选择模式时，"要解放思想，按照实践是检验真理的唯一标准来决定我们的取舍只要有利于经济的发展和人民生活水平的提高，都是可以采取的，没有什么政治帽子问题，只有适不适合一个国家各个时期的具体历史条件和经济发展条件的问题，也就是适不适合一国国情的问题"，市场机制是实行分权管理体制的重要手段。②　随后，在与人合著的《论社会主义经济中计划与市场的关系》一文中，从生产与需求脱节、计划价格脱离实际、供给制资金分配体制的缺陷、企业结构上自给自足倾向的原因等方面，翔实论证了社会主义经济中计划与市场相结合的必然性，并对计划经济条件下如何利用市场的问题和利用市场机制条件下如何加强经济发展的计划性问题，提出了完整、系统的改革举措与政策建议。这一报告受到当时国内经济学界、特别是政府决策部门和中央领导的高度重视，对我国

---

①　《经济研究资料》第 50 期（1979 年 3 月 28 日），载《社会主义经济中计划与市场的关系》，中国社会科学出版社 1980 年版。

②　座谈会中刘国光教授的发言题目为《对经济体制改革中几个重要问题的看法》，《经济管理》1979 年第 11 期。

社会主义市场改革取向的抉择产生了重要影响。中国经济体制改革初期的不同意见争论是激烈的，在 20 世纪 80 年代初期，刘国光教授因他在改革取向抉择关键时期的这一重要观点而受到批评，但他没有退却。

例三，苏星是我国社会主义股份制的最早倡导者和杰出贡献者。1983年 7 月，中共中央党校苏星教授（曾任副校长，现为国家马克思主义理论研究和建设工程咨询委员）在《红旗》第 14 期上发表的《试论工业公司》一文中明确指出："社会主义社会的物质技术基础也是社会化的大生产。在消灭生产资料的资本主义私有制，建立生产资料公有制以后，依然需要利用股份公司和托拉斯一类的社会化大生产组织形式，利用它们的管理经验，使之为社会主义经济服务。股份公司一类经济组织，作为社会化生产的组织形式，按理应当更适合于生产资料公有制的性质。因为在生产资料公有制的条件下，企业之间的根本利益是一致的，它们在国家政策的引导下，可以遵循自愿互利的原则，广泛组织公司和其他各种形式的联合体，不存在私有制的限制。当然，社会主义的公司和资本主义的公司在性质上是根本不同的。我们向资本主义的公司和托拉斯学习，主要是学习它们组织社会化大生产，特别是专业化和联合的经验，而不能照抄照搬。"

例四，张薰华是土地管理体制改革的最早倡导者和杰出贡献者。1984年在港澳经济研究会成立大会上，杰出的《资本论》研究专家、复旦大学张薰华教授（曾任经济学系主任，现任全国《资本论》研究会顾问、中国社会科学院马克思主义研究院学术顾问）提出了论文《论社会主义经济中地租的必然性》，从理论到实践阐述这一思路。论文载于《中国房地产》杂志 1984 年第 8 期。1985 年年初，由于中央对土地管理体制改革的重视，上海市委研究室注意到这篇文章，嘱再写一篇《再论社会主义商品经济中地租的必然性——兼论上海土地使用问题》，载于该室《内部资料》第 6 期（1985 年 1 月 21 日印发）。文中再一次指出："土地的有偿使用关系到土地的合理使用和土地的公有权问题。级差地租应该为国家的财源之一，港澳的租地办法可以采用。"接着，《再论社会主义商品经济中地租的必然性》这篇文章又受到中共中央书记处研究室注意，嘱再补充，标题改为《论社会主义商品经济中地租的必然性》，1985 年 4 月 10 日载于该室内刊《调查与研究》第 5 期，发至全国各省市领导机关。这就为中国土地批租制度的建立提供了理论依据。根据以上机理，土地国有化不仅排除了土地私有制，而且排除了土地集体所有制。因为集体单位使用土地带来级差超额利润，也是社会转移来的价值，不是他们劳动创造的价值。同理，国有企业也不应无偿使用土地。无偿划拨土地实质上是将国有土地变为企业土地。1987年，在深圳参加"城市土地管理体制改革"讨论会上，张薰华教授就此提出论文《论土地国有化与地租的归属问题》。后来，深圳市政府将该市农村土地全部收归国有。

此外，中国社会科学院经济研究所原所长、已故著名经济学家许涤新研究员是我国第一个提出要重视环境和构建生态经济学的杰出马克思主义经济学家。早在1983年上半年，他就发表了相关论文。

从上述新马克思主义经济学家理论联系实践的原创中可以表明：伴随着经济改革进程的中国政治经济学的转型，不是从传统政治经济学转向现代西方经济学，而是在科学扬弃和超越苏联经济学和现代西方经济学的基础上转向现代马克思主义政治经济学，包括现代社会主义市场经济和现代资本主义市场经济的基本理论。就理论经济学来说，世界主流经济学是西方经济学，而马克思主义经济学则是非主流经济学；改革后社会主义中国的主流经济学是现代马克思主义经济学，而现代西方经济学则是非主流经济学。社会主义中国是不可能将西方发达国家执政党奉为主流的经济学作为本国主流经济学，并作为经济体制改革指导思想的。同现代西方经济学一样，现代马克思主义政治经济学既是学术体系，又是一种理论信仰和意识形态，应当在学术和意识形态两个相关领域都发挥指导作用。如果只赞成马克思主义经济学作为经济意识形态的指导地位，而不赞成它在经济学教学和研究中的学术指导地位，则会架空现代马克思主义经济学。

（原载《毛泽东邓小平理论研究》2006年第10期）

低碳经济的政治经济学逻辑分析

——低碳问题的政治经济学分析(专题讨论)

一   低碳经济与低碳经济的逻辑

低碳经济是直接为了应对全球气候变暖对人类生存和发展的严峻挑战而提出的一种经济发展模式。英国能源白皮书认为:低碳经济是通过更少的自然资源消耗和更少的环境污染,获得更多的经济产出;低碳经济是创造更高的生活标准和更好的生活质量的途径和机会,也为发展应用和输出先进技术创造了机会,同时,也能创造新的商机和更多的就业机会。从这个定义我们可以引申出四个重要的命题:第一,低碳经济是以更多的经济产出为目标函数,以环境承载力为约束条件,或者更直接地说是以最小的二氧化碳排放为约束条件的一种新型经济形态。与以更多经济产出为目标函数,以私人成本最小化为约束条件的高碳经济有着本质的区别,因此,低碳经济不反对经济的持续增长。第二,低碳经济是以消费水平和消费质量的持续稳定提高为目标函数,以消费过程中的最小二氧化碳排放量为约束条件的新型消费模式。与以消费效用最大化为目标函数,以个人或家庭的可支配收入为约束条件的高碳消费模式相区别。第三,低碳经济与技术的发展和应用是一种"倒逼"(bottom - up)的关系,即通过预设一个经济发展目标,比如,单位国内生产总值能耗降低的百分比或者二氧化碳减排目标,从而倒逼与之相适应的先进技术,而不是像有些学者主张的那样"技术支持低碳经济"。第四,低碳经济的标准必须有一个客观尺度。简单地把"低"理解为"减排"和"低二氧化碳排放"既不准确,也不具有可操作性。"减排"是相对于全球气候变暖的严峻挑战而提出了战略措施，并非是低碳经济的本质要求；同时，"减排"也是相对于历史上业已形成的高碳经济模式而言的，也不是低碳经济的固有属性。我们认为，低碳经济的"低"只能是从宏观上使人类经济活动累计碳排放水平低于大气圈最大可容纳的温室气体含量，所以这个"低"是绝对的、客观的。低碳经济不在于碳的"无"和抽象的"低"，而在于碳排放的"度"。

从上述对低碳经济概念的分析中，我们不难发现其内在的逻辑规定：设定自然系统客观地存在一个最大可容纳的二氧化碳含量，如果要确保气候不至于逐渐变暖，那么当时间趋于无穷大时，人类经济活动累积排放的二氧化碳必须始终小于或等于最大可容纳的二氧化碳含量；反之，如果人类经济活动实际排放的二氧化碳超过自然系统最大可容纳的二氧化碳含量越多，气候变暖的速度就越快。这样，理论上的低碳经济就受到自然系统最大可容纳的二氧化碳含量这个刚性条件的约束。低碳经济与高碳经济相比，唯一的区别就在于：高碳经济不受这个刚性条件的约束，而低碳经济则必须在这个约束条件下展开，包括一切与经济活动相关联的制度安排。低碳经济从狭义上讲是要减少二氧化碳以应对气候变化对人类发展的挑战，从广义上讲依然是要协调经济系统与自然系统之间的关系。

二　低碳经济的理论模型及实现条件

在马克思和恩格斯的自然力思想中早已包含了协调经济和自然之间关系的思想，他们一开始就注意到了自然力与社会经济系统之间的辩证关系。例如，马克思指出自然力对生产力的正向作用："自然力不是超额利润的源泉，而只是超额利润的一种自然基础，因为它是特别高的劳动生产力的自然基础。"[1] 同时，恩格斯指出了自然力对社会经济系统的负向作用："如果说人靠科学和创造天才征服了自然力，那末自然力也对人进行报复，按他利用自然力的程度使他服从一种真正的专制，而不管社会组织

---

[1]　马克思：《资本论》第3卷，人民出版社2004年版，第728页。

怎样。"① 这意味着在马克思和恩格斯的方法论中，其实早已内含了关于自然力对社会经济系统两个方面的作用的结论，只不过马克思在建立他的政治经济学理论体系的时候，是以资本主义生产方式及其与之相适应的生产关系和交换关系为研究对象的，而资本主义生产方式的天然本质是以最大限度地榨取剩余价值为目的。因此，马克思的触角没有涉及生产的另一种无效率——对自然系统的破坏，有其历史的必然性。在正统的政治经济学框架内，自然力仅仅是人类社会经济活动的自然基础，是一个不费分文、免费向经济系统提供可利用资源的系统，它还没有建立起自然力与经济系统之间双向、互促、彼此约束和制衡的合理关系。

在现代经济系统中的"马克思条件"已经发生了根本的变化。自 18 世纪中期以来，自然系统受到的损害要比整个史前时代造成的损害还要大，在大工业生产体系达到一个前所未有的高度、集聚和累积人造资本的成就达到史无前例的顶峰时，人类赖以创造物质文明的自然基础正在急剧发生变化，自然系统被破坏的速率比物质财富增长的速率要快得多。在过去半个多世纪中，全球已经丧失了 1/4 的表层土和 1/3 的森林覆盖。在过去 30 年中，地球上 1/3 的资源——自然财富已经消耗殆尽，我们正在以每年 6% 的速度失去淡水生态系统、以每年 4% 的速度失去海洋生态系统。② 全世界每一种生命系统的衰退正在不断加速，并已经开始失去维持生命过程的能力，这些都是马克思所处的时代没有发生的，也是社会再生产过程的马克思条件没有包含在内的。因此，我们需要建立新的模型来理解自然系统与经济系统之间的关系，从而揭示低碳经济的内在逻辑。

（一）低碳经济模型的基本假定

第一，人类的全部经济活动可以抽象为生产活动和消费活动，生产活动不仅输出产品产出，各种有使用价值的可用资源，同时也输出非产品产

---

① 《马克思恩格斯全集》第 18 卷，人民出版社 1964 年版，第 342 页。

② 保罗·霍肯、埃默里·洛文斯、亨特·洛文斯：《自然资本论——关于下一次工业革命》，王乃粒、诸大建、龚义台译，上海科学普及出版社 2000 年版，第 5 页。

出，即全部未转化为有效产品和服务的废弃物排放。同样，消费活动不仅使消费主体获得满足，也在消费过程中输出各种没有转化为营养和能量的各种排放，如生活垃圾等。因此，我们将全部生产活动和消费活动产生的有害物质抽象为人类经济活动排放的二氧化碳。

第二，厂商是生产活动的执行主体，家庭是消费活动的执行主体（当然个人、团体、政府组织和非政府组织等都是事实上的消费活动的执行主体，这里为简化起见，都归并到家庭之中）。

第三，自然系统是一个有限系统，即它提供经济生产和服务生产的能力也是有限的，承载生产活动和消费活动对其施加的压力的能力是有限的。

第四，生产函数和消费函数是增函数。

第五，自然系统中存在一个最大二氧化碳可排放量，这是一个客观存在的量度。生产和消费累积产生的二氧化碳如果始终小于这个客观的量度，则不会对气候变化产生影响，反之会引起气候发生变化。

第六，经济系统是一个开放系统。

（二）低碳经济的基本模型

在上述基本假定条件下，我们可以建立一个低碳经济的基本模型。设生产活动的产品产出用 Y 表示；生产活动产生的二氧化碳用 P_{co_2} 表示；消费活动可用消费函数 C 表示，消费活动产生的二氧化碳排放量用 C_{co_2} 表示；生产活动和消费活动产生的二氧化碳排放总量用 T_{co_2} 表示，于是就有：

（1）$Y = \omega(g)$

（2）$C = \xi(g)$

（3）$P_{co_2} = \varphi(Y)$

（4）$C_{co_2} = \zeta(C)$

（5）$T_{co_2} = P_{co_2} + C_{co_2}$

根据上述数学表达式，可以得到低碳经济的几何模型（见图1）。

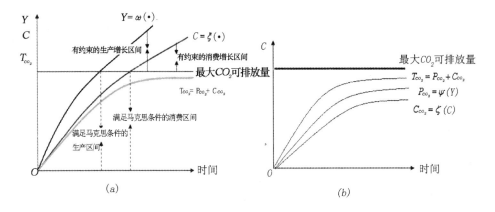

图1 低碳经济的几何模型

（三）低碳经济模式下社会再生产的实现条件

这包括两种情况：第一种情况是当生产活动和消费活动累计排放的二氧化碳总和小于自然系统允许的最大二氧化碳可排放量时，社会再生产的实现条件实际上就是再生产的"马克思条件"，即

$$（1）I（c + v + m） = I（c + V_c） + II（c + V_c）$$

$$（2）II（c + v + m） = I（v + V_v + \frac{m}{x}） + II（v + V_v + \frac{m}{x}）$$

第二种情况是，由于任何的生产活动和消费活动都必然会产生碳排放，即使是在循环经济模式下也不例外。也就是说因 $P_{co_2} = \omega（Y） \neq 0$，$C_{co_2} = \zeta（C） \neq 0$，此，$T_{co_2} = P_{co_2} + C_{co_2} = \omega（Y） + \zeta（C） \neq 0$ 随着时间的推移，$T_{co_2} = P_{co_2} + C_{co_2}$ 在累积和放大机制的作用下，生产活动和消费活动产生的碳排放最终会逼近自然系统允许的最大二氧化碳可排放量，导致社会再生产过程不可持续。所以要保证经济社会可持续发展，当生产和消费分别进入"有约束的生产增长区间"和"有约束的消费增长区间"后，除了要满足再生产的"马克思条件"外，还必须同时满足：

$$（1）\frac{\partial P_{co_2}}{\partial Y} = 0；（2）\frac{\partial C_{co_2}}{\partial C} = 0；（3）\frac{\partial P_{co_2}}{\partial Y} + \frac{\partial C_{co_2}}{\partial C} = 0$$

这个约束条件的经济含义是：生产活动和消费活动产生的碳排放总

量，即 $T_{co_2} = P_{co_2} + C_{co_2}$ 是一个 logsit 函数，生产每增长一个单位所产生的碳排放必须等于零，消费每增长一个单位所产生的碳排放也必须等于零，否则，$T_{co_2} = P_{co_2} + C_{co_2} \neq 0$ 从而破坏 $T_{co_2} = P_{co_2} + C_{co_2}$ 成为 logsit 函数的条件。

三　关于低碳经济的几个重要命题

由上述模型，我们可以得到关于低碳经济的几个重要基本命题，这些命题对正确认识和实践低碳经济具有重要的意义。

命题一：生产的持续增长和消费水平、消费质量的持续提高依然是人类社会文明进步的核心主题，低碳经济与这个主题具有高度的兼容性。低碳经济不反对经济增长，也不反对追求高消费，因为这是人类社会发展的基本逻辑。但是低碳经济强调经济增长和消费水平的提高，都必须要在自然系统最大可排放二氧化碳这个客观尺度的刚性约束下展开。

命题二：低碳经济倒逼技术创新、制度创新和观念变革。自然系统允许的最大可排放二氧化碳是低碳经济的客观尺度，这个客观尺度倒逼出与之匹配的技术、制度安排和发展观，而不是反过来通过技术创新、制度创新和发展观的渐进式变革自发地逼近这个客观尺度，这两者之间有着本质上的不同。

命题三：共同但有区别的责任是国际社会合作、共同应对气候变化的基本原则。由于每个国家的生产活动和消费活动都排放数量不等的碳，又同时分享气候改善的收益，因而，应对全球气候变化是国际社会的共同责任；但是，即使不算历史旧账，由于 $P_{co_2} = \varphi(Y)$，$C_{co_2} = \zeta(C)$，$T_{co_2} = P_{co_2} + C_{co_2}$，各国之间的经济规模、经济结构、消费水平、消费结构存在巨大的差异，各自贡献的碳排放是不同的，所以在应对气候变化这个全球性问题上，应该有区别地承担不同的责任。

命题四：减排是应对气候变化的权宜之计，长久之计应是根据自然系统可承载的最大二氧化碳排放量，按年度测算全球的当年的二氧化碳排放量，并在各国之间公平分配碳排放权。唯有如此，"低碳"这个客观尺度才能对世界各国的经济社会发展产生刚性的约束力，低碳经济才具有现实的可能性，可持续发展才能够变成现实。

命题五：按照低碳经济的约束条件提高消费效率、优化消费结构、创建全新的消费模式，强化先进消费文化的培育，全面提升消费者的消费能力，开展政府主导下的消费能力建设，为低碳经济奠定坚实的群众基础。

（原载《学术月刊》2010 年第 7 期，第二作者为王朝科）

汲取西方经济理论的科学因素

对待当代西方经济理论和分析方法，既不应当盲目排斥，也不应当盲目崇拜，而必须在深刻和细致的研究基础上，摒弃其庸俗的成分，汲取其科学的因素。由经济学消息报社编的《诺贝尔经济学奖得主专访录》一书①记载了 12 位诺贝尔经济学奖得主评说中国经济与经济学发展的言论。其中，有些言论明显含有片面和错误之处，有些经实践验证则具有较大的合理性。这里，扼要地评述几个重要观点，以期有益于中国的改革与发展。

一、建议中国向市场经济缓和过渡，以免出现苏东国家那样的不良结局。

米勒认为：关闭亏损企业，建立大量新企业，推行企业股份化，都"必须谨慎行事，使这种过渡缓和一些。不要试图立即解决一切问题，那是不可能的"。因为"我们国家的这些制度规则发展了近两百年时间。开始的时候会非常艰难，有很多工作要做。发展过程是很慢的"。萨缪尔森重申 1992 年提出的见解：中国目前最需要的，不是纽约证券交易所、芝加哥商品交易所一类的组织。从基础的农业开始，引导人们追求其利益或利润，这将比建立一个有组织的市场，进行股票、债券交易，进行担保和买进卖出等重要得多。他强调：对中国来说，市场还很原始，股票很热，那是一种赌博。那一张纸并不足以代表相应的生产，但今天买一张这样的纸，到后天卖掉它，其价值可能翻了一番，结果是，在这种赌博中，第一个取得这股票的人将剥夺其后的所有者的钱。"所以，我认为，苏联也是如此。"马克维茨也说："还是不要把眼光只局限在股市上，而是放在整个

---

① 经济学消息报社编：《诺贝尔经济学奖得主专访录》，中国计划出版社 1995 年版。

投资的进程中。"克莱因则以墨西哥大量外资涌入和经济快速增长，而忽视经济均等和南部人民贫穷及导致政治与经济危机为例，提醒"中国应非常小心谨慎地摸索前进，中国的经济大师们要时时衡量各种趋势的出现。中国的决策者应注意收入分配的问题，不可掉以轻心"。另外，科斯的感想是：中国人民的生活更好了，因而可以慢慢地改革。他主张"谨慎为好，不宜操之过急"，即改革要有些较先进的方法，但要慢慢来，不能快，走快了并不是好事。

中国的渐进式改革与俄罗斯以及某些东欧国家的激进式改向，其经济和社会的效应已显而易见。（1）阿罗说："就目前的纪录看，我不知道到中国是去学习呢，还是去'教导'。东欧国家目前的生产下降了20%左右，而中国的生产却蒸蒸日上。东欧相去甚远矣。"（2）科斯从家庭关系、华侨投资和生活水平三方面分析中俄改革的环境因素，不很深刻，但其推断结论却颇有眼光，申明对俄罗斯抱极为悲观的态度，而对中国的前途相对表示乐观。（3）马克维茨简捷地认为，中国进行了一项试验，而非在整体经济中一下动大手术，从而避免了例如俄罗斯所遇到的问题。（4）萨缪尔森承认苏联的解体，也使其失掉它原有的很多效率，并在分析中俄两国改革进程和效果时婉转地说："有的人，像杰弗里、萨克斯和哈弗特，他们跑到苏联去告诉俄国人应该采取休克疗法，以此遏止通胀。这或许是个好主意，但他们没有这样做的政治能力。所以，如果你是一个天才，你应该设法发现各种政策的最好的协调统一体。……有人认为，可能中国采取了相反的做法，你们顶住了原有势力，保住了推动市场经济进程的权利。"（5）西蒙在整个精彩的谈话中讲得最直率："假如有一个人闯到你的国家，告诉你如何把这个国家的事情办好，这是不可靠的。东欧人就是这样期待别人教他们如何办事情的，结果是没有多大的用处。"

上述这些见解是很有见地的。我国在改革国有企业、重建产权制度、发展证券市场、鼓励部分先富等一系列问题上，确实应科学设计终极目标，注重健全发展规则，谨慎推行过渡措施，否则，便会事与愿违，欲速则不达，最终贻误改革和发展。其实，中国与俄罗斯经济变动的区别，主要不在于渐进与激进的速度差异和步骤次序，而在于最终目标及由此采取的措施不同。不能说中国十几年的改革仅仅属于"体制外改革"，以往的改革已呈现为公有制主体下的有限私有化、按劳分配（共同富裕）主体下的有限级差化（两极分化）和国家主导下的有限市场化这三个层面的总进程，其终极目标是建立具有中国特色的社会主义市场经济体制。俄罗斯改革的实质是大改向，变传统社会主义经济制度为现代资本主义经济制度。两种性质不一的改革及其社会经济效应已一目了然。中国渐进式经济转型的改革成本不小，但大大低于俄罗斯等经济激进式转向的国家。

二、主张中国不要模仿美国模式，而应借鉴那些成功的周边邻国和地区。

对于中国经济模式的选择，米勒"经常这么说，你们刚刚起步，要环顾世界，寻找合适的模式，不要总以为美国的模式是正确的，它可能不是。还有许多其他的。在决定采用哪一种之前，多看一些"。他以自己专业所长的金融制度为例，强调不要模仿美国模式，美国历史的发展模式与中国不相适应。他认为有很多模式可供模仿，比如中国台湾、中国香港、泰国等地的银行法律，但不要参照美国的模式，因为法律系统不一样，中国应借鉴那些成功的周边邻国和地区，在初始阶段宜建立德国式或日本式银行以减少风险。

克莱因则建议中国应对日本好好加以研究，因为日本以前的发展与中国现时的发展具有"异曲同工"之处。他阐述说，日本到1972年为止的前15年里连续高速增长，以后就逐渐降低了，而中国前15年里的年均增长率也有接近9%的较快速度，需要对经济的周期性反复有所准备。中国的经济正在与世界经济接轨，世界经济的周期变化及国内经济周期变化会使得中国的整体经济出现波动，所以，中国不要期待"年年好时光"，要对出现的困难有所准备。美国的一些经济学家建议中国主要借鉴周边国家和地区的经验，不要模仿美国模式，倒是耐人寻味的。除了弗里德曼极力赞赏的中国香港模式因具有特殊性而另当别论之外，美国是较为典型的现代自由经营主义模式，日本、新加坡和韩国是较为典型的现代干预经济主义模式。权衡两种模式的利弊得失，从经济的社会化和国际化的长期趋势和内在要求来判断，日本模式或东亚模式更具有生命力和优势。米勒的看法是有道理的。

三、强调市场是没有心脏和大脑的，以通胀来推动增长是极其危险的策略。

在萨缪尔森看来，如果短期的经济增长强劲但却伴随着严重的财政赤字，而后者又来源于超量发行货币的行为的话，那么，追求这种增长是很危险的。尽管当今没有什么东西可以取代市场来组织一个复杂的、大型的经济，但市场是无心的，没有头脑的，它从不会思考，不顾忌什么，因而混合经济就是要通过政府的政策来纠正某些由市场带来的经济缺陷。他强调说："没有哪种制度可以起初不依赖于市场价格机制而能够在生活水平的快速持久增长方面获得成功。然而，市场是没有心脏和大脑的，因而不能指望市场自身能够自觉地意识到它所带来的严重的社会不平等，更不能指望市场自身来纠正这种不平等。……如果市场机制既要保持效率，又要保持灵活性，那么，一个混合经济的国家就必须设法保持'适度的混合'。"

弗里德曼分析说，中国与全世界的其他地方一样，在通货膨胀和失业率方面有一个短期的相互抵消作用，但决无长期的相互抵消作用。所以，通货膨胀促进就业只是短暂的现象，保持6%还是保持3%的通货膨胀率并无太大区别。从长远的观点看，通货膨胀具有破坏性。它浪费人们的资源和努力，使得物价上涨，生产率降低。它就像"酒瘾"一样，很容易使人们上瘾，特别是使政府上瘾。但摆脱它却非常困难。按照弗里德曼的标准，现时中国通货膨胀又达到了危险的警戒线，应使其经济大大缓慢下来，以避免通货膨胀变得不可控制，并要学会调控货币供应量与通货膨胀率的关系。莫迪利阿尼也持相似观点，指出并非通胀推进投资，"以通胀来推动增长是极其危险的策略，因为这将对储蓄产生消极影响，而它能否对投资产生积极影响，仍存有很多疑问"。他认为，当抑制通胀时，就会给投资带来抑制作用。原因在于，这时必将减慢发行货币，其直接后果是利息率上升而削弱投资。可见，采用通胀促增长，可能眼前得到短期的利益，但在一定的时候要为此付出代价，并且通胀越厉害，将来的收缩也就越严重，这种政策是短视的。莫迪利阿尼进一步论证说，储蓄是财富的增长，储蓄这一相关的衡量指标随通胀增加而下降，这就是通胀的后果之一，是破坏性的政府要慎用通胀手段，尽管其本意可能是通过高通胀推动高增长，但实际上却减少了储蓄，从而减少了增长，特别是如果因此而使人们不再相信政府，那将是真正的危险。中国现在真实利率呈现负值，人们将不愿储蓄，这是很自然的。此外，克莱因提出，中国的决策者应把通胀压到10%以下，则可望外资毫无顾虑地进入中国，应在加速经济的发展与保持通胀不超过两位数之间寻求妥协支点。

市场不可能自动实现经济稳定和经济公平，需要不同程度的国家调节。这种国家调节应是现代市场经济有序运行的主导或主脑。它表现为确立经济发展目标值，并推行相关政策实现之。尽管从所有制或产权的结构来看，中国与西方国家有重大区别，但市场经济的健康成长少不了国家宏观调控和微观规制，却是现代经济体系的共同点。反通胀是处理市场与政府关系的重要内容之一。西方经济学家经历70年代的滞胀以后，对于增长、失业与通胀之间的复杂联系，已有较清醒的认识，因而普遍告诫中国必须把通胀率控制在1位数之内，不要以高通胀来推动高增长。他们较一致的看法值得争论不休的中国经济学界高度重视。

四、指出腐败与政府的所有权或市场经济没有必然的联系，中国应复活人们对集体的忠诚感。

精通管理学而目前又在研究心理学的西蒙强调，腐败不是计划经济的"专利品"。看看日本，他们正面临着腐败的大丑闻；再看看意大利，他们面临同样的困扰已有3年了；50年前的美国，许多大城市都十分腐败，官僚主义盛行。所以，说谁更容易腐败是荒唐的说法。以中国为例，并不能认为腐败是与政府的所有权或市场经济有必然的联系。西蒙在进一步分析腐败问题时说："我的某些朋友告诉我，'文化大革命'固然很可怕，但是现在的人们都变得十分贪婪了，一切朝钱看。这倒使得我缅怀起中国以前的那种价值观。这当然不是要回到'文化大革命'时那种悲惨状况中去，但也希望不至于出现现在的情形，人们的脑子总是在打转：我能赚多少钱？我怎么才能赚到这么多钱？"依西蒙所见，其一，人类的天性除了自私这种动机之外，还包含着个人对集体的强烈忠诚感；要充分利用人类的私利欲望，就必须把这种欲望与更大规模的"群体私利"欲望联系在一起。其二，中国目前面临的一个问题是（与腐败有关）当出现各种各样的社会变化时，人们开始"松懈"了那种"群体忠诚感"。然而，没有这种对集体的忠诚，很难想象会有任何形式的社会可以存在下去。他提出，现在中国的首要任务不但是集中注意力在市场改革上——它会自然而然地到来，还要集中在组织机构的重建上，从而使得人们的忠诚感得以复活，而不仅仅是为了几元钱而"折腰"。这就是机构重建的最崇高任务。

值得一提的是，在阐述寻租的作用及消除经济犯罪等各种问题时，有的经济学家也提出了一些令人感兴趣的看法。比如：在解答同腐败有关的寻租理论与产权理论的联系时，布坎南觉得从根本上来说，寻租理论与产权追求理论并无差别，并推崇塔洛克的观点——寻租是一种社会性的、浪费资源的现象。贝克尔指出，必须在打击犯罪（不管是经济犯罪还是民事犯罪）增加开支与犯罪造成的损失之间作出平衡。科斯非常强调，法律体制的改革是深化经济改革的一个重要方面，并赞同米勒所讲的一句话：中国需要的不是更多的经济学，而是更多的法律。

在我看来，像西蒙这样的学者提出和分析上述问题，确实是难能可贵的，比张五常等人所持的腐败观和自私观要严谨得多。[①] 把盛行的腐败现象归咎于公有制和市场机制的本质，或者认为腐败和唯私行为有益于市场经济的发展，或者主张社会主义市场经济条件下无须重塑集体主义精神和价值观，都是不正确的。这是因为，无论公有制和私有制、计划经济和市场经济，均未必与十分严重的腐败等现象相联系；在充分发挥个人价值导向的同时，加强集体主义的基本价值导向和社会主义理想，是市场经济深层本质所要求的人文精神；只有将道德调节这只"无形之手"与法律调节这只"有形之手"合力并用，社会主义性质条件下的市场经济才能良性运作。

五、认为学习西方经济学也有不利的地方，希望中国经济学家的研究不是靠从西方经济学中衍生出来什么。

科斯提出，受经济学的训练是很有益处的，这意味着要学习西方经济学，但学习西方经济学也有不利的地方，因为西方经济学在很大程度上是研究私有制度的。他说："我从未学习过经济学类的课程，从没有。那使得我的思维不受任何约束，十分自由。这是一个优势。如果我去接受经济

---

① 程恩富：《公平、效率与经济人分析——与张五常先生商榷之二》，《学术月刊》1996 年第1 期。

课程的训练，就会学习一些技巧和思维方式，然后透过那些有色眼镜去观察这个世界。我幸好不曾有那种眼镜。""我希望看到他们经济学家从事研究工作时，不是靠从西方经济学中衍生出来什么。"在回答有关中国产权问题时，科斯申明"我不知道明晰产权用哪种方式更好。有许多方式已在许多国家试验过了。我不知道哪个方法最好。实际上，我不能认为最好的方式在各国都适用。因此，我根本难以提出什么建议，除非你们全在一个国家"。

　　一些经济学家告诫中国学者，西方的某些基本经济理论与现实世界没有关系，是被夸大而并无用处的。例如，莫迪利阿尼说："合理预期是合理行为的一种自然延伸，你们也许引入了预期经济学的理论。我相信，这是一种固定的经济理论，打扮与现实世界没有关系，因为我不相信，人们能够持合理的预期。"萨缪尔森也认为，新古典主义的合理预期学说是有一点有限的用途的，但大部分内容只是一种夸大，没有什么用途。该学派的领导者卢卡奇从来不对联邦储备局应该做什么发表意见，而总是说一些抽象的东西。又如，萨缪尔森承认："对于滞胀的新病，我们遇到了困难，因为为了治愈停滞所采用的政策往往会加剧通胀，所以我们仍没有很好的药方对付这种滞胀病。……公众都反对经济学家，我们自己也反对自己。"

　　还有一些经济学家提醒中国学者，经济研究中要正确认识和运用数学方法，应有更多的经济学家从事长远利益的基础研究。（1）福格尔的"态度是：如果数学必须占有一定比例，问题在于多少才合适。现在有一些强有力的数学理论还没有被证明有多大的经验作用，而且也许永远也不会有很大用处"。（2）西蒙在总结一次培训经验时说："当时设立这培训计划的目的是向中国经济学家介绍西方的经济学，殊不知这课程都是太过数学化了。我在这方面也是搞得太深了，所以我也是有责任的。……我并不认为现代新古典经济学派对解决当地问题会有多大的帮助。经济学家都会有一个共识，就是理论终归是理论，它始终需要现实的案例加以充实。"（3）马克维茨表明："我的专业是倾向数学方向的，但是我并不认为没有数学基础的人就不能对经济学做出贡献。很显然，他们更善于从事经济历史、制度经济学的研究。……我并不认为中国需要一大批西方教育出来的经济学博士。"（4）与大量运用高深数学的形式主义经济理论不同，布坎南主张要从价值和价值赋予的原动力的中心单位或曰个体的人出发来作为研究起点，要把重点放在促动结构及不同制度下的区别上，并强调公共选择、产权经济学、制度经济学等"都不像形式主义的经济理论那样抽象。所以，在某种意义上，它们是对新古典经济学的批判"。（5）贝克尔认为，首要任务是从事有关更为长远利益的研究，而不是研究短期的政策，并指出先进国家在最好的经济学家中应有恰当比例的人去从事基础研究，中国将来最终也要有更多的人从事基础研究。

其实，上述经济学家对西方经济理论和数学方法的自我评说与忠告，我国不少学者都早已反复阐明过（如陈岱孙、陶大镛、胡代光、胡寄窗、杨德明和王振中等教授），只不过由外国学者自己客观地反思提出，更有助于消除欠发达国家的经济学家易患的盲目崇洋意识。中国经济学家应当在经济改革的社会试验中，既不对马克思经济学搞教条主义，也不对西方经济学搞教条主义，进而在 21 世纪重创中国经济学的过程中实现两个超越——既超越马克思经济学，又超越西方经济学。

参考文献

［1］经济学消息报社编：《诺贝尔经济学奖得主专访录》，中国计划出版社 1995 年版。

［2］程恩富主编：《国家主导型市场经济论》，上海远东出版社 1995 年版。

［3］程恩富：《公平、效率与经济人分析——与张五常先生商榷之二》，《学术月刊》1996 年第 1 期。

（原载《经济改革与发展》1996 年第 6 期）

西方国家金融和经济危机
原因的政治经济学分析

马克思认为，资本主义经济危机是资本主义基本矛盾发展的结果，是资本主义各种矛盾展开的表现，是资本主义一切矛盾的现实综合和强制平衡。因此，分析此次西方国家金融和经济危机的发生与发展必须采用矛盾分析的方法，深入分析资本主义基本矛盾及其当代发展，具体分析资本主义各种矛盾的现实表现。

一 商品内在二重性矛盾蕴含危机发生的可能

商品是市场经济最基本的细胞和最普遍的存在，商品和商品交换的内在矛盾体现并蕴含了市场经济和市场经济占主导地位的社会形态的基本矛盾①。因此，从商品及商品交换的内在矛盾和本质关系分析入手，可以发现此次西方国家金融危机和经济危机的一般要素与抽象形式。

马克思认为，商品是使用价值和价值的矛盾统一体，使用价值与价值二者既相互依赖、互为条件，又相互排斥、互相背离。使用价值与价值的矛盾以及决定这一矛盾的生产商品的劳动二重性，即具体劳动和抽象劳动的矛盾的发展导致了货币的产生，商品的使用价值与价值愈益分离，商品与货币愈益对立。

货币的产生使得商品交换由直接物物交换发展成为以货币为媒介的交换过程，使得一个完整交换过程的买和卖在时间和空间上发生分离，从而

① 王伟光：《运用马克思主义立场、观点和方法，科学认识美国金融危机的本质和原因》，《马克思主义研究》2009 年第 2 期。

导致危机第一种形式的可能性。也就是，"如果货币执行流通手段的职能，危机的可能性就包含在买和卖的分离中"①。随着商品经济的发展，货币不仅作为流通手段，而且具有支付手段功能。货币支付手段功能使得商品交换的当事人演变为债权人和债务人，使得商品生产者之间形成错综复杂的支付链条和债务链条。在这一链条上，如果一个债务人不能按时履行支付义务，整个链条上的一系列债务人也就随之不能偿债，从而形成危机第二种形式的可能性。也就是，"如果货币执行支付手段的职能，货币在两个不同的时刻分别起价值尺度和价值实现的作用，危机的可能性就包含在这两个时刻的分离中"②。

由商品和商品交换内在矛盾发展起来的危机两种形式的可能性，只是经济危机的"最一般的表现"，是现实危机的抽象形式，潜伏于一切商品生产之中。随着商品生产转变为资本主义商品生产，经济危机的一般可能性得到进一步发展并转变为资本主义经济危机的可能性。资本主义商品生产一开始就是发达的商品生产，发达的商品生产使得商品内在矛盾的各种形式得到更加充分的发展。在资本主义商品生产条件下，产业资本必须按照一定比例分成相应部分，同时并存于货币资本、生产资本和商品资本三种形态，并相继地经过循环的三个阶段。否则，资本的生产过程和流通过程就会发生交替的中断。同时，随着信用制度和金融市场的发展，货币资本逐渐独立发展，形成借贷资本、银行资本以及虚拟资本，不仅增加了资本运动的环节和层次，也日益与产业资本相背离，商品内在二重性矛盾进一步发展为产业资本与金融资本、实体经济与虚拟经济的对立。尤其是，随着资本主义世界市场体系的形成，买卖的分离、生产与流通的分离日趋严重，处于商品资本阶段、处于流通时间内的社会资本也会绝对地和相对地增加，从而导致信用规模膨胀和信用期限延长。因此，资本主义商品生产作为资本的流通过程或再生产过程，包含着不断得到进一步发展的危机的可能性，包含着不断得到进一步发展的危机的抽象形式。

---

① 《马克思恩格斯全集》第 26 卷（Ⅱ），人民出版社 1973 年版，第 587 页。
② 同上。

二　资本主义基本矛盾决定危机发生的必然

危机的可能性转变为必然现实，需要整整一系列的关系。这就是，资本主义生产方式及其基本矛盾。因此，从资本主义基本矛盾及其当代发展分析入手，可以发现此次西方国家金融危机和经济危机的现实要素与表现形式。

马克思认为，资本主义生产方式的基本矛盾是生产的社会化与生产资料的私人占有之间的矛盾，其具体表现为个别企业生产的有组织性与整个社会生产无政府状态之间的矛盾，以及生产无限扩大的趋势与劳动人民购买力相对缩小之间的矛盾。资本主义基本矛盾的存在和累积，必然会使得价值与使用价值、具体劳动与抽象劳动、商品与货币的分离和对立具有不可调和的对抗性质，使得资本主义商品生产正常运行所需要的一系列连续性、并存性和均衡性关系难以得到满足，使得社会资本再生产所需要的各种比例关系经常遭到破坏，从而使资本主义经济危机的可能性转变为现实必然性。也就是说，资本主义经济危机是资本主义基本矛盾周期性激化的必然结果。

毫无疑问，马克思的分析依然正确。只要存在资本主义制度，周期性的经济危机便不可避免。此次西方国家的金融危机和经济危机依然是资本主义基本矛盾不断深化的必然结果，是资本主义基本矛盾在当代发展的必然表现。20 世纪 80 年代以来，随着经济全球化的持续推进，资本主义基本矛盾在全球范围不断扩展并日趋激化。一方面，随着信息技术和网络技术的发明与广泛应用，各类企业和资本不断突破部门和领土的边界向各个产业和世界各地扩张并相互合作，生产要素以空前的速度和规模在世界范围内流动以寻求相应的位置进行最佳的资源配置，生产与经济的社会化、全球化程度不断提高；另一方面，资本走向进一步的积聚和集中，不同国家、不同领域的资本相互渗透与融合，形成了规模巨大的全球垄断寡头，即产量超过中等国家国民生产总值的巨大型跨国公司，生产资料和金融财富更大规模地向少数人和少数国家集中。这样，当代世界资本主义的基本矛盾逐步扩展为经济的社会化和全球化与生产资料和生产要素的私人所有的矛盾①。可以说，此次西方国家金融危机和经济危机便是这一矛盾日趋尖锐的必然产物。

更为重要的是，当代世界资本主义基本矛盾不断扩展的一个突出方面是金融垄断资本的全球扩张和全球掠夺。20 世纪 80 年代以来，信息技术和网络技术的发明与广泛应用为金融资本的全球扩张和病态膨胀提供了有效的技术支撑，国际金融货币体系为金融垄断资本的全球扩张和全球掠夺提供了重要的杠杆与平台，新自由主义则成为金融垄断资本全球扩张及其制度安排的理论依据。正是在这"三驾马车"的拉动之下，全球金融资本急剧增长并成为经济乃至政治的主宰②。据国际货币基金组织统计，全球金融资产价值 1980 年只有 12 万亿美元，与当年全球 GDP 规模基本相当；1993 年达到 53 万亿美元，为当年全球 GDP 的 2 倍；2003 年增长到 124 万亿美元，超过当年全球 GDP 的 3 倍；2007 年，全球金融体系内的商业银行资产余额、未偿债券余额和股票市值合计达到了 230 万亿美元，为当年全球 GDP 的 4.21 倍③。现代金融资本具有高度的逐利性，极易导致资本主义各国生产与经济的盲目扩张；现代金融资本具有高度的变动性，极易引起资本主义各国生产与经济的不稳定；现代金融资本具有高度的虚拟性，极易促成资本主义各国生产与经济的泡沫膨胀。因此，金融资本由服务于产业资本向主宰产业资本的异化必然导致当代世界资本主义基本矛盾扩展到一个新的尖锐高度，加剧资本主义市场体系的紊乱，引发资本主义更加频繁地首先以金融危机的形式表现出来的周期性经济危机。

三　当代资本主义各种矛盾促成危机发生的现实

"历史上没有发生过两次绝对一样的经济危机。"每一次资本主义经济危机都是资本主义基本矛盾发展的必然结果，也都是资本主义所处时代各种具体矛盾和具体问题的综合反映。此次西方国家金融危机和经济危机是

---

①　程恩富：《当前西方金融和经济危机与全球治理》，《管理学刊》2009 年第 1 期。

②　何秉孟：《美国金融危机与国际金融垄断资本主义》，《世界社会主义研究》2009 年第 12 期。

③　转引自朱民等《改变未来的金融危机》，中国金融出版社 2009 年版，第 189 页。

在当代资本主义基本矛盾激化的同时，由微观基础、经济结构以及经济调节等方面的具体矛盾和问题共同导致的结果。

从微观基础分析，此次危机是美国式公司治理模式的缺陷的具体反映。首先，高度分散的股权结构造成公司经营的短期行为。美国式公司治理模式的一个重要特点是，公司股权集中度低，股权结构较为分散，股票流动性较强。资料显示，高盛、摩根士丹利、美林、雷曼、贝尔斯登等美国五大投资银行平均股权集中度仅为 15.6%，第一大股东持股比例超过5% 的只有摩根士丹利一家，高盛集团第一大股东持股比例仅为 1.74%。在过度分散型股权结构下，股东的"理智的冷漠"和"搭便车倾向"导致的结果必然是无人愿意行使监督权，从而导致股权分散下的"内部人控制"格局。同时，由于股东判断上市公司经营绩效的主要标准是盈利率和股票价格的高低，并以短期投资收益最大化为目标，这就使公司经营在股东追求短期回报和高收益率的巨大压力下，不得不把注意力集中于目前或近期利润。尤其是，高度分散的股权结构极易导致上市公司受到极不稳定的所谓机构投资者，即养老基金、保险公司、对冲基金等金融资本的冲击和控制，顺从股票价格最大化的短期主义逻辑。其次，失当的薪酬体系"激励"管理层的冒险行为。随着 20 世纪 80 年代以来，股票期权计划的广泛实施，行使股票期权的收入逐渐成为美国公司管理层薪酬的主要来源，并导致其收入达到令人惊叹的水平。资料显示，全美前 100 名高级企业主管的平均年收入 30 年前为 130 万美元，今天则为 3750 万美元。失当的薪酬激励使美国公司高管根本无暇注重公司长期发展，而是更多追逐短期效益，过分地关注公司股票价格，甚至不惜突破道德底线，进行各种放大效应的套利行为。实证研究发现，美国许多公司在推行股票期权计划的同时，存在着明显的市场操纵行为，股票期权计划正在诱发企业管理者新的道德风险，在这些新的道德风险的冲击下，一个个庞然大物在瞬间轰然倒下。

从经济结构分析，此次危机是虚拟经济日益膨胀、实体经济与虚拟经济日益对立的直接结果。20 世纪 80 年代以来，随着金融资本的全球扩张，金融资本由服务于产业资本异化为主宰产业资本，虚拟经济与实体经济日益脱节和对立。2007 年，全球实体经济 10 万多亿美元，GDP 近 54 万亿美元，全球衍生金融产品市值为 681 万亿美元，与全球 GDP 之比为 13∶1；美国的金融衍生品市值约为 340 万亿美元，GDP 近 14 万亿美元，二者之比高达 25∶1[①]。虚拟经济的病态发展在满足金融资本逐利本性的同时，由此导致的巨大的虚假需求也会诱导实体经济的盲目扩张，推动一切国家出口和进口膨胀、生产过剩。一旦虚拟经济的泡沫破灭，必然首先引发金融危机或信用危机，进而引起全面的经济危机。此次西方国家的金融危机和经济危机与 1991 年的日本经济危机、1997 年的亚洲金融危机一样，直接诱因都是房地产业及相关金融产业过度膨胀之后的虚拟经济泡沫破灭。

从分配和消费角度分析，金融垄断资本的全球扩张还导致收入分配两极分化、贫富差距不断加大。20 世纪 70 年代之后的 30 年，美国普通劳动者家庭的收入没有明显增加，而占人口 0.1% 的富有者的收入增长了 4 倍，占人口 0.01% 的最富有者家庭财富增加了 7 倍；从 2000 年到 2006 年，美国 1.5 万个高收入家庭的年收入从 1500 万美元增加至 3000 万美元，而占美国劳动力 70% 的普通员工家庭的年收入仅从 25800 美元增加到 26350 美元；目前最富有阶层所占据的国民收入比重高于 1929 年美国经济衰退以来的任何时期。为缓解生产无限扩张趋势与广大劳动者有支付能力需求相对缩小的矛盾，满足金融垄断资本的逐利欲望，美国逐步形成了一种"债务经济模式"：普通民众依靠借贷维持正常消费，支撑资本积累和经济增长。然而，由债务推动的透支性经济增长终究是不可持续的，由借贷消费所掩盖的资本主义深层次结构矛盾必然转化为危机现象。

从经济调节分析，此次危机是政府监管不力、市场和国家调节双失灵的必然表现。适应金融资本自由流动和贪婪逐利的需要，美国 1980 年通过的《存款机构放松管制与货币控制法》、1982 年通过的《加恩·圣杰曼存款机构法》、1995 年通过的《1995 年金融服务竞争法》、1999 年通过的《金融服务现代化法案》、2002 年通过的《金融服务管制放松法案》等，一步步放松了对金融体系和金融市场的监管与规制。这样，诸如次级贷款和由按揭所支撑的证券以及其他所谓金融创新产品不断增加，越来越多的

[①] 李慎明：《当前资本主义经济危机的成因、前景及应对建议》，载李慎明主编《美元霸权与经济危机——今天对今天经济危机的剖析》（上），社会科学文献出版社 2009 年版，第 37 页。

金融资本和金融机构涌入投机性业务领域，经济运行的风险不断加大，市场调节的失灵必然发生。尤其是，由于金融衍生产品的巨大规模和场外交易方式已经使得基础产品的风险以极低的成本和极快的速度传递给全球金融市场的所有参与者，全球系统性金融风险不断加大和复杂化，而以功能为基础的分业监管以及以主权为基础的分割监管却难以应对全球性的市场失灵和系统性风险。因此，市场调节和国家调节双失灵的结果，必然使得美国的次贷危机发生并演变为世界性金融危机和经济危机。

四　启示:社会主义市场经济发生危机的可能与防范

马克思关于商品和商品交换内在矛盾，关于市场经济内在矛盾和经济危机一般可能性的科学分析，适用于任何形式的市场经济。无论是资本主义市场经济还是社会主义市场经济，概莫能外。然而，同样的市场经济与不同的生产资料占有方式相结合，会具有不同的根本性质和运行特点。资本主义市场经济的私有制本质决定了经济危机的不可避免性、周期性，社会主义市场经济的公有制和国家有效调节的本质决定了经济危机的可规避性、可防范性①。我国的社会主义市场经济是与生产资料公有制相联系的市场经济，可以克服资本主义市场经济的内在矛盾导致经济危机爆发的不可改变性，却不能改变一般市场经济内在矛盾引发金融和经济危机的一般可能性。如果不能建立相对完善的社会主义市场经济体系，强化规避风险的社会主义制度的强大作用，经济危机的抽象形式便会转化为现实可能。

社会主义市场经济是公有制为主体、多种所有制共同发展的市场经济。如果不能不断地巩固、发展和壮大公有制经济，始终保持公有制经济的基础和主体地位与国有经济的主导和控制地位，我国同样会发生严重的金融危机和经济危机。私人资本的本性是逐利而贪婪的。"一旦有适当的利润，资本就胆大起来。如果有10%的利润，它就保证到处被使用；有20%的利润，它就活跃起来；有50%利润，它就铤而走险；为了100%的

---

① 王伟光:《运用马克思主义立场、观点和方法，科学认识美国金融危机的本质和原因》，《马克思主义研究》2009年第2期。

利润，它就敢践踏一切人间法律；有 300% 的利润，它就敢犯任何罪行，甚至冒绞首的危险。"① 因此，私人资本的扩张和私有制经济的发展，极易导致社会收入分配的两极分化和人民大众有效需求的不足；放大"市场失灵"的危害，导致政府调控与资本博弈失败的结果；导致生态环境恶化，陷入"劳德代尔悖论"式的经济发展，从而导致生产的无政府状态和经济社会发展的失衡，引发严重的金融和经济危机。20 世纪 90 年代以来，在新自由主义的私有化思潮影响下，在频繁的危机和动荡之中，苏联和东欧是倒退的十年，拉美是失去的十年，被联合国认定的 49 个最不发达的国家，也没有通过私有化等新自由主义途径富强起来，有的反而更加贫穷。我国的社会主义市场经济既有公有制经济及其决定的社会主义经济规律在发挥作用，也有私有制经济及其决定的资本主义经济规律在发挥作用。理论和实践已经充分证明，若不能确保公有制经济及其决定的社会主义经济规律处于主导地位，放任私有制经济及其决定的资本主义经济规律发挥作用，我国的社会主义市场经济就会"失去免疫力"，难以有效规避金融危机和经济危机的发生。

社会主义市场经济是在国家宏观调控下市场对资源配置发挥基础性作用的市场经济。如果不能不断地加强和改善国家宏观调控，放任市场机制的自发作用，我国同样会发生严重的金融和经济危机。市场原教旨主义者认为，市场机制可以自动地导致和谐的经济增长和社会公平的自发实现，应该尽可能地让政府退出经济生活，寻求所有经济问题的基于私有产权的市场化解。然而，完美竞争的市场并不存在，现实的市场并非是一个真空的机械装置而是权力的角斗场。脱离了政府科学有效的宏观调控，市场机制的自发作用固然有利于较为充分地调动各个方面的积极作用，较为有效地实现资源的合理配置，但同时也必然导致收入分配不平等程度不可避免地扩大，社会生产的各种比例关系经常性地处于失衡状态，引发各种危机发生的可能。尤其是，西方发达国家主导的经济全球化挟其自由主义与个人主义意识形态，欲使广大发展中国家的政府职能不断泡沫化、空洞化，政府的组织功能不断地萎缩甚至消逝，这就

---

① 《马克思恩格斯全集》第 23 卷，人民出版社 1972 年版，第 829 页。

要求我们必须对政府的作用进行科学审视与合理定位。由于政府作用定位失当，许多发展中国家出现了严重的政府治理危机，甚至陷入激烈的政权危机和社会动荡之中。世界各国的发展表明，随着生产社会化、全球化程度的不断提高，政府对经济各个领域甚至个人生活的影响程度与范围都将不可避免地扩大，政府的宏观调控已经成为现代市场经济不可或缺的组成部分。我国的社会主义市场经济是在国家宏观调控下市场对资源配置发挥基础性作用的市场经济。"让市场起作用"是我国社会主义市场经济体制改革的基本追求，但这并不意味着否定政府在市场经济中的必要作用，取消国家宏观调控的职能。没有政府作用的恰当而有效地发挥，市场的基础性作用也就无从谈起。只有不断完善和加强国家的宏观调控，充分而有效地发挥政府的主导作用，我们才能有效规避一般市场经济内在矛盾引发金融危机和经济危机的可能。

社会主义市场经济是自主发展与开放发展有机结合的市场经济。如果不能始终坚持科学发展，盲目融入西方垄断资本主导的国际经济循环、陷入高度的对外经济依赖，我国同样会发生严重的金融和经济危机。开放发展，是科学社会主义的本质要求。在当今全球化时代，自主发展基础之上的开放发展，也是社会主义国家充分利用资本主义因素发展社会主义的必然要求。然而，如果简单地接受西方发达国家主导的"国际规则"和"国际惯例"，盲目融入西方垄断资本主导的国际经济循环，不仅不能利用资本主义因素，反而会被资本主义所利用，难以获得参与经济全球化的应得利益，难以有效应对资本主义全球性的市场失灵。如果对外开放程度过高过快，不能合理把握经济开放进程，不能采取有效的公共政策以提高国内产业适应外部冲击的能力，就会成为西方资本主义国家的经济附庸，难以有效确保国家的经济安全和社会稳定。如果不能合理利用国际国内的资源、市场和技术，陷入高度的对外经济依赖，就会出现依附于资本主义世界的现象，与西方发达资本主义国家的各种危机发生"共振"，难以避免输入型的金融和经济危机。我国是人口众多的发展中的社会主义大国，我国的社会主义市场经济是自主发展与开放发展有机结合的市场经济。只有高度珍惜并坚定不移地维护中国人民经过长期奋斗得来的独立自主的发展权利，同时坚持科学合理的对外开放，实现自主发展与开放发展的有机结合，我们才能确保中国特色的社会主义市场经济健康发展，有效规避各种类型的金融危机和经济危机的发生。

（原载《转变经济发展方式与经济规律》，
经济科学出版社 2011 年版，第二作者为胡乐明）

第二篇

经济政策创新

先控后减的"新人口策论"

——回应十个不同观点

一　导言:"新人口策论"的十个要点

马克思主义认为,社会生产一方面是物质(含生态环境)和精神的生产,另一方面是人类自身的生产。两种生产互为前提,相互依存,共同对社会发展起着制约作用。尽管现代社会的人口变动不是社会发展的最主要力量,但人口变动仍然对社会发展有促进或延缓的作用。"两种生产"的理论是唯物史观和政治经济学的重要组成部分,揭示了两种生产的对立和统一是人类社会存在和发展的基础。

马克思主义认为,人口现象和人口问题是由自然状况和社会发展方式决定的社会现象和社会问题。一定空间内的社会条件和自然条件,尤其是生产力发展、生活水平以及相关社会制度和政策,客观上制约着人口规模和人口再生产类型的转换。

马克思主义认为,与资本主义社会相比较,社会主义社会的人口数量和质量应当有计划地发展和调节,使人口和劳动力的发展同整个经济社会发展状况和生活水平提高相适应。

因此,马克思主义人口理论是与我国计划生育政策密切相关的,那种以为主张计划生育就是背离马克思主义的马尔萨斯观点,显然是错误的。

在中国近代史上,由于现实可利用的生产资料同人口和劳动力的数量比例失调,是导致相对贫穷落后的原因之一。新中国成立后的30年,没有实行计划生育或实行不力,是导致改变贫穷落后面貌的潜力未能充分发

挥的原因之一（所谓"错批马寅初一人，多生 2 亿多人"）。改革以来的
30 年，为了减缓人口规模的过快膨胀，在全国范围内开展了轰轰烈烈的计
划生育工作，使人口再生产类型在社会生产力尚不发达的情况下，实现了
历史性转变，总和生育率从 1970 年的 5.8 降至现在的 1.8 左右，到 2005
年全国累计少生 4 亿多人①，资源和环境压力得到有效缓解，生活水平有
了显著提高。可以说，人口再生产类型的成功转型，为中华民族的复兴繁
荣、生活水平较快提高和现代化建设，以及全球人口控制作出了突出的
贡献。

伴随 30 年实行较严格计划生育政策，一直存在要不要放宽的歧见，
近年又出现了大争鸣。在今后的数十年内，是继续严格实行一胎政策，还
是逐步"放开二胎"政策，渐成社会各界关注的焦点。

以马克思主义人口理论精神来审视我国目前的人口形势，理性缜密地
考量我国人口发展战略和政策选择，我们倡导的"先控后减的'新人口策
论'"要点如下：

（1）不断增加的中国人口总量，正在逼近国内主要资源所能承载的极
限。2008 年年底中国人口为 13.28 亿，在今后较长时期内每年还将新增人
口 700 万左右，人口总规模在较低生育率的基础上继续大量扩张，而且国
内主要资源短缺严重，其向现有可高效利用资源的人口极限规模推进。

（2）不断增加的中国人口总量，正在逼近国内生态安全所能承载的极
限。我国多数江河湖泊和近海受到严重污染，有的著名河流和湖泊萎缩干
涸，草原退化，湿地减少，荒漠扩大，多种野生动物濒临灭绝，排放有害
物质总量增加等，这些问题均不同程度地直接或间接与人多相关。

（3）发达国家越来越多的人持少生育或不生育的现代生育文化观，需
要国家不断加大奖励生育的措施来维持人口的再生产。而我国在人们尚未
自觉改变传统生育观和人口尚未收缩到适度规模（5 亿人左右）以前，则
应坚持不懈地推行"城乡一胎、特殊二胎、严禁三胎、奖励无胎"的"一
胎化"新政。将少数民族、难医治不良头胎等列入特殊情况。实行免费和

---

① 国家人口发展战略研究课题组：《国家人口发展战略研究总报告》，中国人口出版社 2007 年
版，第 15—19 页。

奖励婚前体检，严惩胎儿性别查堕行为。

（4）在尚未改变传统偏好男孩的习俗以前，实行一种有差别的变罚为奖的社会保障配套措施，"无胎高保、女胎中保、男胎基保（低保）、超胎不保"，即对于不生育的家庭实行高保，生一个女孩的家庭实行中保，生一个男孩的家庭实行低保或基保（社会普遍的基本或基础保障），违纪超生的家庭不保。尽快变处罚为奖励，促进生育和谐和计划生育工作和谐。

（5）只有严格实行"先控后减"的人口调控政策（总人口先控制在15亿左右，后逐渐减至5亿左右），才能有效缓解我国社会主要经济矛盾和巨大就业的压力。单靠发展生产和粗放式发展方式，已难以满足不断膨胀的巨大人口规模所引起的社会需要扩张，必须倚靠人口规模的严格控制和缩减，才能使主要矛盾和就业压力不因人口总量过快增长而加剧。

（6）只有严格实行"先控后减"的人口调控政策，才能实现人口素质的较快提升，更好地促进人口同资源和生态环境相协调的可持续发展，从而尽快赶上欧、美、日、韩等国的人均国民生产总值、人均国力和人均生活水平，真正实现高标准的共同富裕和科学发展目标，最终在社会主义与资本主义的比较中获得完全的优势。

（7）树立全国"一盘棋"的统筹城乡人口方针，为了使众多的农村剩余劳动力和农民工较快成为北京、上海等城市的正式市民，所有城市均不宜推行独生子女结婚可生二胎的政策。要确保因严格计划生育所节省的经费用到改善老年人口的生活方面去。

（8）国家一方面要把严格计划生育所节约的各种经费及时投入到老龄人口的生活和工作改善等方面；另一方面要借鉴日本等发达国家经验，随着人的寿命提高而适当提高退休年龄，消除让劳动人口提前退休而又实际形成1/3退休者再就业的不良局面。随着人的寿命和退休年龄的提高，应相应提高老龄人年龄的统计标准。

（9）国家应对包括兵役逝世或伤残在内的非正常人生夭折或失去劳动能力的不同情况，给予高低不一的家庭补贴或保障，以激励人们从事高风险的工作，并高水准地解决其家庭生活的后顾之忧。

（10）与"（经济）资源节约增效型社会""（生态）环境保护改善型

社会"相匹配的应是"人口控减提质型社会"。这"三型社会"完整地体现了科学的可持续发展观，从而为根本转变对内对外发展方式，缓减内外"资源战""环境战""生态战""贸易战"和"移民战"等奠定基础。要像1980年中央决定实行"一胎化"计划生育政策那样，广泛通过立法、政策、宣传、教育等配套措施，尽快大力推行先控后减的"一胎化"计划生育新政，积极倡导"人口控减提质型社会"（至于如何全面提高人口素质，需另文阐述）。

对于笔者提出的上述"新人口策论"，可以产生10点质疑，本文一一进行回应，以便深化讨论，逐步形成科学共识。

二 回应十个不同观点

（一）回应"人口人手"说

"人口人手"说，是计生政策诸多质疑中较为典型的一种。人们不会忘记20世纪50年代的"人口论"与"人手论"之争，也不会忘记被错误批判的所谓不识时务的马寅初，说他竟然用资产阶级的"人口论"反对无产阶级的"人手论"；以及新中国广泛宣传的为了国家繁荣昌盛大量生育后代的苏联"母亲英雄"。持"人口人手"说观点的论者认为：中国人将人的数量问题称为"人口"问题，强制计划生育又极大地强化了这种把人看成是"人口"而非"人手"的观念。将人看成"人口"，何以与"牲口"区别？近期更有论者指出，"要打倒中国的'人口'学，建立中国的'人手'学"。因为"人手"安排好了，"人口"就不是负担而是动力。在科学技术高度发达的将来，即使人一生的大部分时间用于全日制学习和休闲，他（她）生产的价值仍然可能远远大于他消费的价值①。

这种质疑具有一定的迷惑性。第一，"人口"岂能无条件地变成"人手"？"人口"要成为社会财富的有效创造者，成为论者所说的"人手"，是有条件的，其条件还应该是当下的，是难以推给"将来"的。从"时间

---

① 杨支柱：杨支柱博客文章《打倒"人口"学，建立"人手"学》，http：//www. tianya. cn/New/PublicForum/Content. asp？idWriter＝0&strItem＝no01&idArticle＝381475&flag＝1。

在先"的意义上说，人的数量问题无论如何首先都是"人口"问题。人不得不在一定的时间（成年前和老年）不同程度地失去其"人手"的属性。据测算，即使按 1998 年的消费模式和物价水平，我国抚养一个孩子从母亲怀孕始至 16 周岁止，全国平均所需支付的总抚养费最低为 5.8 万元，最高为 6.7 万元。现在，人的寿命越来越长，在老年阶段的时间也越来越长，这也需要家庭和社会负担。随着社会经济的发展，妇幼保健、社会教育、老年医疗等投资将不断升高，家庭和国家为抚养每个人非劳动阶段的所支付的总抚养费也将大幅上升。这样，由于"放开二胎"而多生的几亿人口，将给家庭和社会带来沉重的经济负担。

第二，即使人到了劳动年龄阶段，能否就业则不一定；就业后从个别单位计算能否提供微观剩余劳动也不一定；就业后即使从个别单位计算有剩余劳动，但纳入社会资源和生态环境等外部因素，能否真正提供社会剩余劳动则更不一定。这表明，有劳动能力的人要转化为现实从事劳动的人，以及能为单位和社会都提供该部门平均或超过平均的剩余劳动，是需要现实可利用的生产资料和科技水平的。

第三，"人口人手"说反映的是一种无须积极提高劳动生产率和生活水平的落后生育观念。"从农业角度看，这无非是将本来可以由一个人耕种的土地由两个人来耕种，或者将本可以由机器代替人力来耕种的土地继续交给更多的人来耕种而已。从工业角度看，无非是将三个人的活由五个人来干，或将可由机器干的活换成人来干而已。从商业角度看，无非是将一个人所卖出的东西由两个人来卖，用更多的小摊贩替代大型商场和超市而已。不仅如此，过度生育的另一个功能就是将本可以作为森林、草原、湿地、湖泊等创造幽雅生存环境的大自然的天然生态，不断地变成农业耕地，以将本可应有的美学生活和生态环境逐步破坏到生态危机的地步来养活一个低水平生存的庞大人口群而已。"[1] 不难看出，漠视"人口"而仅抽象突出"人手"，以此为放开生育政策的主张辩解，实质上是一种不思进取的农业社会的古老生育观念。不摒弃这种落后的生育观，谈何实现类

---

① 李小平：《论中国人口的百年战略与对策——生育控制与农村社会经济问题的综合治理》，《战略与管理》2004 年第 3 期。

似发达国家的动态现代化和人均高质量生活水平？我们再不能醉心于"世界加工厂""廉价劳动力"等"美誉"。与其说是"美誉"，不如说是无奈。在由人口大国向人力资源强国的转变中，只有控减人口数量，才能更快地提高人口质量。

第四，我们不否定"科技高度发达后，一个人生产的价值远远大于他消费的价值"的观点，但在"科技高度发达"之前怎么办？是否每个人都能在高科技单位从事生产？持"人口人手"说的论者还认为：一个社会如果能建立一种各尽所能的制度，吃饭的问题还解决不了吗？这当然只能是"如果"，因为"各尽所能的制度"实现，必须要有各尽所能的工作条件，要有企事业等就业需求。就业需求问题不解决，遑论"各尽所能"？况且，原始社会末期人就可能提供剩余产品，但人需要逐步实现自由和全面的发展，需要不断提高物质和精神生活的质量，而绝不仅仅是一个吃饭或温饱问题。

（二）回应"生育权利"说

有论者指出，公民个人有自由生育的权利，这种个人权利是神圣的，不受侵犯的，国家没有理由限制公民个人的生育自由。因为 1966 年联大《关于人口增长和经济发展的决议》也指出，每个家庭有权自由决定家庭规模；1968 年 5 月联合国世界人权会议通过的《德黑兰宣言》第 16 条规定，父母享有自由负责地决定子女及其出生间隔的基本人权。也有论者认为，"生育权首先是私权，然后是公权"[①]。

"生育权利"说是绝对生育权观念的反映，是一种片面的、抽象的、自私的权利观。

首先，"生育权利"说仅仅片面地、孤立地抓住"自由决定"的字眼，割裂了权利和义务的关系。联合国文件中第一次论及生育权问题，是 1966 年联大通过的《关于人口增长和经济发展的决议》。《决议》首次将夫妇的生育权利作为一项基本的人权。随着世界人口快速增长和人口资源环境等可持续发展问题的日益凸显和尖锐，联合国有关文件在生育权的表

---

① 穆光宗：《我国人口政策应如何走》，《中国社会科学报》2009 年 7 月 2 日。

述上是逐渐完善的。我们应该全面了解联合国有关生育权利和生育义务的一些基本观点。1974年布加勒斯特世界人口会议《行动计划》对生育义务的定义是：夫妇和个人在行使这种（生育）权利时，有责任考虑他们现有子女和将来子女的需要以及他们对社会的责任。这一标准性表述，被广泛地应用于各种国际性文件中，并被各国政府所接受。较之传统文化和宗教中的生育义务，《行动计划》中的义务强调对子女负责——要考虑子女的教育和生活水准等；强调对社会的责任——要考虑自己的生育决定对其所生活的社区和社会的平衡发展的影响，个人的生殖行为应当与社会的需要和愿望相适应。一些有识之士指出，这种考虑到后代的需要和权利的概念，正是可持续发展的核心①。《国际人发大会行动纲领》在把生育权纳入人权范畴的同时也强调指出：生育不仅是自由的，也是有义务的和负责任的。《中华人民共和国人口与计划生育法》第17条也指出：公民有生育的权利，也有依法实行计划生育的义务。

其次，"生育权利"说漠视中国的具体国情，缺乏科学、客观的公正立场。马克思指出，权利决不能超出社会的经济结构以及由经济结构所制约的社会的文化发展②。马克思主义一向反对把人权（包括生育权利等）问题绝对化和抽象化，主张人权的历史性和相对性，强调人权观和人权标准必须与各国的经济发展、社会进步、文化传统和价值观念相结合。毋庸置疑，马克思主义的人权理论也是中国人权和生育权利理论研究的坚实基础。中国政府在20世纪70年代把计划生育确定为基本国策，主要基于国家经济社会发展与人口增长之间的尖锐矛盾，看到人口的自由增长严重制约了资源、环境的可持续发展。党的历届领导人论述人口问题，都是以人口多、底子薄这一最基本的国情为出发点的，是建立在对基本国情的科学判断和把握上的。对于一个13亿之众的大国，国家人口政策首先要考虑的，只能是全体人民的生存发展和福祉的提升，而难以顾及脱离现实的所谓"自由生育"。中国在特定的历史条件下，采取不得已而为之的严格生

---

① 联合国：《关于人口与发展战略和方案的经验：世界人口行动计划的第四次审查和评价》（中文），A/CONF. 171/4，1994年。

② 《马克思恩格斯选集》第3卷，人民出版社1995年版，第305页。

育政策，正是优先考虑到全民的生存权和发展权。倘若按照"自由生育"说满足每个个体生育孩子的数量要求（如主张"有儿有女并不是一个落后的理想，而是一个比较合理的愿望，或者说是一个比较美好的愿望"①），而不考虑在资源和生态环境约束下，其子女未来的衣食住行和教育福祉的提高，这样必将影响到后代们又好又快的发展权和教育权。于是，"私权"只是浅层次地得到满足，实际上"私权"和"公权"均未圆满实现。

再次，"生育权利"说割裂了个人利益同社会利益和全球利益的关系。国际上最早对生育权进行系统研究的瑞典隆德大学丹麦籍著名人权专家卡塔琳娜·托马瑟夫斯基撰写的《人口政策中的人权问题》一书，从人权角度分析了各种人口政策以确定与人口政策有关的人权标准的实际意义，并根据这些标准规定了政府在人口政策领域所应承担的义务。该书认为，政府为影响人们的生育行为而进行的干预并不一定都是与人权标准相违背的。人权标准要求将个人权利与整个国家的福利相平衡。如果高生育率会对整个社会产生有害作用，或者父母的生育行为会对其子女产生不良影响，那么政府就有权干涉②。美国东西方中心人口研究所研究员凯伦·梅森的《人口方案侵犯妇女人权吗》指出：一些国家人口迅速增长，而资源十分短缺，孩子生多了就会影响到社会目前和未来的发展。在这种情况下，为了防止生育失控而影响整体利益，政府限制个人的生育自由是完全正当的③。加拿大生殖健康权利研究专家吕贝卡·库克在《生殖健康与人权》一书中指出，发展中国家的人们特别是妇女缺乏调节和控制生育能力，不仅会影响到他们家人的健康，还会影响到全球的稳定，影响人口与自然资源、人与环境之间的平衡，成为对妇女人权的侵犯④。联合国《公民权利和政治权利国际公约》第一条还明确规定：所有民族均享有自决权

---

① 唐勇林：《"放开二胎刻不容缓"——专访中国人民大学校长纪宝成》，《南方周末》2009 年 4 月 9 日第 C15 版。

② ［丹］卡塔琳娜·托马瑟夫斯基：《人口政策中的人权问题》，毕小青译，中国社会科学出版社 1998 年版，第 1—137 页。

③ ［美］凯伦·梅森：《人口方案侵犯妇女人权吗》，载顾宝昌主编《生殖健康与计划生育国际观点与动向》，中国人口出版社 1996 年版，第 1—304 页。

④ ［加］吕贝卡·库克：《生殖健康与人权》，高明静译，中国人口出版社 2005 年版，第 1—386 页。

和自由处置其天然财富和资源的权利,这是民族之生计,不容剥夺。这就突破了西方仅将人权理解为个人权利的片面观点,第一次在国际人权中确认了国家(集体或民族)人权,并使之成为基本人权的重要组成部分。国际社会对生育权利的研究表明,尽管"家庭和夫妇在生育问题上应该有自主自决的权利"①,尽管生育是一种现实的具体的个人可行使的权利,但对于人口快速增长的发展中国家来说,通过制定人口政策限制个体自由生育权,是完全必要的和科学的。个体生育权的无节制自由行使,必然危害国家整体的生存权和发展权。而国家和民族的生存权、发展权的进步,也将为个体生育权和发展权提供更为和谐有利的环境和条件。私权和公权,两者应该合乎国情和世情地有机统一起来。

近代西方思想家卢梭指出,个人利益服从公共利益,只不过是社会成员服从自己的理由而已;国家和全体社会成员强迫个别社会成员服从公共利益,只是强迫他服从自己的利益,因为社会成员并不总是能看清自己的理由。这种统一性,是公共利益与个人利益矛盾得以存在的基础之一,也是人类社会、国家和法得以存在的基础之一②。这说明,在国家、民族整体利益受到严峻挑战时,牺牲部分个人与部分家庭的一些利益和愿望,也是应该的、必须的和不得已的。

最后应该指出,主张自由生育权利的论著,大多是出于对公民个人私权的偏爱或"体恤"。然而不可否认的是,其中反映了某种秘而不宣的心态:关于人类生态环境和资源问题,以及提高整个民族的现代化水平和人均生活水平,那都是大家的事、将来的事、可望而暂时不可及的事;至于"放开二胎"等计生限制,则是自己和自己家族的事,是眼前的事,是可望且即刻又可及的事。

(三)回应"人口密度"说

有论者认为,从人口密度来说,英国、意大利、德国、日本、韩国、菲律宾等国都比中国要高,但这些国家并没有控制人口规模和限制生育,

---

① 穆光宗:《我国人口政策应如何走》,《中国社会科学报》2009年7月2日。
② 卢梭:《社会契约论》,何兆武译,商务印书馆1980年版,第29页。

因而中国限制生育自然是错误的；认为人口密度优势和规模优势是经济繁荣的必要条件。

首先，不能单纯以人口密度概念来衡量人口规模的合理性问题。人口密度仅考虑到地理面积，未顾及这一空间的资源和生态环境以及是否利用其他空间的资源等状况。例如，我国江苏人口的平均密度约为600—700人/km²，而西藏却不及2人。仅从数字上会看到西藏人口稀少而江苏人口过密，同时也觉得西藏土地在供养人口方面还有巨大潜力。其实并非如此。西藏地区是海拔平均4000米的高原山地，实际耕地面积只限于狭窄的南部河谷等地区，高原干寒草场的产草量也较低，单位面积的载畜量有限。而位于长江入海处的江苏，其长江三角洲平原上的水网农田生产力较高，有效耕地面积自然远超西藏。因此，要综合考量各国家、各地区人口密度同该国该地区的内外资源和生态环境的利用关系，才能衡量某种人口密度和人口规模是否具有合理性和高效性。

其次，不能把人口密度与经济发展之间的关系简单化。人口密度的提高可能促进经济的发展，而并非任何条件下人口数量及其密度与经济发展都相互促进并成正比例或正向相关。在一定条件下，人口数量及其密度过大又会对经济发展产生阻碍作用。同样，当人口数量及其密度达到一定高度和经济水平提高到一定程度，经济发展对人口数量增长和人口密度提高的促进作用也会趋于缓和，而不再那么明显和突出。

在人口密度与经济增长之间的关系方面，有许多实证的研究。在世界范围内，简单观察人口密度与经济发展水平之间的关系，往往并不能看到明显的相关关系。对1999年世界上130多个国家的人均GDP与人口密度进行等级相关分析，得出的相关系数不够显著，仅为0.194。亦即在把许多自然资源条件等因素截然不同的国家放到一起时，我们很难得到一般性的判断，说GDP与人口密度之间存在或不存在某种相关关系。对中国的实证分析也表明，人口增长和人口密度对经济发展有复杂多变的关系。从一定的意义上看，过快的人口增长意味着新增人口急剧膨胀，经济发展的成果将有相当一部分为新增人口所消耗，不利于人们生活水平的提高；意味着消费需求逐渐扩大，相应人口投资将大量增加，因而总投资中的生产性投资份额相应减少；意味着为经济发展带来就业压力；意味着对教育投资造成影响，不利于人力资源的素质提高和经济的长期发展①。

再者，不能把"人多好办事""韩信点兵，多多益善"，看作人口促进经济发展的规律性表述。如有论者说，美国之所以成为超级大国正因为它是一个人口大国。那么请问，美国等发达国家哪一个是因为人口多才强盛的？印度比哪个发达国家人口都多得多，为何数十年都发达不起来？韩国的人口不多，为何能较快地强盛起来？

从人口密度居世界前列的 10 个国家（摩纳哥、新加坡、梵蒂冈、马耳他、巴林、孟加拉国、马尔代夫、巴巴多斯、毛里求斯、瑙鲁）和上面所提及的一些人口密度较大的国度或地区来看，其较大的人口密度，不能成为中国人口密度相对较小而不应该控制人口规模的理由。它们的较大人口密度与其经济发展水平并不存在正相关关系。一是上述国度或地区的较大人口密度，大多因国土面积较小。如世界上 10 个面积较小的国家中，人口密度最大的国家占了一多半；二是从地理位置来看，它们大多数为岛国或群岛国，地理位置十分优越；三是从发展程度、发展手段、发展方向上看，这些人口密度最大的国家或地区之间的差异也很大。有的是依托独特的资源优势，如瑙鲁的磷酸盐矿产资源，马尔代夫比较发达的渔业和航运业，巴林举世闻名的采珠业和国际金融中心；有的几近完全依赖别国资源，如新加坡利用转口贸易的优势，进而发展出口加工业、航运业、金融业，成为亚洲屈指可数的发达国家。日本更是依赖别国资源发展的国家。

（四）回应"人口老化"说

近年来，中国的老龄人口问题和老龄化趋势，引起了公众的担忧，"人口老化"说也成为一些人质疑现行计生政策的主要说辞。然而，这一质疑是盲目的，中国人口的主要问题在于"太多"而非"太老"。

（1）老龄人口问题并非等同于人口老龄化问题。老龄人口问题是指老龄人口这一特殊群体的养老保障问题，而人口老龄化问题指的是老龄人口在总人口中的比重不断升高，而其他年龄组人口的比重不断下降的动态过程，主要表现在这一过程给经济社会发展带来的负面影响。一个国家和地

---

① 蔡昉、王美艳、都阳：《人口密度与地区经济发展》，《浙江社会科学》2001 年第 6 期。

区的人口不论是老龄化还是年轻化，都会存在一般意义上的老龄人口问题，但却不一定存在人口老龄化问题，而老龄化问题则内在地包含着老龄人口问题①。

中国老龄人口多，并非像"人口老化"说所主张的完全是由低生育率带来的，而首先是由中国"人口众多"这一突出国情所决定的。与不少发达国家相比，中国老龄人口规模虽大，但目前老龄人口比例却较低。况且中国老龄人口规模大主要表现为低龄老人（60—65 岁）比例大。这一老龄人口的特点说明，中国现阶段主要存在的是一般意义上的老龄人口问题，而非给经济社会发展带来诸多负面影响的人口老龄化问题。既然如此，"人口老化"说拿人口老龄化趋势来诟病现行计划生育政策，便是片面的。

（2）人口老龄化不等于人口老龄危机。人口老龄化是一个人口统计学概念，表示某个人口群体中老龄人口所占比重逐渐上升的一种趋势。其正面或负面影响有多大，需要客观分析。人口老龄危机则是一个人口经济学概念，反映的是由于人口老龄化而导致了劳动力的供给小于其真实需求，从而造成一种不利于经济发展，甚至使人均国民收入或人均国民财富难以继续增长的结果②。换言之，如果人口老龄化并没有导致劳动力供给的短缺，那么就不存在所谓的人口老龄危机。

以中国为例，举世公认的是，中国城乡将长期存在大量显性和隐性的劳动力过剩。因收入和劳动状况的机会成本变动而导致个别地区劳动力结构性短缺，并不能掩盖和否定这一基本事实。据预测，到 2010 年，中国劳动年龄人口将达到 9.73 亿，16—64 岁人口 2016 年将达到 9.9 亿人峰值，2050 年为 8.7 亿人，高于目前发达国家劳动力的总和③，而经济资源和国民生产总值却比发达国家少得多。就中国现代化进程中推动资本对劳动力的潜在替代能力来看，中国没有任何理由担忧老龄化趋势。比照发达

---

① 田雪原：《21 世纪中国人口发展战略研究》，社会科学文献出版社 2007 年版，第 174—175 页。

② 王芳、李小平：《人口老龄化带给我们什么》，《中国信息报》2007 年 7 月 2 日第 5 版。

③ 国家人口计生委宣教司，中国妇女报经济部：《坚定不移走中国特色统筹解决人口问题的道路——改革开放与人口发展论坛专家发言摘登》，《中国妇女报》2008 年 10 月 24 日第 B2 版。

国家,中国在未来一个世纪内也不会出现劳动力的供给小于劳动力的真实需求的情况,于是也就不存在人口老龄危机的问题。

(3)不能以某些城市和地区的老龄化数据替代动态的老龄人口分布和地区差异。在看待中国的老龄化程度问题上,"人口老化"说之所以表现出"忧心忡忡",还在于忽略了中国老龄人口地区差异大和农民工流动人口等因素。整体上看,全国各地区人口年龄老化的速度和现状是有很大差别的,这种巨大差异是中国不同于一些小国(如以色列)以及其本身的同质性较高的国家(如英国、法国)的一个显著特征。这正是中国在平衡地区老龄化的矛盾差异时可以利用的一个"优势"。据国家统计局对中国31个省、857个县、7100个村68000个农村住户进行的的大规模抽样调查显示,截至2008年年底,中国农民工总数为2.25亿人。其中1.4亿人在本乡镇以外就业,占总数的62.3%。如果考虑到这1.4亿农民工的流动和迁移,我国老龄化的整体程度自然是大大缓解的。北京、上海等每年始终保持数百万年轻的农民工及其家属,大量的职工又提前离职或退休,如果客观统计,这些城市还存在老龄危机吗?众多的农村剩余劳动力和农民工都急于转移到北京、上海等城市,这些城市有什么理由用市民两个独生子女结婚生二胎来延缓这一转移呢?这说明,不能仅仅看到中国人口老龄化的总体趋势,混淆一般意义上的老龄人口问题和老龄化问题,以某些城市和地区的老龄化数据替代动态的老龄人口分布和地区差异。否则,可能构成对正常思维和政策的误导。

(4)在老龄化问题上,不能使用互相矛盾的论证逻辑。持"人口老化"说的论者中,有人一方面宣称"人口爆炸"必致"科技和资源爆炸"——计划生育减少的数亿人口中的少数人的科技成果,不但足以养活他们这个群体,还能使得全人类受益[①];说什么"要从全球化角度看待资源,即使中国一个孩子都不生,民族自杀,留着资源给其他国家,也不过多用几十年。因此,人类要存在和发展只有一条路可走:依赖于科技进步开发新资源"等,可另一方面又呼吁未来的社会"老有所养,谁来养?怎

---

① 易富贤:《大国空巢》,大风出版社2007年版,第144页。

么养?"①,这是混乱的逻辑矛盾。我们要追问的是:既然能养活绝对的、更多的人口,既然"科技进步开发新资源"那么容易,请问,为什么就不能养活相对更多的老人呢?

(5)以个别国家所谓"养老金的短缺"问题来论证,也是站不住脚的。假如一个人口逐渐老龄化的国家并没有出现劳动力的真实短缺,而且人口总量的减少加速提高了人均国民生产总值和人均收入水平,那么所谓养老金的短缺问题,不过是社会分配政策方面的不合理所致,完全可以通过调整社会分配而解决之。假设现在有两个人口数量和经济规模一模一样的"中国",一个在100年内始终保持在13亿人口,另一个在100年后降低到5亿,无疑后者老龄化程度大大高于前者,但哪个"中国"将具有更高的人均养老收入和更好的老龄生活环境?结论不言自明②。

(6)解决人口老龄化问题(含老龄人口问题)取决于人均劳动生产率而非抚养比。"人口老化"说经常用劳动人口对老年人口的抚养比之提高趋势,来表示老龄化将使劳动力养老负担不堪重负,甚至认为"存钱不如存人!多养育一个孩子等于买一份最好的养老保险"③。这种观点,没有看到中国劳动力大量过剩的事实,以及仍将长期潜在过剩的趋势和资本对劳动替代的潜能,没有认识到一个社会提供养老金的能力主要取决于人均劳动生产率和人均国民收入水平,而非劳动力的人头数。现代化的最基本涵义,就是以更多的机械与自动化设备代替人力来生产财富。故而有论者提出:美国为什么能够用3亿人口生产出远高于中国13亿人口所生产的GDP?说到底,就是美国科学技术的发达使得它得以用资本技术密集型生产方式来创造财富。一个人均GDP 4万美元而老龄人口比例为40%的国家,比一个人均GDP 5千美元而老龄人口为20%的国家,哪个更有利于老年人的养老保障?答案显然是不言而喻的④。

(7)依据上述分析精神,可以认识到另一个重要问题,即对严格"一胎化"所容易形成的某种"四二一"人口结构的家庭,要有正确的评价。

① 易富贤:《大国空巢》,大风出版社2007年版,第292页。
② 王芳、李小平:《人口老龄化带给我们什么》,《中国信息报》2007年7月2日第5版。
③ 易富贤:《大国空巢》,大风出版社2007年版,第296页。
④ 王芳、李小平:《人口老龄化带给我们什么》,《中国信息报》2007年7月2日第5版。

一方面，这只是一部分家庭的人口结构而非全部，另一方面，若采取提高退休年龄，以消除让劳动人口提前退休而又实际形成 1/3 退休者再就业的不良局面，又把严格计划生育所节约的各种经费及时投入到老龄人口的生活和工作改善方面，那么，即使属于"四二一"人口结构的家庭，其社会生活总水平不仅不会低于"放开二胎"的状况，反而能减少现阶段大量的"啃老族"现象。

（8）在人均国内生产总值只有 3 千美元的中国，已形成大量老龄人口，这是社会主义制度的优越性，是好事而非坏事。联合国确认的"人文发展指数"三大指标之一是人均寿命。人的平均寿命不断延长，这是人类发展的必然趋势和正效应。随着我国人均寿命的逐渐提高，应像日本等国一样，相应提高退休年龄和老龄人起点年龄的标准。

（五）回应"性别失衡"说

"性别失衡"说既是国内一些论者主张"放开二胎"的主要论据，也是西方少数人利用中国人口出生性别比失衡来批评中国计生政策的主要说辞。在对待中国人口出生性别比问题上，悲观派认为是"一个无解的难题"，乐观派则认为"微不足道"；有论者认为未来 4 千万至 5 千万男性公民将要面对终生的"无妻徒刑"，而其反对者却指出这是严重地夸大其词；一些人认为这将在未来产生诸多难以解决的社会问题，另一些人则批评这种推断是想当然……可谓莫衷一是，"迷雾重重"。

然而，在综合考察了各种观点以后，我们认为，第一，截至目前，在对偏差程度的认识、偏差原因的解读和偏差后果的前瞻等方面，马瀛通所带领的研究团队历经十年心血撰著的《出生性别比新理论与应用》[①]，澄清了错谬，拨开了迷雾。该专著针对出生性别比问题上的是非而做的有根有据的实证研究，主要提出了出生性别比属于条件随机事件而非独立随机事件的崭新观点。即性别比随胎次上升而升高具有普遍性，从而一、二孩比例的增加不但不会使性别比增高，反而会使之下降。因而把中国 80 年代以来出生性别比日益增高归结为性别偏好日益强化的结果，或归结为出

---

① 马瀛通：《出生性别比新理论与应用》，首都经济贸易大学出版社 1998 年版，第 1—208 页。

生人口中的第一、二孩比例升高与多孩比例下降所导致等观点，都是只看表面现象、误用相关分析方法而产生的误解。性别偏好与出生性别比没有直接的互为因果关系。只有当生男偏好付诸人为影响受孕胎儿性别，如实施胎儿性别选择性人工流产，才能导致出生性别比异常变动；中国第一、二孩比例提高与多孩比例的下降，不仅不会导致出生性别比升高，反而致使其下降。此外该书还指出，出生性别比相应于未来婚配时的性别比（简称婚配性别比），绝不是简单的随时间推移的队列匹配关系；出生性别比根本不同于未来的相应婚配性别比。因此，不可将其等量齐观，或将其简单化了。

第二，以"性别失衡"说而主张全面或基本"放开二胎"的论者，"有必要论证，其'放开二胎'的方案会更有助于消除出生性别比偏高问题"[1]。仅简单重复类似"放开二胎"有利于缓解目前严重的出生婴儿性别比偏高[2]等说辞，是没有说服力的。由《出生性别比新理论与应用》研究可知，"放开二胎"的方案不仅不能消除出生性别比偏高问题，反而会促使这种偏高程度增加。同样，"性别失衡"说也没有充分的论据，足以证明我国近30年来的生育控制对总人口性别比产生了具有因果关系的影响。那么，也就没有什么理由把出生性别比的失衡"安置"在现行计划生育政策的头上。

第三，在如何看待和治理现在偏高的出生性别比包括总体性别比问题上，持"微不足道"观点的学者也给了我们一些启发。常识告诉我们，男性从事的许多高风险的社会职业角色（如当兵、下井、建筑等），以及其生理特点和后天的许多习惯（如吸烟、酗酒等）所导致的相对较高的死亡率，客观上需要与之相适应的相对较高的出生性别比。即便实行普遍二胎会有助于出生性别比有所降低，但对于因人口的庞大基数及其巨量增长而导致了如此众多社会经济问题的大国来说，为此付出使人口多出数以亿计的代价，并非理性选择，甚至有些舍本求末[3]。

---

① 李小平：《进一步降低生育率的必要性和可能性》，《中国人口年鉴》2003年版。

② 何亚福：《性别比失衡有多严重》，《东方早报》2007年7月11日第A15版。

③ 李小平：《进一步降低生育率的必要性和可能性》，《中国人口年鉴》2003年版。

第四，男女出生性别比的偏差，不能归咎于现行计划生育政策。按照出生概率，无论是只生一胎，还是头胎生女孩的可再生二胎，男女出生性别比应大体相同。事实上，造成出生性别比偏差的主要原因，在于养老保障制度的缺陷、观念上的重男轻女、技术上的胎儿性别鉴定、社会上的一些不合理状态（如女性就业歧视）等，并非因计划生育政策而来，也不能因取消计划生育政策而去。性别失衡的现状必须扭转，只能靠综合治理。尤其要在建立一种有差别的变罚为奖的社会保障措施（"无胎高保、女胎中保、男胎基保即低保、超胎不保"）、严惩胎儿性别查堕行为、消除女性就业歧视、延长男性寿命这四个方面加以努力，才能为纠正出生性别比、人口性别比和婚配性别比的失衡扫清障碍。

（六）回应"高质生二"说

有的论著指出了一种怪圈："特殊人群允许生（指生二胎。下同），贫困人群躲着生，暴富人群交钱生，高质人群不能生。"认为这种"生育逆淘汰"或"人口素质逆淘汰"现象已有蔓延之势，如长此下去，将导致国民素质的整体下降，应允许高质群体生育二胎，如允许院士、教授、高科技人员（乃至企业家、白领阶层、研究生以上学历或有较高收入者）生育二胎。也有人认为，计划生育实行30多年来，"有钱的罚着生，没钱的偷着生"，真正被限制的仅是公职人员。现在农村夫妇和城市无业人员大都生育了二胎，而1.5亿公职人员多是一胎。按1.5亿中处于生育年龄阶段公职人员来看，最多只是控制了近7千万的出生数。而这少生的7千万却是素质较好的一群人，从经济条件、学习环境、培养能力等方面看，他们是占优势的。论者认为，提出这一观点或建议"会引起争议，但是还是觉得有必要提出这个建议"，"不管结果怎么样，至少是一种提醒，一种思路"①。

我们认为，"提醒"本身具有积极作用，其着眼于提高人口素质的出发点，将引发人们对"人口素质逆淘汰"现象的思考。但这也只能是一种

---

① 廖怀凌、张军、陈晓璇：《针对计生政策"可能调整"传言》，国家计生委主任张维庆首次公开回应：中国现行生育政策不会调整，《羊城晚报》2008年3月6日。

"思路"，不仅因没有可操作性而难以实施，在实际上也是弊大于利的，是得不偿失的。

（1）没有数据证明高学历、高职务父母的子女智力和素质就高。首先，从遗传学角度看，父母智商与子女智商具有不确定性。政界高干、学界高知和商界高管的孩子或其他孩子的智商均不具有同质性，其身体素质、智商水平和行为能力的差别实际很大。因为一个人的各种智商和能力主要不是天生出来的，而是通过教化和锻炼等各种社会化途径自我砥砺出来的。高学历、高职务的父母与其后代的"人口素质"没有简单的因果关系。

其次，一个民主社会应该坚决反对"血统论"倾向。"高质二胎"说普遍被社会舆论斥责为"龙生龙、凤生凤"的陈腐血统论，就像古代等级制和现代"种族论"一样，孩子一出生就会被打上一种等级烙印。社会成员的分工和分层是客观存在的，但所谓社会"精英"与大众的生育关系应当平等，否则，就可能漠视和否定人生的勤奋和后天的努力，亵渎人类数千年来追求的平等。要通过少生来优生，而不是通过"精英"多生来优生。与"少生快富"的口号一样，"少生优生""少生先富"的原则和精神应当普及。

（2）"重生不重教"或"生了不能教"的观点是没有说服力的。有论者指出，低素质人口只注重生育而不注重教育，或不能更好地教育，应该严格控制其生育二胎，相应放开高质人口生育二胎，这样才是着眼于全民素质的提高。对此，首先我们应该承认，"重生不重教"或"生了不能教"，确有部分事实支撑，但这只是问题的一面。问题的关键在于，只有建立不断提高的农民社会养老保险，才可能逐渐消除农村和少数民族地区许多中低收入家庭"养儿防老"等陈腐观念和生二三胎的行为。稳定低生育水平和缩减年均人口新增规模的重要方法，是法律赋予农民承担计划生育义务的社会各项保障，这类社保开支等是国家财政参与人口控制及其减少的经济手段。如果在现行的计划生育政策内，再允许"高质生二胎"，并对农民等加强控制，不仅会导致出生率的升高，还可能引起社会阶层之间的矛盾，成为一部分群体歧视另一部分群体的口实，给社会带来不和谐因素。

其次，提高国民素质，不能仅倚靠那些所谓处于人口数量金字塔顶的高质人群。国家人口素质的全面提高也非如此可一蹴而就。况且，在目前的中国，整个民族素质的提高，同人口总量的"先控后减"密切相关。也就是说，中国人口的最大问题是规模问题，这绝对是首要的问题。规模庞大的人口总量是我国现代化进程中始终不该规避也难以规避的障碍，任何重要的、与人口或劳动力有关的政策出台，都只能把规模问题放在首位来考虑。高质群体多生孩子无疑会进一步增加人口，这不仅有悖于人口总量的减少，对于提高高质群体的比例也是杯水车薪。尤其是在未来 10 年生育水平处于回升状态和生育小高峰期间（张维庆语），更应倍加重视。

最后，从国家范围来说，少生可以使每个人得到更多的教育等公共资源。而对于绝大多数家庭来说，几乎谁都知道培养一个子女的困难比两个三个要小，且下一代获得的教育也会更好。允许"高质生二"，表面上看也许达到了某种"平衡"，但实际上整个国家的教育等公共资源，相对每一个个体来说却并没有相应增加。就中国各种资源人均拥有量看，保持一对夫妇只生一个并不断提高其家庭的就业和福利水平，已是够紧张的。那么，在资源有限和不足的情况下，保证农民等所谓"低素质"家庭的一个子女能够有良好的受教育和就业机会，便是提高整个民族素质的要义之一①。

（七）回应"头胎较憨"说

中国民间有一个说法："老大憨，老二精，老三最聪敏。"这一"俗语"也被一些主张"放开二胎"的论者拿来作为论据。其实，这个论据实在不怎么有力。

（1）"憨"为何义？老大为什么"憨"？首先要指出，这一说法可能算不上一个俗语，倒似顺口溜。所谓俗语，一般反映出某些人群的生活经验。那么，"老大憨"的说法真的反映了人们的普遍生活经验？事实上，这种好似经验总结的"老大憨"，不过是一种假象而已。

---

① 曹景椿：《对我国人口发展战略的再思考》，载翟振武、李建新主编《中国人口：太多还是太老》，社会科学文献出版社 2005 年版，第 282 页。

其一，第一个孩子出生了，初为父母者少有生养和教育的经验，一般只能在摸索中养育。孩子在这样的情况下长大，好像有些"憨"了。到第二个第三个孩子时，父母有些养育的经验了，孩子会比第一个孩子教育得好一些。这样解释为什么"老大憨"，可能又给了主张"放开二胎"的论者以口实：既然如此，那就应该生第二个、第三个孩子呀？

其二，请注意，在这里说的是"好像有些'憨'"。更主要的原因也许在于以下俗语，如"要得好，大让小"；再如"天下爷娘疼小儿"。头胎孩子即老大，在父母和社会上"大让小"的灌输下，自然养成了老实、忍让、吃亏是福，爱护弟弟关心妹妹的品性；老大，在父母生下"老三儿"时，已经长"大"了，能够自己照顾自己了，或说不需要父母特别关照了，因而"天下爷娘疼小儿"。不要以为这样解释牵强，因为还有一个理由：作为老大，总要担负起照看弟妹的任务，有所谓"半个爹妈"的传统做法，有时扮演着兄弟姐妹中的"带头人"和"监护人"角色。

其三，人类社会总是不会停止它前进的脚步，后出生的老二老三们，总是能够得到比老大多得多的社会刺激、文化信息、生活启迪。换句话说，老二老三们的世界往往比老大们的世界精彩。于是，老大显得憨了点儿。

（2）"老大憨"的说法，在制定"只生一个"的政策时，已得到了慎重的讨论和考量。1980 年 3 月开始，国家有关部门专门召开了五次会议，据曾参加过这些座谈会的人口学专家田雪原先生回忆说，讨论"只生一个"这一政策是否可行时，就有人提出民间的这一说法，头胎出生的孩子一般都比较憨傻，如果施行一胎政策，会不会导致国人的智力水准下降？当时专家查找了资料，发现美国飞行员中有 40％ 都是"老大"，这意味着第一个孩子照样有足够的智力和能力进行复杂的工作。于是，这一说法便被否定了。

（3）个案不能成为"头胎较憨"说的论据。不可否认，在现实生活中作为头胎的老大，有的是有些智力障碍或先天不足。但这怎么也不能归咎于生育胎次，更不能因此而以偏赅全。中国目前一些特殊情况下允许生育二胎的现象，由于科技、医疗、优生优育的原因，二胎避免了头胎孩子的一些先天不足，这岂能生拉硬扯过来作为"头胎较憨"说的普遍论据？

（八）回应"兵源风险"说

有论者认为，基于独生子女的成长风险，国家一旦遭受战争，如果独生子女比例过高，对兵源和士气的影响是显而易见的。兵源逐渐短缺，可挑兵员越来越少。一旦发生战事或需要独生子女及其家庭奉献时，国防风险也就随之存在[①]。笔者认为，这是一个可以相对合理解决的问题。

首先，从绝对量上说，中国在整个21世纪不会存在兵源不足问题。即使2100年之后中国人口绝对数量只有新中国成立前的水平，也不会存在什么兵源总量"风险"问题。难道3亿、4亿人口以下的众多国家和独生子女较多的发达国家就不存在所谓"风险"？况且，现代战争的胜负主要不取决于军队的人数。

其次，不论在现实正常生活中，还是在征兵和战场上，我们都不能把"独生子女"的生命权凌驾于"多子女"之上。因为人的平等关键在于宪法所规定的权利和义务的平等。当今世界各国的宪法，比较普遍地规定了公民服兵役的基本义务，这是民族国家抵御外侮、戡定内乱的客观要求（日本属于例外）[②]。《希腊共和国宪法》第13条第4款还规定：任何人均不得以其宗教信仰为理由，拒绝履行对国家的义务或不遵守法律。这里面"对国家的义务"，当然包括服兵役的义务。我国兵役法第3条一般性地规定了公民平等服兵役的义务：中华人民共和国公民，不分民族、种族、职业、家庭出身、宗教信仰和教育程度，都有义务依照本法的规定服兵役。

可见，中国不存在缺少兵源的问题，中国也不必担心"国防已开始由'小皇帝'们来守卫了"的问题[③]。独生子女兵与非独生子女兵不存在性格、能力、人格贵贱等区别。所谓"国防风险"等说法，不应成为反对"一胎化"的理由。不过，国家应对包括兵役逝世或伤残在内的非正常人生夭折或失去劳动能力的不同情况，立法给予高低不一的家庭补贴或保障。

---

① 本报记者：《独生子女家庭的五大风险》，《报刊文摘》2006年9月15日。

② 李龙：《宪法基础理论》，武汉大学出版社1999年版，第373—379页；杨建顺：《日本行政法通论》，中国法制出版社1998年版，第38—39页。

③ 杜乃华：《谁来保卫21世纪的中国——"独生子女兵"问题探析》，《青年研究》1993年第12期。

（九）回应"大国空巢"说

在主张放开生育政策的论者中，有一个骇人听闻的"大国空巢"说。论者认为，中国的计划生育政策已经导致了大国空巢、劳力短缺、学校破产；笃信"早婚早育多子多福""不孝有三无后为大"和"人口大国优势论""生育文化决定论（各民族的博弈归根到底是生育文化的博弈)"、"人口多多益善论"，"中国的人口过多只是一个流传很广的谎言"；主张"全球环境污染没有人们想象的那么严重"，中国的一切问题"都是中国走入歧途的计划生育惹的祸"等①。限于篇幅，以下只分析其若干谬误。

（1）"大国空巢"说一向不以中国国情作为观察和述说的出发点。温家宝总理 2003 年在美国哈佛大学演讲时指出："人多，不发达，这是中国的两大国情。中国有 13 亿人口，不管多么小的问题，只要乘以 13 亿，那就成为很大很大的问题；不管多么可观的财力、物力，只要除以 13 亿，那就成为很低很低的人均水平。这是中国领导人任何时候都必须牢牢记住的。"②

其一，论者对中国人口总量的压力是漠视的。截至 2007 年年末，中国总人口为 13.21 亿人，2008 年年底达 13.28 亿人③，尽管自然增长率已处于低位，但是在未来的近 40 年内还将有 3 亿人口的增幅。仅据学界中位方案预测，2045 年将达峰值规模 15.34 亿人④。人口压力有增无减。"大国空巢"说漠视中国"最大的实际"——初级阶段人口多、底子薄的基本国情，对中国人口仍在继续增长、生育率仍存在反弹（甚至"一放即发"）的可能性视而不见（希望生两个及以上孩子的妇女比例达70.7%⑤），而对中国控制人口的负面影响却夸大其词，以至于认为当初马

---

① 易富贤：《大国空巢》，大风出版社 2007 年版，第 104 页。

② 温家宝：《把目光投向中国——在哈佛大学的演讲》，《人民日报》（海外版），2003 年 12 月 12 日，第 1 版。

③ 《中华人民共和国年鉴 2008》，中华人民共和国年鉴社 2009 年版，第 964 页。

④ 李建民：《持续的挑战——21 世纪中国人口形势、问题与对策》，科学出版社 2000 年版，第 182 页。

⑤ 陈立：《2007 年全国人口和计划生育形势分析报告》，《2008 中国人口和计划生育年鉴》2008 年 4 月。

寅初和中央倡导计划生育本来就是错误的。中共中央、国务院《关于加强人口与计划生育工作稳定低生育水平的决定》认为，虽然已经进入低生育水平阶段，但"人口过多仍是我国首要的问题"，人口数量问题在今后相当长的一个时期内仍将是中国社会经济发展的首要制约因素[1]。

中国的人多是一个不争的事实。当今，许多关乎中国国家大事的问题，归根结底往往都是因人口的规模过大。资源、环境、就业、住房、教育、交通、治安、分配、外贸等问题，有哪一个与人口过多无关？简言之，人口总量制约着我国一切政策的制定和调整，这是中国最大的实际。

其二，论者对中国就业方面的巨大压力是麻木的。据多数学者的研究和预测，在目前生育率不变的前提下，中国未来几十年内将会面临一个来势凶猛的就业高峰，承担前所未有的失业压力。如按袁守启的预测，今后20年内，劳动力将始终处于供大于求的严重失衡状态。2000年劳动力供给为7.14亿，2010年上升为7.82亿，2020年为7.75亿，而2010年劳动力的最大需求为7.4亿，2020年仍为7.4亿。2010年和2020年的失业率分别为5.18%和4.42%，失业人口分别为4000万和3400万[2]。按另一种算法，以女16—54岁和男16—59岁为劳动年龄人口进行预测，2010—2030年将持续在9亿左右，比重约为64%，21世纪前50年劳动年龄人口增幅将持续快于总人口增幅，每年新增劳动年龄人口1100多万。与此同时，本世纪头30年随着非农化速度的加快，农村剩余劳动力人口约保持在2亿。这些研究的具体预测结果虽有差异，但结论却是共同的，即中国未来的劳动力市场供大于求，劳动力将长期处于相对过剩状况。在稳定目前低生育水平的条件下，未来劳动力供给都已经过剩。如果还要"放开二胎"生育，其结果只能是加剧这种过剩状态，增加显性和隐性失业人口的数量。目前就业问题，还因大量下岗待业、提前退休、买断工龄等变相失业和潜在失业人口而更趋复杂，给经济社会发展带来沉重负担。解决城乡劳动就业问题，早已并将一直是政府工作的难题。

---

① 中共中央国务院：《关于加强人口与计划生育工作稳定低生育水平的决定》，《人民日报》2000年5月8日第1版。

② 袁守启：《中国未来20年的劳动力就业与流动》，《中国人力资源开发》1999年第11期。

（2）"大国空巢"说以耸人听闻的推论反对"一胎化"政策是错误的。按"大国空巢"说，因为计划生育，"中国作为一个传统意义上的人口大国，有在短时间沦为空巢大国的危险，有失去人口大国优势的危险，有民族自杀、亡国灭种的危险……"其论说方式如下："现在不少人口学家声称要将中国人口降低到7亿、5亿或者3亿。2005年中国人口中1970年以后出生的7亿，1978年以后出生的5亿，1988年以后出生的3亿。现在一个孩子都不生，今后平均寿命为76岁的话，中国人口也要到2046年、2054年、2064年才能分别降低到7亿、5亿、3亿，但那个时候最年轻的妇女也已经有41岁、49岁、59岁了，基本都丧失生育能力了，然后在2085年左右中华民族基本灭绝。""而1.3的生育率意味着持续的老化，这数千万人口到时将以中老年人为主，年轻劳力少得可怜，由于人口的持续老化，社会将难以发展。可见，不要说我国有13亿人口，就算是有130亿人口，如果不保持合理的生育率，也很容易下降到几千万甚至灭亡。天不老地不荒，人生却是如此的短暂，倘若彻底停止生育，即使现在中国有130亿人口，但一个世纪之后也该都进了黄土，到2100年中国也该亡国灭种了。"[1] 请看，先说持续老化，再是下降到几千万，最后亡国灭种，而论者强加的虚妄条件却在不断改变：先是生育率1.3，再是不保持合理的生育率，最后是彻底停止生育、一个孩子都不生。这样，中国的"计划生育"便摇身一变，成了"亡国灭种"。这里的危言耸听和双重标准（一边认为"中国的人口过多只是一个流传很广的谎言"，一边却又主张"中国成为第一人口大国是古代精英精心策划的结果"[2]），是非常明显的。

中国现有可利用的经济资源和人口容量比美国少得多，而只有3亿人口的美国对比13亿之众的中国，在人均国力和综合国力等方面都要大得多，也未见美国说人口总量不足。在目前的资源、环境、技术和管理条件下，人口少一些要比人口多一些能使中国的发展困难少些，发展质量高些，人民得到的实惠更多些。因此，与美国人口总量和经济总量相比，即使中国推行"一胎化"计划生育措施，至少在未来一个世纪，也根本不必

---

① 易富贤：《大国空巢》，大风出版社2007年版，第3页。
② 同上书，第433页。

担心人口过少。美国人口只有 2 亿多的时候，并没有妨碍它成为超级经济强国。中国要较快成为一个强大的国家，也没必要具备 8 亿或 15 亿人的前提条件。如果要确立中国人口发展的长远战略目标，我们倾向于采取立法、经济、教育和宣传等综合方法，通过"一胎化"为主的长期政策，让中国总人口的大规模增长先得到有效控制，再逐步较快地减少，比让中国总人口静止在 15 亿或 8 亿上更有利于现在和未来的又好又快发展。相比澳大利亚 700 多万平方公里的国土而人口仅 2 千万尚且不偏好移民，我们这个每 3 年接近净增一个澳大利亚人口的国度，还有必要担心未来劳动力的短缺吗？

（3）"大国空巢"说认为，为了拉动内需就要鼓励生育。国家人口和计生委主任李斌在改革开放与人口发展论坛上介绍，2007 年全国人均 GDP 达到 2400 美元，而据测算，如不实行计划生育，只有 1800 多美元。撇开投资和外贸不谈，即使从消费拉动经济增长来分析，我们应当提高现存人口的消费水平和生活质量，而不是再新增几亿人来拉动内需。不能认为一旦人口减少，内需就会萎缩。论者从事医学工作，似乎不明白一个经济学常识：15 亿人每人消费 1 万元与 5 亿人每人消费 3 万元，内需总量是一样的。

（十）回应"独子性格"说

"独子性格"说，是主张"放开二胎"论者的又一个非常重要的论据。然而，一旦全面审视学界有关中国独生子女的研究历程和结论便可看出，独子性格说远不能成为一个事实上的论据。

第一，认为独生子女有性格缺陷的研究成果在减少，认为独生子女具有积极性格特征或与非独生子女没有性格倾向方面差异的研究成果在增多。

如果以 1986 年《光明日报》为时半年之久的全国性独生子女教育大讨论为界，我们可以把 30 年来有关中国独生子女的研究阶段一分为二。在前后两个阶段的研究中，关于独生子女是否具有性格缺陷等消极方面的争论，表现出非常明显的差异性和各自的倾向性。

前一阶段的研究大多认为独生子女在性格特征上有不同程度的问题倾

向，其或有的断定独生子女就是"问题儿童"。作为《光明日报》讨论的最后总结，专家指出了那时独生子女教育的问题：一是营养过剩，造成发育不良；二是智力投资过剩，品德教育不足。需要指出的是，在前一阶段研究中，代表我国学术水平的《心理学报》、《中国心理卫生杂志》、《教育学》等杂志所发表的成果，采用心理统计数据作出了质和量上的判断，比研究初期多以观察、个案推断等手段有较强的科学性，其结论也十分明确：普遍认为独生子女性格缺陷等特征在总体上并不存在。

而后一阶段的研究成果，则大多明确肯定了独生子女在某些方面较非独生子女具有积极的性格特征。尤其是近年来在独生子女长大成人、独生子女数量逐渐增多及其背景下研究成果不断丰富的基础上，学界在对研究成果进行综合比较后发现，独生子女与非独生子女之间的差异是一种随独生子女的年龄变化而变化的现象，并且这种变化的总趋势是二者之间的差异在逐渐缩小[1]。

如果我们再把30年的研究历程进行综合剖析，可以看到以下研究趋向：即随着研究力量的壮大、研究手段和方法的科学性增强、研究的学科性质凸显等，认为独生子女有性格缺陷的结论逐渐减少，认为独生子女具有积极性格特征或与非独生子女没有性格倾向方面差异的成果逐渐增多。

第二，少数个案不能拿来作为独生子女整体定性的依据。社会上乃至学界一些夸张之词如"小皇帝""问题儿童"等究竟是怎么流传的？他们在什么意义上才具有其合理性？对问题甄审后的回答是："好事不出门，坏事传千里。"在人们的谈资甚至"研究"中，一般充斥的是一些非常态的、少见的事物或现象，人们对之多有兴致；而习常的、应该的和多见的事物或现象却是没有多少位置的，既为司空见惯，故而熟视无睹。当人们在谈论个别或少数独生子女的任性、自私等倾向时，他们实际上忽视了更多发生在他们身边的、行为表现都十分正常的独生子女[2]。而所谈个例，由于其个别和特殊，不免人云亦云，于是给人们留下了有关独生子女整体的印象，促使个例变成了"整体"，个别走上了"一般"。

---

① 风笑天：《中国独生子女：规模、差异与评价》，《理论月刊》2006 年第 4 期。

② 同上。

　　如 1983 年 9 月《美国新闻周刊》发表的《一大群"小皇帝"》一文，认为中国的父母今天都跪倒在自己的独生子女面前；1986 年，北京《中国作家》便刊登了报告文学《中国"小皇帝"》，作者哀叹：今天的父母看来只是抚育孩子成长，事实上却在创造历史。这些年来我们看到，有人提出独生子女容易得"四二一综合征"，于是这种症状便"三人成虎"，连"四二一家庭"好似也成了中国走向衰败的说辞；有人写了个《拿什么拯救你，我的爱人》，于是便出现了各种版本的"拿什么拯救你，独生子女们"。1980 年上海市幼儿教育研究室等单位进行了"四岁至六岁独生子女的行为特点与品德教育"的调查。调查以 70 名独生子女和 30 名非独生子女为对象，得出独生子女"挑食、挑衣、不尊敬长辈、不爱惜用品和玩具、爱发脾气、无理取闹、比较自私、不懂关心别人、胆小、生活上自理能力差"等结论。尽管调查也指出了非独生子女身上也有类似的问题，但由于是中国最早的独生子女问题研究之一，以致其结论至今还经常被引用①，甚至夸大和"传抄"。

　　第三，部分独生子女的部分不良倾向，完全可以在其社会化的过程中，通过教化、体制机制调整和社会交往实践等措施予以纠正，就像非独生子女的部分不良倾向也是这样纠正的一样。一个社会大多数人的性格和言行往往与该社会的各种制度、教育等密切相关。我们刚刚看到，"80后""90后"甚至不到 10 岁的"2000 后"一些"新新人类"，是怎样在"5·12 汶川大地震"后成为社会的道德楷模，现实生活中他们又怎样以实际行动颠覆自己"被毁掉"的形象。所谓的独生子女问题，本质上是社会制度环境以及家庭、学校和社会教化方式的问题，是"社会化因素的影响和作用"问题②。学界有关"差异是一种随独生子女的年龄变化而变化并逐渐缩小"等研究成果，为我们提供了充分的佐证。不同社会化因素（如不同的年龄阶段、家庭、学校和社会等因素）的作用和影响随着独生子女的年龄变化而发生变化。年龄越小，父母、家庭对独生子女社会化的影响和作用越大。比如年龄越小的儿童越不喜欢他人与自己分享一些玩

---

①　苏颂兴：《独生子女：从新国情向新学科的发展》，《当代青年研究》1994 年第 1 期。
②　李妍、李晓莹：《独生子女社会化过程及其结果探析》，《才智》2009 年第 11 期。

具、食品。因为是独生，于是习惯了"独占"。随着年龄的增长，他们更多地受到学校和社会大家庭的感染或制约，开始与父母疏离并向同龄群体靠拢。而且孩子各自所面对的父母和家庭的差别相对要大一些，而他们所面对的学校、同龄群体、大众传媒等则是相同或相似的。这种相同性或相似性，成为使差异逐渐趋同的重要机制①。所以，儿童也并非只能在通过与兄弟姐妹相处中才能社会化；"独子难教""兄弟姐妹为朋友之本"② 等观念并非具有绝对意义。

第四，某些研究成果缺乏科学分析方法。学界所揭示的研究中存在的某些问题，至今依然是人们难以客观公正地看待独生子女这一群体的主要障碍。如理论性研究的主观化、个别化倾向，普遍存在着的无经验数据支持的空洞的、泛泛的、心得体会式的主观议论；经验性研究中缺乏科学性，方法上存在研究设计的简单化，资料分析的表面化倾向，有不少的研究结果是在对象选择、样本抽取、概念操作化、变量测量、统计分析等方面存在诸多问题的情况下得到的，且单纯描述现象较多，着重于现象间的内在关系的探讨较少；研究对象以学龄前幼儿、学龄儿童为主，对青年期普通独生子女的研究不够；在对大学生独生子女的研究中，将实际上属于城乡变量或家庭背景变量所造成的差异，误以为是独生与非独生所造成的差异；对于与一代独生子女的成长和未来密切相关的社会性、宏观性、潜在性和未来性问题的探讨相对薄弱；在看待独生子女的成长与发展状况时，忘却与他们共同成长的中国社会大变化③。可见，撇开资本主义发达或不发达国家独生子女与非独生子女性格倾向的多种组合状态不谈，目前许多被认为是中国独生子女的特征、现象和问题，实际上是 20 世纪 70 年代末改革开放以来与我国社会巨大变革一起成长的新一代城市青少年的整体特征和共同问题。我们在生活中所看到的种种差异和不同，可能是两代人（50—70 年代出生的人与在计划生育和改革开放大潮中出生的人）之

---

① 风笑天：《中国独生子女：规模、差异与评价》，《理论月刊》2006 年第 4 期。

② 唐勇林：《"放开二胎刻不容缓"——专访中国人民大学校长纪宝成》，《南方周末》2009 年 4 月 9 日。

③ 风笑天：《中国独生子女研究：回顾与前瞻》，《江海学刊》2002 年第 5 期，第 90—99 页。

间的差别，而非两类人（独生子女与非独生子女）的差别①。因此，"现行的生育政策造成了空前的教育难题"和"为什么把下一代的成长搞得那么难"② 等批评，并没有认清社会所影响或赋予的两代人之间的性格倾向和差别。

（原载《激辩"新人口策论"》，

中国社会科学出版社 2009 年版，第二作者为王新建）

---

① 风笑天：《中国独生子女：规模、差异与评价》，《理论月刊》2006 年第 4 期。
② 唐勇林：《"放开二胎刻不容缓"——专访中国人民大学校长纪宝成》，《南方周末》2009 年 4 月 9 日。

机关、事业和企业联动的新养老策论

我国养老保险制度的目标模式,应是非缴费型城乡统一的基本养老保险制度,城镇职工实行占工资比例相同的退休养老金作为基本养老保险,可另加补充养老保险;农民实行相同的基本养老保险,可另加各地补充养老保险。本文只探讨该目标模式下城镇养老保险制度过渡模式。伴随2008年《事业单位工作人员养老保险制度改革试点方案》(以下简称08方案)的印发,以机关、事业、企业为三大主体的城镇养老保险制度改革,已成为推进我国养老保险制度改革的重要环节。然而,08方案的先天不足和运行不佳,使我国城镇养老保险制度改革遇到了瓶颈。笔者在对08方案深入思考的基础上,提出了机关、事业、企业三者联动的城镇养老保险制度改革初步方案(以下简称联动方案),并对新养老策论的基本内涵、提出背景、提出依据和完善措施进行了分析和探索。

一　新养老策论的基本内涵

我国养老保险制度是一种碎片化制度,不仅存在城乡二元结构,而且还存在城镇二元结构,原来是机关事业单位与企业分立,08方案后是机关与企业事业单位分立。面对碎片化现状和08方案困境,学术界纷纷提出不同的联动主张,有的主张机关、事业单位联动,这也是我国长期以来尤其是企业养老保险制度改革以来的做法;有的主张事业、企业联动,这是08方案的做法;有的主张机关、企业联动,这是就机关养老保险制度改革方向提出的想法;还有主张机关、事业、企业、农民四者联动,这无疑是我国养老保险制度改革的长期目标。本文也主张联动,但不同于上述联动,而是专指在最终建立非缴费型城乡统一基本养老保险制度目标模式下，目前我国城镇养老保险制度采取机关、事业、企业三者联动的一种主张或方案。联动方案是机关、事业和企业联动的城镇养老保险制度的简称或特称，这也就是本文提出的新养老策论。这是一种过渡方案，通过先建立统一的城镇养老保险制度，最终建立统一的城乡养老保险制度。

新养老策论的基本内涵是参照双层养老保险制度模式来建立：第一层制度是建立统一的城镇职工养老保险制度，实行养老保险统一运营。按照社会统筹与个人账户相结合原则缴费，在统一制度内保证机关、事业和企业人员的退休养老金所占工资比例相同。第二层制度是建立机关事业单位补充养老保险制度，使机关、事业单位的养老保险结构形成两个部分，基本养老保险是基础，补充养老保险是补充和提高。随着国家财政收入不断增加，机关、事业和企业人员统一的基本养老保险金逐步提高，可以相应地同步减少补充养老保险部分。当退休养老金占在职工资的比例逐步提高到90％左右的时候，可以最终取消补充养老保险。

二　新养老策论的提出背景

本文提出新养老策论的直接动因和重要背景，就是对08方案诸多不足和实施效果的反思。毋庸置疑，08方案遇到极大阻力，推进速度相当缓慢，并与预期目标相去甚远。政策学和制度学理论告诉我们，任何改革方案的制订和推出，都源于各种现实考虑和良好愿望，不可能一开始就尽善尽美，也不可能一帆风顺，更不可能一蹴而就，需要在实践中不断修改和完善。08方案既然是一个试点方案，就可以依据试点中的问题进行重新修订。本文建议政府有关部门暂缓08方案试点，重新研究城镇养老保险制度改革的总体方案，而非碎片化的孤立方案。为此，我们需要分析08方案究竟有哪些问题导致推进困难。

1. 改革缺乏配套措施

事业单位养老保险制度改革应该与其他制度改革配套推进，但08方案的实施缺乏配套改革措施。一是事业单位分类不细致。08方案明确指出，改革适用于分类改革后从事公益服务的事业单位及其工作人员，但该方案对我国事业单位的复杂性估计不足，忽略了全额财政拨款、差额拨款和自收自支事业单位之间资金来源的差异，忽略了体制转变时期事业单位老职工和合同职工的不同，忽略了全额拨款事业单位工资来源单一的事实。二是职业年金制度缺失。建立职业年金制度是08方案的主要内容，目的是为了建立多层次养老保险体系，提高事业单位工作人员退休后的生活水平。然而，职业年金制度并没有配套跟进，使不少人产生了不良预期和抵触情绪。三是与事业单位分类改革不配套。事业单位分类改革包括机构分类、人事制度改革、工资收入分配制度改革、财政政策和养老保险制度改革五个方面。事业单位养老保险制度改革试点，是事业单位分类改革的重要组成部分，需要在事业单位分类、收入分配制度改革、人事管理制度改革的基础上开展，并有相应的财政投入机制做保障。然而，这些制度并没有进行相应的配套改革，如收入分配改革方案至今没有出台，步履维艰。

2. 减负动机值得商榷

任何改革方案的推出必定有其多种动机和考虑，08方案也不例外。我们相信建立完善的事业单位工作人员养老保险制度的初衷是为了加快建立覆盖城乡居民的社会保障体系。但财政减负无疑也是此次改革的主要动机，这是08方案受到人们普遍质疑的地方。一是减负作用十分有限。就试点方案中个人缴费而言，事业单位人员个人缴费为工资的8%，全国事业单位3000万人每年总计约300亿元，不足目前财政收入的0.5%。此项缴费改革对缓解财政负担的作用不大，事业单位养老金改革也未必真能达到减负目的。二是人们普遍认为，财政减负应该包括占财政供养开支60%和退休待遇不降反升的公务员。相比较而言，机关的人均退休费在绝对值和增长率上均高于事业单位，公共财政的养老负担相对更重。2005年机关事业单位退休费总额是1827亿元，其中机关总额为561亿元，人均退休费为17633元，事业单位总额为1266亿元，人均退休费为16147元（周康，2009）。三是既然我国的GDP和财政收入年增长较快，而科学发展观又强调改革成果要分享，因而所谓财政承担不起的说法难以成立。再说，国家财政支出项目众多，相应的减负途径也有多种，只要真正削减公款吃喝、公费旅游、公款出国等一两项开支，养老金的发放就不会出现所谓不堪重负问题。

3. 造成新的经济不公

社会保障制度改革应当充分体现公平公正的价值取向，但 08 方案没有很好体现公平性。它在一定程度上缓解了事业单位与企业职工之间的养老待遇差距，但同时又拉大了事业单位与机关人员的养老待遇差距，使事业单位工作人员既不能享受企业化的某些高薪，又不能享受公务员较高的养老待遇，造成了新的经济不公乃至社会不公，在知识分子与公务员之间形成新的矛盾。制度变迁理论告诉我们，当制度变迁的预期收益大于其预期成本时，其行动主体就会积极推动制度改革；而当制度变迁的预期收益小于其预期成本时，行动主体则会成为制度改革的阻力。事业单位养老保险制度改革，是由政府决策部门自上而下推行的一种强制性制度变迁。如果事业单位人员在此次制度变迁中感觉严重受损，且得不到及时补偿，那么他们就会明确反对而且也有力量反对制度变迁。有学者研究认为，08 方案出台后，形成了赞成派、反对派与折中派，其中反对派大约为 85%，包括大部分研究单位、专家教授、科研人员以及一部分政府官员（姜爱林，2010）。而科教兴国战略、人才强国战略、建设创新型国家战略的实施，都离不开事业单位人员队伍的稳定和支持。相关部门和试点地区不敢贸然推进，从而导致 08 方案执行难。

4. 认识三大主体有误

在我国养老保障体系中，以城镇企业职工养老保险制度发展最为完善，理应成为机关、事业单位等其他群体养老保险制度改革的参照系，08 方案也是基于这一思路。但良好愿望却严重受挫，这与认识三大主体有误不无关系。企业是从事商品生产、流通、经营和服务性经营活动，以生产物质产品为劳动成果的组织。它以赢利为目的，以市场为主导。事业单位是从事非生产性活动，以生产精神产品和知识产品为主要劳动成果的组织。它是公共服务机构，其实质是提供公共服务。机关是代表国家权力的机构，主要职能是依法管理国家和社会事务。我国公务员是指依法履行公职、纳入国家行政编制、由国家财政负担工资福利的工作人员。相比较而言，事业单位的性质、功能与企业明显不同，而与机关更为相近。就现实而言，我国多数事业单位都是由政府出资举办、承担社会公益性质职能的组织。其工作人员和公务员一样，同属于从事公共管理和公共服务的国家公职人员。他们同样受雇于政府，工资同样来自财政，承担性质相同的公共职责，应当享受同样的福利制度（郑功成等，2010）。08方案简单地要求事业单位与企业并轨，混淆了事业单位（特别是全额拨款事业单位）与企业性质、职能定位等方面的区别，也人为地将工作性质相近的公务员和事业单位人员的养老保险制度割裂开来，这无益于落实中央再三强调的尊重知识的知识分子大政策。

5. 改革程序不够民主

一项政策能否得到有效执行，往往取决于政策本身的合理性和政策接受者的态度。而一项政策要取得广大群众的理解、认同、接受、拥护和支持，又需要政策决策程序合法化。只有公正的程序才能强化决策的内在化、社会化效果。缺乏群众基础的政策，不具有社会可行性，迟早会被弃置或改变。凡涉及民生问题的大事，更应该经过较充分的民主程序，真正实现问计于民，才有利于政府同社会各界的沟通。但08方案的制订和实施恰恰违背了这一要求，事先没有广泛征求事业单位的意见，也没有经过充分论证等民主程序，连作为改革对象的高校、研究机构的养老保险研究人员、教师，对此基本内容也不知情。民主程序可以有效化解相关人员的不满、疑虑，赋予改革措施以道义与政治正当性。08方案的推行难，已经用事实说明了决策民主的重要性。可见，无论我们的制度怎么改革，作为制度设计者和安排者的政府部门，绝对不能忽视直接利益相关者的呼声。因此，政府部门在实行新型事业单位养老保险改革时，需要同时考虑事业单位人员的接受能力，以减少不必要的社会阻力和引起不必要的社会震荡。只有实现自上而下和自下而上两种力量的联动，事业单位养老保险改革道路才会更加顺利和畅通。

三　新养老策论的提出依据

据《人民日报》2010年8月24日报道，人力资源与社会保障部部长尹蔚民在中国社保论坛上强调，在总结试点经验基础上，统筹考虑机关事业单位养老保险制度改革。从根本上说，一个国家的各项政策都是理论与实际相结合的产物。制定养老保险政策也不例外，必须有理论和实际等科学依据。相对于 08 方案，本文提出的联动方案，不仅具有科学的理论依据，而且拥有丰富的现实依据，因此，这是一个具有科学性、合理性和可行性的改革方案。机关、事业、企业三者联动的新养老策论，理应成为我国城镇养老保险制度改革的重要思路，成为通向我国非缴费型城乡统一的基本养老保险制度的最佳路径。

1. 体现中央保障理论与政策

理论对于政策制定来说具有相当的重要性，只有按照一定的理论指导，才能实现政策制定的科学化、民主化要求。马克思主义理论为我们制定养老保险政策提供了科学的世界观和方法论，其中的社会保障理论则具有直接而具体的指导作用。十六大以来，党和政府越来越重视社会保障问题，社会保障制度建设提到了空前的高度。十六届三中全会提出，要积极探索机关和事业单位社会保障制度改革。十六届六中全会再次提出，要加快机关事业单位养老保险制度改革。十七大报告进一步提出，要加快建立覆盖城乡居民的社会保障体系，促进企业、机关、事业单位基本养老保险制度改革，探索建立农村养老保险制度。这不仅明确了我国养老保险制度改革的方向，即建立覆盖城乡居民的社会保障体系，而且还指出了养老保险制度改革的步骤，即现阶段采取城镇与农村两种养老保险制度，城镇要促进企业、机关、事业单位基本养老保险制度改革，也就是要统一城镇养老保险制度。这是中国共产党对马克思主义社会保障理论的创新和发展，是中国特色社会保障理论的重要内容和重要基础，也是中国特色养老保障理论与政策的科学指导。新养老策论正是在这一理论指导下提出来的，联动方案是对党中央养老保险思想和精神的科学理解和准确体现。

2. 有利于实现社会公平公正

国家的奋斗目标和基本任务是制定政策的直接依据。社会主义初级阶段的奋斗目标，是把我国建设成为富强民主文明和谐的社会主义现代化国家，其中的和谐是社会领域的目标和要求。也就是说，社会政策要以共同富裕、社会和谐为目标。养老保险制度作为社会保障制度的核心组成部分，起到保障老年人基本生活的作用，是社会平稳有效运行的减震器和安全网。而公平公正是养老保险制度改革的重要原则，改革能否体现公平公正，不仅关系我国养老保险制度改革的顺利进行，而且更关系着我国和谐社会的建设和国家奋斗目标的实现。经过 20 世纪 90 年代企业职工养老保险制度改革，我国企业和机关事业单位退休职工收入差距逐步拉大，导致企业退休人员不满情绪日增，严重影响我国的社会稳定与和谐。08 方案的出台和实施，较好地体现了企业与事业单位职工退休待遇的公平性，但由于没有将公务员纳入其中，又造成了公务员与企事业单位工作人员退休待遇的不公平。城镇养老保险制度改革的最终目的是缩小机关、事业和企业三者之间的待遇差距，这就需要在三类部门之间实行养老保险统一运营，使所有退休人员均享受同等退休待遇。好的制度设计是实现社会公平正义的保证，联动方案主张机关、事业和企业人员退休养老金占工资比例相同，较好实现了机关事业单位与企业并轨，因而在统一制度内不存在原有的待遇差别，显示出机关、事业与企业三者之间的公平与公正。由于联动方案能较好实现城镇不同部门职工之间的公平正义，因而它是确保社会安定与社会和谐的有效方案。

3. 统一城乡养老保险制度

国情是制定政策的出发点和落脚点，是制定政策最重要的实际依据。我国的基本国情是长期处在社会主义初级阶段，其中之一就是城乡二元经济社会结构在短期内难以改变。建立全国统一的养老保险制度，无疑是解决我国养老保险制度碎片化，以及由此带来的国民养老待遇不公问题的根本，也是我国养老保险制度改革的最终目标。但中国在相当长时间内，城市和农村的社会保障体制是分割的。一元化的社会保障制度是我们追求的最终目的，但近期将多元化制度安排作为过渡显然是符合中国国情的最佳选择（香伶，2008）。要实现统一城乡养老保险制度的最终目标，先要实现统一城镇养老保险制度的现实目标，这也是世界各国养老保险发展史都经历过的城乡非均衡发展的历史阶段。为此，我们应该在坚持非缴费型城乡统一的基本养老保险制度目标模式下，先实行机关、事业、企业三者联动的城镇养老保险制度的过渡模式。08 方案的实施，在解决企业与事业单位并轨问题的同时，又将造成企事业与机关之间新的二元制，不利于城镇养老保险制度的统一。而联动方案通过机关、事业、企业实现三者联动，较好地解决城镇新旧二元制问题，实现统一的城镇职工基本养老保险制度。况且，联动方案可以有效避免分立模式下不同部门之间的互相攀比，有利于政府观念的转变，减少公务员的特权思想，提高政府的工作效率。

4. 促进城镇职工自由流动

人力资源的流动是现代市场经济的内在要求，养老待遇问题是人员流动考虑的主要因素。现有城镇养老保险制度的不统一，机关、事业、企业之间养老待遇差距过大，加上机关事业单位养老保险制度在缴费、待遇计发和管理等方面独立于企业职工养老保险，使养老金权益无法有效衔接，严重阻碍了三大部门之间人员流动。近年来，我国呈现出公务员热、事业单位热，特别是公务员热，不仅是因为公务员在职时就有稳定的高收入，而且最关键的是其退休金打折比例也高于事业、企业职员。这种情况不利于机关事业单位的健康发展，也影响了机关事业单位机构改革进程。官、产、学三大部门对我国经济社会发展都很重要，人才在三大部门中应该都有一个金字塔式的分布才比较合理。只有在机关、事业单位和企业三类部门中分布比较合理，才不会导致人才的高消费和过度聚集。而08方案的实施，虽然有利于事业单位和企业之间人力资源的正常流动，但可能刺激事业单位人员向政府机关转移，加剧公务员报考热，不利于事业单位队伍稳定，影响我国科技、教育、卫生等公共事业发展及综合国力增强。联动方案由于缩小了机关、事业和企业间的养老保险差距，建立起公平的就业环境，为城市居民提供了多种职业选择，为不同部门之间人员流动和统一劳动力市场的形成打下良好的制度基础。

5. 顺应国际社会改革趋势

在全球化时代，国际环境成为一个国家制定政策不可忽视的重要现实依据。作为制定养老保险政策的国际环境，应该是指国际社会养老保险和社会保障形势、发展趋势及其对我国的冲击和影响。社会保障制度面世一百多年来，国外已经形成了丰富而成熟的养老保障理论，以及完善和健全的养老保障政策体系。从世界各国实践来看，公务员和事业单位养老保险制度分为分立模式和统一模式。欧洲大陆各国社会保障制度几乎均为碎片化制度，不仅公务员制度单独设立，其他群体也常常独立。多种退休制度引起攀比，改革必然遭到反对，时间越久，待遇差距越大，福利刚性越大，改革越困难，甚至引发社会动荡。法国就是其典型。相比之下，美国等一些国家采取统一模式，不管是公务员还是企业私人部门，全体国民参加一个基本养老保险制度，其优势是尽管其退休金替代率比法国低一半，但从未引发过一次全国范围的社会运动。不仅如此，进入 21 世纪以来，世界各国都在进行社会保障制度改革。在席卷全球的改革浪潮中，强调个人责任、减轻财政压力、统一社会保障制度成为大势所趋。就公务员而言，国外公务员养老保险制度改革呈现的一个明显趋势，就是分立制度向统一制度转变（郑秉文等，2009）。国际社会的养老保险和社会保障形势、发展趋势，必然对我国产生冲击和影响。实行机关、事业、企业养老保险制度三者联动，统一我国城镇基本养老保险制度，进而统一我国城乡基本养老保险制度，是顺应国际社会养老保障制度改革发展趋势的必然反映，有助于我国最终形成一个更加公平、社会更加和谐的相对最佳的养老保险体系。

6. 反映养老保险社会舆论

社会舆论是政策制定的影响因素之一，它是反映和表达人民群众愿望、呼声和要求的一种形式，对政策制定的影响十分巨大，在某些特定情况和条件下，甚至会产生决定性影响。社会舆论明显倾向于联动方案。中国社会科学院马克思主义研究院院长程恩富教授明确提出机关、事业和企业三单位联动的养老保险制度改革方案（汪孝宗，2009）。中国社会科学院郑秉文研究员认为，我国公务员和事业单位统一参加养老保险制度改革，走统一模式之路是大势所趋（郑秉文，2009）。人力资源与社会保障部社会保障研究所华迎放研究员提出，事业单位养老保险制度改革，既要与城镇企业职工基本养老保险制度保持统一，又要与国家机关实行同一制度（华迎放，2006）。中华全国总工会经济社会政策研究室主任姜爱林要求，公务员、事业单位与企业三位一体同时改革，构建公平有序的养老保险制度体系（姜爱林，2010）。更为重要的是，联动方案充分显示了民意。2009 年，"两会"期间约有 20 份不同意 08 方案的意见书正式上报。2010年，人民日报政治文化部和人民网联合组织两会调查，养老保险在众多热点话题中以高票当选，81% 的网友认为，企事业单位和公务员养老制度实行双轨制非常不合理（廖文根，2010）。中国社会调查所对重庆、太原、广州、上海等试点城市近千名居民进行调查，93.4% 的被访者认为，只改革事业单位而不改革公务员养老金不公平；多数被访者表示，应把机关、事业和企业职工养老保险三者统筹考虑（中国社会调查所，2009）。08方案的反对声浪和联动方案的舆论倾向，使相关部门和官员也不得不作出反应，如人保部副部长胡晓义在2010年"两会"期间回应退休金双轨制时表示，机关、事业和企业单位之间的制度衔接问题，也是我们要解决的统筹协调的问题之一（胡晓义，2010）。

四　新养老策论的完善与实施

制度运行是否良好、有效，能否实现制度预期目标，取决于制度设计的科学性和完备性。城镇联动养老保险制度改革方案只是一个初步方案，其设计与实施还需要不断完善，即在把握改革总体思路基础上明确指导思想和原则，在总结历次改革经验教训基础上完善配套措施，在合乎民主程序基础上制定和完善联动方案，并需要在完善养老保险法律体系基础上获得法律支撑。

1. 在把握改革总体思路基础上明确指导思想和原则

联动方案的设计需要在把握改革总体思路基础上，明确改革的指导思想和指导原则。这就要求我们不仅从经济角度，更要从政治高度来把握这项改革，而且把它放在完善我国收入分配格局中进行方案设计。从总体上看，推进机关事业单位养老保险制度的改革，要有利于保障事业单位人员队伍的稳定，有利于促进科技创新和社会事业、文化事业的发展。联动方案的指导思想和原则，是按照全面落实科学发展观和构建社会主义和谐社会要求，以党的十七大精神为指导，以马克思主义社会保障理论为导向，总结国内外养老保险制度改革经验，结合我国企业、机关、事业单位实际情况，贯彻改革成果要分享和问计于民的方针，强调统筹兼顾而非只顾一方，配套推进而非单项独进，遵循权利与义务相对应相结合、保障水平与经济发展水平相适应原则，逐步建立起机关、事业、企业相统一和公平的城镇养老保险体系，确保我国养老保险制度改革顺利进行和可持续发展。

2. 在总结历次改革经验教训基础上完善配套措施

养老保险制度改革是一项牵涉面广泛的系统工程，必须统筹兼顾、综合配套，联动方案的设计必须在总结历次改革经验基础上完善配套措施。

一是对机关事业单位进行科学分类，这是实施该方案的重要前提。长期以来，我国事业单位和行政机关界限模糊不清，有些事业单位实际履行着公共管理职能，而有些按公务员机制管理的单位又是名副其实的事业单位。就事业单位而言，不同单位有着不同的功能定位、收入来源和资源获取方式，以及存在老人、中人和新人的区别。因此，联动方案必须从公平公正原则出发，根据不同单位具体情况，分类处理，区别对待。二是为机关事业单位建立职业年金制度，这是该方案的重要内容。职业年金制度相当于企业年金制度，是联动方案第二层制度中的补充养老保险制度，这就需要将职业年金制度的具体内容和运作方式与联动方案一起考虑，以便解除相关人员的后顾之忧和增加对改革的可预期性。建立多层次的养老保险体系，既是基本养老保险制度安全有效运行的必要措施，也是体现不同职业、不同收入水平的人群对退休养老的需求差异。三是与其他相关制度配套改革，这是联动方案的重要保障。养老保险制度改革是社会保障制度改革整体安排的一部分，应当与机关事业单位的机构改革、人事制度改革、收入分配改革等相匹配。如果没有这些相关制度的改革配套，联动方案的实施将孤掌难鸣，难以有效推进。

3. 在合乎民主程序基础上制定和完善联动方案

任何一项公共政策的出台，都是多方利益重新调整的过程。唯有建立起充分参与、公开交流的前置机制，通过利益各方的充分博弈，利益的调整和分配才能有效平衡。惟其如此，国家公共政策及法规才能得到有效的贯彻执行。联动方案是否完善周密和切实可行，能否获得各方深刻理解和有力支持，方案实施是否顺利和有效，离不开各方对方案广泛而深入的讨论。这就要求我们，在制订和实施方案时必须符合民主和程序。这是因为，任何政策设计不可能尽善尽美，关键在于建立畅通有效的利益表达机制，使相关主体都有表达自己养老意愿的合法机制；同时建立传导迅速的反馈机制，将政策实施中的种种问题反馈给决策层，而不是在问题累积出现严重后果时再进行相应的政策调整。联动方案的制订和实施应该将公众参与作为一个必不可少的程序，只有向社会公众广泛征求意见，才能确保方案的合理性、公众的认可度，以及实施的有效性。也就是说，养老保险制度改革方案的顺利推行，取决于相关人员的普遍认同和大众支持，而只有鼓励民众广泛地参与才能保证方案的合理性和公众的认可度。这也是我们近几年来在包括新医疗改革方案、燃油税改革方案等在内的重大改革方案推行之前的一个通行做法，也是改革得以顺利推进的一条重要经验。联动方案在制定和实施程序上应合乎民主程序。

4. 在完善养老保险法律体系基础上获得法律支撑

社会养老保险是国家立法强制征集保险费，并形成养老社会保险基金，当劳动者退休后支付其退休金，以保证其基本生活需要的社会保障制度（李珍，2007）。通过立法来调整和规范养老保险利益关系和权利义务是各国通行的做法。因为只有以法律制度的权威规范，才能实现社会保障制度责任与权益的合理配置。社会保障制度的改革、运行、管理也只有以法律为依据，才能公平、高效、健康地发展。目前，我国有关社会保险的执法依据主要是一些行政法规、部门规章和规范性文件，一直缺少一部统一的基础性立法。国家也一直努力建立和完善相关立法，如《社会保险法》，1994 年就列入全国人大常委会立法规划，至今历经了近 16 年时间。但从目前的《社会保险法》草案来看，很多方面仍然不具备可操作性，必须有相关的政府条例、规章来配套，而且新法的制定难度非常大，牵涉方方面面利益关系的调整。《社会保险法》在二审过后，社会各界反映最为强烈的是授权国务院另行规定的内容太多，尤其是在养老保险章节，其第 9 条规定，公务员和参照公务员法管理的工作人员参加基本养老保险的办法由国务院规定，对此引起很多质疑。因此，联动方案改革之初，要避免依靠行政机关政策和指示来推动改革的一贯做法，就必须立法先行，尽快出台社会保障及其中关于城镇养老保险条例等具体法规，《社会保险法》《养老保险条例》及与之相配套的政策规章应尽快颁布或完善，以便形成用人单位和劳动者依法履行义务和享受权利、政府依法行政的局面，使联动方案的运作逐步走向正规化、法制化的轨道。

参考文献

[1] 周康：《事业单位养老保险制度改革宜统不宜分》，《中国物价》2009 年第 7 期。

[2] 姜爱林：《事业单位养老保险制度改革为何困难重重》，《天津行政学院学报》2010 年第 3 期。

［3］郑功成、鲁全：《对我国养老保障制度改革的九点基本看法》，载程恩富编《激辩新养老策论》，中国社会科学出版社 2010 年版，第 32 页。

［4］香伶：《养老社会保险与收入再分配》，社会科学文献出版社 2008 年版，第 211 页。

［5］郑秉文、孙守纪、齐传君：《公务员参加养老保险统一改革的思路》，《公共管理学报》2009 年第 1 期。

［6］汪孝宗：《事业单位养老保险制度改革试点引热议——学者提议建立机关、事业、企业联动养老制度》，《中国经济周刊》2009 年第 23 期。

［7］郑秉文：《事业单位养老金改革路在何方》，《河北经贸大学学报》2009 年第 5 期。

［8］华迎放：《对事业单位养老保险制度改革的思考》，《中国劳动保障》2006 年第 11 期。

［9］廖文根：《养老保险首次名列两会网友关注热词排行榜榜首》［EB/OL］．http：// www. people. com. cn，2010. 02. 24。

［10］中国社会调查所：《事业单位养老保险改革问卷调查》［EB/OL］．http：// www. ruc. mr. com/html/newsopen1431. html，2009. 12. 23。

［11］胡晓义：《回应退休金双轨制全民社保包括公务员》［EB/OL］．http：// www. news. sohu. com，2010. 03. 09。

［12］李珍：《社会保障理论》，中国劳动社会保障出版社 2007 年版，第 175 页。

（原载《财经研究》2010 年第 11 期，第二作者为黄娟）

城市以公租房为主的"新住房策论"

　　住房问题是人类社会一个经久不衰的话题，马克思主义经典作家恩格斯早在 1872—1873 年就写下了著名的《论住宅问题》一书，提出了资产阶级无法根本解决住房上贫富对立和矛盾的基本观点。随着我国经济体制改革的深入，住房制度也经历了变革。近年来房价一路飙升，让许多城市劳动者望房兴叹，住房问题成为社会关注的焦点和热点之一。如何迅速解决我国的住房难题，不同专家学者提出了不同的解决方案。

　　党的十七届五中全会以来，胡锦涛总书记多次强调要加强"改革顶层设计"。国家对住房的调控不能仅仅着眼于就房价调控房价，而要有完整的住房政策体系和改革住房体制的"顶层设计"。我们这里提出的未来城市的住房目标模式及其调节措施，是秉承"顶层设计"这一方针和理念的。

　　基于住房的双重经济性质、房价收入比、平均利润及房价对 CPI 和 GDP 影响以及市场的负效应等相关理论，我们的基本政策思路是主张"以市场调节为基础，国家调节为主导"的双重调节机制，构建城市以"公租房为主，商品房和私租房为辅"的新格局，针对动态的不同群体提供不同的住房产品，从而妥善解决住房问题。

一　关于城市居民住房的若干理论

（一）住房的双重经济属性

　　住房主要是基本生活必需品。吃穿住行用是人类赖以生存和发展的基础，不管穷人富人都离不开住房，人的一生当中至少一半以上的时间是在住房中度过的。"住有所居"自古以来就是人们的美好愿景。唐朝诗人杜甫就写出了"安得广厦千万间，大庇天下寒士俱欢颜"的千古名句。中国近代民主革命的先行者孙中山先生曾将民生问题概括为衣、食、住、行四要素。住房是位列民生问题的第三位。

联合国大会 1948 年的《世界人权宣言》第 25 条规定，"人人有权享受为维持他本人和家属的健康和福利所需要的生活水准包括食物、衣着、住房、医疗和必要的社会服务"。1996 年联合国在伊斯坦布尔召开的第二届人类住区会议上通过的《人居议程》和《伊斯坦布尔人居宣言》提出两大奋斗目标之一也是"人人享有适当住房"。

住房又具有投资品的性质。投资品是指购买后不需要追加新的使用价值，也不需要附加新价值即可择机出售获利（也可能亏损）的商品（孙继伟，2009）。从投资和投资品的概念可以看出，住房具有投资品的属性。住房是一种资产，这种资产可以保留、继承和转让。当人们购买了住房之后，可以用其出租也可择机出卖，获得收益，但住房又与纯投资品类（如股票、证券等）显然不同。我国目前住房投资性功能的突显，是因为解决老百姓住房问题时过度依赖市场化政策所造成的。

（二）房价收入比

房价收入比是指住房价格与居民家庭年收入之比。国际上通用的房价收入比的计算方式，是以住宅套价的中值，除以家庭年收入的中值。我国采用的是 1997 年世界银行的定义：平均住房价格与家庭收入平均数之比。

房价收入比指标用来衡量房价是否处于居民收入能够支撑的合理水平，它直接反映出房价水平与广大居民自住需求相匹配的程度，直接关系到民众的安居乐业。国际上普遍认为，房价收入比合理区间为 3—6 之间，超过 6 则说明居民购房的压力比较大。

尽管目前对这一量化指标还存在争议，但世界上许多国家都在使用房价收入比。因为它是一个比较好的综合指标，而且现在还找不出比它更好的指标来代替它。特别是这个计算方法的依据，是住房消费占居民收入的比重应低于30%，这也是世界所公认的合理界限。因此，用房价收入比来衡量居民对房价的合理承受能力是有科学依据的。

（三）不同行业的利润平均化理论

根据政治经济学原理，由于不同行业的资本有机构成是不同的，相同的资本投资在不同行业所获得的利润不同，通过市场竞争，利润低的行业的资本会向利润高的行业流动，而利润高的行业由于资本的流入，造成供过于求，利润则下降。这样，通过市场机制的内在调节，在竞争性领域，不同行业的利润会趋于平均化。如果受政策性或垄断性影响，则这种利润平均化的机制会受到破坏，使资源达不到最优化的目标。因此，房地产行业的利润长期大大超过社会各行业的平均利润，是不利于国民经济按比例地又好又快发展的。

（四）房价变动对 CPI 和实际 GDP 的影响

消费者物价指数（CPI）是反映与居民生活有关的产品及劳务价格的物价变动指标，通常作为观察通货膨胀水平的重要指标。国内生产总值是指在一定时期内，一个国家或地区的经济中所生产出的全部最终产品和劳务的价值，有名义国内生产总值和实际国内生产总值之分。相关研究（张延群，2011）表明："房价上涨对 CPI 通货膨胀率上升有显著的推动作用，而房价是否上升对实际 GDP 的影响并不明显。"[①] 因此，各地期望利用房价不断升高来拉动 GDP 的做法，是需要质疑的。

（五）市场的负效应理论

市场机制对资源配置的调节属于一种滞后性调节，必然会造成资源的浪费。如果放任自由市场调节，对于公共物品和准公共物品调节便会失效，不利于社会协调发展与和谐社会的构建。纯粹的市场调节在追求效率和公平两个方面都会出现严重问题。目前我国住房领域出现的问题，很大程度上就是因采取了自由放任的市场化政策所造成的。

---

① 张延群：《房价变动对实际 GDP 影响小》，《中国社会科学报》2011 年 3 月 24 日。

（六）双重调节机制理论

基于上述理论，住房领域需要建立"以市场调节为基础、以国家调节为主导"的"基础—主导型"双重调节机制。一方面，发挥市场对资源配置的基础性作用，提高住房资源配置的效率和公平性；另一方面，要通过国家的有效调节，防止房价脱离广大居民的实际购买力，抑制其投资性功能的不适当扩大从而影响住房市场的健康发展，把住房更多复归到生活必需品的属性上来，让广大民众和弱势群体住有所居，维护社会的稳定和谐。

二　构建和谐的城市居民住房目标模式

（一）城市住房自有率不应过高

住房自有率是指在所有居民居住单元中，拥有居住房屋产权的居住者的百分比。住房自有率 =（居住于自有产权的住房家庭户数/全部住房家庭户数）×100%。作为过去城市居民住房体制自有化和市场化改革的结果，目前我国住房自有率已超过80%。西方国家的住房自有率相对较低，住房的公有率则相对较高。比如，德国的住房自有率只有40%，大大低于英国（67%）、美国（65%）、法国（54%）、日本（61%）和意大利（70%）。[1] 住房投资是居民很大的一笔投资，考虑到战争因素和自然灾害对住房的破坏，住房自有率过高不利于对居民个人财产的保全。因为战争和自然灾害对居民个人财产的损害，政府是不负责赔偿的，而维护国家统一和反侵略战争又都需要广大人民的支持。另外，私有住房率过高，使得婚前婚后和遗产处理的矛盾极大，不利于和谐处理家庭婚姻关系。西方国家因年轻人结婚大都不拥有私有住房，基本没有我国当下家庭财产的普遍矛盾和男女两性冲突。可见，作为社会主义国家，政府对居民的住房问题理应承担更多的责任，因而公有住房的比率不宜过低，这样也更有利于政

---

[1] 范方志：《我国高房价的政治经济学分析》，《中央财经大学学报》2011 年第 3 期；王志平：《美国居民住房自有率探析》，《上海市经济管理干部学院学报》2008 年第 3 期。

府较快解决我国中低收入家庭的住房问题，共享改革开放的成果与和谐社会的构建。

（二）房价收入比应控制在居民能承受的范围之内

根据国外市场国家的经验数据，普遍认为家庭住房消费占可支配收入的 30% 以内为正常；如果超过 30%，说明家庭购房压力较大，支付能力不足；如果超过 50%，说明家庭购房压力巨大，居民购房支付能力严重不足。正是基于这一经验数据，联合国人类住区（生境）中心设计了房价收入比，用以衡量家庭的住房购买力和承受力。国际上一般认为，房价收入比落在 3—6 区间为正常。根据 2010 年国家统计局公布的数据，2009 年我国城市人均家庭可支配收入 17175 元，三口之家的人均家庭可支配收入 51525 元，城市人均消费性支出是 12265 元，城市家庭平均消费性支出是 36795 元。2009 年住宅的平均售价是每平方米 4459 元，以一套中等面积 90 平方米的住房来计算，房价总值在 401310 元，首付三成，需 120393 元，按揭 280917 元，以 20 年计，需要支付的利息是 147215.82 元，这套房价的总额为 548525.8 元，年均还本付息 27426.2 元。据此测算，我国城市 2009 年的房价收入比为 10.65，住房消费占可支配收入比重为 53.23%，部分城市还大大超出这一水平。这远远高于国际认可的合理水平，也远远超出了居民的承受能力。[1] 过高的房价使得居民缩减其他方面的开支，导致其他方面的内需不足，影响到国民经济健康发展。

参考国际标准，并结合我国的实际情况，我们认为，国内城市的房价收入比控制在 7 以内比较合适。以 2010 年国家统计局公布的数据，如果房价收入比控制在 6，那么 2009 年住宅的平均售价应是 2512.11 元。这样，以一套中等面积 90 平方米的住房来计算，房价总值为 226090 元，首付三成，需要 67827 元，其余按 20 年贷款 158263 元，需要支付的利息是 82938 元，这套房价的总额为 309028 元，年均还本付息 15451.4 元，占家庭平均可支配收入 30%，首付通过 5 年左右时间积累完成，不会过分影响家庭日常生活需要的开支。可见，考虑到目前城市家庭的结构，并综合考

---

① 数据来源：《中国统计年鉴 2010》。

虑工资增长机制，就全国而言，我国的房价收入比控制在 7 左右是比较合适的。这样既有利于解决老百姓的住房问题，不会产生因房价过高而导出的"挤出效应"，也有利于国民经济的持续健康发展。

（三）行业利润不能过度超过平均利润的水平

房地产行业的利润不应过度高于平均利润，这样才有利于国民经济的健康发展。近几年我国房地产行业的利润到底有多高？虽然没有一个精确的统计，但综合第二次全国经济普查主要数据公报公布的数据，2006 年财政部会计信息质量检查所反映的情况，以及胡润富豪排行榜等，大体可以判断房地产企业是一个获利过度的行业。

2009 年国家统计局公布的第二次全国经济普查数据显示，房地产业企业增长数是工业行业企业增长数的 2.12 倍，利润增长是工业企业的 1.83 倍（表 1）。2006 年 11 月财政部公布的一份会计信息质量检查公报，公布了对 39 个房地产开发企业的检查情况，这些企业会计报表反映的平均销售利润率为 12.22%，而实际平均利润率高达 26.79%，有的企业的实际利润率达到了 57%。如果以自有资金来计算利润的话，比例还要更高。胡润中国富豪排行榜榜单中，2009 年前 10 位中有 6 位是以房地产业为主业的，前 100 位中有 49 位涉及房地产业；2010 年前 10 位中以房地产为主业的虽然只有 2 位，但涉及房地产业的仍有 4 家，前 100 位中以房地产为主业和涉及房地产的仍有 41 家。2011 年，房地产行业在严厉调控背景下，前 10 位中以房地产为主业的又上升到 4 家，前 50 名中涉及房地产业的有 29 家。

表 1　　　2008 年工业企业与房地产开发企业数量增长和利润增长对比表

单位：万家,%

	企业个数（2008 年）	相对 2004 年企业数量增长率	相对 2004 年利润增长率
工业企业	190.3	31.2	159.1
房地产业	24.439	66.1	290.4

数据来源：第二次全国经济普查主要数据公报（http：//www.stats.gov.cn/tifx/fxbg/t20091225 - 402640156.htm）。

中国社会科学院发布的 2010 年《国家竞争力蓝皮书——中国国家竞争力报告》也表明，中国近 20 年的经济增长并非靠产业结构升级换代来获得；而是依靠消耗资源和扩大投资，尤其是房地产业膨胀发展。正是房地产企业的高利润，近年来吸引不少非房地产的实体企业纷纷加入这一行业。随着更多有实力的企业进入，由于土地市场的垄断，地王便纷纷出现，这样又进一步推高房价，使住房问题严重化。另外，由于许多不是房地产的企业纷纷涉足房地产业，导致企业资金分散，经营注意力分散，企业创新力不够，因而严重影响了实体经济的健康发展。

可见，政府必须加强对房地产经济的调控，加大保障性住房的建设力度，把房地产企业的利润控制在合理的范围之内，才能有利于国民经济的健康发展，有利于广大老百姓安居乐业和社会主义和谐社会的构建。

（四）未来城市住房以公租房为主，商品房、私租房为辅

前几年，城市住房模式是以市场为主导或市场化来解决居民住房问题，保障性住房被忽视。即便所占比例不高的保障性住房，又以一次性出售的经济适用房和限价商品房为主，加上购买经济适用房、限价商品房的制度漏洞，这些保障性住房并未完全落到需要得到保障的低收入和最低收入家庭中，有一部分被中高收入的群体所购买，使得保障性住房并未真正发挥保障作用。为了纠正这种有缺陷的住房制度，未来和谐的城市居民住房目标模式应以"公租房为主，商品房和私租房为辅"。中等收入家庭和低收入家庭（含农民工）通过不同类型和标准的公租房来解决，高收入家庭住房可以通过市场化购房来解决，有特殊情况的家庭可以通过私租房来解决。其中，商品房一般应建在离市中心较远处，而公租房应该建在离市中心和工作中心较近处，以大幅度减少公共交通量和上下班时间。

三 国家应相应采取的调节措施

国家对住房的调控不能仅限于房价，而要有健全的住房领域的法律法规体系，有完善的保障性住房的管理机构，对保障性住房政策要有长期周密的考虑和安排。

（一）迅速搞好公租房建设，让所有城市劳动者居有其屋

制定《住房保障法》，并以相关法律法规约束各级政府在公租房建设及运行中的相关义务和权利，尤其是依法建立完善的居民收入考核机制、公租房的承租条件和退出机制。要根据不同城市的经济社会发展状况，对收入群体和工龄进行划分，不同的收入层次和工龄对应可承租不同档次的公租房。收入达到高一层次时，应退出低档租金的公租房，进入租金高一档次的公租房。要考虑公租房建设运行成本，调动有能力的家庭自行解决住房的积极性。对不生育者要实行超过生育者的优惠住房政策，以利于较快提高人均住房水平。

公租房的建设要根据各个城市的经济实力和居民的收入状况，划分为若干个档次，分别在建筑面积、建设成本和舒适度上有所不同。例如，分别为40、70、100、130、160平方米等建筑面积。不同套型和档次的建筑成本不同，租金也不同。建筑档次越高，租金越向市场化租金靠拢。此外，小套型的公租房（如50平方米）在设计上应该考虑到将来可以相互打通，由两套小套型的住房变成一套大套型的住房，以便适应将来经济社会发展对居住条件改善的需要。

（二）加强对商品性住房市场的调控

高收入以上的城市家庭，其可支配收入高于平均水平，其住房问题自我解决的能力强，因而这部分家庭的住房问题通过市场来完成。高收入家庭的生活成本支付能力强，因此，商品性住房应该建在远郊。

高收入家庭的住房虽然主要靠市场调节，但必须有国家的调控。第一，我国是人多地少的国家，按2010年中国统计年鉴的数据，耕地面积只有18.26亿亩，逼近18亿亩耕地红线，人均耕地面积失守1.4亩，只有1.37亩，但目前耕地数量仍逐年减少，保护耕地面积的任务非常艰巨。因此，新开工建设的商品住房单套面积必须严格按照目前国家的规定，90平方米以内要占到70%，以后视各地情况变化应另行修订。第二，这几年某些地方的房价高飞猛进与各类炒房团不无关系。因此，各地政府早就应该出台对本地和外地居民购房的限制性政策，已经出台的政策今后应视情

况继续完善。第三，商品房和保障性住房的价格是紧密相关的。一方面，商品房的价格越高，买不起房的人就越多，需要保障性住房的人就越多，反之则相反；另一方面，政府提供的保障性住房越多，就越能抑制商品房的价格上涨。对此，各级政府可以视不同时期和不同城市来加以调节。第四，要防止货币升值及过剩的国内资本，尤其是国际资本冲击房地产市场。日本房地产泡沫破裂的原因很多，但与大量国际资本进入日本的房地产业，刺激了房价上涨不无关系。目前，西方国家逼迫我国人民币升值，与当年美国、联邦德国、法国、英国与日本签订的"广场协议"有相似的情况。因此，应密切加以监控和限制。

（三）制定《住房租赁法》，促进住房租赁市场的健康发展

私人租赁市场是解决我国住房问题的重要组成部分。但是，长期以来，我国住房市场"重买轻租"，租赁市场发展滞后，缺乏监管，租赁市场不规范。房屋出租者随意终止承租合同或提价，中介不规范操作等不利于租赁市场健康发展的现象普遍存在。这导致许多人提前进入购房行列，从而推高商品房价格。为了规范住房租赁市场，使住房租赁市场健康发展，政府应该制定《住房租赁法》，法律要对租赁合同的签订、期限、解除、出租人和承租人权利义务等进行全面规定，核心侧重于强调对承租人权利的保护。

（四）对现有空置房和闲置房进行调控

国家应尽快开展一次全国性住房普查，摸清我国住房的家底，并参照其他国家的有关经验，对空置房和闲置房分别采取不同政策措施，促使其出租或出售。

空置房是指开发商已经建好并在两年内未租售的住房。截至2008年12月末，全国商品房空置面积1.64亿平方米，同比增长21.8%，增幅比1—11月提高6.5个百分点。其中，空置商品住宅9069万平方米，同比增长32.3%，增幅提高9.4个百分点。[①] 对于空置房，政府应该制定相应的政策，促使其在一到两年内卖出去或者租出去，同时设法确保开发商约有

---

① 参见王麦玲《2008年度经济述评：中国需要一个健康发展的房地产市场》，国家统计局网站。

10%—15%的净利润。对于没有出租和出售的空置房，政府应依据新的政策和法律法规，征收高于当地租金的空置费。这是因为，对空置房主要是促使其出售，让捂盘无利可图，要把捂盘所获得的利润以费用的形式征收。费比较灵活，税比较固定。因为不同时期的捂盘获得的利润差别较大，所以可征收空置费。征收标准，按高于捂盘期间这套房子出租时能够获得租金来征收，因为房价越高，租金一般也越高。

闲置房是指已出售但超过一定期限没有人入住的住房。世界各国对闲置房都进行严格调控管理，以避免资源浪费。荷兰法律允许人们入住闲置一年以上的住房。瑞典政府为了遏制闲置房数量上升趋势，除了加强租赁服务外，甚至将无人居住的住房推倒。在德国，业主必须使空房得到重新利用，在房屋闲置率超过10%的市镇，当地政府还会推倒那些无法出租的住房。法国的一些城市中，房屋闲置的第一年，业主必须缴纳的罚金为房款的10%，第二年为12.5%，第三年为15%，以此类推。丹麦政府则在50多年前就开始对那些闲置6周以上房屋的所有者进行罚款。在美国亚特兰大，在边远地区租房者不仅不用付房租，还能因为租住在偏远地区而得到补偿。在该城市一些地区，甚至还有业主出钱让人租住其房屋以逃避因房屋闲置而面临的处罚（美国的克利夫兰和巴尔的摩等城市也会将空置房推倒）。① 参照有关国际经验，我国对闲置房也应该进行严格的调控。这是因为，闲置房浪费了有限的土地资源，造成对资源占有的不公平，进一步拉大了贫富差距，对构建和谐社会带来了负面影响。为了节约资源，盘活存量住房，对于闲置房，我国政府应该通过征收闲置税或其他相关手段来加以调节，促使其出租或出售。闲置税应该按闲置年限采用累进税率征收，闲置时间越长，税率越高。

外国更多是针对闲置房的政策，而较少有空置房的严重问题。国内理论界对空置房和闲置房这两个概念常混用。依据有关统计资料，我国现存的各类空置房和空闲房已有数千万套，与近几年的城市住房总需求大体相同，因而一旦实行这一新政，可以很快在住房总量上达到供求平衡，各地

---

① 参见夏明《欧洲向闲置房开战　荷兰空置房产可以无偿入住》，《中国贸易报》2008年7月24日。

政府只需要拾遗补阙地建造一些公租房即可，从而解决政府大量建造公租房的资金问题和抑制房价上升的难题。

（五）对与上下辈同住或住在其附近的公租房申请者和商品房购买者，分别制定优惠政策

据国家人口计生委 2003 年预测，按总和生育率 1.7 计算，2010 年中国 65 岁以上老年人口将占总人口的 8.29%（按第六次全国人口普查公布的数据，2010 年我国 65 岁的老人已占人口总数的 8.87%，绝对数量为 1.19 亿人），2020 年将占 11.98%，2030 年将占 16.68%，2040 年将占 22.56%，2050 年将占 24.41%。从绝对数量来看，2010 年中国 65 岁以上老年人口已达到 1.19 亿，2020 年将增加到 1.72 亿，2030 年将增加到 2.42 亿，2040 年将增加到 3.24 亿人，2050 年将增加到 3.46 亿人。因此，除了社会养老的模式以外，如何从住房政策上促进"以家为根"的家庭养老模式，将成为我国政府一件大事。

为了形成父母与子女能经常当面交流和相互照顾的和谐家庭格局，在新形势下弘扬我国尊老爱幼的传统美德，应分别制定与上辈或下辈（可规定年龄界限）同住或者住在其附近（可规定距离界限）的公租房申请者和商品房购买者的优惠政策。新加坡在这方面的经验值得借鉴。比如，"新加坡政府就通过提供优先选择权的方式，鼓励多代同堂。建屋局有 15% 的新建组屋是用来鼓励多代同堂而建的。同时还特意设计建造了三间一套和一间一套的相连组屋，既方便照顾老人，又能保证子女有自己的私生活。政策上，有倾斜的'购屋津贴计划'和'已婚子女优先计划'。'购屋津贴计划'规定，第一次申购组屋者，若在公开市场购买一间靠近父母或者自己子女的组屋，可获得四万新元的购屋津贴。'已婚子女优先计划'则规定，如果已婚子女在'抽签购屋计划'和'预购组屋计划'下申请组屋以便与父母同住或住附近，将比其他申请者多一倍的机会抽中"[1]。

---

① 梁晓、张幸仔：《新加坡住房保障体系》，《中国税务》2009 年第 1 期。

（六）加强对商品房开发程序及合同的管理和完善

商品性住房的国有土地使用权以招标、拍卖、挂牌方式出让。国家对其调控主要是防止囤地、捂盘惜售、哄抬房价等扰乱房地产市场的行为。对于其通过招拍挂方式获得的国有土地使用权，必须严格按照《闲置土地处置办法》、《中华人民共和国城市房地产管理法》、《国有土地使用权出让合同》、《国有土地使用权出让合同补充协议》的相关规定，按照合同约定日期动工建设并在约定的时间完成工程建设。对于未及时开工建设，或已开发建设面积占建设总面积比例不足 1/3，或已投资额占总投资额不足 25%，且未经批准中止开发建设连续满一年的，应按上限征收土地闲置费。同时，应该按合同约定的时间完成工程建设，未及时完成工程建设的应按土地增殖的价格缴纳延期完工溢价款。开发完成的住房必须在规定的时间完成销售，未在规定时间完成销售的，延期归还银行贷款的上浮银行利率 10%。今后，随着住房供需矛盾的缓和，商品房开发商的自有资金比例等这类制度需要从严掌握和改进。

（七）取消商品房预售制度

根据《城市商品房预售管理办法》定义，商品房预售是指房地产开发企业将正在建设中的房屋预先出售给承购人，由承购人支付定金或房价款的行为。我国商品房预售制度是一个历史的产物，适应了一个特定历史时期住房市场发展的需要，曾为我国住房市场发展和繁荣作出过一定贡献，但也留下了许多弊端，越来越成为住房市场健康发展的障碍，现已没有存在的必要。

一是商品房预售制度已失去了存在的经济条件。商品房预售制度最初是为了解决我国住房制度改革初期房地产开发企业资金不足、商品房供应不足的问题而设立的。随着经济条件的变化，目前房地产企业资金和住房的供应问题都已不存在。就开发资金而言，房地产企业经过 10 多年井喷式的发展，已积累了不少的资金。况且，还有大量的内资闲置，外汇储备也很充足。取消预售制度，打击的是那些空手套白狼的皮包公司或资金不足的公司，不会对有实力的房地产企业产生影响。另外，目前我国有大量的商品房空置和闲置，不存在当初供不应求的问题。取消预售制度，影响的是住房投机者，对自住用户不会产生实质性的影响。

二是取消预售制度，有助于减少住房交易产生的纠纷。由于预售制度卖的是期房，开发商与购房人的信息不对称，难免有先天的制度缺陷，由此产生一系列纠纷。譬如，可能导致建房质量、面积缩水、结构改变、社区不配套、一房多售、预售款挪作他用、延期交房、甚至烂尾楼现象的出现等问题，不一而足。取消预售，购房人购买的是实在的有居住功能的商品，其各种问题都容易搞清和谈判，从而减少不必要的社会纠纷和闹事。

三是取消预售制度，有助于控制房价。预售制度让开发商从购房人手中收取了大量预购房资金，使开发商不需要支付任何成本就获得了大量的流动资金。这样，开发商就可能延期住房上市，待价而沽，从而推高房价。取消预售制度以后，开发商的资金只有自有资金和银行贷款两部分组成，银行贷款是有偿使用的，需要支付利息。为了减少资金使用成本，加速流动资金回收，减少资金使用成本，开发商就会加快开发进度，加速商品房的上市来回流资金，从而有利于控制商品房价格。

四是取消预售制度，可以避免隐性风险。过去房地产开发商自有资金所占的比例较少，开发资金主要是预售款和银行信贷。但房地产业是一个周期长、资金密集和有较高风险的行业，受政策或其他因素的影响很大。要是停止开发，就会出现"烂尾楼"这样的现象，而此时房地产开发商已通过预售制度，把风险转嫁到了购房人和银行的身上。取消预售制度，开发商就必须增加自有资金，那些资质差或靠空手套白狼的企业自然淘汰出局，同时还能有效防止企业把资金中途转移到其他项目开发上，有效防止中途卷款而逃和烂尾楼的出现，避免隐性风险的显性化。

目前，预售制度所存在的有些弊端，政府管理部门已经意识到了，并试图通过第三方账户集中管理预售资金来解决部分问题。对预售款进行集中管理有积极的一面，一定程度上约束了开发商使用预售款的条件和范围。不过，这项新措施难以全面解决问题，并且增加了管理成本和监督成本。

（八）深化土地、财政、金融、公租房和所有制等制度的配套改革

依据 2009 年中央经济工作会议的精神，房地产业已经不再作为"国民经济的支柱产业"。因而，总体应改变和减少从政策层面"照顾"房地产行业市场化和过度扩张的措施。

住房与土地是紧密联系在一起的。住房是土地的附着物，不改变目前地方政府的土地财政现状，便难以解决住房问题，公租房的建设也不可能取得突破性的进展。土地制度改革重点应该是改变目前一元化的土地市场，在保证耕地面积不减少的前提下，使国有土地和集体土地平等进入土地市场。重点保障公租房土地供应，并从商品性住房和商业用房土地出让收入中，确定用于公租房建设的比例。

多渠道筹集公租房建设资金和后续维修资金。公租房建设资金主要来源应该是国家财政划拨、租金收入、商品房土地出让金和商业土地出让金等。

此外，共产党执政的中国特色社会主义模式不应模仿资产阶级执政模式，即不宜把竞争性的高盈利领域完全让给非公企业，不应让公有经济专干一些营利性很差的领域和为非公经济服务而成为其补充。因此，国有经济和集体经济应在利润率较高和保障性较强的住房领域保持主导地位，真正藏富于广大人民和代表人民的国家，而非极少数私人。

总而言之，城市住房问题是涉及广大老百姓的一个非常重要的民生问题。国家必须树立起以人为本和民生导向的住房发展思路，并制定科学有效的住房目标模式及其国家调控政策，这样才能在短期与长期相结合的基础上，真正解决城市住房领域存在的问题，让所有的城市劳动者住有所居并不断改善。

（原载《财贸经济》2011 年第 12 期，第二作者为钟卫华）

转变对外经济发展方式的"新开放策论"（上）

从强调经济开放战略指导方针和主题变换的意义上说，30 多年的经济开放可分为三个阶段，第一阶段是强调"引进来"的单一战略，单纯追求对外国的资本和技术等引进；第二阶段强调"引进来和走出去"并重的战略，在继续追求"引进来"的同时，实施中国企业走出去投资的举措；第三阶段强调"自主创新"的新战略，实施自主知识产权和创新型国家的举措。2009 年 3 月，胡锦涛总书记在"两会"期间广东代表团的讲话中首次提到要"转变对外经济发展方式"①。2010 年 2 月 3 日，在省部级主要领导干部深入贯彻落实科学发展观加快经济发展方式转变专题研讨班上，胡锦涛同志又深刻地指出："国际金融危机对我国经济的冲击表面上是对经济增长速度的冲击，实质上是对经济发展方式的冲击。综合判断国际国内经济形势，转变经济发展方式已刻不容缓"，并把"转变对外经济发展方式"作为八项重点工作之一。

目前，在要不要和如何加快转变对外经济发展方式这一重大理论和政策问题上，存在歧见，亟须探讨。

本文认为，我国的经济开放应在前三个阶段的基础上及时进入第四阶段，即强调并积极实施"转变对外经济发展方式"的全新战略，适度控制对外资、外技、外产、外贸、外汇和外源的依赖程度，积极提升协调使用国内外各种广义资源的综合效益。这一新战略和新策论，在巩固和完善"自力（更生）主导型多方位开放体系"的基础上，更加注重经济开放中的自主发展、高端竞争、经济安全、国家权益和民生实惠，以促进经济大

---

① 笔者之一程恩富《加快转变对外经济发展方式须实现"五个控制和提升"》一文中率先提出"转变对外经济发展方式"问题，参见《经济学动态》2009 年第 4 期。

国向经济强国、全面小康社会向生活富裕社会的根本转变。

我国传统开放型经济面临的问题

30 多年开放型经济的发展，对中国经济增长起了推动作用。我国开放型经济是在发展初级阶段和粗放型条件下生成的，基本上是以追求引进资本和技术数量为主要特征，以注重增加国内生产总值和出口创汇为发展导向。这种偏重数量而忽视质量、偏重总量增长而忽视结构调整的对外经济发展方式，使目前的中国经济面临着巨大的风险，在实践中也难以为继。其弊端和内在风险主要体现在以下几个方面。

1. 外国直接投资的过度利用及其负面影响

改革开放初期，在资本相对短缺的条件下，我国采取了积极利用外资的政策，推动了我国经济增长和社会进步。截至 2009 年年底，在华投资的外资企业达 68 万家，外商投资总额逾 10000 亿美元，连续 17 年位居发展中国家之首，使我国成为世界上吸收外商直接投资最多的国家。2010年，我国实际使用外资金额 1057.4 亿美元，同比增加 17.4%，创历史新高。然而，我国利用外资方面取得的成就，往往是以外资"超国民待遇"所隐含的巨大成本为代价的，而这种代价的付出并不总是对经济长远发展有益。由于外国直接投资本身追求资本利益最大化的资本主义目的，发展中国家期望通过引进外资实现国家利益的初衷即使不是一相情愿，在实践中往往也不能顺利地实现。即使联合国贸发会议跨国公司与投资司在其编著的报告中也认为，引进外资对发展中国家的开放政策及其驾驭开放的能力，实质上是一种考验。该报告指出："有必要认识到跨国公司的目标与政府的目标并不一致：政府试图促进本国范围内经济的发展，而跨国公司试图增强其在国际范围内的竞争力。因此，并不是所有的 FDI 都总是、并自动地符合东道国的最佳利益。有些会对发展造成负面影响。"[①] 这些负面影响包括：外资对东道国企业的并购、市场的占领、民族品牌的削弱，还包括对东道国就业、产业结构和经济安全的影响等。因此，需要结合我国

① 《1999 年世界投资报告：外国直接投资和发展的挑战》，中国财政经济出版社 2000 年版。

引进外资付出的成本，来全面认识外资的作用。

我国在利用外资方面付出的巨大成本，至少体现在以下几个方面。

（1）土地代价较大。在片面追求国内生产总值和引进外资越多越好的总体格局下，一些地方政府为了达到引资目的，不惜以低于成本价格甚至无偿出让工业用地来吸引外资，致使引资"门槛一降再降、成本一减再减、空间一让再让"。2006 年，审计部门审计调查 87 个开发区，发现其中 60 个开发区存在违规低价出让土地的行为。在苏州，其工业用地开发成本平均为每亩 20 万元，但为了引进外资，却将地价压至每亩 15 万元。前些年苏北地区协议出让的土地最低每亩几百元，一般也就几千元。[①] 表面看这些资金搞活了地方经济，其实质是把土地这样一个稀缺且不可再生的资源贱卖。我国引进外资的土地代价，还体现在继续对部分外资企业的政策优惠上，如 2010 年 4 月 6 日颁布的《国务院关于进一步做好利用外资工作的若干意见》中提出，对用地集约的国家鼓励类外商投资项目优先供应土地，"在确定土地出让底价时可按不低于所在地土地等别相对应《全国工业用地出让最低价标准》的 70% 执行"。这一优惠措施，使地方政府可以合法地对外资占用工业用地实施政策倾斜，而国内企业还没有参与市场竞争，仅在土地成本上就已处于不利地位。

（2）税收代价较大。长期以来，外资企业在我国一直享受"超国民待遇"。而外资企业通过政策优惠发展起来的产值及其市场占有率优势，在实践中并没有体现为相应的纳税贡献。据资料统计，2009 年外资企业产值已占我国工业产值的 30% 以上，出口占 56% 以上，但纳税仅占 20%[②]，外资企业的纳税额与其经济规模并不对称。造成这种现象的原因，并不是外资企业纳税能力弱。相反，外资在中国市场取得的利润量巨大，远高于其在其他国家和地区投资的收益。仅以美国在华投资为例，据《人民日报》转述中美商会发布调查报告，2009 年 71% 的在华企业实现盈利，而 46% 的受访企业在中国市场的利润率高于其全球利润率。[③] 可见，外资企业纳

---

①　丛亚平：《利用外资八思》，《瞭望新闻周刊》2006 年第 51 期。

②　龚宗杰：《跨国公司仍然具有两重性》，《经济参考报》2010 年 9 月 2 日。

③　崔鹏：《美国在对华经贸合作中受益巨大》，《人民日报》2011 年 1 月 17 日。

税比重相对较低，与经营状况相关性并不大（国内民营企业盈利能力总体上要低于外资企业），而主要是由于我国对外资企业的税收优惠政策。

需要提及的是，外资企业除了堂而皇之地享受合法的免税、减税和低税率保护伞，还常常利用非法手段进行避税和逃税等活动。国内有学者估计，外资企业利用各种手法偷漏的税款金额每年至少有 1000 亿元。所谓的"超国民待遇"不仅使外资企业规避了社会发展的义务，使政府财政收入减少，同时也人为地制造了一个不平等的竞争环境，使国内企业很容易开始就输在起跑线上。还有学者指出，内外资企业税制统一前，外资企业所得税水平仅为内资企业税收水平的一半左右。税收上的不公平待遇竟然使很多境内企业转而以海外注册公司的形式生存，直接导致国内财政税收进一步流失。① 在这种情况下期望扩大外资引进规模和进入领域，来体现外资企业的所谓平等地位，更是南辕北辙。②

取消外资企业税收优惠是否会导致外资大规模撤离？事实说明，这种担心是完全多余的。我国"两税合一"和《国务院关于进一步做好利用外资工作的若干意见》实施以来，国内吸引外资数量仍然在持续上升，2010 年 1—11 月，全国新批设立外商投资企业 24302 家，同比增长 17.97%；实际使用外资金额 917.07 亿美元，同比增长 17.73%。③ 可见，对外资税收优惠并不是引进外资的必要条件，相反，我国如继续对外资实施优惠，只会给国内带来更大的税收、市场等利益损失。④ 此外，外资的过度引进并没有促进就业。截至 2009 年，我国外资企业直接吸纳就业近

① 马红漫：《外资企业应习惯平等竞争》，《环球时报》2010 年 12 月 1 日。

② 尽管外资企业由于具有超国民待遇在我国获得了大量的优惠，但我国前两年却仍然存在一种观点，认为"一家外商投资企业经中国政府批准成立以后，它接受中国政府的监管，向中国政府交税，为中国创造就业机会，它就应该是百分之百的中国企业"。（参见翁阳、龙永图《把外资在华企业当真正的中国企业来对待》，中国新闻网 2008 年 12 月 8 日，http://www.chi—nanews.com）这种片面强调外资企业税收贡献和就业贡献，而忽视外资本质上与国内企业差别、盲目推崇开放外资进入领域的观点，显然是经不住实践和统计资料检验的。

③ 《我国利用外资连续 16 个月增长》，《北京日报》2010 年 12 月 16 日。

④ 对此，前两年日本《经济学人》就曾载文"世界进入空前的超额利润时代"指出，发达国家通过利用发展中国家廉价劳动力，实质上获得了显著的超额利润。参见李长久《在华外资企业不是中国企业——关于"在华的外资企业是中国企业"的争论和建议》，《中国经济时报》2010 年 4 月 28 日。

5000万人，仅占全国就业总数77995万人的6.4%，享受税收优惠的外资企业，其就业容纳能力与其产值、市场占有率和税收贡献是不相称的。但外商直接投资对国内投资的"挤出效应"，则不仅损害了民族产业，还在某种程度上加重了民生、就业、资源等经济社会问题。

（3）环境代价较大。"外资利润流走，留下生态失衡"的现象较为普遍。发达国家从保护本国环境、调整产业结构的目的出发，通过国际经济合作、国际投资或跨国公司经营等途径，将造纸、建材、制药、纺织、化工等污染严重的行业转移到中国等发展中国家。有学者指出，污染排放水平较高的制造业是外资流入的首选行业，经验观察和大量的实证研究均表明，2000年以后我国实际利用外资的大规模增长，与我国工业二氧化硫、固体废弃物排放水平的大幅度攀升存在着一定的关系。[1] 在污染和落后产业向我国转移的过程中，跨国公司起了主导作用。我国的一些地方政府由于引资心切和管理薄弱，大大降低在国际上或本国（本地区）企业奉行的环保标准和治污成本，甚至不惜牺牲当地居民的长远利益，对那些污染严重、破坏生态平衡的项目也大开方便之门。使跨国公司得以利用这些便利，通过规避环保成本来大肆攫取利益。据NGO组织"公众与环境研究中心"统计，2006—2008年，被中国环保部门点名批评过的跨国公司的数量就从八九十家增加到近三百家。[2] 该研究中心认为，跨国企业在中国污染状况呈上升势头，原因在于他们执行双重标准，在中国缺乏环境责任感。因此，表面上看，利用外资增加了引进外资地区的经济收益，但背后付出的却是巨大的生态成本和长期的社会收益，损害了经济长期发展的基础，并且很难在短期内消除影响。

2. "外源"依赖性的增强及其对经济发展的制约

战略性资源的供给问题关系到我国经济的长期稳定发展。虽然中国拥有总量较大的国内资源，但人均拥有量却很贫乏，这大大限制了中国的工业生产和经济发展。20世纪90年代以来，中国的"外源"（指某些进口比例很高的外国能源和资源，如石油、铁矿石等）使用急剧增长，出口导

---

① 陈军亚：《外商直接投资的环境效应》，《光明日报》2010年12月21日。
② 刘世昕：《环保总局通报批评三家跨国公司污染行为》，《中国青年报》2008年1月10日。

向对外经济发展方式所需的能源原材料的约束日益加大，风险也越来越大。从能源消费看，根据国家统计局公布的数据，2002 年能源净进口占国内能源消费的比重仅为 0.9%，而 2006 年即上升到 6.9%，而且进口主要集中在关键性的石油和煤炭等战略性资源上。以石油为例，自 1993 年中国成为净进口国以来，对外依存度逐年上升。2009 年原油净进口 1.99 亿吨，增长 13.6%，中国原油对外依存度约为 51.3%，已经超过 50% 的警戒线。① 在煤炭方面，海关总署的数据显示，2009 年 1—12 月我国煤炭进口 12583.4 万吨，同比增长 211.9%，而同期出口同比下降 50.7%，全年煤炭净进口达到了历史性的 10343.4 万吨。②

近年来，我国不仅在能源方面对外依赖性在上升，在原材料上的进口比例也较大。首先，我国部分原材料进口大幅增长。2009 年 3 月中国进口铁矿石、铜都创下历史新高，分别达到 5210 万吨和 37.49 万吨；而钢材、未锻造铝及铝材也分别进口 14.7 万吨和 127 万吨，中国成为钢材及电解铝净进口国的日期日益逼近。不仅如此，我国大豆、油菜子等大宗农产品进口近年来也大幅增长，接近历史高位。③ 其次，部分原料进口量持续超越出口量。有关统计数据显示，2010 年 1—3 月，我国大部分基本有机化工原料及主要无机原料（如硫酸、盐酸、硝酸），都呈现进口量大于出口量的格局，有的产品进口量大于出口量达数百倍（如甲苯、甲醇），甚至数千倍（如二乙醇胺），部分原料则完全依赖进口弥补国内供需缺口（如三乙醇胺）。④ 最后，是我国出口产业中来料加工部分占有较大比例。根据科普曼对 2006 年中国外贸数据的测算，当年我国在对美出口 2010 亿美元中，来自世界其他地区的原材料和零配件价值为 1130 亿美元，占总额的 55%。⑤ 从总的发展趋势看，中国资源能源的对外依存度在未来二三十年还将继续呈扩大状态。

我国对"外源"需求的长期急剧增长可能造成多重不利后果。

---

① 华艳：《2009 年原油产量下降对外依存度约为 51.3%》，新浪网 http://finance.sina.com.cn。
② 田甜：《2009 年我国煤炭净进口超亿吨》，中国产业安全指南网 http://www.acs.gov.cn。
③ 《原材料进口连创新高，世界工厂变世界仓库？》，《中国证券报》2009 年 5 月 11 日。
④ 《需求强劲，我国基本化工原料进口增势持续》，《医药经济报》2010 年 8 月 26 日。
⑤ 何伟文：《应重新计算对美贸易顺差》，《环球时报》2010 年 12 月 28 日。

（1）增加我国能源供给的不确定性。由于国际市场原料不断涨价，外贸对经济效益提高的牵引作用会明显下降，社会风险越来越高。2000年以来，国际市场原材料价格总体呈上升趋势，金融危机后国际市场原材料（如铁矿石等）价格上升更为迅猛，对经营管理粗放特征显著的国内产业产生了很大的成本压力，威胁一些企业的正常经营和职工就业。

（2）使我国面临利益损失和价格风险。经济发展过程中对"外源"依赖性的上升，导致我国能源供应容易受到实体因素以及投机因素的冲击，而直接导致利益损失。首先是导致大量国民财富外流。根据国家信息中心测算，单纯由于涨价因素，2005年一年中国就有相当于1200亿元人民币的国民财富转移到产油国和国外石油巨头手中，近年来能源价格暴涨使中国国民财富净溢出的总额更是达到数千亿元人民币。其次是使我国面临价格风险。2005年以来，国际油价上涨幅度明显加快，与国际石油炒家的大肆投机活动有很大关系，这进一步增大了中国能源（主要是石油）供应的价格风险，使我国国内经济增长受到影响。

（3）削弱我国国际市场上的话语权。过度依赖"外源"的发展模式，不仅使我国某些能源资源的消费受制于国际市场供应方的打压，也面对环境保护的指责。近年来，我国在铁矿石、石油等领域的谈判屡屡受到国际市场阻击，在国际谈判中处于被动和不利地位。尽管我国在发展中承担了更多的环境压力，但西方发达国家却罔顾我国人均能源消费量远低于发达国家的事实，鼓吹"能源消费大国责任论"，在碳排放问题上对我国提出了过分的要求。[①] 这些因素的综合作用，无形中降低了我国在国际市场上的话语权和主导能力。

3. 对外技术依存度的提高及其冲击效应

对外技术依存度是反映一个国家对技术引进依赖程度的指标。一般认为，国家对外技术依存度与技术引进经费、研发经费相关。其计算采取公式为：技术依存度（%）＝技术引进经费/（R&D经费＋技术引进经费）。一般说来，不管是发展中国家，还是发达国家，适度引进国外的先进技术，可以对国内起示范效应，增强国内企业技术创新的动力，但对外技术

---

① 杜海涛：《"能源消费大国责任论"混淆视听》，《人民日报》2010年8月2日。

依存度过高，则会造成国内企业依附于国外核心技术而在竞争中惨遭淘汰。由于技术依存度与研发经费成反比，过高的技术依存度，往往反映出国内研发能力的欠缺和技术保障能力的薄弱。换言之，一个国家的对外技术依存度较高，表明该国对国外技术的依赖程度较强；反之，技术依存度较低则表明该国自主创新成分较大。注重引资数量和出口创汇导向的对外经济发展模式，使我国因重视国际贸易而片面注重引进国外先进技术，产生对外技术依存度过高的倾向。我国对外技术依存度过高及其负面影响，可以从以下方面来认识。

（1）对外技术依存度过高不利于经济自主发展。在推进开放、进军国际市场的过程中，我国对外技术依存度指标变动的总趋势是由低向高发展。在开放初期，我国还坚持以我为主，依托大量自身技术和自有品牌发展，但经历合资合作等过程，我国原有技术、品牌被摒弃的同时，导致原始创新能力不足，技术自给率低，特别是关键技术自给率急剧下降。资料表明，2005 年我国占固定资产投资 40% 左右的设备投资中，有 60% 以上要靠进口来满足，高科技含量的关键装备基本上依赖进口。① 2007 年，我国的高新技术产业产值只占工业产值的 8%，而发达国家占 40%；软件产业产值我国只占世界比重的 7%，而美国、欧盟则占到 30%。在不到三十年的时间里，我国从开放初期的几乎主要依靠自我研发、自我发展，发展到技术对外依存度高达约 60%，与发达国家对外依存度的差距进一步拉大。② 对外技术依存度过高，会直接影响到我国的产业控制力。例如，近几年机械行业外资股权控制度一直维持 30% 以上，车用发动机和汽车、摩托车配件等行业，外资也达到对企业的相对控制程度，而在文体用品制造业等轻工领域外资控制度已超过国际公认的安全标准。又如，2008 年以来，外资对钢铁、石化产业的技术控制度呈快速上升趋势，外资涉入并控制我国有色金属开采活动的步伐在加快。③ 由于我国大多数出口企业在技术上不具备核心竞争力，其生产过程和产品市场逐渐被外资支配，经济自

---

① 《九大问题挑战"创新型国家"》人民网，2006 年 1 月 9 日。
② 《我国技术对外依存度过高亟待突破》，网易财经 http：//news.163.com。
③ 李孟刚：《我国产业安全面临新形势》，《内部参阅》2010 年第 43 期。

主性相应被削弱。

（2）过度依赖国外技术不利于国际竞争。中国目前虽被称为"世界工厂"，但总体上缺乏核心技术和品牌竞争力，不能从根本上保证自己的经济利益。如：中国是世界上最大的 DVD 生产国和出口国，但在 DVD 的 57 项关键技术中，我国掌握的仅有 9 项；中国的纺织品、服装、皮革产品的国际市场份额都是全球第一，但国际竞争力仅为第 12 位、第 30 位和第 13 位。又如：目前中国汽车市场已经高度繁荣，产量达到世界第一，但中国汽车企业的竞争力却没有实质提升，合资汽车企业仍倾向于从外方直接获得技术援助，而不是通过自主开发形成独立的技术创新能力。① 根据国际经验，在来料加工的贸易方式中，生产国实际能够得到的外汇收入仅为贸易额的 20% 左右，国民所得更为有限。中国目前大量从事贴牌生产的企业，其利润额的 92% 都要被外资公司拿走，留在国内的不足 8%。令人痛心的是，在这样微薄的利润下，我国出口产品既要参与国际市场价格竞争，还要同时受到贸易伙伴国内知识产权法律的限制。例如，目前我国已经成为美国超级 301 调查最多的国家。② 当中国放弃粗放式的价格竞争而转向技术和品牌竞争时，西方跨国企业却凭借其在知识产权领域的先发优势打压中国产品出口。据报道，目前我国已连续 6 年位居 337 调查涉案国家（地区）的首位。③ 可见，对外技术依存度过高，已成为加剧我国国际贸易争端、恶化国际竞争环境的一个重要因素。

（3）对外技术依存度过高加剧国内低水平竞争。由于过度依赖于外国技术，我国现有的发明和专利主要还是集中在外观和实用新型技术上，原始技术特别是核心和关键技术一直难有重大突破，而外国投资商和技术拥有者却坐收巨大的专利利益。过度依赖于外国技术，还导致国内企业短期化倾向严重。很多企业只是简单地依靠来料加工、代工贴牌来维持生产运营，赚取生产链低端的微薄利润，并不真正努力创立自主独立的知识产权和知名品牌，使产业陷入低水平重复建设和恶性竞争，从而加剧产业同一

---

① 万军：《汽车业别沉浸于虚假繁荣》，《环球时报》2009 年 9 月 4 日。
② 隆国强：《中国对外开放面临的挑战与新战略展望》，《三江论坛》2009 年第 7 期。
③ 孙楠：《部分跨国企业借 337 调查遏制中国企业转型升级》，《国际商报》2010 年 10 月 28 日。

化的弊端，为产业结构进一步优化升级和转变国内经济发展方式增加了困难。

4. 外汇储备过大产生的利益损失和国际争端风险

出口创汇导向型的对外经济发展方式所带来的问题，经过长期的积累，必然使我国在外汇储备规模和结构方面的矛盾日益突出。首先是外汇储备规模过大。从纵向角度看，在开放过程中我国外汇储备存在着过快增长的趋势。根据国家统计局公布的数据，2000 年我国外汇储备规模还仅有 1655.7亿美元，而 2009 年末即达到 23992 亿美元，这一上升势头仍在保持。据国家外汇管理局最新公布的数据，截至 2010 年 10 月我国外汇储备已达26483.03 亿美元，增长幅度超过了同期 GDP 增长幅度。[①] 从横向角度看，我国外汇储备的规模过大，还体现在其相对国内生产总值的比重过高，2008年我国外汇储备占国内生产总值的比重已经接近 45%[②]，而同期其他各主要经济大国一般保持在 25% 以下。尽管美国因其美元地位是个例外，但德国这样外贸依存度高达 73% 的国家，其外汇储备也仅仅维持在不到 11% 的低水平（见表 1）。可见，中国外汇储备的规模，已经不仅仅远远高于发达资本主义国家，也高于一般发展中国家（如巴西、印度）的水平。

表 1　　　　　　2008 年外汇储备占国内生产总值比重的国际比较

国家	外汇储备（亿美元）	国内生产总值（亿美元）	外汇储备占国内生产总值比重（%）
中国	19460.3	43262	44.98
美国	495.8	142043	0.35
德国	385.6	36528	10.56
日本	10036.7	49093	20.44
韩国	2004.8	9291	21.58
印度	2466	12175	20.25
巴西	1928.4	16175	11.92

数据来源：中国国家统计局、国家外汇管理局网站公布数据。

① 参见国家外汇管理局网站公布的资料，http：//www.safe.gov.cn。
② 2009 年这一比重已经上升到 48.1%，并且目前仍在保持着快速上升势头。

其次，我国外汇储备结构不合理。对外贸易中产生的巨额外汇储备，因对外直接投资时受西方国家限制，只能投资于美国等发达资本主义国家的政府和企业债券。我国近年来已经成为美国的"头号债主"，据美国《华盛顿日报》2010年12月16日转述美国财政部月度国际资本的报告，截至2010年10月我国所持美国国债总额高达9048亿美元。① 由于我国外汇储备存在形式相对单一和相对集中，使外汇风险也相对增大。外汇储备相对于经济总量规模过高和结构上的不合理，在实践上会导致一系列难题。

（1）加大人民币升值压力。在美元为储备主体且美国是主要贸易对象的情况下，我国外汇储备规模过大，使人民币面临较大的升值压力。本来，将贸易问题与人民币汇率挂钩并没有依据，2005年我国进行汇率改革以来，人民币汇率已累计上升约25%，但外贸顺差仍然在急剧增加，汇率并不是造成贸易失衡的主要原因。但西方国家却将两者挂钩，目前我国的"外汇储备过万亿"，已经被美国等发达国家看作是人民币币值低估的最具体表现。在这一借口下，美国等国家已经开始更加强硬地要求人民币升值，并且以各种制裁措施相威胁，导致我国商品出口遭遇较多的贸易摩擦和贸易壁垒，在个别情况下还会激化贸易争端。

（2）加大国内宏观调控难度。外汇储备规模过大的一个直接影响，就是通过货币传导机制干扰国内的经济平稳运行。在现有结售汇制度下，我国的外汇储备管理制度实际上已经导致了人民币的超额发行，并容易使中央银行货币的政策独立性落空。它对国内经济生活的消极影响：一是会引起国内流动性过剩，使资产价格过度上涨，加大经济泡沫风险；二是促使国内非理性投资活动膨胀，扰乱正常的投资活动和生产经营；三是扭曲价格机制，削弱市场配置资源的功能。这些因素，在客观上都加大了我国宏观调控的难度。

（3）导致国民财富大量流失。虽然自人民币汇率改革以来，我国外汇储备已经开始转向一揽子储备方式，但其中美元储备还是大头，外汇储备结构不合理的情况仍没有根本改变，为我国国民财富流失埋下了隐患。外

---

① 尚未迟：《中国增持美国债创一年新高》，《环球时报》2010年12月17日。

汇储备过高带来的国民财富损失主要通过两种方式：间接方式和直接方式。间接流失主要体现为外汇贬值带来的损失。截至 2009 年年末，中国持有美国国债 8948 亿美元，比美国国债第二大买主日本持有的 7688 亿美元还多出 1260 亿美元。由于中国成为美国国债第一大买主，因此，日趋走低的美元汇率，也使中国成为外汇储备贬值损失最大的国家。而美国则从中国外汇贬值中受益：根据美国会研究局 2009 年 7 月发布的报告，如果没有中国大规模购买美国国债，美国利率将提高 0.5 个百分点，相应需要多支出国债利息约 616 亿美元。[①] 从直接损失来看，2008 年中国持有美国债券组合投资有 1.06 万亿美元，除了 51% 美国国债外，还有 42% 为政府相关企业债券，7% 企业债券，其中包括大量的资产支持证券和抵押债务证券。仅我国持有的"两房"债券，就可能高达 3760 亿美元。尽管我国海外投资损失的数据没有公开，但美国次贷危机后企业倒闭、破产和经济萧条等，直接使我国在美投资的债券，特别是资产支持证券和抵押债务证券遭受重创，使外汇储备蒙受了巨大的直接经济损失。

　　外汇储备结构不合理，还导致人民币面临着进一步的贬值风险。本来，金融危机爆发后，美国为应对金融危机通过了所谓的巨额救市法案，其近 8000 亿美元救市资金中的很大一部分，主要通过发行债券来筹集。而继 2009 年 3 月 18 日美联储首次实施量化宽松货币政策不久，2010 年 11 月初，美联储又推出了第二轮量化宽松政策，继续向市场大量注入货币。这些措施已经导致中国外汇储备因贬值而损失较大。最近美联储主席伯南克又表示，不排除推出第三轮的量化宽松政策。据部分学者估计，美国为保证经济增长并避免通货紧缩，将不得不启动新的量化宽松政策。[②] 如果这一趋势延续下去，随着美元大幅贬值和全球大宗商品价格上扬，我国美元资产收益将进一步降低，外汇储备面临的损失和风险也将日益加大。

　　5. 外贸规模过大导致的经济运行风险

　　对外贸易依存度是指在一定时期内（通常为一年）一国或地区的进出

　　① 美联社：《中国重返美最大债主地位》，《参考消息》2010 年 2 月 28 日。
　　② 古拉斯：《美联储可能被迫启动第三轮量化宽松》，《上海证券报》2010 年 11 月 11 日。

口贸易总值占其国内生产总值或国民生产总值的比重，是衡量一国经济发展对对外贸易依赖程度的重要指标。改革开放以来，我国对外贸易规模逐年扩大。进出口总额从 1978 年的 206 亿美元，发展到 2008 年的 25616 亿美元，30 年增长了 124 倍。

相应地，我国的外贸依存度在 1978 年时仅为 9.74%，2004 年和 2005年最高峰值时曾一度高达 70%，2008 年仍居于 66% 的高位。[①] 国际金融危机爆发以来，这一指标开始下降，2009 年我国外贸依存度降到 44.9%。[②]但 2010 年后，即使在人民币已经大幅升值的情况下，我国外贸依存度又重拾升势。根据国家商务部发布的《中国对外贸易形势报告（2010 年秋季）》，2010 年前三季度进出口总额 21486.8 亿美元，比上年同期增长37.9%[③]；而国家统计局的数据表明，同期国内生产总值 268660 亿元。[④]换言之，国际金融危机冲击后，我国外贸依存度重新回到了 53.6% 的较高水平。

外贸依存度的高低，总是与各个经济体的规模及其所处的一定经济发展阶段相联系的。一般来说，经济大国、发达国家的外贸依存度相对较低（德国是个例外），而小国、不发达国家的外贸依存度相对较高。[⑤] 但中国作为发展中大国，外贸依存度远远超越于一般发展中大国。仅以 2008 年的数据进行比较，我国外贸依存度不仅高于发达国家，也高于发展中国家平均水平。特别值得一提的是，与中国发展水平相近的印度和巴西，其外贸依存度要远远低于中国（见表 2）。

---

① 历史数据根据《中国统计年鉴》相关年份数据计算得出。2008 年数据根据国家统计局最新颁布资料计算得出。

② 国家统计局：《中华人民共和国 2009 年国民经济和社会发展统计公报》，http：//www.stats.gov.cn。

③ 《今年前三季度，中国进出口总额 21486.8 亿美元》，中国工业信息网 http：//www.587766.com。

④ 国家统计局：《前三季度国内生产总值 268660 亿元》，人民网 http：//finance.people.com.cn。

⑤ 如：根据 WTO 和 IMF 的数据测算，全球平均贸易依存度在 2003 年接近 45%。其中，发达国家平均水平为 38.4%，发展中国家平均水平为 51%，发展中国家整体水平要相对高于发达国家。

表2 　　　　　　　　　　2008年各主要国家外贸依存度比较

国家	国内生产总值（亿美元）	货物进出口总额（亿美元）	外贸依存度（%）
中国	43262	25608	59. 19
美国	142043	34569	24. 34
德国	36528	26656	72. 97
日本	49093	15446	31. 45
印度	12175	4709	38. 68
巴西	19175	3804	23. 52

数据来源：根据中国国家统计局网站公布数据并换算得到。

过度依赖对外贸易，必然会加大经济运行的风险。一是使国内经济增长受国际市场的影响。2008年"金融海啸"所引发的一系列冲击就是鲜明的例证。受其影响，我国2009年1月的进出口总值为1418亿美元，比去年同期下降了近三成。其中出口下降了17.5%，进口下降了43.1%。这是中国十余年来创纪录的两位数跌幅，尤其出口已经连续三个月出现了负增长。[1] 二是导致国内生产能力大量过剩。由于国内大量产能主要用于生产出口商品，在实践中必然导致我国生产性投资超越国内真实需求，使总投资和总消费失衡，导致国民经济主要比例关系不合理。三是威胁我国经济安全。在市场经济条件下，商品在交换过程中的实现是一个惊险的跳跃，国内过剩产能生产的大量商品一旦不能在国际市场出售，很容易导致生产过程的中断和阻塞，进而使国内经济发生危机。同时，西方主要进口国家也往往会以此打压我国，威胁我国的经济安全。四是为西方国家打压我国提供了借口。据《环球时报》报道，我国在对外贸易中产生的顺差，其中有65%来自外企。中美顺差中至少有60%是美国企业的利润，但美在华企业赚走巨额利润的同时，人民币汇率反成替罪羔羊，美国国内竟出现了"中国偷走美国工作"的指责，借口顺差问题对我国进一步施压。[2]

6. 开放型经济运行中的失衡和经济循环问题

我国利用对外开放的战略机遇，取得举世瞩目的绩效。但是，由于开

---

[1] 海关统计，中华人民共和国海关总署，2009年2月11日。

[2] 任安里：《苹果，美对华"逆差"的故事》，《环球时报》2010年12月7日。

放型经济是建立在低起点、低层次基础上的，发展至今，它的运行仍然具有高度的粗放、低效和利益流动极不合理的特征，导致某些失衡现象的存在。例如，内需不足形成内需与外需有所失衡；又如，大量外资企业的进入有"挤出效应"和"垄断效应"，形成内外资企业发展有所失衡；再如，国内技术的提升却往往伴随着发达国家高附加值零配件和核心技术进口的增长，形成国外引进与自主创新生产技术有所失衡。国民经济部分失衡的体系，其本身包含着国内资本、国际资本、国内外融合资本三个不同的循环体系，都在影响投资、消费、分配、外贸、知识产权和生态环境等，产生着正负经济效应。

（1）从国内资本来说，为了出口就需要大量要素投入，从而加剧价格等方面竞争，但压低产品价格和压低工资，往往又导致国内消费不足，这又势必依赖出口。这是中国低端参与国际竞争的一种经济循环。在出口创汇型发展战略下，国内的企业本身存在着出口的冲动，这有多重原因：一是存在着政策上的导向，包括存在着出口退税等优惠政策；二是由于国内技术相对落后，地方出于增长需要在低技术领域的重复投资，客观上导致企业过度竞争，而国内产能过剩造成国内市场狭小的压力，迫使企业竞相出口。但是，这种出口导向型的发展，却极大地耗费了国内大量的能源和其他资源，并在国际竞价的压力下压低了国内的工资水平，从而导致国内消费能力的下降，并使企业受制于新一轮出口竞争之中。在这个过程中，由于大量的出口，中国还形成了巨大的外汇储备。其原因也是多样的：一者是因为中国企业因自身技术、管理等因素，对外直接投资的能力不足，竞争力弱，从而难以"走出去"，一者是因为国际对我国的封锁和打压，等等。由于大量外汇储备的形成，中国出于保值需要购买的主要发达资本主义国家政府及企业债券，却一方面陷于贬值的风险之中，另一方面为国际资本对中国再投资提供了支撑。

（2）从国际资本来说，为了利润和控制中国市场而投资，在这一过程中，它们享受政策优惠，使用低价资源和较高素质劳动力，获取了高额利润后再进行投资。这是跨国公司通过独立投资和控制中国市场等途径形成的一种良性经济循环。国际垄断资本还通过垄断我国信用评级业，来掌握我国资本市场的定价权和话语权，进而通过资本市场谋取利益。[①] 目前，外资控制了越来越多的中国产业和重要经济领域的生产、流通和经营。

（3）从国际资本与国内资本融合来说，大都是外企以外国的资本、技术或品牌等资源投入，形成合资合作企业以后，利用国内生产要素生产产品和提供服务，在国内外销售获取高额利润后再投资。这是外资先投资参股、后并购，或者直接在华并购所形成的另一种经济循环。其经营形式在各地区、各领域的发展呈多样化趋势。

应当指出，在后两个经济循环中，我国有大量国有资产和国有资本被低价整合进合资企业中，其品牌、销售网络和人才，同样被以较低廉的价格为合资企业或外商独资企业所用，成为国际资本从中国获益的重要手段，而我国的流行舆论则一律称赞为"引进战略投资者"。总之，目前我国以高度依赖性增长为特征、强调引进和数量扩张为目标、以资源高消耗为手段、以环境损坏为代价的粗放式对外经济发展模式，已经不能适应国内外经济协调发展、特别是"十二五"发展的新形势和转变经济发展方式的新要求。

（原载《当代经济研究》2011 年第 4 期，第二作者为侯为民）

---

① 根据国际惯例，一国所有机构发行外币债券的评级均不得超过本国主权信用等级。尽管从总债务余额、财政赤字和外汇储备比重等各方面看，中国政府偿付能力均要优于美国，但 2004 年以前，标准普尔对我国主权信用评级却一直维持在 BBB 级 10 年不变，这一评级仅为"适宜投资"的最低级，导致我国企业和金融机构普遍成为不值得信任的 BBB 以下的"投机级"，为国际垄断资本低价攫取中国国有资产打开了方便之门。世界银行 2007 年 5 月在《中国经济季报》中曾指出，中国银行股被境外战略投资者低价购买，问题不在 IPO 环节，而是在此前引入战略投资者的定价上。

转变对外经济发展方式的"新开放策论"（下）

加快转变的战略抉择：六个适当控制与积极提升

加快转变对外经济发展方式，需要确立科学的开放观，从战略上谋划对外经济的长远发展。新的发展阶段，我国应当在科学发展观的指导下，统筹国内经济发展与对外开放的关系，积极调整开放战略和对外经济政策，避免成为国际垄断资本的利益输送地、发达国家的廉价打工仔、西方投机资本的跑马场、跨国公司的专利提款机和世界的污染避难所，通过对外资、外源、外贸、外技、外汇和外产的适当控制和提升，从根本上建立起"低损耗、高效益，双向互动，自主创新"的"精益型"对外开放模式，促进国民经济又好又快地持续发展。

1. 适当控制外资依存度，积极提升中外资本协调使用的效益

随着世界经济格局的变化，在新的历史时期我国必须对利用外资做出重大调整。一方面，要看到经过多年发展，外商投资企业目前在我国经济中已占有重要地位，我国工业部门的产业结构和产品质量提升都与外商投资企业相关；另一方面，我国也不能继续沉浸在引资规模的扩张上，而是要追求引资质量的提高。

（1）必须引导和实现外资投向和要素流入结构的改善。必须从注重"引资"转为谨慎"选资"，应制定以保护环境为主的外资进入产业目录，严格限制污染性行业的外资进入，加大对"清洁"外资的引进力度，应引进弥补我国产业和产品空缺的、符合低碳经济要求的、科技含量高的企业。有的学者认为，中国经济已经步入快车道，是全球经济的强者，公用事业等领域开放不必担心外资入侵的问题，"多一些善待外资就是善待自

己的前瞻性"。① 这个观点混淆了公用事业领域和一般竞争性产业领域的区别，把具有稳定盈利和预防外资支配而有损于民生的公益事业，轻易地让位于外资，以为引进外资越多越好，实际上这并不利于发挥内外资的综合效益。

（2）需要确立公平的竞争环境。一是要逐步取消外资企业在税收方面的优惠，保证国内企业在同一起跑平台上参与竞争；二是要通过提高环保标准来提高投资门槛，吸引真正有实力的"清洁投资者"，使引资工作适应我国结构调整与产业升级的大方略，服务于我们转变生产方式的大目标。

（3）需要调动国内资本，促进内外资合作。合理利用和引进外资，提高引资质量，其前提条件是必须充分唤醒和启动国内已有的巨大储蓄存款资源。存差通常是指商业银行存款减去贷款的差值。从 1995 年我国金融机构首次出现存差开始，2009 年年末全部金融机构本外币各项存款余额61.2 万亿元，本外币各项贷款余额 42.6 万亿元，存差早已突破了 10 万亿元，达到 18.6 万亿元。② 这表明我国目前储蓄增长相对过快，信贷增长相对不足，资金闲置和使用效率低。在这种新形势下，倘若继续如饥似渴地引进外资，势必产生"挤出效应"，影响中资的有效配置和利用效益。因此，适当控制外资依存度，是亟须统一认识和创新政策的重大问题。目前，关键是要推动以中资为主的中外资合作，引导和激发国内资本进入高新技术领域，适当控制外商独资企业的发展，提升中外资协调使用的经济效益。

（4）需要加强对中国境外的投资，发挥中国过剩资本的有效作用。商务部的数据显示，2010 年中国境内投资者共对 129 个国家和地区的 3125家境外企业进行了直接投资，累计实现非金融类对外直接投资 590 亿美元，同比增长 36.3%，创历史新高。截至 2010 年底，中国累计非金融类对外直接投资 2588 亿元。③ 鉴于中方资本在国内使用不掉等情况，必须进

① 谢茗：《别一谈外资就用"阴谋论"》，《环球时报》2009 年 8 月 25 日。
② 国家统计局：《中华人民共和国 2009 年国民经济和社会发展统计公报》，http://www.stats.gov.cn。
③ 姜煜：《我国利用外资首破千亿美元》，《北京日报》2011 年 1 月 19 日。

一步加大对发展中国家，特别是发达国家的投资，包括工业交通、商业、农业、旅游、文化、新闻媒体等多领域的多元化灵活投资。

2. 适当降低外技依存度，积极提升自主创新的能力

事实证明，在缺乏核心技术而形成的"三高一低"（高污染、高能耗、低附加值、高依存度）模式下所获取的贸易利益，只能属于初级开放阶段的状态。倘若长期照此模式继续下去，过度依赖发达国家的高科技产品，会在外贸结构、贸易条件、社会整体福利水平提高等方面改善缓慢，并逐渐陷入"比较优势陷阱"。

（1）确立自主知识产权优势战略。我国的对外贸易战略虽然要重视发挥"比较优势"，但不能以西方教科书上的比较优势战略作为主要模式，需要解放思想，突破以传统比较优势理论为基础的旧式国际分工模式的束缚，变"比较优势"为"知识产权优势"。只有具有自主知识产权的优势，企业和产业的核心竞争优势才有可能形成并长期保持。或者说，知识产权优势是维护持久、高端竞争优势的必要性条件。那种只强调保护国内外知识产权，不强调创造自主知识产权的做法，那种主要寄希望于依赖式不断引进外技、外牌和外资的策略，那种看不到跨国公司在华投资双面效应的思维，都是不科学的僵化开放理念。[1] 至于西方跨国公司批评中国政府鼓励自主知识产权创新是所谓用"公权力"对抗"私权力"，这完全是站不住脚的，因为西方发达国家一贯如此。

（2）强化国际科技合作，积极完善国内创新环境。降低外技依存度，需要推动以我为主的国际国内的科技合作，使科技合作与经济合作相融合。实现国际科技合作的关键在于完善国内创新环境。一是要完善科技人才成长和发展环境，加大创新人才的培养力度，建设一支适应时代和社会发展需要的民族创新人才队伍；二是要加大自主创新的研发经费投入，完善创新载体和创新平台，为自主创新提供必要的物质基础；三是要充分发挥政府的主导作用，利用社会主义集中力量办大事的优势，组织好若干重大科研项目的攻关，努力在若干技术前沿领域和重要产业领域，掌握一批自主核心技术和技术标准，积极提高中方专利和品

---

① 程恩富：《比较优势、竞争优势与知识产权》，《文汇报》2005 年 6 月 12 日。

牌的档次和质量。

（3）强化国内企业科技创新的主体地位。积极提升自主创新能力，重点要积极发展控技（尤其是核心技术和技术标准）、控牌（尤其是名牌）和控股的"三控型"民族企业集团和跨国公司，突出培育和发挥自主知识产权优势，以打造"中国的世界工厂"来取代"世界在中国的加工厂"，尽快完成从技术大国向技术强国、专利大国向专利强国、品牌大国向品牌强国的转型。

3. 适当降低"外源"依存度，积极提升配置资源的效率

能源等一些资源过度依赖进口，既使我国未来的经济发展背上沉重的成本负担，也威胁到国家的经济政治安全，并且容易引发更多的国际争端。适当降低对国际市场能源和资源的依赖程度，是我国转变对外经济发展方式的重要内容。

尽管能源大量依赖进口存在着较高的风险，但由于国内能源供给数量有限，进口仍然会成为中国能源供给的重要方式之一。问题的根本在于，如何把握能源进口的依赖程度。一些舆论认为，中国目前的能源对外依赖程度并不足以引起高度警戒，也没有必要加以防范。其理由一是从国外进口开采成本低，符合经济规律，二是中国到目前为止并未遭遇过政治上的禁运。事实上，国际原油价格一度突破百元大关，日日高企的原油价格令低成本说不攻自破，而至今没有遭遇禁运，也绝不能推论出未来就没有遭遇禁运的可能。因此，中国某些能源和资源的进口高依存度"无风险"论并不能成立，需要及时建立风险防范措施。

（1）需要尽快建立起自己的重要能源（特别是石油）战略储备体系，形成一道基本的防火墙。在开放经济条件下，由于处于低端生产环节，我国能源原材料需求急剧增加，供需缺口加大，但国家能源等战略储备建设滞后，而且国内又存在西方大型公司的垄断化经营，导致我国一方面由于对国际市场存在刚性依赖，难以有效防范国际市场价格的异常波动带来的风险。另一方面也对国内能源安全带来冲击，不利于增强我国在国际市场的自主性。建立能源战略储备体系，既可以防范国际市场价格风险，也可以应对不可预见的突发事件。最重要的是，能源战略储备体系可以平抑国内能源市场价格波动，引导和促进我国能源消费的合理化。

（2）需要重视国内资源能源的科学开发和高效利用。一是要科学制订国内能源和资源的可持续开发、利用和保护计划；二是要提高国内矿产资源开发的门槛限制和企业标准，提高能源开采效率；三是要适当提高资源消费价格，引导资源消费行为，提高资源的利用效率。

（3）需要坚持鼓励和支持对新能源的开发和利用，从政策上重奖节能，重罚浪费。要积极出台政策，大力支持低碳技术、节能减排技术的创新和应用，限制"三高一低"项目的发展，减轻资源环境的压力。

（4）需要加强石油、黄金、有色金属、煤炭等各种稀缺资源的战略性管理，提升资源类商品的国际市场定价权和市场控制力。据有关资料，由于不掌握定价权，我国出口稀土曾便宜到每公斤价格仅18元人民币，而国际市场价格竟高达1000美元/公斤。英国《金融时报》的文章提到，中国2005年时的稀土产量曾经达到全世界的96%，出口量也达到60%以上，但是稀土的定价权却并不掌握在我国企业手里。① 这个教训值得吸取。今后，我国对重要的能源和资源都应该加强出口管制，力争战略性资源产品定价主导权。要由"价格追随者"变为"价格制定者"，尤其要注重提高黑色金属（如铁矿石）、有色金属（如铜、铝、铅、锌、锡、镍）及稀土资源的国际定价权。

4. 适当控制外汇储备规模，积极提升使用外汇的收益

充足的外汇储备有利于增强我国的对外支付和清偿能力，防范国际收支和金融风险，提高海内外对中国经济的信心。但是，如果长时间和大幅度地超过合理规模，会给经济发展带来诸多负面影响。解决外汇储备过度的问题，不仅要控制低收益的加工贸易的发展规模，从根源上减少贸易顺差，降低外汇储备激增的速度，而且要通过扩大内需，增加国内消费，更多地进口以平衡对外贸易。历史经验证明，大部分发达国家都经历了一个先"引进来"，再"走出去"的过程。目前我国比较充裕的外汇储备，可以为我国"走出去"提供坚实的经济后盾。

巨额的外汇储备是我们来之不易的宝贵财富，除了尽可能实现保值和增值，以及合理地安排其在境外的投资结构以外，也要及时地合理配置手

---

① 陶短房：《中国稀土令西方焦躁》，《环球时报》2009年9月3日。

中已有的外汇资源。从国内来说，应当有计划地激活这些资源，用于国内急需的国计民生领域和项目，如社会保障、基础教育、医疗卫生、扶贫、住房、环境保护、基础设施、西部开发等。

从国际来说，针对不断贬值的美元外汇储备，必须及时提高外汇使用的效率，改善现有外汇的配置。一是可赎回被美国企业收购的中国重要国有企业资产；二是可用来支持中国企业收购海外资源和有价值实体企业，或收购控制着中国战略性行业的跨国公司股份；三是可用来引进国外的关键技术和科研人才，实现"引智创新"；四是积极建立"主权基金"，或直接进行"海外购物"，购买高端技术和设备或相关物资；五是参股或并购海外各种媒体，客观介绍中国，反击妖魔化中国的浪潮，增强国际话语权和软实力。总之，要采取多种方式，降低货币资本储存的机会成本。同时，还要在不放弃对资本流动管制的条件下，大力促进人民币的区域化和国际化进程，使人民币逐步成为世界贸易结算、流通和储备货币之一，从根本上解决"币权"问题。

5. 适当控制外贸依存度，积极提升消费拉动增长的作用

在经济自主发展、竞争力不断提高的基础上参与国际竞争，积极开拓国际市场，是转变对外经济发展方式的内在要求。增强经济自主性，需要发挥内需拉动经济增长的作用，适当降低外贸规模；提高国际市场竞争力，需要加快提升贸易层次和调整贸易结构。作为一个发展中大国，从保持经济健康可持续发展和提高人民生活角度考虑，都不能不重视外贸依存度问题，需要将外贸依存度控制在略低于发展中国家的平均水平。适当控制外贸依存度，重点是做好以下几个方面。

（1）尽快扭转我国进出口不平衡的趋势。技术层次低、竞争力弱和发展中短期利益倾向，容易导致对外贸易方式相对单一、贸易对象和内容单调、贸易结构不合理，是造成我国进出口不平衡的主要原因。今后，不仅需要平衡好进出口数量关系，也需要调整好进出口结构。首先，是要优化我国的贸易方式，在积极提升加工贸易的同时，大力发展边境贸易、易货贸易、转口贸易、租赁贸易等其他贸易方式；其次，是要促进服务贸易的进出口增长，适度开放服务贸易领域，提高服务贸易额在总贸易额中的比重；再次，是要加快改善外贸结构，改变贸易主体

长期由外资主导的局面，促进本土企业参与高端国际贸易和竞争；复次，是要加快改善文化贸易的结构，消除"文化赤字"；最后，改善扭转进出口不平衡局面，还需要适时调整对外贸易区域，改变国际贸易上对发达国家的过度依赖。

（2）积极促进内需与外需协调发展。积极扩大内需，既是转变经济发展方式的条件，也是消化国内过剩产能的重要手段。扩大内需有利于适当降低企业对国际市场的依赖程度，有利于降低外贸依存度。今后，在推动外贸平稳增长和提高档次的同时，要更加重视促进外贸企业服务于扩大内需的大局。一方面，要推动外贸出口企业调整产品结构、调整市场方向；另一方面，国家也要适时出台相关政策，引导和支持外贸出口企业的转型，引导社会消费合理化，使消费成为拉动经济增长的内在动力。

（3）大幅提高中低阶层收入水平。社会中低阶层收入水平的提高，是增强全社会消费能力、扩大内需的前提条件。过去 30 多年，虽然我国城乡居民收入水平有所提高，但中国企业的薪酬福利平均成本不到总成本的 8%，远低于欧洲的 22% 和美国的 34%；人多地少的国情和国际农产品的冲击，也使农民增收缓慢，很多农民不得不进入外向加工型企业打工。这种建立在廉价劳动力基础上的竞争优势，其实是以牺牲民生福利水平为代价，是不可持续的。大幅提高中低阶层收入水平，关键是要加快财富和收入分配制度改革，调整国民收入分配初次分配和再分配的结构，尽快提高劳动收入占 GDP 的比重，扭转收入和财富分配差距不断扩大的趋势。大幅提高中低阶层收入水平，还需要尽量减轻居民生活负担，提高其消费意愿和能力。一是要考虑通过加大农业和农村的基础设施投资，促进农民持续增收等措施，持续扩大农村消费；二是要坚持提高社会医疗和社会保障水平，解除基层群众后顾之忧；三是要加大基础教育和健康卫生方面的公共投资，逐步缩小公共物品和公共服务的分配差距，有效改善人们的消费预期，提高消费倾向。

6. 适当降低"外产"依赖度，提升参与国际分工的层次提升国内产业的国际分工水平，是转变对外经济发展方式的立足点。只有提升产业分工层次，消除"微笑曲线"不良分工现象，① 才能降低对外国产业的依赖度，打破西方发达国家对我国的"产业链阴谋"（郎咸平语）。当前，要扭转以"引进战略投资者"为理由，主动或被动地逐步让西方跨国公司支配或控制中国产业和重要产品的现象；要利用西方金融和经济危机过程和今后国际生产和贸易格局变革的历史机遇期，适当淘汰高污染、高能耗的外向型加工业，积极推进产业优化升级，提升参与国际分工层次。

（1）加快调整产业结构。以提高产业竞争力和产品附加值为导向，促进产业结构合理化，使产业在调整中优化和提高。调整优化产业结构涉及诸多方面，主要是做好以下几个工作：首先是要用先进技术改造传统产业，推动传统产业技术装备更新换代和产业升级，力争使传统产业在全球产业链获取更高的附加值，避免陷入"比较优势陷阱"，防止我国沦为西方发达国家的"生产基地"；其次是要制定中长期的国家产业创新战略，切实推进产业创新，大力发展信息产业和新能源产业，大力发展设计、咨询、物流等现代服务业和文化教育产业，抢占未来全球经济和文化教育竞争的制高点；最后是要鼓励民间创业和国内企业创新，改革和完善投融资体制，引导和鼓励国内资本调整投资方向，使新增投资逐渐向现代服务业和高新技术产业转移，以便像中国高铁成为首个发展中国家向发达国家输出的战略性高新技术领域那样，逐步提升参与国际分工的层次。

（2）完善国家经济安全防范体系。加强国家经济安全，首先，是要加强对外资企业并购中国企业的监管，加大对关系到国计民生和战略性产业的保护。要运用经济的、法律的手段，制止西方跨国公司越来越多地控制和垄断我国产业的行为。其次，是要严格执行环保等前置性审批，完善外资投资目标指引，提高外资进入门槛和标准，遏制跨国公司将技术落后和污染严重的生产基地转移到我国的现象。最后，是要健全金融监管体系，稳健开放金融业等涉及国家经济安全的核心产业，确保国内产业安全和金

---

① 国际分工中的"微笑曲线"是中国"外产"依赖度高的直接体现。2010年，美国智库凯利托研究所发表报告指出：中美国际分工呈"微笑曲线"模式，即美国控制了高利润的商标、概念设计等前期生产过程及物流、销售和市场开发等后期服务，而中国仅承担低附加值的中期生产加工。从双方获利比率来看，美方才是中美经贸合作的最大受益方。据其测算，中国创造的产品附加值仅占对美出口总额的1/3—1/2。

融安全。

（3）积极参与国际货币体系改革，改善国际经济环境。降低对国际产业的依赖，需要积极创造公平合理的国际经济竞争和合作条件。一方面，我国应主动和积极地介入国际高端产业分工，广泛开展国际市场竞争；另一方面，也要积极推动国际货币金融体系改革，增强我国在国际经济规则制订中的主动权，避免西方发达国家利用非市场力量打压我国。需要清醒地看到，只有通过"走出去"来提升我国的全球要素配置能力，才能创造出参与国际分工的新优势。[①] 当前，应利用我国外汇储备急剧增长、人民币升值等有利因素，在国内资源整合和产业升级的基础上，积极开展海外投资和跨国并购，化解目前开放层次低、利益少、自主性差的发展难题。在自主、自立和自强的基础上，真正使我国开放型经济体系成为全球生产体系的重要组成部分。

（原载《当代经济研究》2011 年第 5 期，第二作者为侯为民）

---

① 安毅、常清、付文阁：《历次国际金融危机与世界经济格局变化探析》，《经济社会体制比较》2009 年第 5 期。

如何建立国内生产福利总值核算体系

长期以来，GDP 成为衡量我国国民经济的第一指标。在追求经济增长的过程中，我们付出了太多代价。因此，引入"国内生产福利总值"（Gross Domestic Product of Welfare，以下均简称为 GDPW）指标，并检验经济增长中的国民福利水平，具有重要的现实意义。

一　实现以人为本是科学发展的价值取向

传统发展观是一种"物本主义"的经济发展观。它以单纯的经济增长为价值目标，将社会发展归之为经济发展，将经济发展归之为经济增长。在现实经济中表现为坚持唯 GDP 论，把 GDP 作为衡量政绩的标杆。然而，片面地追求 GDP 增长，必然使人们饱尝有增长无发展甚至增长与发展负相关的恶果，造成 GDP 与人们生活水平的严重背离。从价值论角度看，"物"毕竟不是人类发展的全部，更不是人类社会的终极价值目标。而传统发展观的一个致命缺陷就在于它只关注如何发展得更快，而对"为了什么而发展"和"怎样发展才是好的发展"这样一个目的论、价值论问题并不关心。其结果正如美国学者威利斯·哈曼博士所说："我们的发展速度越来越快，但我们却迷失了方向。"这样的发展观总体上表现为工具理性的过度膨胀和价值理性的缺失。而科学发展观的提出，正是对传统发展观的价值理性缺失这一不足的积极回应。科学发展观的基本内涵是"坚持以人为本，树立全面、协调、可持续的发展观，促进经济、社会和人的全面发展"。可以看出，科学的经济发展必须坚持以人为本。这一命题包含两方面含义：一是经济发展目的必须紧紧围绕人的全面发展或以人的生命和生活的改善与提升为中心，显然这是从人的主观目的和要求着眼。二是经济的发展从未离开过人。但这并不意味经济体制与政策制定完全出于"父爱主义"。严格意义上说，在一种充满伦理和道德关怀的"父爱主义"体制中，人们没有创造性，没有主人翁精神。当生活中的一切皆被人为安排妥当后，人就只能在那所谓的安乐窝里丧失自我。经济的发展，最终要体现在人民生活水平的提高上。改革和发展的各项措施的目标都是让人民群众得到尽可能多的实惠，让全体人民共享经济发展成果，过上比较富裕、民主、文明的生活。可见，在经济发展中，人始终处于中心地位。以人为本，关注人的生活及自由和全面的发展是科学发展的价值取向。科学发展观用价值理性抗衡了工具理性的过度膨胀，防止了发展中出现的"价值迷失"，体现了工具理性与价值理性的一致。它所追求的"以人为本"、"人的全面发展"体现了价值理性上的终极关怀原则。从纵向上看，它是人类发展价值取向上的"价值跃迁"。

二　GDP 核算体系存在的缺陷

以人为本的科学发展观体现在经济上就是国民经济的发展必须以实现人们的福利增进为目标。科学发展的价值取向的实现有赖于建立科学的国民经济核算指标体系，以引领经济的科学发展，而现行的 GDP 指标体系存在若干缺陷，难以担此重任。从实践核算的角度看，缺陷主要表现在：第一，以 GDP 为代表的国民账户核算体系（SNA）总量指标只测算市场经济活动的直接成果，而忽略许多对福利来说非常重要的其他方面。虽然市场经济活动成果是构成经济福利的主要内容，但远非经济福利或总福利的全部。如，发生在家庭内部的经济活动及自我服务性活动所创造的最终产品和劳务的价值由于没有通过市场进行而无法统计在 GDP 中；以逃税漏税为目的但产品合法的非正规性生产价值在 GDP 中也无法得到反映，尽管它们实际能增加社会成员的福利。第二，GDP 只能反映增长部分的"数量"，尚无法反映增长部分的"质量"。GDP 仅仅衡量经济过程中通过交易的产品与服务的总和，并假定任何货币交易都"增加"社会福利，但对交易结果是增加还是减少国民福利，并不能加以辨识。如，它把有损国民福利的"非法生产"（如性服务、毒品生产与交易等）隐性地内含于社会财富之中。因此，GDP 中损害国民福利的部分导致 GDP 对发展的不真实表达。第三，GDP 只反映经济增长的"流量"，不反映经济增长的"存量"。因此，容易产生牺牲存量，追逐增量的愚蠢行为，进而出现灾害、事故等损失有利于经济增长的荒诞怪论，这就是"破坏创造需求"这一荒谬理论的根源。第四，以 GDP 为代表的 SNA 总量指标没有反映那些没有明确收费的外部成本或收益（如污染和工作环境等）。在现行的市场构架下，许多资源和环境因素没有被市场涵盖，没有所有权，也没有价格。因此，人们在使用资源时没有一个硬性约束，容易造成资源浪费或过度开发等问题。而且，使用资源所造成的环境污染没有明确的、人格化的承担者。这些都使外部成本和收益在 GDP 中无法得到反映。第五，GDP 使用的一般估价原则是实际交换价值，它与经济理论中完全竞争条件下的价格理论是不同的，因为它也反映了市场失灵的所有方面。如，存在垄断情况下的实际交换价值就是垄断价格，而在垄断市场，社会福利会由于垄断而"无谓地"发生损失。但 GDP 却由于采用了实际交换价值而无法反映这种损失，因而会高估实际社会福利。

正是鉴于以 GDP 为核心的国民经济核算体系的福利缺陷，早在 20 世纪 70 年代初，美国经济学家诺德豪斯（William Nordhaus）（1972）教授和托宾（James Tobin）教授就从经济福利的角度认识到有关传统总量核算指标的不足，提出了"经济福利尺度（MEW）"概念，并主张以 MEW 指标取代传统的国民生产总值（GNP）指标。与此同时，经济学家萨缪尔森（P. A. Samuelson）在诺德豪斯教授和托宾教授研究的基础上，进一步提出了替代 GNP 的"净经济福利/国民净福利（NEW）"指标（1973）。诺德豪斯和托宾以及萨缪尔森开创了对国民福利核算的研究，随后，许多学者也提出了其他一些核算指标。如，可持续经济福利指数（ISEW）、真实发展指数（GPI）、国民幸福总值（GNH）、国民生活快乐指数（GNC）等。虽然国内也有一些学者对 GDP 的替代性指标进行了研究，但进展不大。经济福利尺度、国民净福利等这些作为传统宏观核算指标的替代，在经济学中都还不成熟，在现实中也难以推行。基于 GDP 等指标在衡量科学发展的经济价值目标上存在严重缺陷，甚至出现严重背离，因此有必要运用新理念、新方法对 GDP 进行科学修正，以适应科学发展的经济价值目标的要求。

三　如何建立 GDPW 核算体系

借鉴前人研究成果，针对我国科学发展的经济现实需求，本文现提出一个新的核算指标——国内生产福利总值（GDPW）。GDPW 核算体系建立问题是一个新的研究课题，要求我们按照科学研究的范式，建立自身的研究框架，形成科学的理论体系。

（一）GDPW 核算的概念结构

与其他任何研究框架相同，GDPW 框架也内含一个较为复杂的概念结构，其中既有反映研究对象本质规定的基本范畴，也有与基本范畴相联系的辅助范畴。具体来说包括以下几大概念：

1. 福利的定义。从国内外对福利的定义来看，福利有主观与客观之分，即主观福利与客观福利两个不同质的概念。主观福利是从主观方面评估客体的效用，是主体偏好对客体效用的一种描述。与主观福利相反，客观福利的术语在国外学界虽有提出，但在内容上一直含混不清。杨缅昆（2008）认为，客观福利可以定义为能使个人获得幸福感或满意感的客观事物，本文赞同这一观点。从经济学角度看，如果客体对主体具有有用性，那么客体就具有使用价值。客观福利是从客体对主体的作用来看待客体价值的。它是客体向主体提供利益的一种描述。从价值论角度看，客观福利论是以马克思主义的客观价值论为基础的，而主观福利论则以西方经济学的主观效用论为基础。可见，主观福利与客观福利具有不同的内在规定性。一个表现为个人的主观评价，另一个是不受主观评价左右的客观事物。显然，严格区分这两种不同性质的福利概念，是科学构建 GDPW 核算研究框架的重要前提。GDPW 核算是从宏观层面上对福利现象进行反映和描述的系统。因此，GDPW 考察的对象应是客观福利，而非主观福利。这一主张建立在以下认识基础上：首先，与 GDP 核算框架一样，以客观福利概念为基础的 GDPW 核算，考察的对象也是由货物和服务组成的客观事物。不同的是，GDP 核算是从生产角度考察这些客观事物，而 GDPW 核算则从能否增进社会成员幸福感的角度来考察。因此，前者反映的是名义

GDPW，后者才是实际的 GDPW。更具体地说，GDPW 指标不仅包括 GDP 内的国民经济生产过程中所创造的正、负效用（正、负福利），也容纳了排除在 GDP 核算之外的国民经济生产过程派生的正、负效用（正、负福利）。其次，以客观福利概念为基础的 GDPW 核算框架并没有失去 GDP 核算框架原有的作为宏观调控工具的基本功能。非但如此，这一框架具有 GDP 核算框架不具有的功能。如，GDPW 核算不是一个纯粹的经济核算系统，它容纳了自然环境和社会环境的核算，有助于反映生产系统与环境系统、社会系统之间的各种数量关系。显然，这对制定科学发展政策具有重要意义。

2. GDPW 的定义。根据 GDP 定义，本文认为，GDPW 是指一国（或地区）在一定时期内所有常住单位生产经营活动所创造的最终福利总值。本文设计的 GDPW 作为一种替代的现代化理念，是经济、自然和社会三个系统所产生的正效用与负效用的集合，本质上反映的是客观福利的问题。它是衡量人们生产活动所创造的福利的指数，可以有效补充和修正 GDP 存在的不足和缺陷。本文之所以使用 GDPW 概念，而非国民经济福利、经济净福利、净经济福利、可持续经济福利等名词，是基于以下几方面原因：首先，从研究目的看，国内生产总值是国民经济核算的核心指标，而 GDPW 是针对国内生产总值在福利上的缺失，基于福利视角对 GDP 进行修正的指标。它并不是 GDP 的替代，本质上它仍是 GDP。GDPW 概念既体现其与国内生产总值概念的内在统一性，又体现国民经济发展的价值目标，即国民经济增长是以国民福利水平的增进为目标。因而，GDPW 概念较好地体现了本文的研究目的。其次，从研究对象看，政治经济学的观点认为经济是指社会物质资料生产和再生产的过程，包括物质资料的直接生产过程以及由它决定的交换、分配和消费过程，其内容包括生产力和生产关系两个方面；而广义生产也包括生产力和生产关系两个方面，因而，两者具有同一性。但国内生产总值中的生产是狭义的概念，即仅指物质资料的直接生产过程，不包括分配、交换、消费，它与政治经济学的经济概念不具有同一性。国民经济福利、经济净福利等指标名义上是对 GDP 的修正，但事实上已失去了 GDP 的内在功能。尽管 GDP 存在先天的缺陷和不足，但作为当今世界通行的宏观经济指标，它也具有综合性强和简便易行的优点。GDPW 本质上是 GDP，因而，GDPW 比民经济福利、经济净福利等指标更具适用性。此外，虽然理论上使用净值概念更具科学性，使用总值概念似乎是一种倒退，但在统计核算的现实条件下，固定资产折旧价值的确定仍具有较大的主观性，因而，GDPW 比国内生产福利净值更具合理性。最后，从研究思路看，GDPW 核算包括正负内部性生产福利价值核算与负外部性福利价值核算等内容。其中，负外部性福利价值核算包括自然资源环境成本与社会成本核算等内容。虽然自然资源环境成本与社会成本并不属于国民经济范畴，但本文的成本定义是根据马克思的再生产理论，使用的是损失恢复的概念，即补偿损失所必须耗费的生产成果，也即为福利损失。这样就在 GDP 与自然资源环境成本、社会成本之间建立了内在的联系，将外部效应内部化，使 GDPW 既不失 GDP 的内在功能，又不失福利尺度功能，实现了两者的有机统一。而其他指标仅是对影响福利因素在 GDP 中进行简单的加减，没有体现这些影响因素与生产之间的内在联系。并且，对正负内部性生产福利价值核算，扩展了 GDP 核算的范围，使 GDP 能更加全面、真实地反映国民经济发展的现实状况。总之，GD2PW 比国民经济福利、经济净福利等指标更具科学性和操作性。

3. 正、负内部性生产福利价值的定义。这两大概念是 GDP 核算框架转化为 GDPW 核算框架的重要中介变量。国家掌握的市场交易信息并不能涵盖所有通过市场交易的人类生产活动。一些由于具有明显的社会危害或影响国家正常经济秩序的活动，因政府禁止而转入地下，如，制贩毒品、黄色制品、非法军火生意、走私、卖淫、拐卖人口等。这类生产对社会福利产生负效应，故本文称为负内部性生产，这部分生产在政府的官方统计中没有它们的影子。另外，一些出于逃漏税目的而转入地下的社会经济活动在国民统计账户中也没有反映，但从这类生产的最终产品福利价值而言，它们对国民福利具有正效应，本文则称为正内部性生产。

4. 负外部性福利价值的定义。负外部性福利价值是根据外部性经济理论而界定的概念，衡量的是经济、社会对国民福利产生的外部性影响价值。负外部性福利价值包括两部分：自然资源环境成本与社会成本。自然资源环境成本是国民经济外部性对资源环境的影响。因为资源环境也是国民财富，是国民福利在资源环境上的体现。自然资源环境成本主要包括资源耗减和环境退化。社会成本是指社会活动以及社会因素给人们造成的损失，如社会管理、社会安全等。其中社会安全包括自然灾害、人为事故、违法犯罪等。严格地说，因社会活动主体多元，社会活动内容广泛，故社会成本也是多方面的，不止包括社会管理成本与社会安全成本，还可以包括社会和谐成本、社会改革成本、社会稳定成本等。它反映的是社会对经济及人们福利的外部性影响。从本质上说，无论是自然环境成本还是社会成本都是对人们福利价值的外部性影响，因而可将两者统称为负外部性福利价值。

（二）GDPW 核算的理论基础

任何研究框架，都不是由单一理论而是由相互联系的一簇理论支持的，GDPW 研究框架同样如此。GDPW 研究框架从本质上说是人—经济—环境核算一体化的研究框架。具体地说，它是在以经济系统为研究对象的传统 SNA 框架基础上，容纳人、资源、环境三大因素，并将四者有机结合起来的以人为中心的一种研究框架。相对传统的 SNA 框架，GDPW 研究框架无论在内容上还是范围上都发生了巨大变化。因此，从构造 GDPW 框架角度看，除凯恩斯经济理论外，还需以下经济理论作为其研究基础：第一，科学发展观理论。GDPW 是适应科学发展观要求而提出的核算指标。科学发展观的第一要义是发展，核心是以人为本，基本要求是全面协调可持续发展，根本方法是统筹兼顾。它要求将人口、经济、环境有机统一起来，并突出以人为中心。从 2003 年党的十六届三中全会提出以来，科学发展观理论已日趋成熟。因此，这一重大战略思想必然成为建立 GDPW 研究框架首要的理论基础。第二，庇古福利经济理论。著名经济学家庇古的福利经济理论，尤其是其中的外部性理论之所以能成为构造 GDPW 框架的理论基础，主要是因为：首先，GDPW 指标从本质上讲是反映福利总量而不是生产总量的综合性指标，其研究对象与福利经济学的研究对象基本一致。其次，经济外部性理论以市场经济为立足点，研究游离于市场经济外的因素对市场的影响；而 GDPW 研究框架则以反映市场活动的传统 SNA 框架为基点，通过考察环境资源等外部性因素的影响，使作为单纯经济指标的 GDP 转化为实际福利指标的 GDPW。可见，在研究内容上，GDPW 框架与经济外部性理论是相通的。最后，根据经济外部性理论，一种活动是外部性活动抑或内部性活动的衡量标准是宏观成本与微观成本是否存在差异，这为构建 GDPW 核算研究框架提供了理论依据和核算原则。第三，环境经济理论。环境学的基本范畴是环境、自然资源，主要研究内容是人类生存的自然环境、自然资源的结构、变化，保护环境、减少污染的方法，新能源、可替代能源的开发技术等。在人类高度重视环境保护的今天，环境学还研究人类社会活动，如，国家环境行为、国家环境政策等。现在，不少环境主义者认为人类的环境意识应由环境损失的事后补偿转变为环境状况的预先防护，故主张环境学要研究自然环境与人类社会发展的冲突，特别是由环境问题而引发的现代可持续发展思想及相关理论，如，罗宾逊（Robinson）和廷克（Tinker）的可持续发展"三支柱论"，戈利（Golley）的可持续发展"生态论"，戴利（Daly）和柯布（Cobb）、皮尔斯（Pearce）和特纳（Turner）的可持续发展"资本论"等。环境经济理论对 GDPW 核算体系的形成和核算范围的划定都具有重要的指导意义。

（三）GDPW 核算的基本框架

1. 设计思路。GDPW 是适应科学发展观要求的新的核算指标，其研究框架的"硬核"体现为一种"以人为本"的科学发展观思想，即应以人为中心构造研究框架。因为经济发展的本质或最终目的在于人们福利的增进，在于是否能促进每个人自由而全面的发展。GDPW 是与 GDP 框架紧密联系的，是对现行 GDP 框架的改进，而不是完全脱离现行 GDP 的研究框架。因此，可在现行 GDP 研究框架的基础上，引入对福利增进的影响分析，通过对现行 GDP 的调整，使其外在数值与内含福利一致化，从而建立适应科学发展的经济价值目标的国民经济核算体系。此外，根据概念，GDPW 还必须核算外部性经济因素对福利的影响，如环境污染等，因此其研究范围不仅涉及经济系统，还将包括环境资源系统、社会系统等方面，以弥补现行 GDP 框架的不足，从而使 GDPW 框架成为一个既有新功能又能保持传统 GDP 功能的研究框架。

2. 核算公式。根据以上设计思路，可建立以下 GDPW 核算公式：

（1）不考虑外部性情况下 GDPW 的核算公式：从生产法分析，GDPW = 现行 GDP + 正内部性生产福利价值；从支出法分析，GDPW = 现

行GDP－负内部性生产福利价值；从综合角度分析，GD2PW＝现行 GDP＋
正内部性生产福利价值－负内部性生产福利价值，其中：正内部性生产福
利价值＝非正规性生产价值＋非市场性生产价值，负内部性生产福利价值
＝非法生产价值。GDPW 具体调整核算时，可使用生产法或支出法核算公
式。为了便于分析，这三种核算公式只做了粗略描述，而非具体的核算公
式。要说明的是，虽然正负内部性生产都应纳入 GDPW 核算范围，但只有
正内部性生产是创造福利的，故在生产法中加入；负内部性生产（非法生
产）创造的是负福利产品，并且从支出法角度看，正内部性生产价值实际
上都已包括在 GDP 之中，因此，在按照支出法核算时，不能再将非正规
性生产福利价值再加入 GDP，以避免重复计算，只是将非法生产价值从
GDP 中扣除。同时，这些处理方法与 SNA（1993）是不同的，SNA
（1993）是将非正规性生产价值和非法生产价值均作为 GDP 的增项处理。

（2）考虑外部性情况下 GDPW 的核算公式：GDPW＝现行 GDP＋正内
部性生产福利价值－负内部性生产福利价值－负外部性福利价值；负外部
性福利价值＝自然资源环境成本＋社会成本；社会成本＝社会管理成本＋
社会安全成本；社会管理成本＝政府社会成本；政府社会成本＝政府决策
失误成本＋政府腐败成本＋政府行政失效成本；社会安全成本＝自然灾害
损失成本＋人为事故损失成本＋违法犯罪成本。

（3）几点说明。在解读以上公式时，需要注意以下几方面：①从现行
GDP 转化为 GDPW 必须经过三个步骤：一是基于福利的生产因素调整；
二是基于福利的环境因素调整；三是基于福利的社会因素调整。②生产因
素调整的意义在于，传统的 GDP 计入了大量负福利性价值，在转化为
GD2PW 过程中，有必要将这些价值予以扣除。同时存在未计入 GDP 的正
福利性价值，也有必要将这些价值予以计入。③关于正内部性生产核算。
非正规性生产和非市场性生产是正内部性生产的两大核算内容。非正规性
生产虽然违反有关法规，但对人们的福利水平、国民经济发展具有一定积
极作用，应纳入 GDP 核算范围。之所以使用内部性概念，是因为这些生
产本身属于国民经济的生产范围，是遗漏的部分。非市场性生产包括多方
面，如，文教体卫、政府服务、住房无付酬服务（或称家务劳动）等，但
文教体卫和政府服务等产出已计入 GDP，而发生在家庭内部的经济活动以

及自我服务性活动创造的最终产品和劳务的价值没有纳入 GDP 核算范围，而它为社会创造价值是不争的客观事实，理应将其纳入。④关于负内部性生产即非法生产的核算。非法生产又称犯罪经济，它具有很强的隐蔽性，核算困难大，GDP 没有将其纳入核算范围。但本文认为非法生产是国民经济中客观存在的经济现象，GDP 应全面真实地反映国民经济发展的现实，不能因其核算难度大就将其排除在外，况且目前国内外对非法生产的核算已有大量有价值的研究成果，应借鉴发达国家非法生产核算的经验，在理论上不断创新，在实践中不断探索，并最终将其纳入国民经济统计核算体系。⑤关于自然资源环境成本。自然资源环境成本包括资源耗减和环境退化，是因经济外部性而产生的，应将其从 GDP 中扣减，这是可持续发展观的客观要求。在 GDPW 研究过程中出现的形形色色的概念范畴中，资源耗减和环境退化两大范畴很重要。因为这两大范畴不仅在理论上揭示了经济系统与环境、资源系统之间的内在联系，而且从方法上也可直接转化为指标范畴，成为现行 GDP 转化为 GDPW 的重要中介变量。虽然从表面上看资源耗减和环境退化代表两种不同的现象，但就本质而言，两者是一致的，都是经济活动对环境系统的一种消耗，区别在于资源耗减表现为有形消耗，而环境退化更多地表现为无形消耗。正是基于这一认识，可将两者视为经济活动的资源环境成本，甚至看作是经济活动的生产成本（中间消耗）。以这一理论认识为前提的结论是，从现行 GDP 转化为 GDPW 的过程中，将资源耗减和环境退化从 GDP 中扣除是 GDPW 核算的重要内容，反映了经济可持续发展的要求。⑥关于社会成本。基于核算的复杂性，以简化核算出发，本文仅核算两种社会成本。之所以将这些成本从 GDP 中扣除主要基于以下原因：首先，从"成本效益观"的角度看，自然灾害损失、事故损失及社会管理成本实际上是国民经济发展过程中产生的"成本"，将这些损失作为"成本"从 GDP 中扣除，有助于树立经济科学发展的成本效益观；其次，以上使用的"成本"概念，并非会计核算意义上的成本概念，而是从损失恢复的角度来定义的（包括自然资源环境成本），即经济外部性和社会外部性造成福利损失后，要弥补并恢复原有福利水平，必然要耗费的资源或财富。最后，从能否创造福利增加值的角度看，GDP 核算国内生产创造的增加值，GDPW 则核算国内生产创造的福利增加值，补偿各类损失的生产目的是弥补福利损失，维持人们正常的福利水平。补偿各类损失的生产仅是国民经济福利创造的"中间投入"，不是最终福利产品，故作为 GDPW 核算中的减项。⑦根据公式可知，以福利数量为计算依据的 GDP 仅仅表现为名义 GDPW，即由于内部性和外部性损害因素的影响，现行 GDP 的外在数值并不是其内含福利质量的真实体现。而两者之间的差异，恰恰是内部性和外部性损害因素共同作用的结果。可见，将内部性和外部性损害进行货币化估算，并以此对 GDP 进行调整，目的在于使调整后的 GDP 的外在数值与其内含的福利质量相吻合。这正是本文将正、负内部性生产价值与负外部性福利价值作为 GDPW 核算加减因素的理论诠释。⑧经上述因素调整后形成的 GDPW 是以福利核算为主线的经济、环境、社会一体化的核算指标。由于 GDPW 核算是一个包括经济学、核算学、环境学、行政管理学等跨学科的研究框架，其理论内容和研究方法十分复杂，因此这一框架从方法论角度看并不是完美无缺的，仍有许多理论和方法问题等待研究解决。

（四）GDPW 核算的基本原则

1. 客观福利原则。这是思考 GDPW 核算问题时必须首要关注的原则。这一原则表明，只有那些有利于人们福利增进的、能用货币价值表现的客观价值成果，才能被列入 GDPW 的核算范围。从福利角度分析，GDPW 核算必须有承载体，而这个承载体就是国民产品。一般而言，所谓国民产品通常是指社会最终产品。法国著名经济学家瓦尔拉斯（L. Walras）提出以有用性原则作为判断产品是否属于国民经济福利核算范围的最终产品的标准，即如果一种活动成果具有满足某种需要的能力或效用，该活动成果就具有有用性，应视为社会最终产品。在开展 GDP 生产、分配和使用的核算时，人们普遍接受这个标准。然而，在 GDP 核算基础上开展国民经济福利核算研究时，西方学者又提出了强有用性和弱有用性两种不同的判断标准。强有用性标准是指只要某种产品能满足人们的需要，不论是道德的还是非道德的，不论是合法的还是非法的，都具有有用性。现行 SNA 就是按照强有用性标准对社会最终产品进行确定的。在 SNA 体系内，只要能满足社会成员需要的产品和劳务，无论是满足整体需要还是满足个人需要，都应纳入社会最终产品的核算范围。即使是不合法的地下经济生产，违背道德标准的毒品生产，也纳入国民生产核算范畴。正如 SNA（1993）所指出："符合交易特征，特别是交易双方有共同协议时的非法活动与合法活动按同样方式处理。某些货物和服务，如麻醉品，其生产或消费可能是非法的，但这样的货物和服务的市场交易在账户中必须记录。"然而，一部分研究国民经济福利核算的学者，如，诺德豪斯和托宾、美国的肯德瑞克（Kendirick）和佐洛塔斯（Zolotas）、英国的贝克曼（Beckeman）以及澳大利亚的斯诺克斯（Snooks）等人，并不同意在国民经济福利核算中使用强有用性标准。因为国民经济福利与国民生产是两个不同的经济概念，一种经济活动成果是否能成为社会最终产品，从而成为国民经济福利核算的客观对象，并不是唯一决定于活动成果是否满足需要即有用性的性质，而是在很大程度上与活动成果是否能增进个人福利的性质息息相关。相对于瓦尔拉斯的强有用性标准，上述判断经济活动成果的思想被后来学者们概括为弱有用性标准。那么，GDPW 核算应当遵循什么样的标准呢？GDPW 的内涵本质上与 GDP 是一致的，差别在于它是从福利的角度对 GDP 进行修正，生产与福利是两个联系紧密的概念，生产是前提，福利是结果，因此 GDP 核算和 GDPW 核算并非两个独立的系统，两者是有机统一的。GDPW 核算是在 GDP 核算的基础上，根据福利标准对 GDP 核算的修正，因此，将 GDP 转化为 GDPW，不仅要考虑 GDP 核算之外的外部性因素调整问题，而且要考虑 GDP 核算的内部性因素调整问题。基于此，本文的 GDPW 核算范围基本上坚持 SNA 的强有用性标准，即只要能满足社会成员需要的产品和劳务，无论是满足整体需要还是满足个人需要，都应纳入社会最终产品的核算范围。但不合法的、违背道德标准的生产以及对人们的福利没有贡献的生产，应从 GDP 中扣除作为 GDPW 中的负内部性生产福利价值部分。因为这些最终产品或服务是有损或无益于人们福利的，即 GDPW 核算范围界定标准是在合法、道德基础上的强有用性标准，本文将这一标准称为准强有用性标准，它介于强与弱两种有用性标准之间。

2. 主体性原则。GDPW 核算的主体，即一国经济领土上具有经济利益中心的常驻单位。如果一个企业或一个人在该国的经济领土范围内有一个场所（住所、厂房或其他建筑物），并将之用于长期的经营活动，那么它就是一个经济利益主体。在"个人主义"的市场体系中，这类主体即为经济学中所谓的"经济人"，他按照"最小最大化原则"组织自己的各种经济行为。其中最小化和最大化的对象——成本和收益，都是以该"利益主体"为边界计算得来的。在存在外部性的情况下，成本和收益并不能精确描述各主体经济行为的福利影响。在市场体系中，这些成本和收益都是用产品或服务的市场价格来表示的。因此，具体来说，各行为主体的生产结果——产品或服务的市场价格无法准确描述它们带来的福利影响。这便解释了为什么用市场价值（价格）来表示人类生产活动价值会为 GDP 核算带来偏差。

现在的问题是外部性有正有负，一人所得即为另一人所失，那么为什么将所有主体的成本支出（支出法）或收益（收入法）简单加总起来，所得的核算结果还会出现偏差呢？原因就在于主体的选择上。有两个主体在现行 GDP 核算理念中显然被忽略了：其一是自然环境；其二是当代人类的后代。自然环境一方面作为人类生存空间的一部分，构成人类福利的重要因素；另一方面又在人类的生产活动中扮演着重要角色。与矿产、土地等自然资源相异，自然环境在更多的情况下表现为公共品的特征，即消费上的非排他性和非竞争性，因而"公地悲剧"在它身上就表现得特别明显。没有哪个市场中的利益主体会为南极上空的臭氧黑洞带来的福利损失而采取行动，因为该类行动的成本巨大，而其行为后果却是纯粹的公共品，无法获得足够的收益补偿。对当代人类的后代，虽然经济学家在理论研究中可以将他们的福利折现，从而将其行为纳入当期的研究中，但在现实中却无法做到。由于未来人在现实的市场中没有发言权，因而当现代人的行为对他们有负的外部性时，他们也无法反对。所以，市场价格体系也不能准确地将这类由后代为当代人承担的成本反映出来。

3. 准市场性原则。这个原则要求构成 GDPW 的经济量具有商品或准商品的性质。有些观点认为，国民经济总量应有纯市场性，即经济总量必须能够实现市场交换。这种看法是不全面的，它往往会排斥一些市场化程度较低但仍有重大经济意义的经济量。之所以采取准市场标准，是因为以纯市场标准来衡量 GDPW 会受到市场化程度的影响，使经济发展程度不同的经济体的福利总量统计范围不一致；另外准市场化标准可描述的是较全面的生产福利流量，若不包括这些流量，就无法全面解释经济主体接下来的一系列消费行为。执行准市场化标准，就是一方面反映市场化的经济福利总量，另一方面对不具市场性的经济活动进行一定的市场假设——虚拟一个市场，在这个"准市场"中生产福利流量得以流动，其流量应和相应的市场产品相对照。虚拟的方法一般有两种：一是用在市场上交易的该类产品的价格，来虚拟没有在市场上交易的该类产品的价值；二是用该类生产活动的费用、成本来虚拟其产品的价值。按照准市场标准，在 GDPW 统计中生产范围的活动可概括如下：（1）所有提供或准备提供给其他单位的货物和服务的生产，包括生产这些货物和服务过程所消耗的货物和服务的生产。（2）生产者用于自身最终消费和资本形成的一切货物的自给性生产。（3）自有住房服务和不付酬家庭雇员提供的家庭或个人服务的自给性生产。

此外，GDPW 核算还遵循时间性原则、所有权原则等 GDP 核算基本原则。通过以上准则可知，GDPW 的统计范围以客观福利概念为基础，核算内容十分丰富。

参考文献

［1］杨缅昆：《绿色国内生产总值研究框架的方法论研究》，《经济评论》2005 年第 6 期。

［2］杨缅昆：《国民福利：诺德豪斯——托宾核算模式评析》，《统计研究》2007 年第 5 期。

［3］杨缅昆：《论国民福利核算框架下的福利概念》，《统计研究》2008 年第 4 期。

［4］宋小川：《中国的 GDP 及其若干统计问题》，《经济研究》2007 年第 8 期。

［5］蒋锦洪：《经济发展的价值追求与人本向度》，《华东师范大学学报》2007 年第 2 期。

［6］傅如良：《科学发展观的价值跃迁》，《光明日报》2007 年 10 月 1 日。

［7］耿建新、张宏亮：《我国绿色国民经济核算体系的框架及其评价》，《城市发展研究》2006 年第 4 期。

（原载《经济纵横》2009 年第 3 期）

社会主义国有制的主要实现
形式是国有控股公司

党的十五大报告指出：要以资本为纽带，通过市场形成具有较强竞争力的跨地区、跨行业、跨所有制和跨国经营的大企业集团；不能笼统地说股份制是公有还是私有，关键看控股权掌握在谁手中；国家和集体控股，具有明显的公有性，有利于扩大公有资本的支配范围，增强公有制的主体作用。这为现阶段大力推进以国有控股公司构造为目标模式的大企业集团的快速发展指明了方向。

一 国有控股公司的类型与发展动因

国内外关于控股公司的界定有歧见，而只有给出国有控股公司的以下定义才是准确的：它指通过持有其他公司达到决定性表决权的股份，而对该公司进行经营控制，并主要从事资本经营及其他生产经营的国有公司。为了完整地理解这一定义，还必须多角度地将国有控股公司加以分类：依据是否直接从事商品或劳务经营活动，可分为纯粹国有控股公司（国有投资公司）和混合国有控股公司；依据国家与公司的不同产权关联，可分为国有独资公司、国有直接控股公司和国有间接控股公司（含次级国有控股公司）；依据集资的不同方式，可分为国有有限责任公司和国有股份有限责任公司；依据经营的不同范围，可分为行业性的国有控股公司和综合性的国有控股公司；依据经营的不同地域，可分为地方性国有控股公司、跨地区国有控股公司和跨国家国有控股公司（国际性国有控股公司）。这些类型都是公有制的不同财产组织方式。在社会主义市场经济条件下，积极运用多类型的国有资本的控股公司方式具有客观必然性。

　　首先，从规模经济和多角化经营的动因看，国有控股公司的发展是生产力发展和资本集中的必然趋势。建于 1988 年的宝山钢铁（集团）公司，通过不断壮大核心企业，强化资产联结纽带，开拓新的经营领域等途径，截至 1996 年，已有 24 家全资子公司、47 家控股子公司，其中境外子公司 14 家，境内中外合资子公司 10 家，含原紧密层企业在内的集团营业总收入为 494 亿元，实现利润总额 36 亿元，资本利润率达到 8.69%，初步建立金融、实业和贸易三大产业体系，基本形成了综合性的跨国和多元经营的大型国有控股公司。然而，我国许多主导产业和名牌产品的生产集中度很低，规模效益极小。要迅速改变这一格局，只有通过市场竞争和政策导向，迅速改变国有资产"散、小、乱"的结构，"抓大放小"或"壮大并小"，发展大型和特大型的国有控股公司系统，建立新型的"二元体系"（加尔布雷思语），才能适应生产社会化和经营现代化的需要。

　　其次，从公司制度进化的动因看，国有控股公司的发展是现代公司形态演变和发达的一般趋势。从无限责任公司到有限责任公司，从家族式的古典小公司到经理式的现代大公司（钱德勒，1977），从柜台交易的股份公司到上市交易的股份公司，从自然人持股的股份公司到各种基金和机构持股的股份公司，从法人持股的公司和股份合作公司到国家直接持股的公司，从单项持股的公司到相互持股和环状持股的公司（奥村宏，1983），公司制度呈现出多样化和进化性，而国有控股公司便是一种变迁和发达的公司形态。在我国，它的出现和盛行是直接借鉴和利用西方经济文明的结果，是将占主导地位的国有经济与发达的现代公司相结合的一种发展趋势和有效形式。

　　再次，从国际竞争和跨国经营的动因看，国有控股公司的发展是积极参与竞争的重要趋势。当今世界围绕资源、资本、技术、市场、信息和人才的国际竞争日益激烈，跨国公司的地位和作用日趋增强，国际经济的区域性和集团性日渐明显。在这种形势下，中国仅有极少数象联想集团之类的小型跨国经营的控股公司，是远远不够的。加快发展具有跨国经营和国际竞争力的国有控股公司，其中包括培育几个综合商社，已端倪可察。

　　最后，从国有资产管理体制改革的动因看，国有控股公司的发展是构建新型国有资本营运体系的普遍趋势。原有不少西方国家的国有企业采取国有国营的行政管理体制，一些有潜在盈利性的企业时常亏损。新加坡等西方国家改革的走势之一就是按照公司法来改造国有企业，发展国有控股公司，使其全面参与市场竞争。我国为了实现体制转型，绝大多数国有企业也要采取国有股份制及控股公司的做法。尽管需要在反对独家垄断等问题上继续改进和完善，但中国石油化工总公司、中国航空工业总公司、中国有色金属工业总公司以及上海汽车工业（集团）总公司、上海纺织控股（集团）公司等，一大批多类型的国有控股公司的迅速组建和发展，适应了构建新型国有资产管理体制和国有资本营运体系的内在要求。

二　国有控股公司的产权关系

国有控股公司的产权关系，既包括其外部与作为出资人的国家的关系，也包括其内部的产权关系。国有控股公司的外部产权关系应当遵循"高效、明晰、规范"的精神来加以界定，其要点是：第一，设立由省市县领导和社会专家兼职而组成的国有资产管理委员会（或用国有资本营运决策会议等其他名称也行，但应确立其法律地位）。它代表政府来行使政府出资人的职能，并下设具体办事机构来负责授权管理的日常工作。第二，国有资产管理委员会（国有资本营运决策会议）同国有控股公司之间的联结纽带是资本，二者属于国有资本出资人与被投资公司的关系而非行政隶属关系，分别履行出资人职责和法人企业职责，并依照《民法通则》、《公司法》与《国有资产法》（须尽快颁布）等法律和法规来规范各自的行为。国有资本出资人的主要职责是批准公司章程，选派代理人，作出重大决策（如决定经营战略、调节资本收益、实施业绩奖惩等）。

国有控股公司内部的产权关联模式，同功能垂直型结构（U型，意为单一型）、事业部型分权结构（M型，意为多分部和混合型）等现代企业产权结构有较大区别，通常被威廉姆森等西方学者称为控股公司型结构（H型，意为控股型）。诚然，大公司的产权和组织结构经常采取混合式。若以世界各国的控股公司内部结构为参照系，我国的国有控股公司内部产权关联的基本模式可发展成两种，即垂直型和相互持股型。所谓国有控股公司的垂直型产权关联模式，就是由某一国有大型企业为母公司，通过股份参与层层控制子公司和孙公司，从而形成一个包含许多关系公司在内的"金字塔"式的产权结构。整个控股母公司垂直型产权关联模式包括三个基本层次：含分公司（非法人单位）在内的母公司，与母公司建立了产权密切的关系公司，以及与母公司有一定产权联系的参股公司。我国现存国有控股公司的产权关联模式大都属于垂直型的。例如，东风汽车集团近年已初步形成垂直型的国有控股公司产权结构，具有四个产权管理层次：第一层，是作为集团公司的东风汽车公司；第二层，是作为母公司的东风汽车公司的全资子公司，具有独立法人地位；第三层，是东风汽车公司只拥有部分股权的控股子公司和参股关联公司；第四层，是东风汽车公司所属二级以下子公司及交叉持股公司。东风汽车公司依据不同的产权关联度，通过委派到相关公司的董事发挥作用，直接或间接地控制或参与集团内其他公司的经营决策。

所谓国有控股公司的相互持股型产权关联模式，就是公司集团内两家以上的公司采取多种相互持股方式所形成的产权结构。在相互持股的控股公司内，母子公司和各个子公司之间可以反向持股和环状持股。其基本类型有两种：一种是两个公司（母子公司）相互持股。母公司若同多家子公司相互持股，便构成辐射形产权格局。也就是说，A 公司分别与 B、C、D 各公司相互持股，而 B、C、D 各公司之间则没有相互持股关系，仍然具有很强的独立性。另一种是多个公司环形持股。即 A、B、C、D 各个公司之间相互交叉、多向和连环持股，具体可呈现为多角状、矩阵状和圆环状等多种画面。据日本著名学者奥村宏 1995 年估计，在日本法人持股中有一半左右是相互持股。法人企业相互持股有利于稳定股东队伍和产权结构，防止外来资本的恶意收购，强化企业间的技术和经营合作，但也存在容易滥用资金来反复增资和乱用相互持股公司控制权等问题。

我国废除行政化国有产权制度，对国有企业实行市场竞争式的公司化改造，不可能像资本主义那样利用股份制，主要让自然人持股或由私人资本构成的公众公司和机构持股及相互持股。因此，利用国有控股公司的垂直型和相互持股型来重塑国有资本的产权结构，实属必然。其中，逐步发展法人相互持股的国有控股公司，是利大于弊的（吴家骏，1994）。这有益于股权的分散化和多元化，使国家直接持股的比重大幅度降低，进而淡化行政部门对国有控股公司及其营运的干预；同时，又有益于企业家阶层的形成，突出经营者群体在治理公司中的创新作用。诚然，眼下的首要目标是积极组建垂直型的国有控股公司，至于相互持股则是自然演化过程，千万不可强行搭配，拔苗助长。

不管采取何种类型的产权关联模式，国有控股公司的集团内部以产权为基础的管理和控制都分为两个基本层次：一是作为出资人的股东（政府、法人或自然人）凭借其股份，以股东会和董事会为中介，对母公司进行管理；二是作为独立法人的母公司凭借其股份，以股东会和董事会为中介，对各关系公司进行深浅程度不同的管理。其中，母公司对子公司的管理表现为多个层面：1. 包括派遣董事和高级管理人员在内的人事控制；2. 包括某些资产使用权和处置权在内的资产控制；3. 包括内部融资和纳税在内的资金控制；4. 包括财务关系和财务人员在内的财务控制；5. 包括资本增减和重要合同签订等重大经营活动在内的事先报告控制。诚然，这些控制和管理不能构成对子公司的侵权，是有节制的和充分协商的。

三　发展中亟须解决的若干问题

第一，要不要用国有控股公司模式来改组国有企业集团？控股公司系统内各个企业的联结纽带主要是资本或产权，而目前我国企业集团内联结各成员企业之间的纽带不全是资本和资产，有些是基于上下级行政隶属关系的行政纽带联结，有些是基于生产经营协作关系的契约纽带联结。它们不合乎市场经济要求，或者联结缺乏稳定性和权威性。因此，对行政性和契约性的企业集团实行资产重组和资本重组，引入产权机制，尽快改造为国有控股公司体制，是十分必要的。这方面不乏成功的先例。如一汽已由原来产权不甚清晰的企业集团发展到目前拥有 37 个专业厂、12 个全资子公司、11 个控股公司、280 多个成员企业的国有控股公司，是跨地区、跨行业、跨所有制的，集生产、销售、外贸、科研、开发和资本经营等多种功能于一体的特大型汽车企业集团，综合竞争力高居全国第二。

第二，要不要鼓励国有银行持股？法国除了由财政部代表国家直接控股之外，还由国有化金融机构间接控股。政府直接持股51%和独资银行持股49%而组成的法国工业参与公司（财政部控制的金融机构），曾对国有五大工业集团持股25%，而另外的75%股份则由政府直接控制。日本银行也积极参股产业公司从而形成一种银行资本和产业资本相融合的财团或"金融资本"（希法亭和列宁早就分析过）。我国出于市场自由组合和国际竞争需要，理应逐步鼓励银行资本与产业资本的相互渗透和混合生长，造就若干个国际级的财团型国有控股公司。

第三，要不要积极施展国有控股公司的资本经营功能？面对一些外资公司和私人公司大量购并和控股国有企业的挑战，国有控股公司一旦内部机制转换到位，就必须大力开展与产品经营有联系的资本经营，去激活肌体不佳的国有企业，以求资产重组和公司超速成长。资本经营意味着公司对可支配的生产要素进行运筹和优化配置，以实现资本增值极大化。它是以资本导向为中心的公司运作机制，具体有产权资本经营、金融资本经营、无形资本经营和实业资本经营等。即使在我国应重点发展的混合型国有控股公司，也要充分发挥其资本经营的功效。

第四，要不要大量新组建国有控股公司？现有的国有控股公司起源于三种状况：一是由政府授权大型企业集团或原行政性公司而转成的国有控股公司。其特点是，国有资产管理部门将现有企业集团的紧密层企业统一授权给核心企业来行使所有者管理职能，变核心企业为控股公司的母公司。如一汽集团、东风汽车集团、中纺机集团以及上海的住总集团等。二是由原政府专业主管部门改造而成的国有控股公司。其特点是，政府撤销所属行政性专业部、厅和局，国有资产管理部门将原来的专业主管部门及所属企业改造成为国有控股公司体系。如将化工部改组为中国石油化工总公司，将上海原纺织局改组为上海纺织控股（集团）公司，将原冶金局改组为上海冶金控股（集团）公司等。三是由政府有关部门为管理运作国有资本而新组建的国有控股公司。其特点是，根据政府或代表政府行使所有权的部门的委托，新建立控股公司性质的产权营运机构，管理运作存量或增量的国有资本和国有资产。如国内最早成立的深圳市投资管理公司等（各地称谓不一）。鉴于国有资产分布和组织结构的现状，当前除了特殊原因以外，发展国有控股公司应以前两种途径为主，并注意避免过度分散与过度集中的两种倾向。政府与国有控股公司的关系属于出资人与被投资企业之间的关系。

第五，要不要坚决防范国有控股公司的产权行政化倾向？人们担心，将原行政主管部门改组为国有控股公司，会出现新的产权行政化，这不是毫无道理的。因为原政府专业主管部门是一种"四合一式"的混合管理机构（据对改制前的上海市机电工业管理局的实证分析，该局共有 189 项事权，其中属于政府职能的有 83 项，占 43.9%；属于社会职能的有 34 项，占 18%；属于国有资产管理职能的有 39 项，占 20.6%；属于企业行为的有 33 项，占 17.5%）。现存的专业部、厅和局改组为国有控股公司，若人数、机构、机制和职能没有大的变化，或者改制不彻底，那么，极易出现"翻牌公司"或"婆婆加老板"，产权行政化管理甚至有过之而无不及。所以说，不是国有控股公司必然形成产权行政化，但必须依照《公司法》和市场规律，在上下之间、内外之间和左右之间的博弈中实行一步到位式的改制，而非零打碎敲式的改良，预防"穿新鞋、走老路"所导致的旧体制复活。

第六，要不要兼顾政府的社会性目标？国有控股公司应不再无代价地替政府担当社会性的经济和非经济的职责，而要以资本增值和盈利极大化为目标，平等地参与市场竞争。假如政府将宏观目标微观化，需要国有企业分担某种社会经济任务，那就必须给予减税、补贴或修改资产保值增值指标等相应的经济补偿。它需要平等地协商谈判与单独计算。诚然，某些特殊行业和国有企业则另当别论。因此，就一般国有控股公司而言，不是不可承担社会性任务和兼顾宏观调控目标，而是要有等价补偿地去积极完成。

参考文献

［1］ Afred D. Chandler Jr. *The Visible Hand*：*The Managerial Rerolution in A merican Business*，Harrard Vniversity Press，1977.

［2］《日本经济学家奥村宏对股份公司制度的认识》，《高校理论战线》1996 年第 6 期。

［3］ 吴家骏：《论企业制度的改革》，《经济与管理研究》1994 年第 3 期。

（原载《理论与改革》1998 年第 2 期）

重构三层分类管理机构和三级政府监管机构

——关于国有资产管理机构及其职能的研究建议

一 关于国有资产管理机构的设置

（一）国外国有资产管理机构的设置模式

1. 日本是以大藏省为主的管理模式。国有资产的事务机关分为三种：一是直接执行国有财产事务的执行机关，包括行政财产的管理机关、普通财产的管理机关和总辖机关；二是回答执行机关咨询并提供帮助的咨询机关，包括国有资产中央审议会、地方审议会和旧军港城市国有财产处理审议会；三是进行监察的监察机关，包括国会、会计检查院和总务厅。其中，普通财产的管理处置机关原则上为大藏省，行政财产的管理机关一般为各省厅。如机场由运输大臣管理，国有林野事业设施由农林水产大臣管理，邮政事业设施由邮政大臣管理，皇室用财产和国民公园由内阁总理大臣下属的宫内厅和环境厅管理等。这是日本 1991 年修订的《国有财产法》明确规定的。当然，大藏大臣是国有财产的总辖机关的首长，并不是说处理国有财产事务时大藏大臣居于各省厅长官之上，而是说他拥有对国有财产的管理处置及综合调整的责任和权限。在办理国有财产总辖事务时，若需限制各省厅长官的权限，必须由内阁会议作出最终决定。

2. 法国和联邦德国是中央财政部和各主管部相结合，并以财政部为主的"双重监督"管理模式。在法国，每个国有企业都有相应的中央主管部门。譬如：铁路国有企业由运输部负责，煤气、电力和化工方面的企业由工业和研究部负责，从事港口的管理和建设的企业由国家海洋秘书处负责等。经济和财政部是国有企业在财政方面的主管部门，每个国有企业的董事会中都有该部的代表，甚至派遣非董事会成员的"政府特派员"。经授权，"政府特派员"有某些问题的审批权。在西德，十多个主管部负责对本系统国有企业的纵向管理，财政部代表国家对国有企业行使所有权。财政部内专有一个单位主管国有企业事宜。它通过监事会和董事会成员的聘任保证国有资产的安全和增值。国有企业均由联邦审计署稽核，并向政府和国会报告稽核结果。

3. 英国是以中央各主管部、财政部和议会相结合，并以中央各主管部为主的管理模式。主管部主要从任免公司董事会、决定企业经营总方向和财务控制及财政拨款等方面进行管理由于财政拨款需统筹兼顾，因而财政部有很大的发言权。它与主管部共同进行企业投资项目的审查和评估。议会设有的国有化工业委员会、财政和文官事务委员会、公共会计委员会等，负责对国有企业进行监督审议有关事宜。任何企业的国有化或非国有化，必须经过议会的立法程序才能得以实施。

4. 意大利和巴西是以中央专门机构管理国有资产所有权，各控股公司分散管理国有企业的模式。意大利分为三个层次，上层是经济计划部际委员会和国家参与部，中层是各级控股公司，下层是运行的国有公司与企业。经济计划部际委员会负责制定政策，协调国家参与部和其他部门的关系。国家参与部负责指导、管理和监督所属控股公司，并根据法律及财政部长协商的结果，授予控股公司获得和转让的权利。巴西上层是国家计划部、财政部和一般专业部，中层是各个控股公司，下层是参股的国有企业。财政部下属的国有企业局是国家统一管理国有企业的专门机构。其国有企业分别属于联邦、州或地区、市三级政府所有。

5. 瑞典是主要由工业部和财政部分别管理的模式。瑞典在工业部下设国有企业局，负责管理拥有9万雇员的国有企业的所有权。财政部下设的行政局负责管理拥有1.2万雇员的国有企业，其中包括北欧银行，其他如交通部等也有别国有企业。国会在特殊情况下可以由议员组成特别小组，监督某个国有公司的重组活动。

6. 美国是主管部和国会常设委员会分别管理的模式。对一部分国有企业由有关的部、处以及根据国会的各种决议而设立的专门常设委员会直接管辖。比如，国家的动力建设及其项目管理是由联邦自然资源开拓局、农业区电气化管理处等机构来进行的，国营原子能工业企业属于联邦原子能委员会管辖，船舶修造厂和灌溉工程属于联邦巴拿马运河公司管理处管辖，而对大多数国有企业，则采取出租或承包给私人垄断组织的办法进行管理，后者在西方国家极为罕见。

（二）国内在设置国有资产管理机构问题上的若干主张

1. 在全国和各省市人大分设全民财产委员会，现有的国有资产管理局并入全民财产委员会，或者划归全民财产委员会领导，主持国有资产的管理工作。全民财产委员会负责保管、监督和管理国有资产，国务院、省市政府以及其下的各部、厅、局不再负责对这些财产的具体管理。各级全民财产委员会的国有资产管理范围不是按地域划分的，而是按投资资金的来源划分的。作为中介性的国有资产经营公司，则同全民财产委员会之下的国有资产管理机构签订合同，然后进行持股，派出董事，参与经营管理这样做的好处，在于能彻底实现政企分开，避免行政干预，依法管理国有企业。

2. 中央和地方分设国有资产管理机构，它们是政府进行国有资产管理的行政机关，而不是经济实体。为了体现国有资产是全民所有的性质，还应在全国各级人大设置国有资产管理委员会，对国有资产的经营和管理实行监督。政府的国有资产管理部门不仅向所属政府负责，而且向人大这一专门委员会负责。另外，要设立各级和各种投资公司进行跨行业和跨地区的自主经营。其益处是代表全民利益的人大参与管理和监督，既有利于做到政企分开，又能体现国有资产的全民所有特性。

3. 只在中央和地方政府设立国有资产管理部门。全民所有制企业应由各级国有资产管理，部门代表国家直接对企业行使国家层次上的全民所有权，而由国有资产管理部门直接委托企业行使企业层次上的所有权，并对国有资产管理部门负责。切忌建立形形色色的中介管理机构，如大一统的"国有资产经营公司"、"国有资产投资公司"等。此举的优点在于，两种层次的财产权分得很清晰，避免许多经济权利被中介经营管理机构所截留，把法人财产权真正赋予国有企业。

4. 只在中央政府设立国有资产管理部门。以二三百个国家级大型企业集团母公司、投资控股公司为"金字塔顶点"，依产权关系向下发展数以千计的子公司、数以万计的孙公司。这是因为，我国经济要向由少数大公司与众多中小企业构成的"二元经济"演进，在一些相对次要的部门和领域，国有资产应适当退出，而最终少量效益好的大公司跨地区和跨部门的发展，必然导致这一格局。

5. 在中央和地方政府及国务院各专业部分别建立国有资产管理机构。国家国有资产管理局向中央有关专业部派出人员，组成该部的国有资产产权管理分支机构。这样，可以充分发挥中央各专业部在产权管理上的作用，便于将国有资产管理和行业管理有效地结合起来。

6. 在中央和省市政府分设国有资产管理委员会，该委员会由同级的政府经济管理部门和专业部门的负责人构成，并由同级党政第一把手担任主任和副主任。该委员会的日常事务由下设的国有资产管理办公室负责。这种做法的目的，是增强国有资产管理委员会的权威，便于协调国有资产管理与财政、计划、劳动、金融等部门管理的关系。

7. 在中央和省市财政部门分别设置国有资产管理局。国有资产管理部门应会同财政部门，对国有企业制定资产保值增值指标和财务效益指标及其考核评价体系，并以资产所有者代表的身份对企业税后利润实行管理。国有资产管理部门无论通过或不通过中介性产权经营机构行使所有者管理职能，凡属行业发展规划和政策方面的问题，都要与行业主管部门进行协调。这有利于财政部门编制预算，统一管理国家总财力。

（三）研究建议重构三层分类管理机构和三级政府监管机构

以上主张各有利弊，均有不够完善或明显不妥的地方。依据国内外已有的经验教训、基本国情和市场经济原则，建议现阶段我国国有资产管理机构可设置三大层次。

第一层次，国有资产的立法管理和监督管理机构。由于国有资产的终极所有权属于"国家统一所有"，因而国有资产的所有权立法管理只能归全国人大，由全国人大代表全体人民实行全民资产的立法管理。同时，各级人大又是国有资产最终的监督管理机构。现有的各级人大财经委员会可适当扩大人员，以便加强这方面的工作。

第二层次，国有资产所有权的行政管理机构。在中央、省自治区和直辖市、市县、区三级政府中分别设置国有资产管理部和国有资产管理局，专司国有资产所有权的行政管理非行业行政管理性质。国有资产管理部只属于国务院直接领导，而非同属全国人大"双重领导"。地方国有资产管理局只属同级政府直接领导，同时接受上级国有资产管理部门的业务指导，而非"垂直领导"。除了这三级，其他层次的地方政府和行政层次如非直辖市一级的区、省建制的专区，均不设国有资产管理机构。另外，国有资产管理部也不向中央政府各专业部委如交通部、邮电部等派出机构和人员。"政府分级监管"，主要通过三级国有资产管理组织系统来进行随着企业集团的壮大和广泛发展，今后某些市和县的国有资产管理机构也可合并或取消。

第三层次，国有资产所有权的商务管理机构或称国有资产产权的经营管理机构。在介于国有资产所有权行政管理组织与企业之间，应建立大量跨行业和跨地区的国有资产产权经营机构。这种专司国有资产产权经营管理机构可从不同角度进行分类，若按经营国有资产存在形态的差异性，拟分为（1）实物性资产的中介经营机构（投资公司、建设开发公司等）；（2）价值性的中介经营机构（银行、信托公司等）；（3）无形资产的中介经营机构（技术开发公司、产权交易公司等）。若按中介经营机构的组织形式，拟分：（1）为各种专业性的投资公司和信托投资公司；（2）股份经营；（3）公司集团公司，即企业集团；（4）行业性总公司。这些中介经营机构，可由现有的专业经济厅局和主管公司、企业集团的核心公司、大型联合企业的总公司、各专业银行以及某些国家垄断经营企业的主管部门等转型组成，也可由国有资产管理部门按需要新办。

二　关于国有资产管理机构的职能和任务

在上述国有资产管理系统中，各种机构和组织的主要职能与任务是不同的。

1. 全国人大在国有资产管理方面的基本职能和任务：（1）代表全国

人民拥有国家一切资产的最终所有权，制定和颁布有关国有资产管理方面的法律，是国有资产立法管理的主体。（2）接受国务院关于国有资产管理状况的定期报告，并进行质询、调查和监督。

2. 地方人大在国有资产管理方面的基本职能和任务：接受同级政府关于国有资产管理状况的定期报告，并进行质询、调查和监督但没有权力进行国有资产的立法活动，除非全国人大特别授权。

3. 国务院设置的国有资产管理部属于全国性专司国有资产所有权行政管理的主体，主要行使国家赋予的国有资产所有者的代表权、国有资产监督管理权、国家投资和收益权、国有资产处置权，其管理目标是在有利于国家计划和宏观调控的基础上实现国有资产收益极大化。其具体职能和任务在于：（1）贯彻国家有关国有资产管理的法规和政策，代表国家拟定、组织实施并监督执行具体的国有资产管理条例、方针和政策。（2）组织对全国管辖的国有资产现状和变动情况的调查、登记、统计和评估工作（含在中国境外的国有资产）。（3）对直属各类国有资产经营公司和企业集团等中介经济组织实施管理和监督，其中包括经营方式管理（含发包、租赁、合资、参股经营等）、人事管理（如派出董事、审批董事会和管理委员会）、投资管理、产权转让管理、收益管理、财务监督、审计监督等。（4）对行政事业部门的国有资产（含经营性和非经营性）进行直接委托责任制管理（如教育部门国有资产可委托中央和地方的教育主管机构进行管理）。（5）对某些特殊经济部门的国有资产进行直接委托经营责任制管理（如邮电部门的国有资产可委托中央和地方的邮电主管机构进行管理）。（6）协调国有资产管理系统内部以及与其他管理系统的各种关系。

4. 其他地方政府国有资产管理部门，除了在管理范围和管理权限上与中央国有资产管理部门有所区别之外，其管理的主要职能和任务是大致相同的。不过，要注意处理好国有资产所有权行政管理工作的中央与地方之间的相互关系，坚持国家统一所有，各级国有资产管理机构分别监督的原则。坚持投资、管理与收益相结合的原则，即贯彻谁投资、谁管理、谁收益的原则坚持全国统一计划与发挥地方优势相结合的原则。

5. 国有资产中介经营机构是指那些在国有资产管理部门管理之下，联结国有资产管理部门与企业之间的关系，并从事国有资产经营管理的法人经济实体。它与企业是投资者与经营者的关系。作为国有资产经营性的管理主体，它对国有资产进行所有权或产权的商务处理，即对国有资产进行直接的经营管理以实现国有资产的保值和不断增值。其基本职能和任务在于：（1）直接经营国家的投资，包括新建国有企业的投资，改造和扩建现存国有企业的投资、承租、兼并其他企业的资产，购置股份公司的股票，即以投资者的身份从事各项投资业务，但不从事具体的生产经营活动。（2）对各类国有资产国有企业实行多方式的经营管理，如全权委托式资产承包经营管理、股份经营管理、租赁经营管理等。（3）努力实现国有资产的增值和资金利润率的提高，及时向国家依法纳税，按规定向国有资产管理部门承担还本付息和资金付费等义务。（4）对所属国有资产，国有企业拥有产权处置权，包括产权核销和产权转移两个方面，进行国有资产的合理配置和调整，负责所属国有资产的评估。（5）决定所属企业税后的分配比例，即企业的积累基金、福利基金和奖励基金按何种原则和比例提取决定用于扩大再生产的基金由企业自行使用与上交集中使用的比例和状况。（6）负责为所属企业招聘或选派主要领导人，并定期考核和奖惩。

各类国有资产中介经营机构的特殊性决定了在实行上述职能和任务时有一定的差异，但它们客观上除包括一般企业的商品经营职能之外，还具有程度不一的纵向刚性协调职能和中介复合协调职能。前者是指中介组织对其所辖的占用国有资产的各类企业，具体通过有弹性的计划、组织、激励等管理手段，来协调其生产经营大政方针和相互关系的职能。这种协调因中介组织的产权关系和地位而具有一定的权威性和强制性。后者是指中介组织在国家和直接生产经营企业之间所作的协调活动的总称。具体包括政府方针和政策的合理贯彻及其结果的检查和报告，企业生产经营情况的汇总上报以及有关政策建议的反映和处理等。上述两种协调职能的发挥，均以尊重基层企业的法人财产权为前提。

此外，倘若不是从国有资产管理机构而是从国有资产的整个管理系统来看，还必须指出以下相关问题：经营使用国有资产的企业单位，既是整个国有资产管理系统中被管理的对象，要对国有资产管理组织负责，又是一个独立的经营主体，在企业法人财产权范围内自主经营、自负盈亏。其基本职能和任务在于，以法人地位独立自主地开展国有资产经营管理组织授权的一切经营活动，以实现长期利润和资产收益的极大化。

三 关于国有资产管理部门与政府其他经济管理部门的关系

政府具有一般社会经济行政管理职能与国有资产所有者管理职能，这双重职能的合理实现，应体现在"一府两系、分类管理、全面协调"的体制和模式之中。一个政府从中央政府，省、自治区和直辖市政府到市和县政府均有两个系统。一是国有资产管理系统，主要与所有权相联系。二是社会经济调控系统，主要与行政权相联系。二者构成广义的国家宏观经济管理和调控系统。国有资产管理部门主要应同下列部门搞好分类管理和全面协调的关系。

1. 与财政部门的关系。通过建立复式预算，把生产建设预算与国家日常经费开支（非生产建设性支出）分开，分别由国有资产管理部门和财政部门充当执行主体。

2. 与税务部门的关系。推行"利税分流"税务部门凭借行政权向经营国有资产的经济组织征税，国有资产管理部门凭借资产所有权对经营国有资产的经济组织实行税后利润管理。

3. 与计划部门的关系。国有资产的投资主体和最终决策主体应是国有资产管理系统中的各类经济组织，计划部门负责所辖地区的投资的综合规划，并对关系到国计民生的较大投资项目实行参与管理或协商管理。

4. 与银行部门的关系。银行系统依据国家投资规划、产业政策和效益原则，自主地作出投资贷款决策，与国有资产投资主体保持独立自主和互惠互利的关系。

5. 与特殊产业部门的关系。对于具有自然垄断技术经济特征的行业或特殊行业的国有企业，如铁路、航空、邮电、电力、烟草、银行和军工等，国有资产管理部门通过授权方式，将资产所有者大部分行政管理职能直接委托给相应的政府主管部门行使，并明确责任，加强监督管理。这些部门的行政权、行业管理职能与所有者管理是基本合一的。

6. 与其他政府经济管理部门的关系，内贸、外贸、劳动、经委、统

计、审计、监察、司法、工商行政等政府部门，是从不同的侧面对包括国
有资产经营在内的全社会经济活动进行行政管理和政策协调，但无权直接
干涉和指挥国有企业。国有资产管理部门应与这些机构保持全面协作的关
系，并取得它们的支持。

7. 与现存某些行业竞争性较强的政府经济管理部门的关系。这些部门
在逐步适应市场经济和精简政府机构过程中要向单纯行业管理转型，甚至
变为行业协会组织。在这之前，国有资产管理部门要采取过渡措施，积极
促进这类经济主管专业部门的职能转换。

四　本研究建议的特点与优点

国内外关于国有资产管理机构及其职能的各种主张和实际做法均有利
有弊，权衡利弊得失，本研究建议具有以下优点：第一，体现了市场经济
基本规则与国有资产有序管理相结合的精神。第二，体现了"政法分开"
的精神，行政管理与立法管理分开。第三，体现了"政资分开"的精神，
行政管理与资产管理分开。第四，体现了"一府两系"的精神，宏观调控
与资产管理分开。第五，体现了所有权管理与行业管理分开的精神。第
六，体现了产权经营管理多层次和多类别的精神。第七，体现了精简政府
机构和人员的精神。

参考文献

［1］程恩富：《工业国有资产管理体制的改革模式》，《探索与争鸣》1992 年第 2 期。

［2］程恩富：《国有资产管理体制改革目标模式的构思》，《经济研究参考》1992 年第
Z3 期。

［3］厉以宁：《试论国有资产管理中人民代表大会、政府、企业三者的关系》，载
《经济学家论国有资产管理》，经济科学出版社 1992 年版。

［4］蒋一苇、唐丰义：《论国有资产的价值化管理》，《经济研究》1991 年第 2 期。

［5］李家镐：《国有资产管理体制和社会主义经济体制》，《江海学刊》1992 年第 2 期

［6］齐人：《谈我国国有资产所有权的实现形式》，《经济研究参考》1992 年第 Z3 期。

［7］孙效良：《国有资产管理体制改革的构想》，《经济研究参考》1992 年第 Z4 期。

［8］［日］大冢芳司：《日本国有财产之法律、制度与现状》，黄仲阳编译，经济科学

出版社 1991 年版。

　　[9] 蒋乐民、李贤沛、李晓丹主编:《国有资产管理通论》,经济科学出版社 1991 年版。

　　[10] 邹根宝:《英国对国有化工业的管理》,《欧洲研究》1987 年第 1 期。

　　[11] 容辛:《意大利国家参与制的组织结构及其在国民经济宏观管理中的功能》,《河北学刊》1985 年第 6 期。

　　[12] 佟福全:《美国国家所有制与政府对国有制企业的管理》,《河北学刊》1985 年第 4 期。

　　[13] 王子林:《国有资产论》,中国财政经济出版社 1994 年版。

(原载《当代财经》1995 年第 5 期)

遵循经济规律　做强做优国有企业

改革开放 30 多年来特别是党的十六大以来，我国国有企业通过改革和布局结构的战略性调整实现了集体崛起，走出了一条有中国特色的现代企业发展道路，为国民经济又好又快发展作出了重要贡献。"十二五"时期，进一步做强做优国有企业，培育具有国际竞争力的世界一流企业，必须继续遵循经济规律，深化国有企业改革。

遵循市场运行规律，有序推进国有企业管理体制改革

国有企业管理体制改革是经济体制改革的核心内容。党的十一届三中全会提出，让企业拥有更多的经营管理自主权。此后，国有企业管理体制经历了扩大企业经营自主权、利润递增包干和承包经营责任制等改革实践，调整了政府与企业的责权利关系，逐步明确了企业的利益主体地位。党的十四届三中全会进一步明确了国有企业的改革方向是建立"产权清晰、权责明确、政企分开、管理科学"的现代企业制度，国有企业管理体制改革由扩权让利的政策性调整转向以建立现代企业制度为目标的制度创新。通过债转股、股份制试点、政策性关闭破产等一系列改革实践，为国有企业参与市场竞争、实现持续健康快速发展打下了良好基础。党的十六大提出，必须深化国有资产管理体制改革。随着代表国家履行出资人职责的中央、省、市（地）三级国有资产监管机构的相继建立和企业国有资产监管法律法规体系的初步建立，政府的公共管理职能与出资人职能得以分离，管资产与管人、管事有机结合，具有中国特色、适应社会主义市场经济要求的国有企业管理体制初步形成，国有企业从政府行政机关的附属物转变成为独立的市场竞争主体。

实践证明，推进国有企业管理体制改革，必须遵循市场经济运行规律，顺应中国特色社会主义市场经济发展要求，积极探索公有制与市场经济相结合的有效途径。当前，深入推进国有企业管理体制改革，应进一步理顺国有资产监管体制、运营体制与政府行政管理体制之间的关系，避免政出多门及决策与执行相混淆，奠定确保国有资产保值增值的体制基础。进一步建立和完善国家对各类垄断行业实施依法监管的制度、体制和具体措施，进一步完善国有企业经营业绩考核制度和国有企业重大决策失误追究制度，规范国有企业的市场行为，不断提升国有企业的社会形象。正确处理好全民共享与国有企业自主发展的关系，进一步完善国有资本经营预算制度，适当提高国有企业上缴利润的比例和灵活性，逐步扩大国有资本经营预算收支规模，推动国有资本经营预算与公共预算、社保预算之间的相互衔接。进一步完善和统筹各项政策措施，不断加大投入力度，逐步解决国有企业改革的历史遗留问题。

遵循产业发展规律，不断优化国有企业布局结构

优化国有企业布局结构是国有企业改革发展的重要内容。党的十四届五中全会明确提出，对国有企业实施战略性改组，以市场和产业政策为导向，搞好大的，放活小的，把优化国有资产分布结构、企业组织结构同优化投资结构有机地结合起来，择优扶强，优胜劣汰。党的十五大强调指出，对于关系国民经济命脉的重要行业和关键领域，国有经济必须占支配地位。党的十五届四中全会提出，从战略上调整国有经济布局，要同产业结构的优化升级和所有制结构的调整完善结合起来，坚持有进有退。党的十六大进一步强调，发展壮大国有经济，继续调整国有经济的布局和结构。党的十七大强调，优化国有经济布局和结构，增强国有经济活力、控制力、影响力。在中央一系列决策部署的指导和推动下，国有企业布局结构不断优化，国有资本不断向基础性、公益性、支柱性产业和行业集中，向优势产业和大型企业集中，确保了国有经济在关系国家安全和国民经济命脉的重要行业和关键领域的支配地位。同时，通过促进企业兼并重组，提高了企业规模经济水平和产业集中度，促进了产业结构优化和国民经济

健康有序发展。

进一步优化国有企业布局结构，必须遵循产业发展规律，适应社会主义初级阶段的基本国情和经济全球化需要，更加合理地界定国有企业在社会主义市场经济中的功能定位和作用范围。应辩证地把握公有制经济为主体与多种所有制经济共同发展的关系，毫不动摇地巩固和提升国有经济的主导地位，避免出现对国有经济功能定位认识的重大偏差，营造国有企业健康发展的良好制度环境、政策环境和社会环境。继续建立和完善推动国有经济布局结构调整的国有资产运营平台和推动产业升级换代的产业投资平台，着力打破地区封锁和行业壁垒，消除制约国有企业按照市场化原则实行跨地区、跨行业兼并重组的体制障碍，积极探索国有资产监管运营机构直接持有上市国有企业股权，鼓励国有企业之间的重组和企业内部的重组。进一步推动国有资本和国有企业更多地向关系国计民生的重要领域集中，向关系国家安全和国民经济命脉的重要行业和关键领域集中，向具有竞争优势的产业和新兴主导产业领域集中，向具有较强国际竞争力、主业突出的大公司大企业集中，大力发展新能源、新材料、新医药、物联网、生物育种、文化产业等重要产业，抢占世界经济发展新的制高点。

遵循企业发展规律，持续提升国有企业内部管理水平

提升国有企业内部管理水平是国有企业改革发展的题中应有之义。伴随着社会主义市场经济体制的不断完善和国有企业管理体制改革的不断推进，从承包经营到法人治理，国有企业内部管理机制在不断变革和完善。通过公司制改革和现代企业制度建设，众多国有企业逐步形成了权力机构、决策机构、监督机构和经营管理者之间的制衡机制，提升了治理效率和社会形象；通过强化战略管理，把党和国家的路线、方针、政策融入自身的发展战略和规划之中，确保了国有企业发展方向、发展道路的正确与稳定；通过加强党的建设、领导班子建设、职工队伍建设，认真落实党和国家关于改进和加强国有企业思想政治工作的意见和部署，不断改进党建工作、群众工作和思想政治工作，形成党群工作与企业经营管理相互融合、相互支撑的工作机制，实现了国有企业政治优势与现代企业制度管理

优势的有机结合；通过干部人事制度改革、用工制度改革、分配制度改革，普遍推行劳动合同制和全员竞争上岗，初步建立起管理者能上能下、职工能进能出、工资收入能高能低的市场化运转机制，调动了国有企业员工的积极性和创造性；通过学习借鉴西方国家优秀企业的管理经验，立足中国国情和企业实际，努力传承中国国有企业的优良传统，众多国有企业锐意推进管理创新，为世界提供了许多成功的企业管理"中国案例"。

进一步提升国有企业内部管理水平，必须遵循企业发展规律和社会主义市场经济发展要求，不断推进国有企业管理创新，努力形成符合科学发展要求、与产业发展趋势相吻合、与现代市场经济要求相符合、与企业客观实际相适应的具有中国特色的管理理念和管理模式。应继承和弘扬以爱国主义为核心的民族精神、以改革创新为核心的时代精神、以产业报国为己任的企业精神，以国家利益统领国有企业发展战略和发展方向。继续完善公司治理结构，使董事会的运作制度化、规范化、程序化，建立更加完善的科学决策体制和内部制衡机制。持续推进企业内部三项制度改革，更好地实现人事、用工和分配制度与市场接轨，科学调整国有企业内部收入差距，建立激励规范、约束有力的国有企业领导人员薪酬制度和奖惩制度。

遵循国际竞争规律，着力培育国有企业国际竞争能力

提高国际竞争能力是国有企业改革发展的不懈追求。科技创新和技术进步是影响企业发展水平和国际竞争能力的决定性因素。30 多年来，国有企业不断加大技术创新力度，加强科技创新组织体系建设、管理体系建设、技术体系建设，逐步形成了以企业为主体、产学研相结合的技术创新体系，在载人航天、绕月探测、特高压电网、支线客机、4G 标准、高速动车、3000 米深水钻井平台、12000 米钻机、实验快堆、高牌号无取向硅钢、百万吨级煤直接液化等领域和重大工程项目方面取得了一批具有自主知识产权和国际先进水平的创新成果。还应看到，现代企业的国际竞争不仅是技术水平的竞争，而且是可持续发展能力的竞争。着眼于探寻企业科学发展道路，国有企业评价逐步实现了由单一的经济评价方式向经济发

展、社会人文、政治保障等综合性评价方式的转变，注重从经济指标、发展指标、人文指标、社会指标、安全环保指标、科技创新指标、政治保障指标等各个方面提升企业可持续发展能力，为国有企业和我国经济国际竞争能力的持续提升提供了有力保障。

实践证明，国有企业不仅能够搞好，而且能够成为世界一流企业。2011年，名列世界500强的中国国有企业已经超过50家，一批作为"国家名片"的国有企业正在国际舞台上崭露头角，成为挺起中国脊梁和参与国际竞争合作的先锋。进一步提升国有企业的国际竞争能力，必须遵循国际竞争规律，顺应经济全球化的要求，进一步完善支持国有企业自主创新的考核政策和中长期激励制度，加大国有资本预算对自主创新的支持，科学设置国有企业科研投入和研究开发经费占销售收入比重的增长数量目标。进一步推进科研院所与大型企业集团创新资源的优化重组，推进创新型企业建设和产学研结合，鼓励国有企业之间建立产业技术创新战略联盟。继续推动国有企业从以发展速度、发展规模为重心的发展方式转变为在合适规模和水平上更加突出发展质量和社会贡献的发展方式，更好地履行国有企业的社会责任，不断推动中国特色社会主义物质文明和精神文明共同进步。

（原载《人民日报》2011年11月16日，第二作者为胡乐明）

论我国劳动收入份额提升的
可能性、迫切性与途径

劳动收入份额的变动，不但关系着居民消费水平的增长和收入差距的变化，也关系着社会总产品的价值实现和经济的正常循环。如果劳动收入份额能随着经济的增长而增长，将会形成劳动者收入不断提高和产业结构升级的良性循环。因此，劳动收入份额增长也就具有全局意义。

一 我国劳动收入份额提升的可能性

1. 90 年代以来我国劳动收入份额下降的趋势。我国劳动收入占国民收入的份额变化情况近年来引起了学术界的广泛关注，很多学者都进行了深入研究。李稻葵等人（2009）的研究表明，我国初次分配中劳动份额从1992 年开始到 1996 年略有上升，然后逐步下降。1999 年我国劳动收入份额比重约为 54%，但到 2006 年时已经下降到了 50% 以下。李稻葵认为，西方国家 GDP 中的劳动份额变动普遍经历了一个 U 型曲线过程，即劳动收入份额先下降后上升。我国劳动收入份额已经经历了十多年的下降阶段了，何时能转入上升阶段却面临很大不确定性。中国社科院《社会蓝皮书》（2008）披露的数据表明，2003 年以前我国的劳动者报酬一直在 50%以上，2006 年降低至 40.6%。企业利润占国民收入的比重，则由以前的20% 左右上升到 30.6%。白重恩、钱震杰（2009）的研究表明，1978 年我国劳动收入份额约为 50%，此后十年略有上升，但自 1990 年以来缓慢下降，2004 年以来下降趋势尤为明显，2006 年这一数值已降至 47.31%。这些研究数据都表明，我国劳动收入份额已经下降到了历史最低水平。赵俊康（2006）的研究表明，从1996—2003年，我国城乡就业人员增加了5482万人，劳动报酬却从54.3%下降到了49.62%。除内蒙古、辽宁、浙江和山东外，27个省市的劳动报酬都有不同程度下降。徐现祥、王海港（2008）的研究表明，1978—2002年我国初次分配中的收入分布不断向右平移，资本所得普遍增长，劳动收入不断下降。李实（2005）的研究表明，1995—2002年，不论是从城镇居民、农村居民，还是从全国居民数据来看，我国洛伦兹曲线都显著外移，说明我国收入差距都在不断拉大。造成收入差距拉大的主要原因又在于资本收入份额的提高和劳动收入份额的下降。世界银行研究人员柯吉（Kouji，2005）的研究也表明，我国经济中利润占GDP的比重过高。柯吉建议国有企业应该向国家分红以减弱投资过多、资本收入增长过快的趋势。罗长远、张军（2009）的研究发现，1995—2004年我国劳动报酬从51.4%下降到了41.6%。卓永良（2007）的研究表明，改革开放初期我国的劳动收入份额在不断上升，从1978年的42.1%上升到1983年的56.5%。但自1984年以来，我国劳动收入开始不断下滑。到2005年劳动收入份额已经下滑至38.2%。另外龚刚（2010），李扬、殷剑峰（2007）的研究也同样发现，20世纪90年代以来我国劳动收入份额正经历一个下降趋势。

虽然众多学者对我国劳动报酬占GDP的绝对份额度量存在很大差异，但近年来我国劳动收入份额下降到历史最低水平却是个不争的事实。综合学者们对我国劳动收入份额的估计可以得知，2002—2006年，我国劳动收入份额的乐观估计大概是50%，悲观估计是在40%左右。

我国职工工资占GDP的比重变化同样也支持近年来劳动收入份额下降的事实。自20世纪50年代以来，我国工人的工资总额占GDP的比重经历了一个先上升后下降的过程。20世纪70年代初到80年代末，我国职工工资占GDP的比重一直维持在15%，90年代开始下降，2000年以来，这一份额已经下降到了10%。

2. 我国劳动收入份额与资本主义国家劳动收入份额的差距。第二次世界大战以后，西方资本主义国家劳动收入份额普遍经历了一个上升过程。1952年，美国的劳动收入份额只有61%，70年代末上升到了68%，之后虽有所下降，但一直都维持在65%左右。1955年日本的劳动收入份额只有 40%，此后不断上升，从 20 世纪 70 年代中期到 90 年代末期一直维持在 55%。只是从 2003 年以来才下降到 50% 以下，这和日本经济近年来的衰退关系密切。

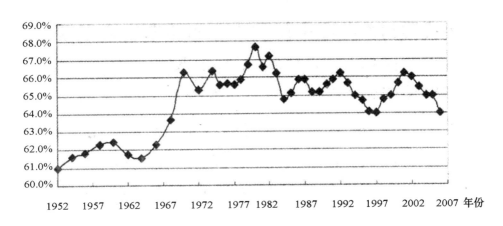

图 1 二战后美国雇员报酬占国民收入比重的变化

数据来源：麦克南：《当代劳动经济学》，人民邮电出版社 2008 年版。

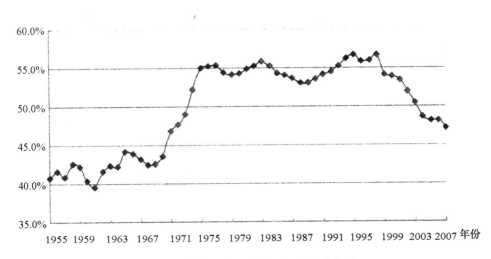

图 2 二战后日本工人报酬占 GDP 的比重

数据来源：日本统计局。

如果考察更长历史范围的劳动收入份额变动，则可以发现，资本主义国家一百多年来劳动收入份额一直在不断提高，而不是经历了所谓的 U 型曲线。例如，英国在 1860—1869 年间的劳动收入份额只有 48.5%，一战以后该份额超过了 50%，20 世纪 30 年代超过了 60%，二战以后则超过了 70%。此后保持稳定。美国一百年来劳动收入份额也是从 50% 以下逐步上升到 65% 左右。学者们对美国 1929 年之前的劳动收入份额测算结果存在差异，一些学者测算结果为 50%，另一些人则认为更低。福格尔的研究表明，1870 年美国的劳动收入份额只有 1970 年的一半，也就是说略低于 40%。

表 1　　　　　英国 1860—1968 年间国民总收入与 GNP 的分配

	工资和薪水	租金	利润、利息和混合收入
1860—1869	48.5%	13.7%	38.9%
1870—1879	48.7%	13.1%	38.2%
1880—1889	48.2%	14.0%	37.9%
1890—1899	49.8%	12.0%	38.2%
1900—1909	48.4%	11.4%	40.2%
1910—1914			
1920—1929	59.7%	6.6%	33.7%
1930—1939	62.0%	8.7%	29.2%
1940—1949	68.8%	4.9%	26.3%
1950—1959	72.4%	4.9%	22.7%
1960—1969	74.1%	5.4%	20.5%

　　数据来源：波斯坦、D. C. 科尔曼、彼得·马赛厄斯：《剑桥经济史》第七卷，经济科学出版社 2004 年第 1 版，第 204 页。

　　和美国、日本、英国等资本主义国家相比，我国劳动收入份额上升还有很大空间。如果中国的劳动份额能从目前的 40% 左右上升到 60%，劳动者收入将会有很大的提高，这对中国未来的经济增长将有很大的带动作用。

　　3. 20 世纪 90 年代以来我国劳动收入份额下降的原因分析。20 世纪 90 年代以来我国劳动收入份额的降低，主要是我国所有制结构调整所致。劳动收入份额反映了劳动者在收入分配中的经济社会地位。该份额越低，说明劳动者的经济社会地位越低。统计资料显示，在我国不同类型的所有制经济中，非公经济中劳动收入份额一般较低，并且工人的平均工资也低。在相同情况下，公有经济的劳动收入份额高，并且工人平均工资也高。在私有经济中，雇主为了追逐利润最大化，必然极力压低工资，使得劳动生产率提高的好处尽量为雇主和资本所得，从而随着劳动生产率的提高，劳动报酬占比必然越来越低。当前，中国在经济结构转型中强调更多地发展私有经济和对外招商引资，现存的国有和集体企业也大量被股份私有化，这会导致劳动报酬占比的下降。

从目前披露的数据和收入与所有制的经济学规律来看，劳动报酬占比下降，是公有制的比重在中国经济中的比重下降、政府和工会未能在市场经济中充分发挥作用的客观结果。在其他条件不变的情况下，非公有制经济成分（含内资和外资）越大，劳动报酬占比往往越低。而在某些资本主义国家中，由于左翼力量和工会运动的程度和效果不同，不同国家的劳动收入份额与其经济发达程度并不具有直接的相关性。苏联解体后，随着工会运动受到打击，西方发达国家的劳动收入份额也普遍下降了。

我国的所有制变革也带来了工资形成机制的变革。在公有制经济内，工人通过职代会、工会等机构可以维护自己的权利，并且公有制经济的工资决定直接受政府管理，工人的社会保障和福利待遇比较完善。而在私营经济中，工资决定完全由资方决定。工人的发言权丧失，相应地社会保障待遇和福利待遇也被大大削减，而且私营经济部门没有合理的工资增长机制。这是我国劳动收入份额降低的主要原因。

二　提高我国劳动收入份额的迫切性

目前我国劳动收入份额过低，已经严重威胁到我国经济发展的可持续性。威胁主要来自两个方面：

1. 过低的劳动收入份额导致收入差距拉大。劳动收入份额和收入差距存在密切的关系。资本收入增长过快，劳动收入增长缓慢是造成国民收入差距的主要原因。我国改革开放进程中劳动收入份额的下降和收入差距的扩大主要来自两个方面：一是农民工收入增长缓慢，二是城镇企业内部职工的收入增长滞后于管理人员的工资增长。

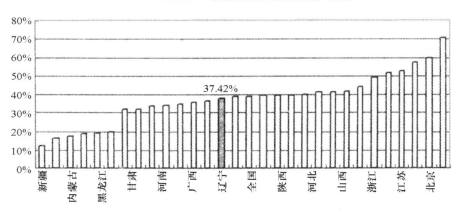

2008年农民工工资占农村居民家庭纯收入之比

图3   2008年我国农民工收入占农村居民家庭收入的比重

数据来源：刘军胜：《中国农民工工资变动的趋势及对策分析》，2010年浙江大学最低工资研讨会会议论文。

表2   1985—2006年中国城乡收入差距比

1985年	1986年	1987年	1988年	1989年	1990年	1991年	1992年	1993年	1994年	1995年
179	21	211	211	235	227	234	249	274	283	273
1996年	1997年	1998年	1999年	2000年	2001年	2002年	2003年	2004年	2005年	2006年
249	245	25	264	276	29	313	325	326	324	328

数据来源：吴要武：《非正规就业者的未来》，《经济研究》2009年第7期。

王祖祥（2009）利用《中国统计年鉴》（1995—2005）的收入分配数据进行估算，发现目前我国城镇与农村两部门内部的基尼系数都不大，都没有超过0.34，但从2003年开始，我国的加总基尼系数已经超过了0.44，远远越过了警戒水平0.4。王祖祥认为城乡收入差距是我国不平等程度扩大的主要原因。农民工工资增长缓慢固然是城乡收入差距拉大的原因，但城乡收入差距拉大的最主要原因是城市居民资本收入（财产收入）

增长迅速。改革开放以来，中国农民工数量越来越庞大，工资收入在农村居民家庭中的比重逐年提高。1984—1996 年，我国农民工工资收入占农村居民家庭纯收入的比重从 17.17% 提高到 23.59%。[1] 到 2008 年，这一比重又进一步上升到 37.42%。上海市的这一比例最高，高达 70%，东部沿海地区普遍都在 40% 以上。

虽然外出打工收入占农民家庭纯收入的比重越来越高，但由于没有最低工资政策的保护，农民工的工资增长缓慢。用人单位对农民工实行歧视政策，农民工工资增长幅度往往低于城市职工平均工资增长幅度，农民工的工资增长只是略高于农村居民家庭的经营性收入增长。刘军胜的研究表明，2002—2008 年，农民工工资平均增长幅度为 14.10%，而同期农村居民家庭人均经营性收入平均增长幅度为 8.58%。两者之间的差距只有5.25 个百分点。农民工外出打工机会成本上升，收益减少，这是导致沿海地区出现民工荒的一个重要原因。由于农民工是中国民营经济新工人群体的重要组成部分，农民工工资收入增长缓慢成为国民收入中劳动收入份额不断降低的主要原因之一。农民工工资增长缓慢，导致城乡收入差距不断拉大。如表 2 所示，2006 年，城乡收入差距已经从 1985 年的 1.79 倍扩大到 2006 年的 3.28 倍。

农民工工资增长缓慢的一个重要原因就是各地最低工资定得非常低，没有发挥出提高农民工收入的作用。以浙江省为例，2002 年，浙江省非国有经济已经占到全省 GDP 的 76.7%，但非国有经济中农民工的收入却非常低。据浙江省统计局农调队调查显示，浙江宁波、湖州、金华、台州四市外来农民工的平均工资为 761 元，月收入在 1000 元以下的农民工占被调查总数的 70%—80%。[2] 目前浙江很多民营企业以政府公布的最低工资为标准制定本企业职工的平均工资。国际上一般最低工资相当于平均工资的 40%—60%，而我国的最低工资明显低于国际标准。杭州市 2004 年的月平均工资为 1997 元，最低工资只有月平均工资的 31%。

---

[1]　万广华：《经济发展与收入不均等：方法和证据》，上海三联书店 2006 年版，第 209 页。

[2]　刘黎清、黄忠寅：《浙江省民营经济发展中的劳资关系分析》，《经济问题探索》2006 年第3 期。

表3 　　　　　　2008 年我国最低工资及其在职工平均工资中的比重

省份	最低工资	平均工资	最低工资/平均工资	省份	最低工资	平均工资	最低工资/平均工资
全国	679	2442	28.5%	内蒙古	680	2176	31.3%
安徽	560	2197	25.5%	黑龙江	680	1921	35.4%
宁夏	560	2560	21.9%	重庆	680	2249	30.2%
湖北	580	1895	30.6%	云南	680	2249	30.2%
广西	580	2138	27.1%	辽宁	700	2311	30.3%
江西	580	1750	33.1%	山西	720	2152	33.5%
陕西	600	2162	27.8%	西藏	730	3940	18.5%
青海	600	2582	23.2%	河北	750	2063	36.4%
甘肃	620	2001	31.0%	福建	750	2142	35.0%
海南	630	1822	34.6%	山东	760	2200	34.5%
湖南	635	2073	30.6%	北京	800	4694	17.0%
吉林	650	1957	33.2%	天津	820	3479	23.6%
四川	650	2087	31.1%	江苏	850	2639	32.2%
贵州	650	2050	31.7%	广东	860	2759	31.2%
河南	650	2068	31.4%	上海	960	4714	20.4%
新疆	670	2057	32.6%	浙江	960	2846	33.7%

注：每个省份的最低工资都有好几档，本表只取最高档。全国数据为简单平均数。

数据来源：王弟海：《最低工资限制经济效益的再认识：收入分配和经济发展的视角》，2010 年浙江大学最低工资研讨会论文。

再以北京为例，北京市 2005 年最低工资标准为每小时不低于 3.477 元、每月不低于 580 元。非全日制从业人员每小时最低工资不低于 7.3 元。2004 年北京职工平均工资为 28348 元，折合月工资 2362 元，全日制工人最低工资只有平均工资的 24.6%[①]。近几年来虽然最低工资有所提高，个别省份最低工资已经到了 1000 元水平。例如浙江在 2010 年 4 月 1 日起，最低工资提高至 1100 元（含社会保险费用）。但大多数省份最低工

[①] 郭克利：《2005 年北京市劳动力市场工资指导价位与企业人工成本状况》，中国民航出版社 2005 年版。

资依然很低。不但从绝对水平看很低，从相对水平看也很低。假如按照国际通行标准，把最低工资制定在社会平均工资的40%—60%，2008年年底，中国没有一个省份能达到这一标准。

在企业内部，相比于企业管理人员，普通职工的劳动收入不断下降，企业内部工资差距不断拉大。根据全国总工会的调查，2002—2004年我国企业职工工资低于当地社会平均工资的职工占81.8%，低于社会平均工资一半的占34.2%，低于当地最低工资标准的占12.7%；相比于1998—2001年，低于当地社会平均工资一半的职工增加了14.6个百分点。这表明我国低收入劳动者比重扩大了。

2. 劳动收入份额过低，导致外贸依存度过高，内需相对不足。中国劳动收入份额低，和我国出口导向型的外贸战略有重要关系。在改革开放过程中，沿海地区的招商引资过于偏重对外加工产业。由于我国有大量的农村剩余劳动力，国外企业纷纷把附加值低的加工业转入中国。这些产业对劳动技能要求也低。中国企业利用我国廉价的劳动力，进行对外加工，创业风险小，获利容易，因此外向型加工企业迅速发展。在改革开放初期，发展低技术、低工资的加工业并没有错。但很多企业在发展过程中没有长远眼光，不重视技术更新，不重视人才培养，不重视品牌创新，迷恋于低技术、低成本带来的利润。这种发展模式导致中国加工企业在国际产业链中只占据了非常低的附加值份额。

这种低附加值产业的发展造成我国劳动收入份额过低，进而导致国内消费需求对经济增长贡献率低。程恩富（2008）的研究表明，2004年我国消费率为53.6%，降到了1950年以来的最低水平。由于国内市场对经济增长贡献有限，我国企业不得不依赖对外贸易，这大大提高了我国的外贸依存度，增加了我国经济发展的国际风险。2003年，全球平均外贸依存度为0.45，发达国家均值为0.38，发展中国家均值为0.51，而我国2004年外贸依存度为0.68，远远高出世界平均水平。中国必须适当降低外贸依存度，扩大内需拉动经济增长。

中国之所以会陷入低附加值产业发展模式而无法跳出，一个重要原因是我国的最低工资政策没有得到严格执行，落后产能不能淘汰，企业没有技术升级的动力。目前最低工资制度在执行中存在以下问题。（1）最低工资标准保障范围过小，农民工、学徒工、保姆等低收入群体还不在这一标准的保护范围之内。（2）如果按小时工资计算，很多工人的小时工资都达不到最低工资要求。最低工资的计算一般都是按照每天工作 8 小时，每周 40 小时的正常工作时间计算的。很多民营企业工人每周工作时间远超过 40 小时。很多工人每月拿到手的工资有 1000 元，实际上他的加班时间长，加班工资大约就占 500 元，如果按照 40 小时的正常工作时间计算，该工人的小时工资就低于政府规定的最低工资。此外，企业还把各项津贴违规列入最低工资，或压低计件工资，实施提成工资，或对试用期员工支付低于最低工资标准的工资。如果我国最低工资制度能够得到严格执行，工人能在正常工作时间内拿到最低工资，加班能得到法律所规定的加班工资，他们的收入也会有可观的增长。

三　提高我国劳动收入份额的途径

鉴于近几年我国劳动收入份额逐渐下滑所带来的弊端，适时提高劳动收入份额有重要的意义：一是深入落实科学发展观，发展成果要合理分享的需要；二是刺激国内消费和拉动经济增长的需要；三是促进产业结构和外贸结构升级的需要。马克思曾经指出，由于工资太低，使用机器反而会使生产变贵，因而英国发明的机器曾经只能在北美使用。工资偏低同样是目前我国产品结构、技术结构、产业结构和外贸结构调整与提升不快的原因之一。李嘉图的比较优势学说理论也不支持低工资优势竞争论。李嘉图的比较优势学说主要与劳动效率有关。只要两个国家的两个不同产业具有不同的生产效率，这两个国家就都具有各自的比较优势。低劳动力成本有时也没有比较优势。随着中国劳动者报酬的提高，企业将升级产品结构、技术结构和产业结构，而在新的产业结构中，即使中国提高工资，相对于国际市场，仍然可能具有较低的所谓比较优势。我国涨工资的空间还很大，逐步提高劳动报酬同保持经济发展和出口比较优势并不存在尖锐的矛盾。要适时提高我国劳动收入份额，必须发挥政府与工会两大经济主体的作用力，采用严格实施最低工资制度，建立合理的工资增长机制，实现经济增长方式的转变。

(一) 发挥政府和工会两大经济主体的作用力

1. 构建国家主导型劳动者维权机制。构建国家主导型劳动者维权机制，是提高劳动收入份额的首要条件，也是获得广大劳动人民支持的重要保证。目前我国70%以上的劳动者在非公企业就业，加不加工资主要由老板说了算，政府干预的空间很小。西方政府是站在雇主阶级的立场上主要靠事后调节来协调劳资关系。作为人民政府而非"中性政府"的社会主义政府吸取西方的教训，应当站在雇员阶级的立场上主要在事前，通过主动、积极措施协调劳动关系或劳资关系。过去在西德企业董事会中的雇员比例制和收入共决机制下，工会依据企业劳动生产率提高来谈判雇员收入的合理增长；在日本，企业依据职工工龄的增加而提高收入等措施，都可以为我国借鉴利用的。如果政府严格检查落实法定劳动时间和劳动合同法，劳动者利益完全可以得到保障。我国政府应当像当年英国政府一样向企业派出工厂视察员，对于侵犯职工利益的行为直接进行起诉，而不能仅仅要求每个单位的工会一对一地进行集体谈判。

2. 加强工会力量，实现劳资共决。要提高劳动收入份额必须加强工会在工资决定中的谈判作用。通过劳资谈判，可以建立工资形成的共决制度。工资共决可以抑制雇主对于工资的过分压低，可以在一定条件下改善劳动报酬在初次分配中的比重。近年来，我国工会在维权中发挥了重要的作用。姚先国（2008）的研究表明，中国工会并非如有些人所说的那样形同虚设，而是确实有助于改善劳动关系。从工资回报到各项福利，浙江省工会都在一定程度上提高了劳动者的利益。实证研究也表明，很多雇主也乐意设立工会以及给工会拨付经费，因为工会有助于改善劳动关系，增强企业凝聚力，从而提高生产效率。浙江义乌工会的社会维权实践也说明，在中国，工会可以大有作为。

但是，就像马克思所坚持的，夸大工会在集体谈判的成就也是错误的，只要雇主能够获得利润，资本的积累就会越来越多，资本所得的占比就会越来越大。没有政府通过立法来调节，工会在改变劳资收入分配中的作用就会非常有限。

（二）严格实施最低工资制度，建立合理的工资增长机制

1. 严格实施最低工资制度。劳资冲突的核心是利益分配冲突，市场经济条件下要有效缓解劳资冲突，必须建立劳资政三方协调机制。西方国家经过一百多年的发展，已经建立起有效的劳、资、政三方协调机制，而这一机制在我国还处于建设、探索过程中。20 世纪 30 年代以前，资本主义国家实行自由放任劳资关系模式，企业靠压低劳动成本进行竞争，劳动收入份额处于较低水平。20 世纪上半叶，西方国家纷纷通过最低工资制度、劳动立法、集体谈判等措施，增强了劳工谈判能力，自由主义劳资关系模式被废弃，政府、企业和工会三方协调劳资关系模式被采纳，从而实现了劳动收入份额的不断提高。在三方合作劳资关系模式中，最低工资制度在提高劳动收入份额中发挥着重要的作用。在中国目前的情况下，只有通过严格实施最低工资制度，才能改善劳资分配，缓解劳资矛盾。最低工资制度能从两个方面提高劳动收入份额。

（1）最低工资制度有利于企业发展模式的强制性变强。改革开放以来，中国企业尤其是民营企业，一直走的是低工资、低技术发展模式。这种发展模式的后果是雇主受益，工人、社会受损。低技术——低成本发展模式下，工人无法分享社会发展的成果，社会要承担环境污染等成本。这种低成本发展模式对正常的市场竞争起着破坏作用。一些依赖低技术、低成本生存的企业，会采取各种办法延长工人的劳动时间，提高工人的劳动强度，降低工作场所的安全卫生标准。相比之下，那些守法经营的企业却要向工人支付相对高的工资，支付更高的工作安全成本。这就使得两类企业不能公平竞争。由于竞争规则不统一，中国的企业发展还处在丛林时代，效率高的企业虽然能在竞争中胜出，但劣质企业也并不淘汰，优劣并存、良莠不齐。

政府通过强制实施最低工资制度，可以淘汰劣质企业、促进公平竞争。政府强制实施的最低工资制度有利于在社会范围内形成合理的劳动力成本形成机制。市场并不会自发形成合理的劳动力成本决定机制。如果交由劳动力市场自发作用，劳动力成本往往会趋向生存工资。合理的劳动力成本形成机制是合理的产品价格形成机制的一部分。社会统一的企业会计核算准则、最低产品质量标准和最低劳工标准，是合理的价格形成机制的必要组成部分。合理的产品价格形成机制和合理的劳动力成本形成机制，对保护社会公众利益和保护劳动者利益都十分必要。要建立合理的劳动力成本形成机制，必须实行统一的周工作时间标准、工作场所最低安全健康标准。目前中国民营企业普遍存在加班过长而且不付加班工资的情况，如果不控制工人的周工作时间，最低工资标准形同虚设。价值规律要求企业降低成本，但企业降低成本的竞争，只有在不降低产品质量，不造成环境污染，不损害工人健康时才对社会有利。成本竞争必须以合理成本为底线，否则，降低成本只会导致企业拼人力成本、拼环境污染成本，破坏合理的价格形成机制。不断曝光的职业病、环境污染事件都是合理的价格形成机制被破坏的恶果。

（2）最低工资制度有利于实施第三方劳工监督，提高劳动收入份额。第三方劳工监督是通过企业、政府以外的独立机构，参照通行的劳工标准，对企业的劳工状况进行评估。目前，第三方劳工监督都以国际劳工标准为参照依据。国际劳工标准，指国际劳工组织（ILO）通过的处理全球范围劳工事务的各种原则、规范、准则，它们形成了以国际劳工公约（Conventions，185项）和建议书（Recommendations，195项）为核心的一整套国际劳工制度。SA8000是受认可程度最广泛的国际劳工标准之一，该标准是一种基于国际劳工组织宪章、联合国儿童权利公约、世界人权宣言而制定的，以保护劳动环境和条件、劳工权利等为主要内容的社会责任标准认证体系。2001年12月12日，美国社会责任国际（Social Accountability International，简称SAI）发表了第一个标准的企业社会责任标准SA8000：2001。这是第一个可用于第三方认证的社会责任国际标准。主要内容包括童工、强迫劳动、安全卫生、结社自由和集体谈判权、歧视、惩罚性措施、工作时间、工资报酬及管理体系九方面内容。目前，在全球范围内，越来越多的消费者开始关注其所购买的产品是否符合SA8000的标准，否则即使产品价格便宜也予以抵制，而且这种消费倾向在发达国家表现得尤为明显。

中国作为ILO的成员国，已经批准了24项国际劳工公约，面临着如何执行已批准的国际劳工公约及如何将国际劳工标准与国内劳工标准协调的问题。尽管 SA8000 的宗旨是好的，但关税和一般非关税壁垒不断被削减的今天，SA8000 非常容易被贸易保护者利用，成为限制发展中国家劳动密集型产品出口的有力工具。中国目前和欧美等国家的贸易摩擦，在很大程度上是因劳工标准惹起的。这里面既存在着国外社会对我国的误解，也存在着我们自身的问题。一方面，中国确实有部分企业肆意践踏劳工标准，不遵守最低工资，成为"血汗工厂"的事实，但这种情况并不代表中国企业界的普遍情形。另一方面，我国政府没有运用合理的渠道和国外社会沟通，导致国外社会对我国劳工情况片面了解，产生了不信任情绪。国外企业利用本国公众对中国的猜疑，掀起反倾销，抵制中国产品，造成我国遵守国际劳工标准的企业也受到牵连。由于我国政府对 SA8000 的认识不足，国外认证机构不能在中国合法营业，而我国出口企业又属于国际大企业供应商，为了业务需要不得不接受国际劳工标准评估，中国企业不得不付出高昂的评估费，评估通过后又不宜在国内公开宣传，从而造成了很大浪费。有鉴于此，我国政府应采取开放心态，积极引进国际劳工评估。第三方评估认证不但可以大大降低我国受评估企业负担的评估费用，还可以推进第三方认证产业的发展。为保持评估认证的公正、透明，评估必须由中国境内评估企业进行。第三方劳工标准评估，可以和我国各地地方政府颁布的最低工资标准结合起来，由于第三方评估是企业基于自愿原则实施的，让优秀企业被公众知晓，让遵守劳动法规成为企业的品牌，就能强化最低工资制度和相关劳动法规在我国的执行。此外，在我国很多产业面临产能过剩的情况下，可以逐步提高最低工资标准，逐步加强执行力度，以便淘汰落后企业，实现优胜劣汰。

2. 建立合理的工资增长机制。我国自改革开放以来，逐步建立了工资决定的市场机制。但政府对工资的调节机制并没有相应跟进。在当前劳动收入份额不断下滑的情况下，可以通过政府的工资调节机制矫正市场工资决定机制，使政府力量和市场力量相结合，形成合理的工资增长机制。合理的工资增长机制包括两方面内容：

（1）职工工资增长的指数化。从劳动报酬的绝对量来看，劳动报酬应当使劳动者及其家庭维持一个不断进步的社会最低生活水平以上的收入量。要使劳动报酬增长与 GDP 增长大体同步，必须采用指数化工资，即每年参照 GDP 的增长率制定工资的增长率。

（2）高层管理人员薪酬增长和职工工资增长等指标挂钩。近年来我国劳动收入份额出现降低，但企业高层管理人员薪酬增长却很快。企业高层管理人员薪酬的快速增长，拉大了国民收入差距。政府应当严格限制高层管理人员的薪酬增长。政府可以出台法规，规定企业高管层薪酬（含变相收入即福利）和职工工资增长、企业劳动生产率、利润增长保持一定比例。

（三）转变经济增长方式，提高劳动收入份额

借助政府和工会的力量在短期可以实现劳动收入份额的提高，但在长期，必须提高经济效率。要提高我国的经济效率，必须转变经济增长方式。我国的经济增长一直以来都是靠高积累、高投资推动。在计划经济年代，高积累、高投资的主体是国家；而在向社会主义市场经济转轨的过程中，高积累、高投资的主体既有国有、集体企业，也有民营企业。在市场经济条件下，高积累、高投资表现为新增价值分配中，资本收入份额较高，而劳动收入份额较低，这必然会降低劳动收入份额，压缩国内消费，不能发挥出国内居民消费对经济的贡献。

正因为我国长期实行高积累、高投资的发展战略，劳动收入份额在国民收入中的比重增长缓慢甚至下降，居民消费对经济增长的拉动作用有限。在我国的高积累、高投资的增长模式下，投资回报率很低，经济增长对人民群众的生活水平提高作用有限。如果我国现在严格实施最低工资制度，劳动收入份额就会逐步提高，高投资、低回报率的增长模式就会得到一定程度的转变。企业提高资本使用效率，逐渐转向高附加价值的产品和产业，可以实现劳动收入份额提高和产业结构升级相互促进、良性循环。这也是我国产业发展走出粗放型发展，进入集约化经营的重要条件。实现产业发展的这一转变有两方面的好处：一方面会提高内需对经济增长的带动作用，另一方面可以在很大程度上降低我国外贸依存度。当然，在这一过程中，政府必须推动教育的普及和劳动力质量的提高，为产业结构升级提供条件。综上所述，只有充分发挥政府和工会两大经济主体的作用，通过严格实施最低工资制度，建立合理的工资增长机制，实现经济增长方式

的转变，才能不断提高劳动者收入份额。这也是降低我国收入差距，扩大内需，降低外贸依存度，实现产业结构升级的必然要求。

参考文献

［1］李稻葵、刘霖林、王红领：《GDP 中劳动份额演变的 U 型规律》，《经济研究》2009 年第 1 期。

［2］白重恩、钱震杰：《谁在挤占居民的收入——中国国民收入分配格局分析》，《中国社会科学》2009 年第 5 期。

［3］赵俊康：《我国劳资分配比例分析》，《统计研究》2006 年第 12 期。

［4］李实、魏庆、丁赛：《中国居民财产分布不均等及其原因的经验分析》，《经济研究》2005 年第 6 期。

［5］罗长远、张军：《经济发展中的劳动收入占比：基于中国产业数据的实证研究》，《中国社会科学》2009 年第 7 期。

［6］龚刚、杨光：《从功能性收入看中国收入分配的不平等》，《中国社会科学》2010 年第 3 期。

［7］李扬、殷剑峰：《中国高储蓄率问题研究——1992—2003 年中国资金流量表的分析》，《经济研究》2007 年第 6 期。

［8］王祖祥：《中国基尼系数的估算研究》，《经济评论》2009 年第 5 期。

［9］苗青、乐君杰、姚光国：《工会职能与工会满意度：基于浙江省 2311 名员工的实证研究》，《北京市工会干部学院学报》2008 年第 12 期。

（原载《经济学动态》2010 年第 11 期，第二作者为胡靖春）

论政府在功能收入分配和
规模收入分配中的作用

一 功能收入分配和规模收入分配的基本概念

1. 功能收入分配与规模收入分配的区别

功能收入分配和规模收入分配是研究国民收入分配的两种基本方法。功能收入分配也被称为要素收入分配，它探讨各种生产要素与其收入所得的关系，是从收入来源的角度研究收入分配，关注的是资本和劳动的相对收入份额。规模收入分配也被称为个人收入分配或家户收入分配，它探讨不同个人和家庭的收入总额，关注的是不同阶层的人口或家庭得到的相对收入份额。功能收入分配主要关注国民收入的初次分配，而规模收入分配主要关注国民收入的最终分配。

历史上最早研究功能性收入分配的经济学家是亚当·斯密。斯密把全部收入划分为工资、利润和地租。工资收入的性质是劳动收入，利润和地租收入的性质是资本收入。继斯密之后，李嘉图、马克思等经济学家都坚持从功能收入角度研究收入分配。衡量功能收入分配的常用指标是劳动收入份额与资本收入份额。由于经济中存在很多复合收入——例如，农民的收入、城镇小业主的收入等都属于复合收入——如何把复合收入分解为劳动收入和资本收入，在很大程度上会影响劳动收入份额和资本收入份额的计算。由于功能收入分配对收入性质的划分要涉及规范分析，因此强调实证分析的当代西方经济学把研究的重点从功能收入分配转向了规模收入分配。

帕累托是最早研究规模收入分配的经济学家。规模收入分配不区分收入的来源和性质，这种方法以家庭（或个人）为分析单位，按家庭收入总量，将所有家庭由低到高进行排序，分析不同家庭所占的比例。这种分析方法可以探讨某一阶层的人口或家庭的比重与其所得的收入份额之间的关系如何，以及什么因素决定个人或家庭的收入分配结构。衡量规模收入分配的常用指标有 80—20 分位法、5 分位法、基尼系数法和泰勒系数法等。过去经济学家多用基尼系数法衡量规模收入分配，现在泰勒系数法也越来越流行。在基尼系数法中，离散行数据的基尼系数计算公式为 $g = \sum\limits_{i=1}^{n}$ $\dfrac{2i - n - 1}{n^2} \dfrac{x_i}{u}$，基尼系数可以简单地看作是所有个体相对收入 $\dfrac{x_i}{u}$ 的加权加总，其中排在第 i 个位置的权重为 $\dfrac{2i - n - 1}{n^2}$。而泰勒系数法（TheilIndex）通过计算人们的收入份额与人口份额之比，来考察现实收入分配离完全平等的偏离程度。其计算公式为 $T = \sum\limits_{i=1}^{N} \dfrac{y_i}{Y}\log(\dfrac{y_i}{Y/N})$，其中 y_i 是第 i 个人的收入，Y 是总收入，N 是总人口。

2. 功能收入分配与规模收入分配的联系

功能收入分配和规模收入分配存在密切的联系。一般而言，功能收入分配差别越大，规模收入分配差别也越大。反之则反是。任何强化功能收入分配差距的措施都会影响规模收入分配格局。收入的功能分配决定着收入的规模分配①。功能收入分配从收入来源角度研究收入分配，其分析原则是经济效率原则；而规模收入分配研究人口规模或家庭规模与收入规模的关系，其结果可以用来说明社会阶层流动状况，也可以说明不同的社会经济群体之间收入分配的形成和变化趋势。功能收入分配决定和影响规模分配，因为某一经济群体的人口所获得的收入份额在很大程度上取决于他们所占有的生产要素的多寡。

经济制度会影响功能收入分配和规模收入分配间的联系。按照新古典

---

① 参见陈宗胜《经济发展中的收入分配》，上海三联书店 1994 年版，第 14—16 页。

经济学的边际生产力理论，在一个完全竞争的市场环境中，功能收入分配会导致每种要素的所有者收入趋向均等化。但这并不符合现实。例如，在现实中，由于雇主与工会之间的集体讨价还价，垄断者和富有的地主从其个人利益出发对资本、土地和产品价格的操纵，都会使功能收入分配的理论产生很大的局限性。

无论是功能收入分配，还是规模收入分配，都非常关注收入不平等的成因。收入不平等一般由两种原因所致。一种是财产性收入不平等，另一种是工资不平等。工资水平的降低会导致财产性收入上升，而财产性收入上升会加剧收入不平等；工资不平等上升也会导致收入不平等。在发展中国家，人们的收入差距往往是财产性收入不平等造成的；但在发达国家，工资不平等是收入不平等上升的主要原因。例如，在中国，劳动收入占国民收入的比重只有四成，收入不平等主要来源于资本收入的不平等。而在美国，劳动收入占国民收入的2/3，劳动收入不平等对美国收入不平等的贡献率就会大大超过中国。弗里德曼（Friedman）认为，从总体而言，占美国收入2/3的劳动性收入不平等的扩大是驱动美国收入不平等扩大的主要原因。在美国，工资不平等上升的主要原因是工人群体中受过高等教育，掌握了先进技术的工人工资增长较快。但上述观点忽略了以下事实：在美国，劳动收入高的群体同时也是财产性收入的获得者。这说明劳动收入不平等和资本收入不平等会相互促进。工资不平等和财产不平等的共同作用，使得美国的国民收入差距不断拉大。

3. 功能收入分配、规模收入分配与产出最终使用的图示关系

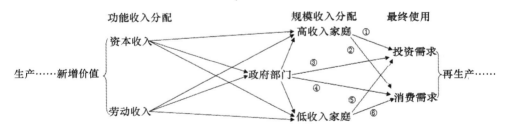

图1　政府在功能收入分配和规模收入分配中的作用

功能收入分配和规模收入分配是研究国民收入分配的两种基本方法。近年来，越来越多的学者认识到，研究国民收入分配还应该有第三种视角，即国民产出最终使用。

$$国民产出的最终使用 = 投资需求 + 消费需求 \tag{1}$$

$$其中，投资需求 = 政府投资 + 企业投资 = ① + ③ + ⑤ \tag{2}$$

$$消费需求 = 政府消费 + 居民消费 = ② + ④ + ⑥ \tag{3}$$

在（2）式中，企业投资的来源是居民家庭，其中高收入家庭是企业投资的主体，因为企业的所有权往往掌握在少数高收入家庭手中。低收入家庭的投资需求存在，但非常有限。

在图1的关系中，功能收入分配和规模收入分配都将政府剔除在外。从功能收入分配角度讲，政府是生产中处于劳资之外的第三方，功能收入分配只考虑生产中资本和劳动力两大生产要素所有者的收益分割，政府不是生产要素的投资者，因而被排除在外。而规模收入分配以家户为分析单位，政府收入中的相当部分会以转移收入的形式分解到各个家庭。因而规模收入分配也把政府排除在外。从最终使用角度研究国民收入分配的优势在于，该方法能将政府在功能收入分配与规模收入分配之间的关系显现出来。

如图1所示，国民产出最终使用涉及三大经济主体：政府、企业、家庭。方福前利用我国统计年鉴中公布的"投入产出基本流量表"对我国国民产出最终使用中政府、企业和居民三大经济主体的比重进行了估计①。在现实经济中，按家庭收入从高到低排序是一个连续谱系。但在图1中，我们把居民家庭简化为高收入家庭和低收入家庭两类，假设高收入家庭是企业的主要所有者。把政府引入功能收入分配和规模收入分配，这两种收入分配将会通过政府的作用被联系在一起。

二 政府对功能收入分配和规模收入分配的影响

1. 政府对功能收入分配的影响

按照马克思的基本理论，单个商品价值为：

---

① 方福前：《政府消费与私人消费关系研究进展》，《经济学动态》2009年第12期。

$$z = c + (v + m) \tag{4}$$

对国民经济而言，所有商品价值的总和可以写为：

$$\sum z_i = \sum c_i + \left(\sum V_i + \sum m_i \right) \tag{5}$$

但公式（5）要成立，必须有严格的条件，即所有产品都是最终产品，这样才会避免中间产品的重复计算。

公式（5）中存在两个部分，$\sum c_i$ 是不变资本部分，是存量；$\sum V_i + \sum m_i$ 是新增价值部分，是流量。在现行的国民经济统计中，国内生产总值 GDP 是一个流量概念，它只包括商品价值总和中的第二部分，即 $\sum V_i + \sum m_i$。因此有：

$$GDP = \sum V_i + \sum m_i \tag{6}$$

由该公式也可知，GDP 可以划分为两个部分：劳动收入 $\sum V_i$ 和资本收入 $\sum m_i$。

现实中的国民收入分割远比上述理论分割要复杂。上述国民收入分割假定政府不存在。但在当代资本主义国家，政府支配的收入会占到 GDP 的 20% — 40%。因此必须对政府收入进行分解。政府对功能收入分配的影响通过两条渠道实现。第一，政府可以通过劳动立法，调节劳资双方的谈判力量，进而调节附加价值在资本收入和劳动收入之间的分割。第二，政府可以通过对资本收入和劳动收入征税的税负分配，调节资本收入和劳动收入。对资本收入征税主要通过企业所得税实现，对劳动收入征税主要通过工资、薪金所得税实现。

假定政府收入全部来自税收，即政府没有资本收入，政府的税收按不同标准可以划分为两种类型：按征税对象，可以划分为对劳动收入征税和对资本收入征税；按征税方式，可以划分为直接税和间接税。在不同的征税方式下，国民收入的分割也不同。在现实经济中，政府的税收来源主要分为直接税和间接税，它们对资本收入有利还是对劳动收入有利必须依情况而定。在现实当中，每个家庭的收入都是复合收入——既有劳动收入，又有资本收入。一般而言，高收入家庭的收入以资本收入为主，低收入家庭的收入以劳动收入为主。在直接税条件下，如果个人收入所得税起征点高，累进所得税的边际税率高，则对高收入家庭不利，这相当于加重了资本收入的税负；如果个人所得税起征点低，累进所得税的边际税率低，则对低收入家庭不利，这相当于加重了劳动收入的税负。在间接税条件下，间接税对资本收入有利还是对劳动收入有利则更难以分析。在间接税中，针对奢侈品的消费税对高收入家庭不利，这相当于对资本收入征税；而增值税的税负分配是中性的。由于增值税的税收扭曲效应低，增值税成为越来越重要的间接税种。在增值税条件下，国民收入被分割为三部分，在不考虑政府收入到底来源于资本收入还是来源于劳动收入，就可以从微观商品价值角度出发，把商品价值公式修改为：

$$z = c + (v + m) = c + (v_t + m_t + t) \tag{7}$$

式中，v_t是税后劳动者报酬，m_t是税后剩余价值，t为政府税收收入。国民经济中，所有商品的价值可以写为：

$$\sum z_i = \sum c_i + (\sum v_{ti} + \sum m_{ti} + \sum t_i) \tag{8}$$

国民生产总值可以写为：

$$\text{GPD} = \sum v_{ti} + \sum m_{ti} + \sum t_i \tag{9}$$

（9）式中的三部分相对应的是：劳动收入、资本收入和政府收入。在一些文献中，劳动收入也被称为居民收入，而资本收入也被称为企业收入。

2. 政府对规模收入分配的影响

政府对最终收入分配的影响主要通过对支出活动的调节实现。政府支出规模和支出结构的变动都会影响到最终收入分配。

（1）政府支出规模对规模收入分配的影响。政府支出规模的变动会在一定程度上对居民支出和企业支出产生"挤出效应"。政府的消费需求会对居民部门的消费产生挤出效应；政府的投资需求会对企业部门的投资产生挤出效应。挤出效应是否是有害的？这取决于政府支出的效率。在消费支出方面，如果政府支出购买公共产品，能够弥补居民部门公共品供给不足的缺陷，则政府的消费效率就高于居民部门的消费效率。在投资方面，如果政府投资能够弥补私人企业对大型、长期投资项目的不足，政府的投资效率就高于企业部门的投资效率。

这也意味着，政府和居民、企业部门之间的关系必须是互补关系，而不是竞争关系。如果政府和居民、企业部门之间的关系是竞争关系，则政府支出的效率就会是低下的。政府支出可能在消费领域产生"强迫消费"、"过度消费"。例如，政府可能通过行政摊派造成强制消费；政府部门的公款吃喝、公款旅游、公款养车的"三公消费"可能会造成过度消费。强制消费和过度消费会降低政府支出的效率。在投资领域，政府投资可能会通过垄断限制私人资本进入，从而赚取垄断利润。这也会导致政府投资效率低下。

（2）政府支出结构对规模收入分配的影响。政府支出可以分为投资性支出、消费性支出和保障性支出三种。政府为了经济建设的目的而投资于基础设施、区域开发、生态保护、高科技研发等的支出，是投资性支出；政府为了维护公共管理机构正常运转而产生的国防、公共安全、政府公共机构管理支出，则是消费性支出。消费性支出也被称为政府购买公共产品和公共服务支出；政府对落后地区的转移支付、支农支出、教育支出、医疗支出和社会保障支出，是保障性支付。保障性支出在政府支出中的比重越高，低收入者获得的转移支付越多，社会财富的分配也就越公平。政府消费性支出增长过快时，可能会对居民消费（来自工资基金的消费）产生挤出效应。

三　我国财政收入与财政支出中政府对功能收入分配与规模收入分配的作用机制

1. 我国国民收入统计中的功能收入与规模收入

我国的国民收入统计经历了从 MPS 体系到 SNA 体系的转变。我国在 1985 年实行 MPS 核算体系，1993 年开始正式实行 SNA 核算体系，中间是过渡阶段。MPS 体系比较关注功能收入分配，其计算公式为：

国民收入 =（工资 + 职工福利基金） +（利润 + 利息） + 税金 + 其他

$$(10)$$

SNA 体系比较关注国民产出的最终用途，其计算公式为：

国民收入 = 总消费 + 总投资 + 货物和服务净出口 = （居民消费 + 社会消费） + （固定资产形成 + 存货增加） + （货物和服务出口 – 货物和服务进口）　　　　　　　　　　　　　　　　　　　　　　　　　　(11)

无论是 MPS 体系，还是 SNA 体系，都无法直接获得规模收入分配的信息。规模收入分配只涉及家庭，不涉及企业与政府。规模收入分配假定企业和政府的收入最终都要归结为家庭收入。规模收入分配的计算往往通过基尼系数等衡量。以下对我国功能收入分配、规模收入分配和国民产出最终使用三方面的现状进行分析。

（1）我国的功能收入分配。我国目前的国民收入统计采用收入法，将增加值分解为劳动者报酬、生产税净额、固定资产折旧和营业盈余。从这种统计方法并不能直接看出劳动收入份额和资本收入份额。周明海、肖文、姚先国认为，在这种国民统计核算中，生产税净额既不属于劳动者收入，也不属于资本收入，税收份额的增加将低估劳动收入份额。要计算我国的劳动收入份额，还存在着个体经济劳动收入份额分解的困难。2004年，我国统计中把个体劳动者收入全部视为劳动者报酬，此后将个体经济业主的劳动报酬和经营利润视为营业利润。①

上述计量困难会影响到我国劳动收入份额的绝对度量，但对劳动收入份额的相对度量影响并不显著。白重恩和钱震杰、卓勇良、周明海、肖文、姚先国等人的研究结果都表明，1978—1984 年我国劳动收入份额处于上升阶段，相对而言资本收入份额处于下降阶段；1984—2007 年劳动收入份额处于下降阶段，资本收入份额处于上升阶段。②

---

① 周明海、肖文、姚先国：《中国经济非均衡增长和国民收入分配失衡》，《中国工业经济》2010 年第 6 期。

② 白重恩、钱震杰：《国民收入的要素分配：统计数据背后的故事》，《经济研究》2009 年第 3 期；白重恩、钱震杰：《谁在挤占居民的收入——中国国民收入分配格局分析》，《中国社会科学》2009 年第 5 期；卓勇良：《关于劳动所得比重下降和资本所得比重上升的研究》，《浙江社会科学》2007 年第 3 期；周明海、肖文、姚先国：《中国经济非均衡增长和国民收入分配失衡》，《中国工业经济》2010 年第 6 期。

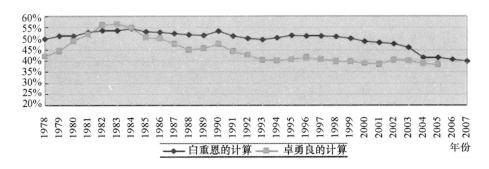

图 2   1978—2007 年我国劳动收入份额的变动

注：在白重恩的计算结果中，2007 年数据由刘社建等整理。

　　1984 年以来，我国劳动收入份额的下降从企业利润率的变化也能够得到证实。张杰等利用国家统计局 1999—2007 年的工业企业统计数据库建立多元回归模型，sperman 相关系数矩阵结果显示，企业利润率和人均工资之间呈现出一种显著且稳定的负相关关系，这表明，在我国越是利润高的企业支付给员工的工资水平越低。这意味着企业利润是靠挤占员工工资来实现的，这似乎为中国企业微观层次"利润挤占工资"提供了检验事实。[①]

　　（2）我国的规模收入分配。王祖祥（2009）利用《中国统计年鉴》（1995—2005 年）的收入分配数据进行估算，发现目前我国城镇与农村两部门内部的基尼系数都不大，都没有超过 0.34，但从 2003 年开始，我国的加总基尼系数已经超过了 0.44，远远越过了警戒水平 0.4。王祖祥认为城乡收入差距是我国不平等程度扩大的主要原因。农民工工资增长缓慢固然是城乡收入差距拉大的原因，但城乡收入差距拉大的最主要原因是城市居民资本收入（财产收入）增长迅速。改革开放以来，中国农民工数量越来越庞大，工资收入在农村居民家庭中的比重逐年提高。1984—1996 年，我国农民工工资收入占农村居民家庭纯收入的比重从 17.17% 提高到

---

　　① 张杰、黄泰岩：《中国企业的工资变化趋势与决定机制研究》，《中国工业经济》2010 年第 3 期。

23.59%[①]。到 2008 年，这一比重又进一步上升到 37.42%。上海市的这一比例最高，高达 70%，东部沿海地区普遍都在 40% 以上。

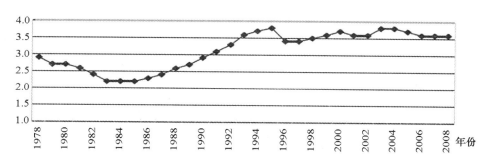

图3　1978—2008 年我国城乡消费水平对比

数据来源：《中国统计年鉴 2009》。

图 3 反映了我国城乡居民消费水平对比的变化趋势。从图中可以看出，自 1984—1995 年，我国城乡居民消费水平差距急剧增大。自 20 世纪 90 年代中期以来，城市居民对农村居民的消费水平倍数一致维持在 3.5 倍以上。城乡收入差距的扩大，一是因为城市居民的劳动收入高于农村居民，二是因为城市居民的财产性收入也高于农村居民的财产性收入。

（3）我国的国民产出的最终使用。我国现行的国民收入统计，按总值收入法，可以将国民收入划分为劳动者报酬、生产税净额、固定资产折旧和营业盈余；按支出法可以将国内生产总值划分为最终消费支出、资本形成总额、货物和服务净出口。这样就在功能收入分配和产出最终用途之间建立了联系。这种划分法可以计算出资本形成率（投资率）和最终消费率；其中最终消费支出可以分解为居民消费支出（农村、城市）和政府消费支出。图 4 是我国现行国民收入统计中的收入法和支出法的统计项目区别。

---

① 数据引自万广华《经济发展与收入不均等：方法和证据》，上海三联书店 2006 年版，第 209 页。

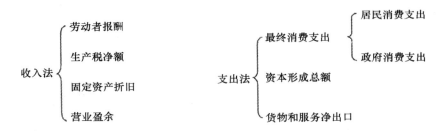

图 4   我国统计年鉴中按支出法和收入法划分的国内生产总值构成

表 1 是用支出法衡量的我国国内生产总值构成。支出法衡量的优势是便于衡量最终需求的去向。最终消费、投资与净出口是国民收入的三大最终流向。

表 1   1978—2008 年我国国内生产总值构成（支出法）

年份	最终消费支出比重（%）	资本形成总额比重（%）	货物和服务净出口比重（%）	年份	最终消费支出比重（%）	资本形成总额比重（%）	货物和服务净出口比重（%）
1978	62.1	38.2	-0.3	1994	58.2	40.5	1.3
1979	64.4	36.1	-0.5	1995	58.1	40.3	1.6
1980	65.5	34.8	-0.3	1996	59.2	38.8	2.0
1981	67.1	32.5	0.3	1997	59.0	36.7	4.3
1982	66.5	31.9	1.6	1998	59.6	36.2	4.2
1983	66.4	32.8	0.8	1999	61.1	36.2	2.8
1984	65.8	34.2	0.0	2000	62.3	35.3	2.4
1985	66.0	38.1	-4.0	2001	61.4	36.5	2.1
1986	64.9	37.5	-2.4	2002	59.6	37.9	2.6
1987	63.6	36.3	0.1	2003	56.8	41.0	2.2
1988	63.9	37.0	-1.0	2004	54.3	43.2	2.5
1989	64.5	36.6	-1.4	2005	51.8	42.7	5.4
1990	62.5	34.9	2.6	2006	49.9	42.6	7.5
1991	62.4	34.8	2.7	2007	49.0	42.2	8.9
1992	62.4	36.6	1.0	2008	48.6	43.5	7.9
1993	59.3	42.6	-1.8				

数据来源：《中国统计年鉴 2009》。

在国民收入的最终流向中，投资和消费是两大最重要的项目。从图 5

可以发现，1978—2008 年，我国投资率不断上升，而最终消费率却在不断下降。

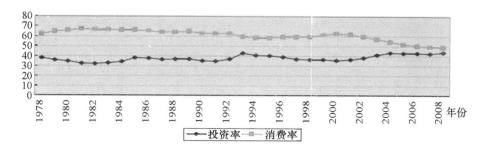

图 5　1978—2008 年我国的投资率和消费率

数据来源：《中国统计年鉴 2009》。

　　以上分析说明，功能收入分配、规模收入分配与国民产出的最终使用密切相关，政府收支活动是联结三者的重要枢纽（见图 1）。以下将对政府在其中的作用作进一步分析。

　　2. 我国政府财政收支在功能收入分配、规模收入分配与国民产出最终使用中存在的问题及政策建议

　　（1）我国功能收入分配中存在的问题及对策。我国功能收入分配中面临的主要问题是劳动收入份额过低。在美国，20 世纪 70 年代以来，劳动收入占 GDP 的比重一直维持在 65%—68%[1]。为了经济的健康、平稳发展，今后我国政府必须在功能收入分配中提高劳动收入份额的比重。劳动收入份额的提高会对经济增长通过以下途径发挥影响：第一，劳动收入份额提高会提高社会消费需求，避免经济危机。第二，劳动收入份额提高会提高低收入家庭的规模收入，降低最终分配的收入差距。因为低收入家庭的主要收入来源是劳动收入。第三，劳动收入份额提高也有利于提高投资效率。传统理论认为，高收入家庭是资本投资的主体，但在现代金融体制下，由于发达的信用体系便利了直接投资和间接投资，投资行为已经社会

---

　　①　胡靖春：《论马克思工资理论的当代意义》，《海派经济学》第 29 辑，上海财经大学出版社 2010 年版。

化了，不再是单个资本的行为。劳动收入也会转化为资本。低收入家庭也会有资本收入。劳动收入份额的提高，会使很多雇佣劳动者家庭也成为投资者。这有利于在社会上形成中产阶层。

在我国，提高劳动收入份额的主要措施，从劳动立法角度，应该通过政府力量，矫正劳资谈判力量；从税收角度，应该降低劳动收入的税负。程恩富在另一文中认为，我国企业职工仅仅获得维护甚至低于简单劳动力再生产的工资水平，劳动力缺乏向上发展和提高素质的能力和机会，因而陷入了所谓低廉的劳动力价值具有比较优势的"比较优势陷阱"。我国通过降低和压低职工权益的保护水平来维持我国劳动密集型产业的竞争力是不可持续的。低端的劳动密集型产业市场是一个近乎完全竞争的市场，只有通过提高技术水平，掌握核心知识产权，打造核心竞争力，实现产业层次的升级，才能实现经济发展的可持续性。我国是社会主义国家，作为代表劳动人民根本利益的国家理应自觉站在劳动大众的立场上，主动承担起保护和提高职工权益的重任，通过制定和有效实施职工权益保护的法律法规并严格执法，同时依靠工会和职工的积极参与，并要求企业高管以及有关工商联和雇主协会等一起自觉做好配合工作，从而切实保护和改善职工的权益，打造和谐的社会主义劳动关系和劳资关系，为构建社会主义和谐社会打下牢固的经济社会基础[①]。

（2）我国规模收入分配中存在的问题及对策。我国规模收入分配中存在的主要问题是居民收入差距过大，而这又和政府再分配职能弱化有关。政府在收入再分配中起着非常重要的作用。政府通过财政收入和财政支出，都可以发挥收入再分配的职能。

从财政收入角度看，一般而言，政府收入中间接税的比重越小，直接税的比重越大，财政对最终收入分配的调节作用越明显。杨文芳、方齐云对美国和中国的财政收入结构和支出结构进行了比较研究，发现美国的财政收入以直接税为主，所得税在美国政府的财政收入中所占的比例一直接近60%，其次是社会保险税，占财政收入的比例为35%左右。中国的财

---

① 程恩富：《构建国家主导的企业职工权益保护体系》，《程恩富选集》，中国社会科学出版社2010年版，第723—729页。

政收入中，间接税一直占70%以上。在财政支出方面，美国政府的财政支出以转移支付与保障性支出为主，这两项支出一直稳定在62%左右。而中国的财政支出比重则以消费性支出为主，所占比例一直高达65%以上，其次是投资性支出，稳定在23%—30%，而保障性支出比例最小，一直低于10%①。以上情况说明，美国的财政支出注重财政政策的收入分配功能，而我国的财政支出结构体现了财政政策对经济的宏观调控功能。今后我国的财政支出应该更侧重于财政的收入再分配职能。

从财政支出角度看，财政支出的方向、结构会直接影响到最终收入分配。王艺明等人的研究表明，政府的行政管理费支出在全国层面上显著扩大了城乡收入差距。而基本建设支出、文教科卫支出、福利保障支出对城乡收入差距的影响存在区域性差异。在东部地区，上述支出缩小了城乡收入差距；在西部地区，上述支出却扩大了城乡收入差距。主要原因在于，西部地区农村财政投入严重不足，上述支出严重向城市倾斜，因而进一步拉大了城乡收入差距②。程恩富在另文中认为，促进消费的关键环节在于打破束缚个人消费的瓶颈，即完善全社会医疗和社会保障体系，加大基础教育和健康卫生方面的公共投资，有效改善人们的消费预期，提高消费倾向③。以上研究表明，今后我国政府支出必须重视降低政府行政管理费支出，增加对农村地区的文教科卫和社会保障支出。

（3）我国国民产出最终使用中存在的问题及对策。我国国民产出中存在的主要问题是投资比重大，消费比重小，社会总需求不足。而社会总需求不足的原因又主要在于居民消费率长期低迷。我国居民消费率长期低迷不振是不争的事实。但对居民消费低迷的原因却有不同的解释。

第一种观点认为，收入差距拉大是我国居民消费率低迷的原因。例如，杨文芳、方齐云认为，我国居民消费率低迷的原因主要在于，一是改革开放以来，多种分配方式下，居民收入差距逐渐拉大，导致整体居民消

---

① 杨文芳、方齐云：《财政收入、财政支出与居民消费率》，《当代财经》2010年第2期。

② 王艺明、蔡翔：《财政支出结构与城乡收入差距基于东、中、西部地区省级面板数据的经验分析》，《财经科学》2010年第8期。

③ 程恩富：《加快转变对外经济发展方式须实现"五个控制和提升"》，《程恩富选集》，中国社会科学出版社2010年版，第759—766页。

费倾向降低；二是我国社会保障制度的发展滞后，居民面临的收入和支出不确定性加大，导致预防性储蓄动机加强，社会消费倾向降低[1]。吴栋等人的研究表明，我国的社会保障支出变化率对城镇居民和农村居民消费率均有比较显著的正向影响[2]。社会保障支出具有转移支付性质，能够改善收入分配结构从而提高社会消费倾向。同样，教育和卫生支出对社会消费增长率也有正向影响。这可能是因为财政人力资本投资比物质资本投资更能提高经济增长率的缘故。

第二种观点认为，政府消费对居民消费的挤出效应是我国居民消费率低迷的原因。例如，方福前认为，居民之间的收入差距扩大也是中国居民消费需求不足的原因，但不是主要原因。中国的收入分配自 1996 年开始一直向政府倾斜，自 2004 年开始又向企业倾斜。在经济蛋糕不断扩大的过程中，政府和企业获得的份额越来越大，而居民的份额却在不断缩小。自 1997 年下半年开始，中国宏观经济从供给不足转向需求不足。发达国家总需求不足的原因是投资需求不足，而我国的总需求不足是消费需求不足。主要表现在中国的最终消费率（最终消费支出占支出法 GDP 的比重）偏低，而且自 2000 年以来逐渐下降。1998—2006 年，中国的消费率一直低于 62%，而同期世界平均的消费率为 75% 左右，其中发达国家的消费率为 80%。在中国的最终消费结构中，居民消费和政府消费呈现此消彼长的关系。自 2000 年以来，我国居民消费率的增长落后于固定资产增长和 GDP 增长。[3] 这主要是中国经济的高增长主要靠高速增长的固定资产投资支撑的发展模式造成的。

上述两种观点看似矛盾，实则不然。我国居民消费倾向低的原因是政府的社会保障支出比重太低；而政府消费增长过快导致居民消费下降，说明我国政府的支出结构不合理。如果政府能够压缩行政开支，增加社会保障支出，提高财政支出的效率，上述两方面的问题都可以被克服。

---

[1] 杨文芳、方齐云：《财政收入、财政支出与居民消费率》，《当代财经》2010 年第 2 期。

[2] 吴栋、周鹏：《城乡二元结构下财政支出对居民消费率影响研究》，《当代经济研究》2010 年第 6 期。

[3] 方福前：《中国居民消费需求不足原因研究——基于中国城乡分省数据》，《中国社会科学》2009 年第 2 期。

（4）我国政府支出中存在的问题和对策。政府支付的规模和结构会对城镇居民和农村居民的消费倾向产生影响，进而影响到社会总需求。我国功能收入分配、规模收入分配和产出最终使用中存在的很多问题，都要求控制财政支出增长速度，优化财政支出结构。

首先，控制财政支出增长速度，使财政支出和经济增长相适应。根据世界银行的统计，人均 GDP 国民收入小于 3000 美元的国家财政占 GDP 的比重一般为 20%—30%；人均 GDP 为 3000—10000 美元的国家一般为 30%—40%；人均国民收入大于 20000 美元的国家，该比重一般为 40%—60%[①]。根据我国的人均 GDP 水平，我国的财政占 GDP 的比重应该在 20%—30% 之间。

根据郭彦卿等人的研究，1978—1992 年，我国财政收入规模占 GDP 的比重在 30%—50% 之间，均值为 37%；1993—1999 年这一比重下降为 20% 以下，均值为 17%；2000 年以来这一比重稳定在 20% 以上，均值为 23%。[②] 从这一比重来看，我国的财政收入占 GDP 的比重似乎保持在一个合理的区间。但有些学者认为，我国的财政收入统计存在漏出量，导致实际财政比例可能更高。这些未被统计的财政收入包括：预算外收入、没有纳入预算外管理的制度外收入以及地方政府和事业单位自行决定征收的各种收入，如各种费用收入、价外加价、基金、集资、摊派等。有鉴于此，一些经济学家基于新自由主义经济主张，认为我国应该限制政府支出规模。

新自由主义经济学家们主张限制政府、减少政府对市场的干预。这是一个过于理想化的方案。其实即便在美国等西方资本主义国家，政府规模也在不断扩大，政府支出占 GDP 的比重也居高不下。按照德国经济学家瓦格纳 1882 年提出的一条著名的瓦格纳法则的预测，未来政府的支出规模只会继续增加。该法则认为，一国政府职能的扩大与国民收入之间存在正向的函数关系。随着经济的发展，国家的职能也会不断扩大，为保证行

---

① 陈兴红：《合理调整我国财政收入占 GDP 的比重》，《江苏商论》2004 年第 4 期。
② 郭彦卿、李兰英：《我国财政收入规模的现状与最优取值分析》，《中央财经大学学报》2009 年第 12 期。

使国家职能，公共支出的比重也会增加。这一法则也被称为"公共支出不断增长法则"或"政府活动扩张法则"。人类社会在进入工业化、城市化以后，人与人的交往范围日益扩大，社会生活的公共领域不断扩大，公共支出比重确实也在增长，这似乎验证了瓦格纳法则。

如果瓦格纳法则是正确的，未来我国的财政收入规模不但不会降低，反而会继续上升。因而在长期内削减财政支出的政策建议可能并不符合社会发展的实际。但是，在短期内，适当限制政府支出的过快增长，有利于政府提高财政支出效率。近年来我国税收收入大幅增加，2000—2006年，我国税收收入年均增长达到30%，远高于GDP的增幅。把财政支付的增长控制在适度范围内，使财政支出和经济增长相适应，规范财政收入，降低财政预算外收入，是我国财政规模应解决的主要问题。

其次，优化财政支出结构，增强政府支出的透明度。我国财政支出的主要问题不是财政支出规模，而是财政支出结构。我国政府支出结构存在诸多不合理之处。一方面，我国财政支出中非生产性支出增长过快；另一方面，公共服务和社会保障转移支付又严重不足。

韩贵英等人的研究发现，我国财政支出中，行政管理费支出呈逐年上升的趋势。1998—2002年，我国的行政管理支出费用在财政支出中的比重年均超过了14%，明显高于其他国家。韩贵英等人认为，政府机构和人员编制急剧膨胀是行政管理支出比重急剧上升的原因[1]。许雄奇、朱秋白认为，我国财政投资在总量增加的同时，质量却有所下降。财政支出缺乏宏观调控，投资结构失调，重复建设、盲目建设项目多，政府运转人员的薪金、行政费用消耗了财政收入增长的很大比例，因而造成财政支出效率降低[2]。

目前我国的财政支出中，教育、科技、文化、卫生、广播电视、社会保障及环保支出占财政总支出的比重依然较小。这些支出具有很强的社会效应和外部效应。这些支出的不足导致我国公共物品和公共服务供给不

---

[1]　韩贵英、毛燕、汤莉萍：《财政支出结构的国际比较及其对我国的借鉴与启示》，《西南民族大学学报》2004年第10期。

[2]　许雄奇、朱秋白：《我国财政收入与财政支出关系的实证研究》，《财经研究》2004年第3期。

足，严重影响了经济和社会的发展。未来中国政府面临的一个重大挑战是政府职能如何实现转型，如何提高政府效率，转变为服务型政府。要实现这一转变，必须增加政府收入和支出的透明度，加强财政收支的社会监督。

综上所述，政府是国民收入分配的重要经济主体。政府活动通过财政收入与支出，以及相关的法律法规，对功能收入分配和规模收入分配起着重要的引导作用。发展经济学研究早已表明，政府要么在经济发展中起着重要的促进作用，要么在经济发展中起着严重的阻碍作用。新自由主义力图在经济中去掉政府的作用，这根本不符合市场经济发展的要求。市场经济发展的要求，是要规范，而不是去除政府作用。我国未来的收入分配是否合理，经济能否健康稳步发展，关键取决于政府对市场经济的作用机制能否规范。

参考文献

王祖祥：《中国基尼系数的估算研究》，《经济评论》2009 年第 5 期。

（原载《马克思主义研究》2011 年第 6 期，
第二作者为胡靖春，第三作者为侯和宏）

关于劳动收入分配若干问题的思考

金融危机之后，我国政府出台的各项大力刺激经济增长政策仍然是以投资为主，国内需求的低迷是制约我国经济未来长期增长的瓶颈。与发达国家相比，我国消费支出的比例明显偏低。究其原因，居民收入偏低尤其是劳动收入份额的下降是制约消费增长的最主要因素。

一 关于我国居民劳动收入分配的现状

自从 20 世纪 90 年代以来我国劳动收入份额一直呈下降的趋势。李稻葵等人（2009）的研究表明，我国初次分配中劳动份额从 1992 年开始到 1996 年略有上升，然后逐步下降。1999 年我国劳动收入份额比重约为 54%，但到 2006 年时已经下降到了 50% 以下。白重恩、钱震杰（2009）的研究表明，1978 年我国劳动收入份额约为 50%，此后十年略有上升，但自 1990 年以来缓慢下降，2004 年以来下降趋势尤为明显，2006 年这一数值已降至 47.31%。这些研究数据都表明，我国劳动收入份额已经下降到了历史最低水平。

另外一些学者的研究也表明我国劳动收入降低到了历史最低水平。赵俊康（2006）的研究表明，从 1996—2003 年，我国城乡就业人员增加了 5482 万人，劳动报酬却从 54.3% 下降到了 49.62%。除内蒙古、辽宁、浙江和山东外，27 个省市的劳动报酬都有不同程度下降。徐现祥、王海港（2008）的研究表明，1978—2002 年我国初次分配中的收入分布不断向右平移，资本所得普遍增长，劳动收入不断下降。罗长远、张军（2009）研究发现，1995—2004 我国劳动报酬从 51.4% 下降到了 41.6%。卓永良（2007）的研究表明，改革开放初期我国的劳动收入份额在不断上升，从

1978 年的 42.1% 上升到 1983 年的 56.5%。但自 1984 年以来，我国劳动收入开始不断下滑。到 2005 年劳动收入份额已经下滑至 38.2%。

虽然众多学者对我国劳动报酬占 GDP 的绝对份额度量存在很大差异，但近年来我国劳动收入份额下降到历史最低水平却是个不争的事实。综合学者们对我国劳动收入份额的估计可以得知，2002—2006 年，我国劳动收入份额的乐观估计大概是 50%，悲观估计是在 40% 左右。

与劳动收入份额下降相伴随的另外一个现象是，在逐渐缩减的收入份额中，其中的劳动收入分配差距也在逐年扩大。李实（2005）的研究表明，1995—2002 年，不论是从城镇居民、农村居民，还是从全国居民数据来看，我国洛伦兹曲线都显著外移，说明我国收入差距都在不断拉大。王祖祥（2009）利用《中国统计年鉴》（1995—2005）的收入分配数据进行估算，发现目前我国城镇与农村两部门内部的基尼系数都不大，都没有超过 0.34，但从 2003 年开始，我国的加总基尼系数已经超过了 0.44，远远越过了警戒水平 0.4。市场经济国家一般认为基尼系数在 0.3—0.4 之间，表示收入差距相对合理。而我国从 2000 年来，基尼系数一直在 0.41 以上，表明贫富差距的程度还在上升。

劳动收入份额和收入差距存在密切的关系。

资本收入增长过快，劳动收入增长缓慢是造成国民收入差距的主要原因。正常情况，收入差距是由于不同的劳动生产率造成的，更高的劳动生产率意味着更高的劳动报酬，或者，从劳动生产率的反面资本生产率的角度也可以解释，资本生产率如果高于劳动生产率的增长，会导致在收入分配过程中，财富朝拥有资本的一方倾斜，从而减少劳动收入份额，同时也增加收入分配的不平等。工资性收入作为居民收入的最主要来源，其比重的下滑跟工资的增长缓慢有关，中国大概有 1 亿—1.5 亿的劳动人口处于未就业或未充分就业状态。这阻碍了工资收入随着劳动生产率的提高而提高，进而导致了工资收入在国民收入中占比的持续下滑。

因此，劳动收入份额的下降导致资本收入以及政府收入比例的上升，这在一定程度上使得依靠赚取工资的居民与获得资本回报的居民，收入之间的差距进一步扩大。换言之，收入份额的下降是收入差距扩大的原因。

二　关于劳动收入差距扩大的原因

既然造成收入差距拉大的主要原因在于资本收入份额的提高和劳动收入份额的下降，那么找到劳动收入份额下降的原因，也就找到了收入差距拉大的原因。

90年代以来我国劳动收入份额的降低，主要是我国所有制结构调整所致。劳动收入份额反映了劳动者在收入分配中的经济社会地位。该份额越低，说明劳动者的经济社会地位越低。统计资料显示，在我国不同类型的所有制经济中，非公经济中劳动收入份额一般较低，并且工人的平均工资也低。在相同情况下，公有经济的劳动收入份额要高，并且工人平均工资也高。在私有经济中，雇主为了追逐利润最大化，必然极力压低工资，使得劳动生产率提高的好处尽量为雇主和资本所得，从而随着劳动生产率的提高，劳动报酬占比必然越来越低。当前，中国在经济结构转型中强调更多地发展私有经济和对外招商引资，现存的国有和集体企业也大量被股份私有化，这必然会导致劳动报酬占比的下降。

从目前披露的数据和收入与所有制的经济学规律来看，劳动报酬占比下降，是公有制的比重在中国经济中的比重下降、政府和工会未能在市场经济充分发挥作用的客观结果。在其他条件不变的情况下，非公有制经济成分（含内资和外资）越大，劳动报酬占比往往越低。而在公有制经济内，工人通过职代会、工会等机构可以维护自己的权利，并且公有制经济的工资决定直接受政府管理，工人的社会保障和福利待遇比较完善。而在私营经济中，工资决定完全由资方决定。工人的发言权丧失，相应地社会保障待遇和福利待遇也被大大削减，而且私营经济部门没有合理的工资增长机制。这是我国劳动收入份额降低的主要原因。

此外，我国改革开放进程中劳动收入份额的下降还来自两个方面：一是农民工收入增长缓慢，二是城镇企业内部职工收入增长滞后于管理人员的工资增长。

改革开放以来，中国农民工数量越来越庞大，工资收入在农村居民家庭中的比重逐年提高。1984—1996年，我国农民工工资收入占农村居民家庭纯收入的比重从 17.17% 提高到 23.59%①。到 2008 年，这一比重又进一步上升到 37.42%。上海市的这一比例最高，高达 70%，东部沿海地区普遍都在 40% 以上。虽然外出打工收入占农民家庭纯收入的比重越来越高，但由于没有最低工资政策的保护，农民工的工资增长缓慢。用人单位对农民工实行歧视政策，农民工工资增长幅度往往低于城市职工平均工资增长幅度，农民工的工资增长只是略高于农村居民家庭的经营性收入增长。由于农民工是中国非公经济新工人群体的重要组成部分，农民工工资收入增长缓慢成为国民收入中劳动收入份额不断降低的主要原因之一。

在企业内部，相比于企业管理人员，普通职工的劳动收入不断下降，企业内部工资差距不断拉大。根据全国总工会的调查，2002—2004 年我国企业职工工资低于当地社会平均工资的职工占 81.8%，低于社会平均工资一半的占 34.2%，低于当地最低工资标准的占 12.7%；相比于 1998—2001 年，低于当地社会平均工资一半的职工增加了 14.6 个百分点。这表明我国低收入劳动者比重扩大了。

三　关于扩大劳动收入份额和缩小收入分配差距的意义

李稻葵认为，西方国家 GDP 中的劳动份额变动普遍经历了一个 U 型曲线过程，即劳动收入份额先下降后上升。其实，这不是必然规律。我国劳动收入份额已经经历了十多年的下降阶段了，何时能转入上升阶段却面临很大不确定性。但毫无疑问，扩大劳动收入份额，缩小收入分配差距具有重要的经济意义。

（一）刺激国内消费和拉动经济增长的需要

要提高我国的经济效率，必须转变经济增长方式。我国的经济增长一直以来都是靠高积累、高投资推动。在计划经济年代，高积累、高投资的主体是国家；而在向社会市场经济转轨的过程中，高积累、高投资的主体

---

① 数据引自万广华《经济发展与收入不均等：方法和证据》，上海三联书店 2006 年版，第 209 页。

既有国有、集体企业，也有非公企业。在市场经济条件下，高积累、高投资表现为新增价值分配中，资本收入份额较高，而劳动收入份额较低，这必然会降低劳动收入份额，压缩国内消费，不能发挥出国内居民消费对经济的贡献。正因为我国长期实行高积累、高投资的发展战略，劳动收入份额在国民收入中的比重增长缓慢甚至下降，居民消费对经济增长的拉动作用有限。在我的高积累、高投资的增长模式下，投资回报率很低，经济增长对人民群众的生活水平提高作用有限。

而如果能够逐步提高劳动收入份额、缩小收入分配差距，就能够使经济增长建立在依靠扩大内需的基础上。从而摒弃过去那种仅仅依靠投资与出口拉动经济增长的恶性循环。高投资、低回报率的增长模式就会得到一定程度的转变。未来我国经济的长期增长就有了非常坚实的国内消费基础。

（二）促进产业结构和外贸结构升级的需要

中国劳动收入份额低，和我国出口导向型的外贸战略有重要关系。在改革开放过程中，沿海地区的招商引资过于偏重对外加工产业。由于我国有大量的农村剩余劳动力，国外企业纷纷把附加值低的加工业转入中国。这些产业对劳动技能要求也低。中国企业利用我国廉价的劳动力，进行对外加工，创业风险小，获利容易，因此外向型加工企业迅速发展。在改革开放初期，发展低技术、低工资的加工业并没有错。但很多企业在发展过程中没有长远眼光，不重视技术更新，不重视人才培养，不重视品牌创新，迷恋于低技术、低成本带来的利润。这种发展模式导致中国加工企业在国际产业链中只占据了非常低的附加值份额。也使得我国产业结构严重滞后于经济发展。

如果能提高劳动收入份额，势必增加以往一些制造业的生产成本，这种竞争机制将使得很多企业不得不依靠通过引进先进的技术设备与人才，或者通过企业内部的技术创新来提高产业附加值以弥补由于工资收入增长所带来的成本上升。企业提高资本使用效率，逐渐转向附加值高的产品和产业，进而以实现劳动收入份额提高和产业结构升级相互促进、良性循环。这也是我国产业发展走出粗放型发展，进入集约化经营的重要条件。

实现产业发展的这一转变有两方面的好处：一方面会提高内需对经济增长的带动作用，另一方面可以在很大程度上降低我国外贸依存度。当然，在这一过程中，政府必须推动教育的普及和劳动力质量的提高，为产业结构升级提供条件。

四　关于政府在缩小劳动收入差距过程中的作用

鉴于近几年我国劳动收入份额逐渐下滑所带来的弊端，适时提高劳动收入份额实属必要，政府在缩小劳动收入差距的过程中不能缺位，因为提高劳动收入份额缩小劳动收入差距是深入落实科学发展观，发展成果要合理分享的需要；也是刺激国内消费和拉动经济增长的需要；更是促进产业结构和外贸结构升级的需要。上述三者都不能离开政府的宏观调控。具体而言：

（一）壮大和完善按劳分配为主体的所有制基础

这是提高劳动收入份额的首要条件。所有制关系决定分配关系，要在全社会范围内维护和积极提高劳动收入的占比，就必须坚持按劳分配为主体，必须遵照十七大的要求毫不动摇地巩固和发展公有制经济，包括国有经济和多种形式的集体经济、合作经济。公有经济是消灭剥削、消除两极分化、实现共同富裕的经济基础，是发展现代社会化生产力的市场主体，也是限制非公经济剥削、提高劳动收入的重要途径和经济力量。多年来的事实表明，公有制和按劳分配的主体地位日渐削弱，劳动收入的占比不断下降，归根到底是由于公有经济的主体地位被旁落（被卖掉、被吞占）。应当总结这方面的教训，澄清种种贬低削弱公有经济的私有化思潮，真正下力气发展壮大和完善公有经济。这是深化收入分配制度改革的一个支点，对于尽快提高劳动收入份额，具有最重要的意义。

（二）构建国家主导型劳动者维权机制

这是提高劳动收入份额的必要条件。目前我国70%以上的劳动者在非公企业就业，加不加工资主要由老板说了算，政府干预的空间很小。西方政府是站在雇主阶级的立场上主要靠事后调节来协调劳资关系。作为人民政府而非中性政府的社会主义政府吸取西方的教训，应当站在雇员阶级的立场上主要在事前，通过主动、积极措施协调劳动关系或劳资关系。过去在西德企业董事会中的雇员比例制和收入共决机制下，工会依据企业劳动生产率提高来谈判雇员收入的合理增长；在日本，企业依据职工工龄的增加而提高收入等措施，都可以为我国政府借鉴利用。如果政府严格检查落实法定劳动时间和劳动合同法，劳动者利益完全可以得到保障。我国政府至少应当像当年英国政府一样向企业派出工厂视察员，对于侵犯职工利益的行为直接进行起诉。

（三）政府相关部门严格实施最低工资制度

这是提高劳动收入份额的基础条件。劳资冲突的核心是利益分配冲突，市场经济条件下要有效缓解劳资冲突，必须建立劳资政三方协调机制。西方国家经过一百多年的发展，已经建立起有效的劳、资、政三方协调机制，而这一机制在我国还处于建设、探索过程中。20 世纪 30 年代以前，资本主义国家实行自由放任劳资关系模式，企业靠压低劳动成本进行竞争，劳动收入份额处于较低水平。20 世纪上半叶，西方国家纷纷通过最低工资制度、劳动立法、集体谈判等措施，增强了劳工谈判能力，自由主义劳资关系模式被废弃，政府、企业和工会三方协调劳资关系模式被采纳，从而实现了劳动收入份额的不断提高。在三方合作劳资关系模式中，最低工资制度在提高劳动收入份额中发挥着重要的作用。在中国目前的情况下，只有通过严格实施最低工资制度，才能改善劳资分配，缓解劳资矛盾。最低工资制度能从两个方面提高劳动收入份额。

1. 最低工资制度有利于企业发展模式的强制性转变。改革开放以来，中国企业尤其是非公企业，一直走的是低工资、低技术发展模式。这种发展模式的后果是雇主受益，工人、社会受损。低技术、低成本发展模式下，工人无法分享社会发展的成果，社会要承担环境污染等成本。这种低成本发展模式对正常的市场竞争起着破坏作用。一些依赖低技术、低成本生存的企业，会采取各种办法延长工人的劳动时间，提高工人的劳动强度，降低工作场所的安全卫生标准。相比之下，那些守法经营的企业却要向工人支付相对高的工资，支付更高的工作安全成本。这就使得两类企业不能公平竞争。由于竞争规则不统一，中国的企业发展还处在丛林时代，效率高的企业虽然能在竞争中胜出，但劣质企业也并不淘汰，优劣并存、良莠不齐。

政府通过强制实施最低工资制度，可以淘汰劣质企业、促进公平竞争。政府强制实施的最低工资制度有利于在社会范围内形成合理的劳动力成本形成机制。市场并不会自发形成合理的劳动力成本决定机制。如果交由劳动力市场自发作用，劳动力成本往往会趋向生存工资。合理的劳动力成本形成机制是合理的产品价格形成机制的一部分。社会统一的企业会计核算准则、最低产品质量标准和最低劳工标准，是合理的价格形成机制的必要组成部分。合理的产品价格形成机制和合理的劳动力成本形成机制，对保护社会公众利益和保护劳动者利益都十分必要。要建立合理的劳动力成本形成机制，必须实行统一的周工作时间标准、工作场所最低安全健康标准。目前中国非公企业普遍存在加班过长而且不付加班工资的情况，如果不控制工人的周工作时间，最低工资标准形同虚设。价值规律要求企业降低成本，但企业降低成本的竞争，只有在不降低产品质量，不造成环境污染，不损害工人健康时才对社会有利。成本竞争必须以合理成本为底线，否则，降低成本只会导致企业拼人力成本、拼环境污染成本，破坏合理的价格形成机制。不断曝光的职业病、环境污染事件都是合理的价格形成机制被破坏的恶果。

2. 最低工资制度有利于实施第三方劳工监督，提高劳动收入份额。第三方劳工监督是通过企业、政府以外的独立机构，参照通行的劳工标准，对企业的劳工状况进行评估。目前，第三方劳工监督都以国际劳工标准为参照依据。国际劳工标准，指国际劳工组织（ILO）通过的处理全球范围劳工事务的各种原则、规范、准则，它们形成了以国际劳工公约（Conventions，185 项）和建议书（Recommendations，195 项）为核心的一整套国际劳工制度。

SA8000 是受认可程度最广泛的国际劳工标准之一，该标准是一种基于国际劳工组织宪章、联合国儿童权利公约、世界人权宣言而制定的，以保护劳动环境和条件、劳工权利等为主要内容的社会责任标准认证体系。

2001 年 12 月 12 日，美国社会责任国际（Social Accountability International，简称 SAI）发表了第一个标准的企业社会责任标准 SA8000：2001。这是第一个可用于第三方认证的社会责任国际标准。主要内容包括童工、强迫劳动、安全卫生、结社自由和集体谈判权、歧视、惩罚性措施、工作时间、工资报酬及管理体系九方面内容。目前，在全球范围内，越来越多的消费者开始关注其所购买的产品是否符合 SA8000 的标准，否则即使产品价格便宜也予以抵制，而且这种消费倾向在发达国家表现得尤为明显。

中国作为 ILO 的成员国，已经批准了 24 项国际劳工公约，面临着如何执行已批准的国际劳工公约及如何将国际劳工标准与国内劳工标准协调的问题。尽管 SA8000 的宗旨是好的，但关税在一般非关税壁垒不断被削减的今天，SA8000 非常容易被贸易保护者利用，成为限制发展中国家劳动密集型产品出口的有力工具。中国目前和欧美等国家的贸易摩擦，在很大程度上是因劳工标准惹起的。这里面既存在着国外社会对我国的误解，也存在我们自身的问题。一方面，中国确实有部分企业肆意践踏劳工标准，不遵守最低工资，成为"血汗工厂"的事实，但这种情况并不代表中国企业界的普遍情形。另一方面，我国政府没有运用合理的渠道和国外社会沟通，导致国外社会对我国劳工情况片面了解，产生了不信任情绪。国外企业利用本国公众对中国的猜疑，掀起反倾销，抵制中国产品，造成我国遵守国际劳工标准的企业也受到牵连。由于我国政府对 SA8000 的认识不足，国外认证机构不能在中国合法营业，而我国出口企业又属于国际大企业供应商，为了业务需要不得不接受国际劳工标准评估，中国企业不得不付出高昂的评估费，评估通过后又不宜在国内公开宣传，从而造成了很大浪费。有鉴于此，我国政府应采取开放心态，积极引进国际劳工评估。第三方评估认证不但可以大大降低我国受评估企业负担的评估费用，还可以推进第三方认证产业的发展。为保持评估认证的公正、透明，评估必须由中国境内评估企业进行。第三方劳工标准评估，可以和我国各地地方政府颁布的最低工资标准结合起来，由于第三方评估是企业基于自愿原则实施的，让优秀企业被公众知晓，让遵守劳动法规成为企业的品牌，就能强化最低工资制度和相关劳动法规在我国的执行。此外，在我国很多产业面临产能过剩的情况下，可以逐步提高最低工资标准，逐步加强执行力度，以便淘汰落后企业，实现优胜劣汰。

参考文献

［1］程恩富：《关于当前劳动收入分配问题释疑——访著名经济学家、中国社科院程恩富和余斌教授》，《管理学刊》2010 年第 5 期。

［2］周肇光：《如何促进中国分配制度中公平与效率和谐发展》，《海派经济学季刊》2008 年第 1 期。

［3］白重恩、钱震杰：《谁在挤占居民的收入——中国国民收入分配格局分析》，《中国社会科学》2009 年第 5 期。

［4］常凯：《中国劳动关系报告——当代中国劳动关系的特点和趋势》，中国劳动社会保障出版社 2009 年第 1 版。

［5］朱妙宽、朱海平：《从完善分配制度入手完善基本经济制度》，《海派经济学》2008 年第 23 期。

［6］龚刚、杨光：《从功能性收入看中国收入分配的不平等》，《中国社会科学》2010 年第 2 期。

［7］罗长远、张军：《经济发展中的劳动收入占比：基于中国产业数据的实证研究》，《中国社会科学》2009 年第 4 期。

［8］李稻葵、刘霖林、王红领：《GDP 中劳动份额演变的 U 型规律》，《经济研究》2009 年第 1 期。

［9］李实、魏众、丁赛：《中国居民财产分布不均等及其原因的经验分析》，《经济研究》2005 年第 6 期。

［10］杨俊青、卫斌等：《山西非国有企业劳资关系问题调查研究》，《劳动经济评论》2008 年第 12 期。

［11］赵俊康：《我国劳资分配比例分析》，《统计研究》2006 年第 12 期。

［12］赵小仕：《转轨时期中国劳动关系调节机制研究》，经济科学出版社 2009 年版。

［13］徐现祥、王海港：《我国初次分配中的两极分化及成因》，《经济研究》2008 年第 2 期。

［14］王祖祥：《中国基尼系数的估算研究》，《经济评论》2009 年第 5 期。

（原载《综合竞争力》2010 年第 2 期）

关于当前劳动收入分配问题释疑

一、问：据《人民日报》报道，近日全国总工会相关负责人"我国劳动者报酬占比连续 22 年下降"的说法引发社会强烈关注。财政部财政科学研究所负责人认为：劳动者报酬占比被低估，1993—2007 年间劳动者报酬占比实际降幅仅为 3.46 个百分点，而不是大家常说的 9.75 个百分点；我国劳动者报酬占 GDP 比重高于"金砖四国"中其他三国，与发达国家也只差几个百分点。我国劳动报酬占比的实际情况究竟如何？应该怎样客观认识"劳动报酬占比下降"？

答：据《人民日报》报道，从 1993—2007 年，居民部门的劳动者报酬由 49.49% 降至 39.74%，降幅 9.75 个百分点。又据国家统计局数据，从 1997 年到 2007 年的 10 年间，劳动者报酬占 GDP 的比重从 53.4% 下降到 39.74%，降幅 13.66 个百分点。再据《新京报》报道，从 1983 年最高峰值 56.5% 降至 2005 年的 36.7%。22 年间，劳动报酬占 GDP 的比重下降近 20 个百分点，而与此形成鲜明对比的是，从 1978—2005 年，资本报酬占 GDP 的比重则上升了 20 个百分点。

劳动报酬占比是一个统计指标，其实际情况如何取决于权威统计部门。国家统计局是这样的部门，全国总工会也有调研渠道，但是，财政部财政科学研究所是不是也具有相关的调研渠道，我们不清楚。据报道称：该所所长介绍说，在国民收入初次分配中，统计时通常在宏观意义上将国民经济划分为三大部门：政府部门、居民部门和企业部门，对应的初次分配收入分别称为生产税净额、劳动者报酬和营业盈余。这里把居民部门的收入等同于劳动者报酬，似乎忽略了占居民收入中很大一部分的是那些非劳动者的收入，而这一部分是不能完全用营业盈余代表的。因此，这种计算的结果可能是居民收入占比，也许算不上是劳动者报酬占比。从目前披露的数据和收入与所有制的经济学定律来看，劳动报酬占比下降，是公有制的比重在中国经济中的比重下降、政府和工会未能在市场经济充分发挥作用的客观结果。在其他条件不变的情况下，非公有制经济成分（含内资和外资）越大，劳动报酬占比往往越低。而在某些资本主义国家中，由于左翼力量和工会运动的程度和效果不同，不同国家的劳动报酬占比与其经济发达程度并不具有直接的相关性。苏联解体后，由于工会运动受到打击，西方发达国家的劳动报酬占比也普遍下降了。

二、问："劳动报酬占比"与"劳动报酬"之间是什么关系？直接影响百姓收入多少的关键因素是什么？

答：劳动报酬占比是一个相对量，而劳动报酬是一个绝对量。劳动报酬高不等于劳动报酬占比高，反之亦然。与劳动报酬相比，劳动报酬占比更能反映劳动者在收入分配中的经济社会地位。劳动报酬占比越低，劳动者的经济社会地位越低。

直接影响百姓收入的首要因素是所有制。我国统计资料显示，非公经济中劳动者的劳动报酬占比一般是低的，而劳动报酬通常也是低的。尽管某些外资企业中劳动者的报酬较高，但是由于这些劳动者本身的素质较高、劳动强度较大和劳动时间较长，所以与劳动贡献相比，实际报酬并不算高。这就是在某些中外私企拿较高劳动报酬的人还要跳槽到劳动报酬较低的单位之缘由。

三、问：各地普遍提高了最低工资标准，这是否反证我们的劳动报酬是太低了？在当前形势下，提高职工工资、解决收入分配问题具有什么样的重要意义？

答：即使各地已经提高了最低工资标准，按照新的标准，与企业高管层收入、利润率和劳动生产率相比，劳动报酬还是偏低。况且，各地提高最低工资标准与近些年来温和的通货膨胀有关，主要是通货膨胀积累的结果的反映。

在当前形势下，提高职工工资，解决财富和收入分配差距过大问题，至少具有下列重要意义。一是深入落实科学发展观，发展成果要合理分享的需要；二是刺激国内消费和拉动经济增长的需要；三是促进产业结构和外贸结构升级的需要。马克思曾经指出，由于工资太低，使用机器反而会使生产变贵，因而英国发明的机器曾经只能在北美使用。工资偏低同样是目前我国产品结构、技术结构、产业结构和外贸结构调整与提升不快的原因之一。有舆论说，这些劳动者是落后生产力的代表，不值得为他们说话，这是谬论。

四、问：劳动报酬占比下降的原因有哪些？与各种统计口径、经济结构转型等因素有什么样的关系？

答：各种不同的统计口径计算出来的劳动报酬占比会不同，但真实的劳动报酬占比只有一个。最合理的计算方法是全国进行专项普查，否则计算误差会较大。

劳动报酬占比下降的首要因素是所有制结构的变动，其次是工会等职工维权组织的作用不能得到充分发挥。在私有经济中，雇主为了追逐利润最大化，必然极力压低工资，使得劳动生产率提高的好处尽量为雇主和资本所得，因而随着劳动生产率的提高，劳动报酬占比必然越来越低。当前，中国在经济结构转型中强调更多地发展私有经济和对外招商引资，现存的国有和集体企业也大量被股份私有化，这必然会导致劳动报酬占比的下降。

五、问：提高劳动报酬在初次分配中的比重，实现普通职工收入的正常增长，有专家认为，企业的利润是由劳动和资本共同创造的，企业利润分配理当由经营者和劳动者共同决定，所以，采取工资集体协商机制或叫"工资共决"，对于提高劳动报酬在初次分配中的比重具有决定性的意义。对此您是怎么看的？

答：企业的利润是由劳动创造的，资本只是提供创造的客体条件而已。正如我们不能因为黄世仁出租土地给杨白劳去劳动，我们就说粮食及其价值是黄世仁和杨白劳共同生产出来的。实际上粮食的源泉是杨白劳的劳动与土地、种子、劳动工具等生产资料，而黄世仁这一生产资料的所有者，只是凭借私有产权而不劳而获地收取实物地租。同样，企业的剩余价值或其转化形态利润同地租的性质一样，作为生产资料的资本自身的价值只是转移到新产品中去，而不会创造新价值。不具体参与生产经营管理的私人雇主与地主在获取"剩余索取权"（西方产权理论用语）或剩余产品（马克思用语）这一性质上是相同的。

工资共决可以抑制雇主对于工资的过分压低，可以在一定条件下改善劳动报酬在初次分配中的比重，但是，只要雇主能够获得利润，资本的积累就会越来越多，资本所得的占比就会越来越大。

六、问：企业应对职工工资之策无非有二：要么不给员工涨工资，据统计，目前我国70%以上的劳动者在非公企业就业，加不加工资主要由老板说了算，政府干预的空间很小；要么通过产品涨价消化工资成本，那样又会引起物价快速上涨甚至通胀，影响百姓生活和社会稳定。而有专家认为，提高劳动报酬占GDP比重最可行最合理的办法是降低政府财政收入。对此，您怎么看？

答：前面已经指出，不能混淆居民收入与劳动者报酬。降低政府财政收入只会增加雇主的收益，而对于改善劳动者报酬无益，甚至有害。因为这减少了政府通过再分配向劳动者转移的份额，反而会降低劳动者报酬的占比。

目前中国所有严重的现实问题往往都是有误的理论左右着人们的思考和决策。首先，构建国家主导型维护劳动者的合理、合法权益和政府干预的空间很大，而不是上述观点所认为的很小。实际上，如果严格检查落实法定劳动时间和劳动合同法等保障劳动者利益的措施，甚至立法规定所有企业的职工收入增长应与企业的高管层收入、劳动生产率和利润三者增长密切挂钩，那么，劳动者报酬本来可以更高一些。政府应当像当年英国政府一样向企业派出工厂视察员，对于侵犯职工利益的行为直接进行起诉，而不能仅仅要求每个单位的工会一对一地集体谈判，每个职工花大精力去进行效果不佳的维权，并导致许多企业内外不和谐的行为和局面。政府还可以进一步提高最低工资标准等。应当看到，在中国特色社会主义市场经济条件下，国家调节和干预的空间非常大。其次，马克思曾经指出，如果资本家能够通过产品涨价消化工资成本，那么即使不涨工资，资本家也早就涨价了。那种认为涨工资必然会导致通货膨胀的观点，只是代表雇主利益的西方经济学的错误理论而已。

七、问：如何提高劳动报酬占GDP的比重？对于劳动报酬问题，国外走过什么样的路，有何借鉴作用呢？

答：首先是全面落实党中央关于科学发展观所强调的"两个毫不动

摇"，而不能是毫不动摇地大力发展非公经济，毫不动摇地大力削弱公有经济，在积极发展壮大公有经济过程中扩大国有和集体企业的用工量。统计资料表明，在相同情况下，公有经济的平均劳动报酬高于非公经济，劳动报酬占比相对较高。其次是国家立法规定职工收入的劳资共决制度和增长制度。其要点，一是规定企业高管层收入（广义收入含变相收入即福利）、劳动生产率和利润的增长须同职工收入的增长保持一定的比例。二是新建企业员工的收入共决机制。加强工会在企业职工收入的劳资谈判中的作用。只有董事会的薪酬委员会（或成立相关分配和福利机构）与工会集体谈判的书面协议，才能作为董事会最后通过的法定有效协议。

对于劳动报酬和福利问题，200多年国外资本主义国家始终走在雇主阶级与雇员阶级此起彼伏和程度不同的博弈道路上。当前西方金融和经济危机再次引发欧洲、日本等雇员阶级的不断罢工和游行示威。因为西方政府是站在雇主阶级的立场上主要是事后来协调劳资关系的，这就要求作为人民政府而非"中性政府"的社会主义政府吸取西方的教训，应当站在雇员阶级的立场上主要是事先和主动地积极协调劳动关系或劳资关系。过去西德法定企业董事会中雇员的比例和收入共决机制、工会依据企业劳动生产率的提高来谈判雇员收入的合理增长、日本企业依据职工工龄的增加而增加收入等，都是我国可以借鉴和进一步变通创新的。

八、问：值得关注的就是产业工人收入分配占比问题，据说是逐年下降的。《21世纪经济报道》分析，2006年的数字，农民工报酬只占当地城镇居民收入的37.8%。提高产业工人工资水平具有什么样的重大现实意义？

答：逐年下降的原因，一是因为中外私有经济的比重是逐年增加的；二是因为劳动生产率的提高和资本的积累是逐年进行的。提高产业工人工资水平，不仅可以大大推动中国产业结构、技术结构、产品结构和外贸结构的升级，而且可以大大缓和社会各种矛盾，对于构建以人为本的和谐社会和雇员分享发展成果的公平正义社会意义非凡，也可以带动公务员和事业单位等其他领域人员收入的相应提高，从而起到拉动各阶层的消费、促进经济增长的作用。

九、问：在我国经济发展现阶段，劳动报酬占比究竟多少合适？劳动报酬占比提高到多少，才能使劳动报酬增长与 GDP 增长大体同步？劳动报酬占比有没有一个"黄金比例"，以对国民经济的增长以及国民收入和生活水平的提高都具有很好的促进作用？

答：劳动报酬占比究竟多少合适，取决于劳动报酬的绝对量和 GDP 的绝对量。GDP 越小，劳动报酬的占比应当越高。从劳动报酬的绝对量来看，劳动报酬应当使劳动者及其家庭维持在一个不断进步的社会最低生活水平以上。要使劳动报酬增长与 GDP 增长大体同步，必须采用指数化工资，即每年参照 GDP 的增长率制定工资的增长率。

这样看来，劳动报酬占比并没有一个黄金比例，但西方经济学中通常用柯布和道格拉斯最早测算的比例为 75% 即 3/4。如果能够达到这样一个比例，自然会对国民经济的增长以及国民收入和生活水平的提高，起着很好的促进作用。

十、问：劳动报酬占比不仅关系到收入分配格局的变化，更关系到让全体人民共享改革发展成果，关系到社会的公平正义。十七大报告指出，从"初次分配注重效率，再分配注重公平"改为"初次分配和再分配都要处理好效率和公平的关系"。对此，您是如何解读的？

答：这是符合马克思主义关于事物是普遍联系的辩证法的。这是因为初次分配与再分配是相互联系的，而不是完全独立的。从西方发达国家的历史来看，如果初次分配不注重公平，那么初次分配就会随着再分配的进行而发生反向变化，使得再分配无效反而成为对于资本家的补贴。例如，英国的地主和租地农场主曾经付给农业短工极低的不能养活自己的工资。其差额部分由救济金补足。而如果没有救济金，这些地主和租地农场主将不得不支付农业短工可以养活自己的工资，正是由于没有在初次分配中注重公平，结果救济金就转化成了地主和租地农场主的地租和利润。

现代政治经济学的研究表明，经济公平与经济效率是同方向变动和互相促进的关系，也就是说，越公平，效率越高，反之则相反。而并不是现代西方经济学所说的二者呈现反方向变动和互相替代关系，即越公平，效率越低，鱼和熊掌不可兼得。过去流行的所谓初次分配讲效率、再分配讲公平，是错误的观点和政策。十七大报告纠正了以往种种有误的观点，强调两次分配都要处理好公平与效率的关系，是十分准确的。

十一、问：过去我们的经济高增长特别是出口高增长，是以我们的低劳动力成本为代价的，特别是低劳动收入为代价，今后既要保持经济发展的比较优势，又要逐步提高劳动者报酬实现体面劳动，如何处理这个两难选择？

答：李嘉图的比较优势学说与劳动力成本有一定的联系，但主要与劳动效率有关。只要两个国家的两个不同产业具有不同的生产效率，这两个国家就都具有各自的比较优势。低劳动力成本有时也没有比较优势，否则，非洲和拉美一些国家的工资比我国还低，为什么他们没有实现经济高增长和出口的高增长？显然，随着中国劳动者报酬的提高，企业将升级产品结构、技术结构和产业结构，而在新的产业结构中，即使中国提高了工资，相对于国际市场，仍然可能具有较低的所谓比较优势。譬如2008年，作为居民收入主要渠道的工资收入，仅占企业运营成本的不到10%，远低于发达国家的50%。这就是说，我国涨工资收入的空间还很大，逐步提高劳动报酬同保持经济发展和出口比较优势并不存在尖锐的矛盾，有时往往看似坏事，其实是好事，能够产生新的层次较高的比较优势。

（原载《管理学刊》2010年第5期）

论消费需求与经济增长

自 1997 年 10 月以来，我国的一般物价水平持续走低，国民经济出现了轻微的通货紧缩的局面。中央政府为了克服经济增长乏力，保持经济较快增长的势头，近年来采取了大幅降息、发行债券、扩大政府投资等宏观政策措施。在出口难以快速增长的条件下，扩大内需仍是我国保持经济持续发展的主要方针。在扩大总需求的种种措施中，提高消费需求是一项有战略意义的经济政策。1999 年 11 月中央经济工作会议也指出："不断改善人民生活，是扩大有效需求、拉动经济增长的内在要求。"本文就消费需求与经济增长的有关问题作一粗浅论述。

一

我国目前的人均 GNP 只有 700 美元左右就出现了有效需求相对不足，形成这种有效需求不足的原因是复杂的。从诸多措施的实施结果看，启动现时的消费需求是一项系统工程，不是一两条政策措施就能解决所有问题的。因此，必须认真分析造成消费需求不旺的实质原因，以便找到有效对策，启动消费需求。根据前段时间出台政策的作用效果和当前的宏观经济现状考察，居民消费不振的主要原因大体有以下四个方面：

（一）未来经济形势和收支预期因素

在计划经济时期，企业不会倒闭，工人不会失业，实际收入不高但都有增长。特别是消费品的不完全市场化，居民的日常消费需求基本得到保障，居民对未来收入的不确定性预期几乎为零。加之耐用消费品的短缺，居民的消费需求非常强烈，以至于人们对银行的储蓄存款极为关注，担心

"老虎要出笼"，引起剧烈的通货膨胀。现在情况已发生了变化，原来由政府和国有企业向城镇居民提供的就业、住房、医疗、养老、子女教育等保障，逐步转变为由居民自己承担全部或部分风险与费用，影响居民未来生活的不确定性因素明显增加。特别是，近几年国家加快了国企改革、下岗分流、减员增效等步伐；政府机构新一轮的改革已拉开帷幕，正在全面推开；取消福利分房，代之以住宅分配的货币化、市场化；医疗体制和教育体制的市场化和收费制改革不断出台。这些改革措施力度之大，涉及面之广，超过以往任一时期，对居民即期收入和预期支出产生了较大的影响，居民对未来收入增长的预期下降。更重要的是，人们无法作出稳定的支出预期，防范风险的储蓄倾向随之上升，即期消费相应减少。据有关部门对居民储蓄用途的调查结果显示，居民储蓄用于子女教育的占21%，用于就医的占16.3%，用于养老的占15%，用于购买住房的占14.2%，这几项用途共占66.5%。由于居民对未来收入和支出的不确定性预期，居民的即期消费大大减少，储蓄高速增长，高达40%左右。预计1999年年底城乡居民储蓄存款余额将突破6万亿元。

（二）居民收入差距扩大，居民平均消费倾向降低

随着改革的不断深入，近年来，我国居民收入差距不断扩大。从抽样调查的结果来看，高收入家庭在城镇居民收入总份额中所占比例逐渐提高。最高收入户和高收入户在全部城镇居民生活费收入中的份额，分别从1991年的14.41%和12.11%提高到1997年的16.95%和13.33%。而最低收入户和低收入户所占比例由6.69%和7.86%下降到5.32%和6.74%。衡量城镇居民高、低收入差异大小的基尼系数1981年为0.16，1990年为0.23，1997年为0.29。加上农村因素，近年全国基尼系数约为0.38。1998年城镇居民最高收入相当于最低收入的4.41倍，比1997年高出0.22倍，当年最高收入户年人均为10962元，比上年增长6.9%，最低收入户年人均为2477元，仅比上年增长1.9%，前者比后者增幅高出5个百分点。

从城镇居民的收入与消费看，收入越高，消费倾向越低。1997年城镇居民20%的低收入户的消费倾向为0.92，20%的中等收入户的消费倾向

为 0.83，20% 的高收入户的消费倾向为 0.73。1998 年城乡居民平均消费倾向分别为 0.80 和 0.74。收入差距的扩大，形成了不同的消费心理和消费群体，高收入家庭已大体完成家庭的"基本建设"，再购置大量商品的势头已下降，而广大低收入家庭尚在进入"基本建设"时期，欲大量购买却无力为之。

（三）供给结构不合理制约了消费需求扩大

进入 90 年代以来，我国的经济体制改革不断深化，人们的生活水平逐步提高，居民的消费结构发生了明显的变化。但市场供给却没有完全适应这一变化，使我国现阶段的买方市场带有明显的结构性特征，主要表现为商品的供给未能适应具有不同收入水平和富裕程度以及特殊需求的消费者的需要。由于在经济转型时期，各地争项目、争投资，导致重复建设，各地的产业结构和产品结构有雷同化的特点，形成大量的无效供给，加剧了市场供给的矛盾。1997 年全国工业库存积压商品 13276 亿元，加上已有商品库存，总值逾 3 万亿元。商品房积压 6000 万平方米，彩电、冰箱、洗衣机等家用电器生产能力利用率都在 50% 以下。加之一些企业不重视市场调查和科技开发，产品不对路，人民群众生活需要的却未能提供现实供给。尤其值得注意的是，农村市场拥有 8 亿消费者，这是一个巨大的市场。但相对于城镇而言，农村家电产品的普及率仍较低，且现在的产品许多功能不适应农村消费者的需要，因此，农村的消费需求能力还远未开发出来。

（四）各种限制性消费政策的影响

某些沿袭短缺经济和卖方市场条件下的消费政策和消费体制，已经很不适应买方市场条件下鼓励消费的现实需要。例如，汽车不仅价格高出美国一倍，而且价外税费又多又滥，占车价的 1/3，而发达国家只占 4%；用电还在收取增容费和超计划用电加价；在住房消费上，各种名目繁多的收费占房价的 1/3 左右；进行中高等教育的消费限制很严，不如国外进入教育的成绩门槛设定较低。如果不消除限制性消费政策的影响，扩大内需就存在严重障碍，消费市场就难以充分活跃起来。

二

在启动消费的各种办法中，我们要找到消费不振的实质原因，才能有针对性地采取有效措施以提高消费需求，改变所谓"消费无热点"的状况。对教育市场、房地产市场和农村市场三个领域须予以特别关注。要提高消费，就必须考虑到参与市场交易的供需双方的意愿，既有潜在的需求，也有可能的供给。要采取措施消除在供需矛盾平衡中的各种不适应性，以便满足潜在需求，增加消费，拉动经济增长。

（一）教育市场

在市场经济条件下，教育不仅有传播知识和提高技能的作用，而且应当把它看成是一种产业，也存在投入和产出的问题。国内外经济发展的实践告诉我们，教育在国民经济增长中的贡献越来越大。如美国在1900—1957年的经济增长中，源于物质资本投入的回报率只有3.5倍，而人力资本的投入回报率高达17.5倍。不少调查研究表明，接受教育程度的高低与未来收入有较高的相关关系。接受教育程度越高，未来收入的不确定程度也就越小。根据詹尼克斯（Jencks）的研究结果，父母的富有并不能保证子女的富有，父母的贫穷也不意味着子女注定贫穷，事实上两代人永久收入之间的相关系数只有0.3。再从上海下岗职工的抽样调查中可以发现，初中和初中以下文化程度的职工人数占停工待岗职工总数的93.6%，具有大专以上文化程度的职工总数比例只有0.6%。前面已谈到，在居民储蓄的目的中，子女教育居第一位。这说明，居民储蓄的一个重要目的是帮助子女接受更好的教育，以期减少子女未来收入的风险。1999年高等学校扩招33万人，按人均1万元消费，可以直接增加30多亿元的消费需求，并且还可以带动相关产业的发展。但是，现在教育扩张速度还较慢，设置了较高的考分障碍，影响了城乡居民大幅度提高中高等教育消费的积极性。同时，教育信贷普遍存在的问题是规模小、额度低、利息高、期限短，与广大教育消费者的需要极不相称。因此，国家要进一步采取措施，制定相应政策，大力发展教育及教育信贷。这不仅对刺激消费有利，而且从长远看，还有利于提高劳动者的素质，促进国民经济增长。

（二）房地产市场

改革开放以后，我国城乡居民住房水平有了较大改善，但从总体上讲，居住面积小，居住环境水平仍然较低。目前城镇人均住房面积仅为9平方米，其中有5000万城镇人口平均居住面积不足4平方米，同发达国家人均20—30平方米相比还有相当差距。而与此形成鲜明对比的是，1997年商品房闲置面积达6000万平方米。造成这种状况的根本原因是房价过高，现在全国平均房价仍高达2000元/平方米左右。即使是在改革开放较早，经济发展水平较高的广东省，个人购房的只占职工总数的7%。再如北京地区，买一套中等价格50万元的住房，普通的双职工家庭要不吃不喝20年。商品房价格居高不下的原因是房价结构有问题。据北京地区调查，土地成本占房价的1/3（国标水平一般为1/10至1/5），各种税费占1/3，建安成本占1/3左右。这么高的房价，即使居民想贷款购房，也难以承受。由于商品房大量闲置，开发商的投资难以收回，银行的信贷资金不能再发挥作用，形成了经济的恶性循环。现在要下决心采取有力措施处置数量庞大的闲置商品房，让房地产市场真正活跃起来，带动国民经济的发展。首先，要清理各种收费，坚决改掉一些收费项目；其次，银行也要对已投入的信贷资金进行清理，适当降低开发商的财务费用；最后，开发商也要根据社会平均利润水平，确定一个合理的利润率，适当降低开发利润，要按照"国家让点税，银行让点息，企业让点利"的原则，共同把房价切实降下来，以满足广大居民的住房消费需求。当前，有两个政策思路和操作方式是急需采用的：第一，采取银行追债、公开拍卖方式，即银行作为主要债权人，对开发商进行债权追诉，开发商委托拍卖公司进行公开拍卖，以拍卖所得归还债务或继续开发。第二，政府下决心拨款改善专业知识分子的住房状况。在近年各级党政系统住房问题解决之后，不应以住房货币化为理由，让教授的住房标准和实际水平停留在处级甚至科级上（上海只相当科级，甚至不如科级）。必须立即以当地公务员的实际住房的货币标准（如上海大约每平方米的建筑面积市价为4000元），来推行事业单位知识分子住房货币化政策。若不能如公务员那样在一两年内解决，可通过财政在三五年内合理解决，但不能长期歧视知识分子。这两种方法能够解开房地产市场目前存在的死结，让闲置的资产得到充分利用，刺激住宅消费，带动其他产业的发展。

（三）农村市场

我国有 12 亿多人口，8 亿在农村。十一届三中全会以后，农业有了较快的增长，农民的收入水平有了较大的提高，购买力也相应增长。据统计，1997 年我国已有 2134 亿农户，平均每百户拥有彩电 27.3 台、电冰箱 8.8 台、洗衣机 21.9 台，这就是说按相应的消费水平全国仍有 1.7 亿多农户没有彩电，2 亿多农户没有冰箱，1.8 亿多农户没有洗衣机。农村的商品市场是巨大的，但由于厂商在对农村市场的调研、产品的开发、商品销售渠道等方面存在问题，未能提供适销的商品供给农村市场，这部分需求得不到满足，一方面产品在积压，另一方面又满足不了现实需求。供求结构性矛盾是农村市场消费不振的主要原因，政府和厂家要共同采取切实可行的措施，减轻农民负担，增加农民收入，开发新产品，满足农民需要，扩大内需。

三

为了扩大内需，国家采取了各种政策措施以刺激消费，取得了一些成效。同时，为了正确地认识刺激消费的各种办法，少走弯路或为了避免失误，需要注意以下四个问题：

（一）现时不宜把私有轿车作为启动消费的首要之点和中心

如前所述，目前的居民收入差距有扩大趋势，低收入者还无力考虑购车消费，而高收入者则由于交通条件、停车泊位以及各种不合理税费的条件限制，降低了购车的热情。据报道，1998 年中国的轿车产量为 70 万辆，而需求为 50 万辆，供过于求。另据中国社会事务调查所进行的一项调查表明，目前我国城市居民对贷款消费的积极性不高，针对购车贷款的调查表明：35％的居民无贷款意思，31％持观望态度，29％因手续繁杂而放弃，只有5%的人成功办理过贷款。可以看出，城市居民对轿车的购买行为在短期内变化不会很大，因此，不宜把轿车作为现在启动消费的主要热点。况且，大中城市必须以公共交通为主，企图用大规模推行"轿车进入家庭"来缓解城市交通，其政策思想本身就是错误的，世界各国已提供了现代城市交通发展正反两方面的经验。

（二）正确看待启动股市对启动消费的作用

目前，有人提出"启动股市带动启动内需"的观点。其理论根据是：启动股市→股价上涨→收入增加→消费增加→内需扩大，即存在所谓"财富效应"。我们认为，持有这种观点的人把经济发展和股市升温的因果关系颠倒了。股市升温，"财富效应"本身应当是宏观经济形势向好的方向发展的结果，是经济发展自身带动了股市之后，再反过来发生某种反作用。经济发展是因，股市升温是果，因果不能倒置。再者，从西方发达国家的发展实践看，也没有哪一个国家的政府人为制定"刺激股市"的办法来启动内需。从长远来看，这种人为营造股市出现的"牛市"，靠的是过度的投机资金支撑，是一头饮鸩止渴的"病牛"。这对投资者，对完善和发展中国股票市场，对宏观经济的运行都是极为不利的。

（三）尽快改变收入结构，提高居民消费倾向

这几年，由于居民收入的差距扩大，低收入者的增长幅度小于高收入者的增长幅度，使总体平均消费倾向降低。实践证明，低收入者的消费倾向要大于高收入者的消费倾向，中低收入者的消费是消费的重要组成部分，因而要尽快提高低收入者的收入，改善收入结构。具体办法可以是：加大政府的转移支付力度，直接增加低收入者的收入；政府要制订出可行的政策，大力发展第三产业，扩大就业量，增加居民收入；国家要运用价格杠杆调整农业产业结构，减轻农民负担，理顺粮食、棉花等流通体制，优质优价，切实增加农民收入；实行级差较大的累进个人所得税，抬高征税的起点，如上海市可以2000元作为征收个人所得税的起点。

（四）促进国内消费是长期的战略性措施

我们知道，需求是由投资、消费和净出口三大部分所组成。消费是生产的一般目的，又是生产的动力，在市场经济条件下，更应重视消费需求对经济的拉动作用。据测算，1978—1996 年，我国 GNP 每年平均增长 1360 亿元，其中，消费需求的贡献率为 61.7%，投资的贡献率为 34.7%。1997 年我国经济增长 8.8%，其中投资需求拉动约为 2.2%，消费需求拉动为 4.9%，出口拉动为 1.7%。这种结构同西方发达国家还有一段距离，其消费支出占 GNP 的比重在 70% 以上。因此，需求拉动不是权宜之计，而是长远的战略性措施。世界经济的发展史表明，在走向市场经济的过程中，必须十分重视需求拉动的作用。我国是一个发展中国家，也是一个社会主义大国，经济发展的立足点必须放在国内。扩大内需以拉动经济的政策是一个战略性的措施，必须坚定不移地执行下去。

参考文献

［1］程恩富：《国家主导型市场经济论》，上海远东出版社 1995 年版。

［2］刁永作：《需求拉动与经济增长》，《财经研究》1999 年第 5 期。

［3］张国华：《论收入差距对消费需求的影响及对策》，《财经研究》1999 年第 5 期。

［4］宋铮：《中国居民储蓄行为研究》，《金融研究》1999 年第 6 期。

［5］言商：《如何看待储蓄猛增与消费低迷的反差》，《证券研究通讯》1999 年第 7 期。

［6］宋养琰、宋颖：《关注居民有效消费不足》，《企业改革与管理》1999 年第 7 期。

［7］胡舒云：《缘木焉能求鱼》，《南方周末》1999 年 6 月 23 日。

［8］肖永英：《市民对贷款消费认同程度偏低》，《解放日报》1999 年 7 月 9 日。

（原载《消费经济》2000 年第 1 期，第二作者为汪桂进）

构建国家主导的企业职工权益保护体系

随着我国社会主义市场经济体制建设的不断推进，在新型劳动关系体制建设取得长足进展的同时，我国劳动者权益保护状况却趋向恶化，劳动关系日趋紧张。劳资纠纷不断、劳动关系恶化已经成为影响我国经济社会稳定发展的重要隐患。正如恩格斯指出的那样，资本和劳动的关系是现代全部社会体系所依以旋转的轴心。[①] 劳动关系同样是我国社会主义初级阶段社会最基本的经济关系。如何切实保护劳动者权益、构建和谐劳动关系，对于构建社会主义和谐社会，推动经济社会健康协调可持续发展，具有十分重要的意义。

自 2006 年以来，笔者主持了一项"关于我国企业职工权益保护状况的调研"课题，在北京市、上海市、山东省、山西省、福建省、贵州省、河北省、河南省等地共向企业职工发放调查问卷 3000 份，回收有效问卷 2712 份。其中，国有企业、集体企业、民营企业和外资企业职工分别占 47.5%、10.2%、33.2% 和 9.1%；同时针对职工权益保护的重点问题在上述地区进行了实地访谈调研，对于我国企业职工权益保护状况有了较全面的了解。

一　我国企业职工享有的权益处于相对较低水平

（一）企业职工工资水平较低

我国企业职工的收入虽然逐年上升，但始终慢于 GDP 的增长，目前仍然处于较低水平。国际劳工组织公布的数据显示，2000—2005 年，中国的

---

① 参见《马克思恩格斯全集》（第 16 卷），人民出版社 1964 年版，第 263 页。

人均产值增长了 64％，但工资总额占 GDP 的比重却从 12％ 下降到 11％，延续了 20 世纪 80 年代以来不断下降的趋势。这不仅大大低于国外发达国家的水平，甚至低于许多发展中国家的水平。作为制造业大国，目前中国制造业领域的劳动力价格比印度还要低 10％。根据本次调研的问卷统计，83.2％ 的企业职工月工资额在个税起征点 1600 元以下。[①]

（二）劳动用工随意性大，劳动合同管理不规范

本次调查显示，有 23.8％ 的职工没有与企业签订劳动合同，只有31.6％ 的书面劳动合同签订时征求了职工的意见，许多企业未能按照《劳动法》和劳动部门提供的样本去制订合同，合同条款不全面，而且许多劳动合同条款权利、义务不对等，片面强调用人单位的权利和职工的义务，对职工的权益规定得少而空或者没有明确规定，个别企业劳动合同甚至含有违法内容。更为严重的是，许多企业并没有认真履行劳动合同，任意解除劳动合同，随意开除和辞退员工的现象大量存在。

（三）企业职工的休息休假权没有切实执行

调查显示，职工每周正常休息 2 天的仅占 50.7％，企业职工加班大多是企业的硬性要求或者企业布置的工作过多在 8 小时内难以完成，职工被迫加班的占 87.4％。

（四）企业职工加班大多没有得到法定的补偿

根据《劳动法》的规定，职工在工作日、休息日、节假日加班，企业应分别支付不低于 1.5 倍、2 倍和 3 倍的正常日工资。实地调研发现，许多企业管理者和职工都不清楚此项具体规定，只知道职工加班应当被支付加班工资。调查显示，职工在这三种时间加班得到法定补偿的比例仅仅分别为 19.7％、19.0％ 和 30.3％。

---

① 我国从 2008 年 3 月 1 日起个税起征点已经提高到月收入 2000 元。

（五）职工的社会保险参保率较低

根据 2006 年中国统计年鉴，2005 年我国城镇就业人员为 27331 万人，参加养老保险的人数为 13120.4 万人，仅占 48.0%；参加基本医疗保险人数为 10021.7 万人，仅占 36.7%；参加失业保险人数为 10647.7 万人，仅占 39.0%；参加工伤保险的人数为 8478.0 万人，仅占 31.0%；参加生育保险的人数为 5408.0 万人，占 19.8%。[1] 近两年我国社会保险的覆盖面有所扩大，但是职工的社会保险参保率仍然较低。

（六）企业的安全生产和卫生条件存在不符合国家标准情况，职工因工伤亡和患职业病情况频繁发生，"过劳死"现象开始出现

企业为降低生产成本，减少对生产安全和卫生设施的投资，劳保用品发放不足，导致职工伤亡和患职业病情况频繁发生，超时用工现象普遍存在。根据此次调研的问卷调查统计，57.0% 的职工遇到过因工伤亡或患职业病的情况。[2]

（七）企业职工的主人翁感下降，职工的知情权、参与权和发展权没有保障

调查显示，认同"老板或领导是企业的主人，职工只是雇佣劳动者"的人数占被调查者的 50.8%，明显多于认同"职工是企业的主人翁"的人数；64.3% 的职工从未参与过企业生产技术的改进、经营方针的制定、企业管理人员的任命、工资薪酬的调整、劳动保护方案的拟订和财务状况的监督等企业经营管理活动；71.1% 的职工认为向企业提出建议没有作用或作用不大。

---

① 数据来自中华人民共和国国家统计局：《中国统计年鉴》（2006），中国统计出版社 2007 年版，第 128、909 页，并经计算而得。

② 遇到过工伤或患职业病，指职工本人自身发生过工伤或患职业病或者见过企业中其他职工发生过工伤或患职业病。

（八）劳动争议逐年增多，大多数企业的内部劳动争议协调机制尚未建立或不完善

调查显示，遇到过劳动争议的职工比例为 61.9%；① 劳动报酬问题是产生劳动争议的首要原因，其次是工伤或职业病问题。仅有 16.6% 的企业建立了劳动争议协调委员会，且发生劳动争议时，职工更愿意找上一级领导进行解决。

二　企业职工的权益保护状况表现出层次性、差异性和复杂性

（一）从企业的所有制看，公有制企业的职工权益保护状况整体上好于非公企业

国有企业与职工签订书面劳动合同的比例高，合同签订和履行较为规范。调查显示，国有企业、集体企业、民营企业和外资企业中，书面劳动合同的签订率分别为 88.0%、68.8%、51.6% 和 89.5%。民营企业劳动合同签订率低且流于形式，签订劳动合同没有成为职工合法权益保护的有效手段。国有企业、集体企业、民营企业和外资企业职工没有因为法定节假日、婚丧假、病假和依法参加社会活动等不工作而扣减薪酬的比例分别为 61.4%、61.6%、56.1% 和 54.4%。国有企业、集体企业、民营企业和外资企业职工接受过安全卫生知识培训的比例分别为 69.5%、52.9%、53.7% 和 58.1%，职工参加过本企业组织的职业技术、技能或管理方面培训的比例分别为 80.8%、56.9%、58.0%、66.9%。国有企业、集体企业、民营企业和外资企业为职工办理养老保险的比例分别为 88.3%、58.3%、48.7% 和 86.3%。国有企业是设立职工权益维护组织最广泛的企业类型。调查显示，95% 的国有企业设有工会组织，55% 的职工加入了工会，76.2% 的国有企业设有职工代表大会，国有企业工会、职工代表大会、劳动争议协调委员会、劳动安全委员会和劳动监察组织的设立率均大大高于民营企业。国有企业职工对本企业的认同感和归属感相对较强。国

---

① 遇到过劳动争议，指职工本人自身发生过劳动争议或者见过企业中其他职工发生过劳动争议。

有企业、集体企业、民营企业和外资企业职工认同"老板或领导是企业的主人，职工只是雇佣劳动者"的比例分别为48.7%、34.1%、58.3%和54.0%，如果有再次择业机会还会选择在原类型企业工作的比例分别为55.4%、28.6%、11.8%和46.4%。

（二）从企业的规模看，规模较大企业的职工权益保护状况整体上好于规模较小企业

通过实地调研和访谈发现，规模较大企业，不管是国有企业、民营企业、还是外资企业，企业的工会、职代会、劳动安全委员会等职工权益维护组织相对较为健全，职工工资一般都以打入银行卡的方式定期发放，基本没有出现拖欠职工工资的现象。规模较大企业注重对职工的技能培训，鼓励员工签订长期劳动合同，一般都按照国家规定为职工交纳社会保险金或基金。规模较大企业还注重培育企业文化，组织职工参与各种文体活动，关心职工的生活状况，劳保用品的发放和福利提供较好。

（三）从企业的经济效益看，经济效益较好企业的职工权益保护状况好于经济效益较差企业

通过实地调研和访谈发现，经济效益较好的企业一般都会按照劳动合同的规定定期发放职工工资和交纳社会保险金或基金，而经济效益转差的企业或者经济效益一直较差的企业的现金流常常出现问题，企业工资的拖欠和克扣经常发生，职工的流动性较大，企业的安全卫生保护措施较弱，劳动争议案件大量出现。

（四）从企业的存在状态看，正常运转的企业的职工权益保护状况好于改制或破产企业

企业一旦进入改制或破产状态，通常伴随职工的下岗分流，出现职工安置和补偿、工资拖欠、社会保险费欠缴等问题。通过实地调研和访谈发现，一些突发的群体性事件，如集体上访、阻断交通等，重要原因就是改制或破产企业的职工经济补偿和利益问题没有妥善处置。在面临下岗分流的压力下，一些在岗职工对一些侵犯他们权益的做法、措施也不敢声张，而企业的原有职工维权机制通常处于瘫痪状态，职工的合法权益无法得到有效维护。

（五）从企业的所在行业看，采矿业和建筑业的职工权益保护状况差于制造业等其他行业企业

采矿业和建筑业企业职工的工作环境和工作条件恶劣，因此企业需要具备较高的安全卫生生产条件和标准，而要达到较高的安全卫生生产条件和标准需要较大的生产成本投入，一些企业为了追求更大的利润往往降低安全卫生方面的投入，而这些企业的职工以农民工和非正式工为主，职工流动性大，导致企业和职工都忽视职工合法权益的保护。通过调研和实地访谈发现，一些采矿业和建筑业企业与职工签订了除足额发放工资外，生老病死和工伤都与企业无关的所谓"生死合同"。

（六）从企业的职工类别看，在本企业工作年限长的、职位高的、学历高的职工的权益保护状况好于工作年限短的、职位低的和学历低的职工

根据此次调研的问卷调查统计，工作年限分别为 3 年以下、3—6 年、7—12 年和 12 年以上的企业职工书面合同签订率分别为 44.0%、72.7%、88.4% 和 92.8%，养老保险的参保率分别为 38.5%、65.8%、89.3% 和 95.5%，医疗保险的参保率分别为 33.9%、62.0%、85.8% 和 91.9%，失业保险的参保率分别为 25.5%、50.1%、67.8% 和 67.9%，住房公积金的办理率分别为 21.0%、37.1%、61.4% 和 73.6%，可见工作年限越长的职工，其书面合同签订率越高，社会保险和基金的交纳率也越高；工作职位分别为一般职工、基层管理者、中层管理者和高层管理者的书面合同签订率分别为 71.1%、78.7%、83.7% 和 89.3%，养老保险的参保率分别 68.7%、73.9%、89.0% 和 96.4%，医疗保险的参保率分别为 64.4%、71.6%、84.1% 和 92.9%，失业保险的参保率分别为 46.7%、61.1%、72.3% 和 89.3%，住房公积金的办理率分别为 45.6%、50.3%、66.5% 和 78.6%，可见工作职位越高的职工，书面合同签订率越高，社会保险和基金的交纳率也越高；学历分别为初中及以下、高中或中专、大学和研究生的企业职工书面合同签订率分别为 70.0%、66.5%、84.7% 和

88.0%，养老保险的参保率分别为 67.1%、64.0%、83.4% 和 84.0%，医疗保险的参保率分别为 58.2%、60.6%、81.2% 和 88.0%，失业保险的参保率分别为 37.0%、46.2%、66.8% 和 80.0%，住房公积金的办理率分别为 35.8%、39.3%、65.2% 和 82.0%，可见学历越高的职工，其书面合同签订率越高，社会保险和基金的交纳率也越高。

（七）从企业的用工形式看，正式工的权益保护状况好于合同工或临时工及派遣工

通过实地调研和访谈发现，许多企业出现了同工不同酬现象，一些国有企业或集体企业改制后，原有工人一般为正式工，改制后进入企业的工人一般为合同工或临时工和派遣工，这些职工享有的工资水平、社会保障、技能培训等都差于原有正式工人。合同工或临时工及派遣工的工资和福利水平一般由职工与企业或者派出机构与企业谈判决定，在劳动力市场供过于求的情况下，这些职工的工资和福利水平被压低，他们的就业稳定性也差，社会保险或基金的交纳率较低。

（八）从企业的职工身份看，当地户籍职工的权益保护状况好于非当地的城镇户籍职工或农民工

通过实地调研和访谈发现，许多企业大量雇佣了非当地的城镇户籍职工和农民工，但大都没有为这些职工交纳养老保险、医疗保险、失业保险和住房公积金等社会保险或基金，而且这些职工工资的拖欠和扣押现象严重。据全国总工会公布的资料显示，2004 年以前全国进城务工的农民工被拖欠的工资在 1000 亿元左右，全国农民工的数量有 1 亿人左右，即每名农民工平均被拖欠 1000 元左右，近 70% 的农民工有过被拖欠工资的经历。虽然近几年各级政府大力推进解决农民工工资拖欠问题，并取得显著成效，但是农民工工资拖欠问题仍然大量存在。

三　构建国家主导的职工权益保护体系

应该看到，我国企业职工权益保护在政府积极推动、工会努力维权和

职工主动参与下逐步得到加强和改善。首先，面对职工权益保护水平较低和劳动争议迅速增加的现状，我国从科学发展观和构建社会主义和谐社会的战略高度出发，多层次、多角度努力维护职工的合法权益，以构建和谐的劳动关系。这主要表现在：相继出台了一系列保护职工权益的法律法规，仅2007年就出台和颁布了3部事关企业职工权益的法律：《中华人民共和国劳动合同法》、《中华人民共和国就业促进法》和《中华人民共和国劳动争议调解仲裁法》，并积极开展劳动法等法律、法规的执法检查，及时纠正企业侵犯职工权益的行为；不断加强我国的社会保障体系建设，因地制宜地建立和完善职工的医疗卫生、生育养老、失业就业、住房、教育培训等社会保障、社会救济和社会优抚制度；各地政府不断采取提高最低工资水平等政策措施改善职工权益的保护。其次，我国企业工会的独立意识、自身角色意识和维护职工权益意识开始增强。企业工会的组建方式从"自上而下"向"自下而上"转变，企业工会的功能定位从维护企业利益向维护职工利益转变，从文体活动型向集体谈判型和职工维权型转变。最后，随着社会主义市场经济的不断发展，我国企业职工的权益意识开始增强，敢于主动维护自己的合法权益。

　　但是，对于如何构建我国社会主义的新型劳动关系和职工权益保护体系，存在着不同的意见。有些学者认为，我国现在处于低技能的劳动密集型的劳动阶段，过于强调我国企业职工权益的保护，会让我国丧失劳动密集型产业的竞争力；另一些学者则认为，保护企业职工的权益和提高企业职工权益的保护状况，这主要应通过扩大"自下而上"的工会的组建，工会维权意识的增强和工会力量的强大，可以增强劳资关系中"劳方"的力量，通过谈判来维护职工的权益，而国家和政府的作用应是辅助和弥补性的。

　　要深刻认识到，通过降低和压低职工权益的保护水平来维护我国劳动密集型产业的竞争力是不可持续的。低端的劳动密集型产业市场是一个近乎完全竞争的市场，靠低廉的劳动力成本和微薄利润生存的状况依然受到更欠发展国家的更低廉劳动力的挑战。必须通过提高技术水平，掌握核心知识产权，打造核心竞争力，实现产业层次的升级，才能实现经济发展的可持续性。另外，还应看到，我国企业职工仅仅获得维护甚至低于简单劳动力再生产的工资水平，劳动力缺乏向上发展和提高素质的能力和机会，从而陷入了所谓低廉的劳动力价格具有比较优势的"比较优势陷阱"，导致劳动力素质向上发展的不可持续性，从而把我国的产业层次锁定于低端的劳动密集型产业。

保护企业职工的权益，迫切需要构建国家（各级人大和政府）主导的、工会和职工积极参与的、相关企业管理者和雇主组织积极配合的三层面职工权益保护体系。我们看到，在以私有制为基础的资本主义市场经济中，代表资本家利益的资本主义国家，并不站在劳动阶级的立场上，积极主导地参与职工权益的保护。企业职工权益保护水平的提高只能是依靠工人组建工会，提高工人与资本家的谈判能力和不断地通过罢工等斗争方式，来维护和提高企业职工的权益水平。尚且不说这种方式所带来的社会不和谐局面，单从劳资关系博弈的劳资双方的对比来看，掌握"资本"大权的资方通常是强势的一方，劳方权益水平的高低总是以资本的利润的最大化为前提的，职工权益水平的一点提高总是以很大的牺牲为代价换取的。

在共产党执政的社会主义中国，作为代表劳动人民根本利益的国家理应自觉站在劳动大众的立场上，主动承担起保护和提高职工权益的重任，通过制定和有效实施职工权益保护的法律法规并严格执法，同时依靠工会和职工的积极参与，并要求企业高管以及有关工商联和雇主协会等一起自觉做好配合工作，从而切实保护和改善职工的权益，打造和谐的社会主义劳动关系和劳资关系，为构建社会主义和谐社会打下牢固的经济社会基础。吉林通钢、河南林钢、深圳富士康企业连续自杀等越来越多的案例表明，各级政府和有关部门不能等到权益受损的职工怠工、罢工、静坐、上访、下跪、自杀、闹事甚至暴力行为发生后，再来合理处理或让步处理非和谐的劳动关系和劳资关系。

当前，《国有资产管理法》必须尽快修改，国有企业改制方案必须通过职代会和工会投票表决，而不是只"征求意见"；各类企业职工的收入必须随着企业的高管层收入、劳动生产率和利润率的提高而及时提高；政府要严厉查处各类企业不严格执行法定劳动时间和劳动报酬以及《劳动合同法》的行为（笔者程恩富研究员作为全国人大代表，在讨论这一法律时就强烈表示过这样的观点）。只有这样，才能真正落实以人为本的科学发展观，在劳动关系和劳资关系日益和谐的基础上加强整个社会的和谐度。

参考文献

［1］《马克思恩格斯全集》第 16 卷，人民出版社 1964 年版。

［2］全国总工会：《加快解决农民工工资拖欠问题》［OB/EL］，www. acftu. org. 2007—11—3。

（原载《毛泽东邓小平理论研究》2010 年第 6 期，第二作者为胡乐明）

我国劳动力资源变动趋势与预测

中国人口正在从"高生育率、低死亡率、高增长率"向"低生育率、低死亡率、低增长率"转变，这一转变对中国经济增长具有长期影响。因此，有必要分析1982—2010年中国有效劳动力的变化情况，并对有效劳动力的长期变动做出预测。

一　有效劳动力的概念

有效劳动力是综合考虑劳动者数量、劳动者素质和实际劳动参与程度等因素的劳动力资源衡量指标。

卢卡斯提出的经济增长模型将人力资本纳入总量生产函数。他将生产中的有效劳动力界定为投入当期生产的、以技能水平为权重的工时总数量。假定劳动者技能水平 h 的取值范围为从 0 至无穷大，则劳动者总量 N 为：$N = \int_0^\infty N(h)dh$（1式）。其中，$N(h)$ 为技能水平为 h 的劳动者数量。生产中有效劳动力总量 N^e 的表达式为：$N^e = \int_0^\infty u(h)N(h)hdh$（2式）。其中，$u(h)$ 为技能水平为 h 的劳动者用于当期生产的时间占其非闲暇时间的比例，而用于人力资本积累的比例则为 $1-u(h)$。若假定 t 时刻所有劳动者的技能水平均为 h，即平均技能水平 h_a 为 h，而其用于当期生产的时间占非闲暇时间的比例均为 u，则有效劳动力为：$N^e = uhN$（3式）。从而，总量生产函数就可表示为：$Y(t) = AK(t)^\beta[u(t)h(t)N(t)]^{1-\beta}h_a(t)^\Psi$（4式）。其中，$h_a(t)^\Psi$ 表示人力资本的外部效应，技术水平 A 被假设为固定不变。[①]

---

　　① ［美］Robert E, Lucas, 1988："Onthe Mechanics of Economic Development"，*Journal of Monetary Economics*，Vol. 22，No. 1：3 – 42。

为了研究有效劳动力问题，需要对劳动力素质、劳动年龄人口和劳动力参与率分别进行分析。

二 影响有效劳动力的因素

（一）劳动力素质

1. 劳动力素质的含义。劳动力素质指劳动力的状况和水平，反映了劳动力质的规定性。劳动力素质可分为体力素质和智力素质。马克思指出，为了提高劳动力素质、使劳动者获得一定的劳动技能和技巧，就要进行一定的教育或训练。[①] 为此而花费的教育费用随劳动力性质的复杂程度而不同。明赛尔把为提高劳动者技能所进行的培训称作"人力资本投资"，即将劳动者技能与人力资本的概念等同使用，并构建了人力资本投资收益模型，考察了个人在受培训时间和工作时间之间的选择行为。[②] 舒尔茨假定国与国之间大部分人的天赋才能分布趋于一致，从而把人力资本定义为"后天获得、具有经济价值的人口质量特质即知识和才能"。他指出，人力资本可通过儿童保育、家庭及工作经验、教育及保健等方面的适当投资来增进，人力资本是经济增长的主要动力。[③] 贝克尔则更明确地将健康列入人力资本范畴，认为人力资本包括人的知识、技能和健康，而教育、在职培训、医疗保健、迁移和收集工资变化的信息等方面的支出都属于人力资本投资。其中，教育和培训是最重要的人力资本投资。[④]

2. 劳动力素质对经济增长的作用。随着人类文明的进步，劳动力素质在生产中的重要性越来越突出。在农业文明阶段，劳动力素质普遍低下，这一阶段的生产主要依靠劳动者数量的投入。始于 18 世纪 70 年代的工业革命使人类社会步入工业文明阶段。在该阶段，初等教育逐渐得到普及，

---

① 《马克思恩格斯全集》第 23 卷，人民出版社 1972 年版，第 197 页。

② J. , Mincer, 1958："Investment in human capital and personal incomed istribution", *The Journal of Political Economy*, Vol. 66, No. 4：281 – 302.

③ ［美］西奥多·舒尔茨：《对人进行投资——人口质量经济学》，首都经济贸易大学出版社 2002 年版。

④ ［美］加里·贝克尔：《人力资本理论：关于教育的理论和实证分析》，中信出版社 2007 年版。

劳动力素质普遍提高，体力劳动与脑力劳动逐渐分离，资本、技术和市场成为经济竞争优势的主要来源。20世纪70年代的知识革命，使人类开始进入知识经济时代。在知识经济时代，高等教育开始逐渐普及，终身学习逐渐成为主流，知识创新和技术创新日新月异。[①] 知识、创新、智慧和学习成为经济竞争优势的主要来源，而劳动力素质成为经济增长的主要驱动力。

很多学者对发达国家劳动力素质提升对经济增长的影响进行了实证分析。丹尼森对1929—1957年美国经济增长的实证研究发现，教育水平的提升使劳动力平均素质每年提高0.93%。而劳动力平均质量的改善对美国实际国民收入年增长率的贡献率为0.67%，约占实际国民收入年增长率（2.93%）的22.87%。[②] 而贝克尔认为，由于丹尼森没有将这一时期的健康、在职培训和其他形式的人力资本的改善考虑在内，所以无法解释另外四分之三左右的经济增长。[③] 我国学者对人力资本对中国经济增长的贡献率也做了大量实证研究。由于采用的方法和数据口径不同，计算出的人力资本贡献率差异较大，从7%左右到40%左右不等。[④] 但这些研究都表明，人力资本与经济增长间存在显著的正相关。如，王德劲（2009）对我国1952—1984年、1985—1998年和1952—1998年要素贡献率的测算发现，人力资本对经济增长的贡献率分别为39.45%、35.54%和36.52%，而劳动的贡献率分别只有4%、2.83%和3.54%。[⑤]

3. 我国劳动力素质的现状。改革开放30多年来，我国劳动力素质有了显著提高。如表1所示，劳动年龄人口人均受教育年限从1982年的6.04年上升至2005年的8.38年。劳动年龄人口由1982年的小学及以下文化程度占主体，逐步转变为2000年以后的以初中文化程度占主体。而且，高中及以上文化程度的人口比重也明显上升，从1982年的10.69%上

---

① 何传启：《第二次现代化与中国青年的历史使命》，《北京青年政治学院学报》1999年第2期。

② ［美］E. F., Denison, 1962: "United States Economic Growth", *The Journal of Business*, Vol. 35, No. 2: 109 – 121。

③ ［美］加里·贝克尔：《人力资本理论：关于教育的理论和实证分析》，中信出版社2007年版。

④ 谭永生：《人力资本与经济增长》，中国财政经济出版社2007年版，第75—76页。

⑤ 王德劲：《我国人力资本测算及应用研究》，西南财经大学出版社2009年版。

升至 2005 年的 24.61% 。另外，我国人口的预期受教育年限也获得显著提升。预期受教育年限指 5 岁儿童入学时可预期的一生受正规教育的平均年限。它可由 5 岁及以上人口的各年龄净入学率累计得出。[①] 这一指标反映了在校生可预期的受教育程度。如表 1 所示，我国人口预期受教育年限从 1982 年的 7.74 年跃升至 2005 年的 12.3 年。由此可以推测，我国未来新增劳动年龄人口的受教育程度会相应出现大幅提升。

表 1　　　　　　　　　劳动年龄人口受教育程度比较

年度与国别	小学及以下（%）	初中（%）	高中（%）	大专及本科（%）	硕士及以上（%）	平均受教育年限（年）	平均预期受教育年限（年）
1982 年中国	62.84	25.52	10.69	0.95	—	6.13	6.83
1990 年中国	53.37	32.62	11.84	2.17	—	6.82	8.91
2000 年中国	37.14	42.31	15.42	5.14	0.09	8.17	11.06
2005 年中国	32.22	43.37	16.63	7.77	0.21	8.38	12.30
1964 年美国	6.56	20.45	52.55	20.50	—	11.04	—
1978 年美国	3.88	11.12	52.22	32.79	—	12.07	
2000 年美国	3.51	7.36	47.07	42.05	7.14	12.84	14.72
2005 年美国	2.44	6.03	38.57	52.95	8.23	13.63	
2007 年美国	2.46	7.00	39.00	51.54	8.13	13.54	
2000 年日本	11.83		47.34	40.42	2.15	12.90	
2005 年日本	6.65		45.38	47.97	—	13.70	
2005 年印度	48.89	21.93	20.62	8.56	—	6.30	10.82

资料来源：王广州等：《我国教育总量结构现状问题及发展预测》，载蔡昉主编《中国人口与劳动问题报告 No.10》，社会科学文献出版社 2009 年版。

目前，我国劳动力素质的总体水平与主要发达国家相比仍存在较大差距。如表 1 所示，2005 年我国劳动年龄人口的平均受教育年限（8.38 年）与美国 1964 年的水平相差 2.66 年，与美国 2005 年的水平相差 5.25 年之

---

① OECD, 2002：Education at a Glance, Glossary. http：//stats. oecd. org/glossary/detail. asp？ID = 5422.

多，与日本 2005 年水平则相差 5.37 年。值得一提的是，虽然印度 2005
年劳动年龄人口仍以小学及以下文化程度为主，但高中文化程度人口和大
专及本科文化程度人口的比重却比我国分别高 3.99% 和 0.79%。此外，
我国 2005 年的预期受教育年限（12.3 年）与发达国家相比存在较大差
距，比美国同期水平低 2.42 年。

（二）我国劳动年龄人口数量

关于劳动年龄，各国的劳动统计制度普遍以 15 岁或 16 岁为劳动年龄
下限，但不设劳动年龄上限。我国现行劳动统计制度以 16 岁为劳动年龄
下限，不设上限。为便于与国际统计口径相衔接，本文将 15 岁人口计入
劳动年龄人口。根据人口普查数据，我国 1982 年、1990 年、2000 年和
2010 年劳动年龄人口分别为 66953 万、81976 万、97608 万和 111727 万，
其中 15—64 岁人口为 62003 万、75662 万、88798 万、99843 万。可见，
1982 年以来，我国劳动年龄人口数量一直处于上升阶段。

（三）劳动参与率

1. 劳动参与率的含义。劳动力参与率（LFPR）指经济活动人口占劳
动年龄人口的百分比。经济活动人口指在一定时期内为商品和劳务的生产
提供劳动力供给的人口，包括从业人员和失业人员。[1] 经济活动人口可用
劳动年龄人口（WPOP）和劳动参与率 LFPR 来推算。

2. 劳动参与率的变动趋势。首先，我国总体劳动参与率已出现下降趋
势。如图 1 所示，在 1982—2005 年间，我国男性劳动参与率逐渐下降。女
性劳动参与率在 20 世纪 80 年代至 90 年代中期经历了一个明显上升的过程，
然后开始逐渐下降。总之，总劳动参与率从 20 世纪 90 年代中期开始下降，
但仍保持在 70% 以上。其次，我国人口的年龄性别劳动参与率结构呈现比
较稳定的倒 U 型结构。图 2 和图 3 分别为我国男性和女性各年龄组劳动年龄
人口的劳动参与率状况的变化趋势。15—24 岁为接受高中和高等教育的年
龄段。在 1982—2005 年期间，这一年龄段的男性和女性劳动参与率都有明

---

[1]　国际劳工组织，"Definitions"，http：//laborsta. ilo. org/applv8/data/c1e. html。

显下降，而且趋于一致。这表明我国高中教育和高等教育普及率逐步提高，而且男女受教育机会趋于平等。25 岁以上的男性劳动参与率在此期间保持稳定。同样，25—34 岁年龄段的女性劳动参与率也比较稳定。而 35 岁以上的女性参与率在 1982—1990 年有明显提高，然后趋于稳定。

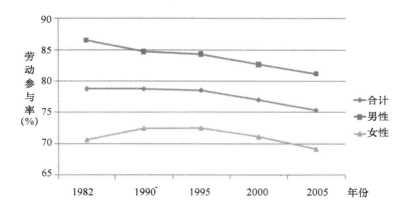

图 1　劳动参与率总体水平变动（1982—2005）

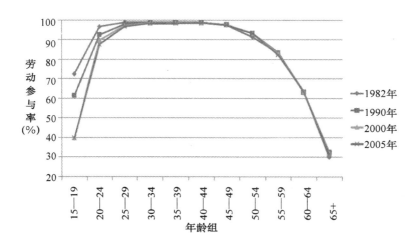

图 2　男性劳动力参与率估计

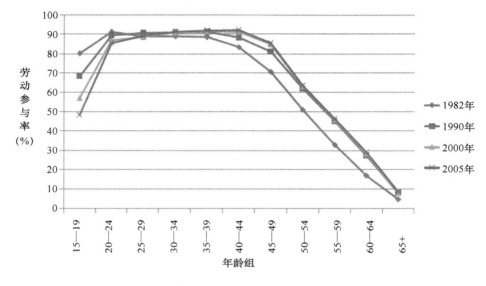

图 3　女性劳动力参与率估计

三　有效劳动力变动趋势

（一）有效劳动力模型

本文采用 3 式对有效劳动力的描述，即：$N^e(t) = u(t)h(t)N(t)$。其中，用 t 时刻劳动参与率 r_t 来代表比例 u_t，用 t 时刻劳动力素质代表 h_t，用 t 时刻劳动年龄人口代表 N_t。如果考虑到劳动者的年龄结构，有效劳动力可表示为[①]：$N^e(t) = \gamma^{y(t)} \sum_{x=1s}^{\infty} P_t(x) r_t(X)$（5 式）。其中，$y(t)$ 为劳动年龄人口平均受教育年限，γ 为受教育年限年增加比例，$P_t(x)$ 为 t 时刻年龄组 x 的人口数量，$r_t(x)$ 为 t 时刻年龄组 x 的劳动参与率。本文借鉴李发昇的研究成果，将劳动生产率随受教育年限年增加比例 γ 设定为 1.46。[②]

---

　　① 本文的劳动年龄人口公式，参见马忠东等《劳动参与率与劳动力增长：1982—2050 年》，《中国人口科学》2010 年第 1 期。

　　② 李发昇：《一个以劳动力素质为核心的教育与经济增长关系模型——基于巴罗指标和中国 31 年相关数据的经验检验》，《南开经济研究》2011 年第 2 期。

（二）预测参数假定①

1. 劳动力素质设定。如上所述，本文假定劳动力素质仅取决于劳动力受教育年限，参考《国家中长期教育改革和发展规划纲要（2010—2020年）》关于2010—2020年教育发展目标的设定，并参照表1中美国和日本的教育发展水平，对2010—2100年的劳动年龄人口平均受教育年限进行设定，见表2。

表2   劳动年龄人口平均受教育年限假定

年份	平均受教育年限	年份	平均受教育年限
2010—2014	9.7	2055—2060	13.5
2015—2019	10.5	2061—2064	13.7
2020—2024	11.2	2065—2070	13.9
2025—2029	11.6	2071—2074	14.1
2030—2034	12.0	2075—2080	14.2
2035—2039	12.4	2081—2085	14.4
2040—2044	12.7	2086—2090	14.6
2045—2049	13.0	2091—2094	14.8
2050—2054	13.3	2095—2099	15.0

2. 人口变动参数设定。若不考虑国际人口流动，人口变化主要取决于生育率和死亡率两个因素。除战争等特殊情况外，死亡率一般比较稳定。因此，生育率变化对人口长期变动的影响至关重要。本文根据对生育率和死亡率的不同假设，设计3种方案对2010—2100年的劳动年龄人口进行设定。方案1：假定这一时期的生育率和死亡率均符合联合国人口司的预测结果。根据该预测结果，男性出生时预期寿命从2010年的72.07岁逐步增加到2100年的82.41岁，女性出生时预期寿命从2010年的75.61岁逐步增加到2100年的86.3岁。而总和生育率②从2010年的每名妇女1.56

---

① 本文以5年为一个预测单元（如2010—2014年、2015—2019年等），并假定同一预测单元的5年预测结果相同。

② 某年的总和生育率（TFR）的含义为：假定妇女按照该年的年龄别生育率结构度过生育期，平均每名妇女一生所生育的子女总数量。

个子女逐步增加到 2100 年的 2.01。方案 2：假定 2010—2100 年的出生时预期寿命符合联合国的中方案预测。而总和生育率被假定为从 2005—2009 年的 1.395①逐步上升到 2050 年的更替水平（约为 2.07），此后则保持更替水平不变。方案 3：假定这一时期的出生时预期寿命符合联合国人口司的中方案预测，而总和生育率一直保持 2005—2009 年的水平不变。

3. 劳动参与率设定。本文假定 2010—2020 年分性别、分年龄劳动参与率符合国际劳工组织的预测结果。参照美国、德国、澳大利亚、日本和韩国 1990 年以来分性别、分年龄劳动参与率的水平及变动情况，设定 2020—2100 年我国分性别、分年龄劳动参与率数值（详见表 3、表 4）。此外，本文假定同年龄组劳动者每周工作小时数为常数。

表3　　　　　　　　　　2010—2100 年男性劳动参与率设定

年份	15—19	20—24	25—29	30—34	35—39	40—44	45—49	50—54	55—59	60—64	65 +
2010—2014	34.6	84.1	95.8	98.1	98.2	98.4	97.4	93.1	82.0	63.5	31.1
2015—2019	33.3	83.1	95.7	97.9	98.1	98.3	97.2	93.1	82.2	64.3	30.9
2020—2024	32.0	82.0	95.5	97.7	98.0	98.2	97.1	93.0	82.5	65.0	30.7
2025—2034	20.0	75.0	95.5	97.5	97.5	97.5	96.0	91.5	82.0	65.0	27.5
2035—2049	15.0	65.0	92.5	95.0	95.0	95.0	94.5	90.0	82.0	63.5	25.0
2050—2099	10.0	50.0	90.0	95.0	95.0	95.0	93.5	90.0	82.0	62.0	20.0

表4　　　　　　　　　　2010—2100 年女性劳动参与率设定

年份	15—19	20—24	25—29	30—34	35—39	40—44	45—49	50—54	55—59	60—64	65 +
2010—2014	38.7	84.2	91.4	91.2	92.0	93.2	86.8	64.0	46.2	29.3	8.8
2015—2019	36.4	82.6	91.7	91.5	92.4	93.4	87.9	64.5	46.3	30.6	9.0
2020—2024	34.0	81.0	92.0	91.7	92.7	93.7	89.0	65.0	46.4	32.0	9.1
2025—2034	20.0	75.0	85.0	85.0	85.0	87.5	87.5	65.0	60.0	32.0	10.0
2035—2049	15.0	65.0	75.0	70.0	75.0	80.0	80.0	65.0	55.0	32.0	10.0
2050—2099	10.0	50.0	65.0	60.0	65.0	70.0	70.0	65.0	55.0	32.0	10.0

---

① 2005—2009 年总和生育率取值为国家统计局 2005 年 1% 人口抽样数据和 2006—2009 年 1‰人口抽样数据得出的总和生育率平均值（即 1.395）。

（三）经济活动人口变动分析

首先，本文依据上述对人口变动参数的假定，采用队列要素法分别对上述三个方案的 2010—2100 年劳动年龄人口进行预测。然后，根据上述劳动参与率参数的设定，分别推算出三个方案 2010—2100 年的经济活动人口，如图 4 所示。

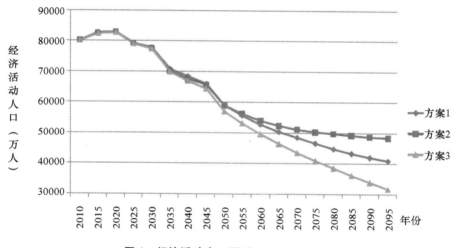

图4   经济活动人口预测（2010—2100）

图 4 反映了三个预测方案对经济活动人口变动的预测结果。在 2010—2039 年间，三种预测方案得出的经济活动人口变动趋势几乎完全一致，即从 2010 的 8 亿上升至 2020—2024 年的 8.3 亿，然后开始下降，到 2035—2039 年间降至 7 亿左右。这主要是因为这一时期的主要劳动年龄人口现在已经出生，目前的生育率对 2010—2039 年的劳动年龄人口影响很小，对劳动年龄人口的影响在 2040 年以后才会逐步显现。在 2040—2054 年间，三种方案的预测结果基本一致。方案 1 和方案 2 都从 6.8 亿降至 5.9 亿左右，而方案 3 略低，从 6.7 亿降至 5.7 亿。在 2050—2100 年间，从方案 2 得出的结果看，经济活动人口趋于稳定，从 2050—2055 年的 5.9 亿逐步下降到 2075—2080 年的 5 亿，此后保持在 5 亿左右。方案 1 从 2050 年的

5.9 亿逐步降至 2095—2100 年的 4.1 亿。而方案 3 从 2050 年的 5.7 亿逐步降至 2095—2100 年的 3.2 亿。

(四) 有效劳动力变动分析

根据对 1982—2010 年我国劳动力素质、劳动年龄人口和劳动参与率的分析，本文推算了我国这一时期有效劳动力变动情况，其中，2010 年分性别、分年龄、劳动年龄人口数据采用了联合国人口司的预测结果。[①] 如图 5 所示，这一时期我国有效劳动力迅速上升。2010 年有效劳动力水平是 1982 年的 4.6 倍。

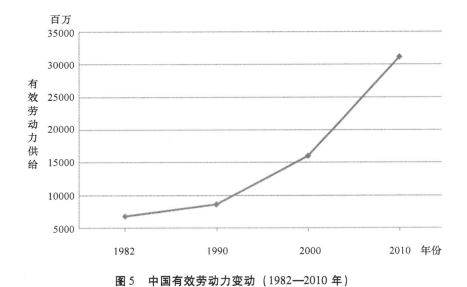

图 5　中国有效劳动力变动（1982—2010 年）

根据上述三个方案关于 2010—2100 年劳动力素质、劳动年龄人口和劳动参与率的参数设定，本文对这一时期的有效劳动力变动趋势进行预测，如图 6 所示。在 2010—2049 年间，方案 1、方案 2 和方案 3 的预测结果基本一致，即从 2010—2014 年的 311 亿个有效劳动力单位分别增加到 2045—2049 年的 904 亿、899 亿和 881 亿个有效劳动力单位。但在 2050—

---

① United Nations，2010："World Population Prospects"，www. unpopulation. org.

2100 年间，三种方案的有效劳动力水平及变动趋势差异较大。方案 1 的有效劳动力水平从 904 亿升至 1295 亿个有效劳动力单位；方案 2 得出的有效劳动力水平上升最快，从 904 亿升至 1413 亿个有效劳动力单位；而方案 3 得出的有效劳动力水平则趋于稳定，从 2050—2054 年的 873 亿上升至 926 亿个有效劳动力单位。

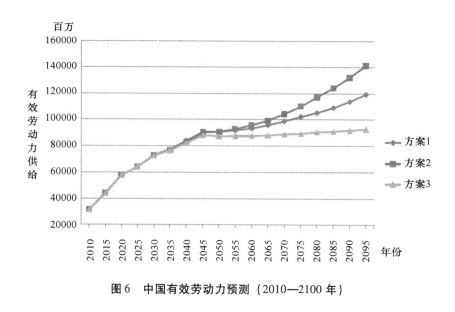

图 6　中国有效劳动力预测（2010—2100 年）

四　结论

通过上述分析，可得出以下结论：

（一）我国劳动力资源总体水平将仍保持稳定，甚至逐渐上升

从劳动者数量看，由于低生育率将使劳动年龄人口呈下降趋势，劳动参与率会随着社会发展而下降，经济活动人口会明显减少。但从劳动者质量看，低死亡率不仅使劳动参与率可能处于较高水平，而且使劳动力素质显著提升。从综合考虑劳动者数量和质量的有效劳动力分析可看出，除非

实行"先控后减"的"新人口策论"。① 否则，我国劳动力资源在 21 世纪内不会出现明显下降趋势，那种以为我国劳动力总量已经或将逐步供不应求的判断是不成立的。

（二）劳动力素质在经济增长中的地位日益突出

我国经济活动人口下降是必然趋势。经济增长的动力将主要来自劳动者素质的提高。因此，应把全面提升劳动力素质作为我国 21 世纪经济社会发展的重要战略目标。一方面，要大力推进医疗保健投资体系建设，推进相关领域改革，提升医疗保健服务水平，不断提高人们的身体素质。另一方面，要全面发展教育，不仅要大力发展正规教育，而且要注重职业教育，形成终生学习的教育体系。

（原载《经济纵横》2012 年第 5 期，第二作者为高建昆）

---

① "先控后减"的"新人口策论"的主要内容为：我国在人们尚未自觉改变传统生育观和人口收缩到适度规模（5 亿人左右）以前，则应坚持不懈地推行"城乡一胎、特殊二胎、严禁三胎、奖励无胎"的"一胎化"新政。参见程恩富、王新建《先控后减的"新人口策论"》，《人口研究》2010年第 6 期。

从技术标准看技术性贸易
壁垒中的知识产权问题

　　自改革开放以来，伴随国际经贸交流的不断加深，涉外知识产权纠纷和技术标准纠纷日益增多。特别是加入 WTO 以来，不管是国内实业界，还是国内各级政府和学术界，对此都给予了极大关注，提出了各种应对之策，包括法律上的、政策上的和行动上的。如 2001 年 7 月 1 日中国第三部《专利法》的实施、2002 年 7 月 SJ/T11271—2002《数字域名规范》行业标准的颁布和 2003 年 7 月 17 日"闪联"标准的制定等。尽管知识产权和技术标准各自方面的研究已相当多，但如何从彼此互动的角度加以审视还不多见，特别在技术性贸易壁垒日益频繁出现之际，则更为重要。笔者现从技术标准角度对知识产权保护和创造问题略作探讨，以供参考。

一　研究技术性贸易壁垒中知识产权保护的意义

（一）提高知识产权保护意识的需要

　　知识产权这一范畴能够折射出不同层面的利益，无论是消费者层面、企业层面和地区层面，还是国家层面、区域层面和国际层面。如果不能给予充分的认识和处理，那么将有可能遭受不应有的经济损失，进而会影响到一国之经济安全和技术安全，特别在知识经济时代和经济全球化时代。因此，当由知识产权和技术标准所构成的技术性贸易壁垒日渐提高之时，学会从技术标准角度对其中知识产权保护问题加以探讨，就很有必要，也是新时期提高知识产权保护意识的应有之意。

（二）提升我国企业核心竞争力的需要

在知识经济时代，加大自主知识产权的构建和保护是提升我国企业核心竞争力的重要途径之一。虽然借助技术标准可以在空间广度上加以展开，但较好的经济利益的取得必须依靠具有私权特性的知识产权去进行，而且也只有如此，才能构筑强有力的市场阵地并进一步实现空间扩展。在当前技术标准之词热议之时，对技术性贸易壁垒中的知识产权保护问题重新给予审视，也许更有必要，否则将会失之偏颇。

（三）应对国际技术标准纠纷的需要

WTO 的加入，关税壁垒的逐步取消，作为非关税壁垒主要组成部分的技术性贸易壁垒必然会凸显出来，大多数西方国家会继续以其独有的优势去谋取实质的经济利益和政治利益，出现一些涉外技术标准纠纷就在意料之中。作为国内企业，要想在激烈的国际技术标准竞争中取胜，也只有从构建自身的核心自主知识产权入手并借助技术标准这个平台，而不管是单独拥有还是集体拥有，不管是法定标准还是事实标准。近年来，在国际标准的竞争中，日本对欧美国家是败多胜少，如前不久在手机国际标准的竞争中又败给欧洲，使日本潜心研究的技术专利付诸东流。

二　技术标准与知识产权之间的内在关系

（一）知识产权与技术标准具有共同的利益基础

虽然知识产权和技术标准设立的初衷是有所不同的，一个是为创新技术的出现而设计，一个是为社会公众利益的维护而产生；一个偏重于私利，一个偏重于公利，且不能混淆。但其目的都是为了实现一国或一个地区的经济利益和政治利益，无论是在两者相互分离时期，还是在彼此相互融合时期；无论是在企业内部转移时期，还是在企业外部空间延伸时期，改变的也仅仅是形式而已。即使涌现了各种事实标准，也不过是对原有法定标准采用的方法和程序赶不上技术变化的事实所做的简单回应罢了，而两者之共同基础则仍然未变。

（二）知识产权需要借助技术标准来加以强化保护

企业资本的逐利本性决定着它不仅要得到一定数量的垄断利益，而且还要突破空间的限制去获取更大的规模效应。如果说知识产权的存在是为其创新技术的产生提供激励制度从而去获取其部分垄断利益的话，那么技术标准的出现就为其空间扩展提供了新的契机，并根据其自身实力和外在条件状况决定其扩展程度。技术标准既可以是企业标准，也可以是行业标准和地区标准，甚至是国家标准和国际标准；既可以以单个身份出现，也可以以企业联盟方式出现。至于其是选择事实标准，还是选择法定标准，则要根据自身的利益状况而定。

（三）技术标准需要知识产权来加以建立、维护和实施

一般来说，为尽可能地获取最大经济利益，基于自身支配市场能力状况，在技术标准选择问题上，企业要么采用事实标准，要么采用法定标准，要么兼而有之，但不管是采用何种标准，都必须以相对独立的知识产权为基础。因为作为事实标准和法定标准组成部分的各种技术——公知技术与非公知技术、成熟技术与非成熟技术、兼容技术与非兼容技术等，都必须以知识产权的存在为既定前提，否则在该技术还没有达到一定程度时竞争对手就会以复制和仿冒等手段去使用，以分割其利益，结果其标准也就无从确立，更别提其实施和维护了。在技术标准的实施和维护阶段，无论是在其载体采用、程序设计和过程管理及部分或整体技术体系调整过程中，还是在其政策运用和战略实施过程中，都必须依托知识产权去加以体现。

（四）某项知识产权上升为技术标准需要特定条件

尽管技术标准都必须以知识产权为基础，但反过来则不能成立。某项知识产权上升为技术标准需要一定的条件。无论是事实标准，还是法定标准，如果没有适合技术标准建立、实施和维护的技巧，如果没有技术上的充分实力、一定规模的市场支持和经济上的投入，则某项知识产权很难上升为技术标准。即使能够借助外在力量进行干预，如政府的强有力推动，

最终也将得不到市场的充分认可，只要这种外力一撤除，原来构筑的技术标准也许就会土崩瓦解。

三　目前我国技术性知识产权保护所存在的问题

考虑到知识产权具有内在不足和外在缺乏两方面问题，为尽可能地趋利避害，以较好地维护企业、产业和国家等主体的经济利益和政治利益，近几年国家从不同方面加大了知识产权特别是技术性知识产权保护力度，取得了良好成绩，但也出现了不少问题。

（一）对技术性贸易壁垒的正确评判和应对存在部分知识产权相关法律的缺失

一方面，由于知识产权和技术标准之间的融合加速，原先没有引起重视的一些知识产权形态和领域已成重点，所以我国现有知识产权法就可能没有合适条款加以应对，致使其无法可依，进而，在反垄断法和反不正当竞争法等法律方面其相应部分也就无法可依。例如，在中医药知识产权方面就缺乏切合实际的、有效的保护方案。另一方面，由于现有技术法规体系不完善、不统一和不规范，导致现有市场准入制度和市场监督体系不完善，导致一些连带的知识产权法律条款得不到有效实施，结果对技术性贸易壁垒就不能给予正确的评判和应对。

（二）促进技术性知识产权保护机制形成的制度环境存在缺陷

伴随着社会主义市场经济体制的逐步建立，原有的促进技术性知识产权保护机制形成的制度环境暴露出了不少问题，不仅体现在重量轻质的科技成果评价机制方面、没有对国家科技计划的专利产出作出明确要求方面和国家科技计划承担主体和市场经济竞争主体的设置错位方面，而且还体现在技术创新意识不强、科研基础薄弱、缺乏良好的技术创新机制、追求逐利性和大部分技术创新组织分散经营等方面，整体态势仍需改善。

(三) 相对健全的技术性贸易壁垒体系还有待加强

由于缺乏自主核心知识产权，使我国在转化国际标准和国外先进标准为国内标准方面，在参与并主导国际标准制定方面，与发达国家相比都存在明显差距。特别是在高新技术标准化领域，不仅其比例偏低，而且影响力也很小。另外，由于某些技术标准制定与科研、生产相互脱节，以致其不能尽快适应市场及技术快速变化和发展的需求，再加上其制定主体选择错位或不适当，即使已经建起了如"闪联"、EVD、TD—SCDMA 和 WAPI 等标准，在市场面前也不得不处于相对尴尬的境地。

四 解决现存问题的基本对策

(一) 借鉴国外知识产权法律保护成功经验，积极完善其相关法律制度

为防止国外企业和企业团体滥用知识产权法，国内立法部门可以借鉴美国、日本和欧盟等发达国家知识产权法律保护的成功经验。如建立相对健全的反托拉斯法和在其国外跨国公司内部开设知识产权部门的制度建设，积极推动反垄断法的制定，尤其是知识产权许可中反垄断审查的立法工作，以限制国外企业在国内滥用技术标准、滥用专利的行为，重点应放在垄断行为方面。另外，要按照科学的方法改革和完善我国技术法规体系和运行机制。通过加强有关技术立法工作，构建既符合国际惯例，又充分反映我国实际状况和发展需要的技术法律法规体系。其中包括：一是对我国现行有关技术法律法规体系进行整理修订，去除其中违背国际惯例、不符合社会主义市场经济原则要求的部分。二是加大法规标准的制订力度，将技术规范纳入法规。要根据我国的安全要求，在涉及安全、卫生、健康、环保等诸方面制定强制性标准，制定和实施对国外相关技术产品有一定针对性、抑制性和限制性的有关法律、技术标准和检验制度，把未达到技术标准的产品拒于国门之外。三是必须根据我国实际需要，借鉴国际经验，针对现存技术法律法规体系的缺陷，进行填补空白、充实完备立法工作，促进技术法规、标准、认证认可、检验工作的协调统一。

（二）尽快转变技术性知识产权形成机制，加快弥补其制度环境现存缺陷

根据社会主义市场经济发展的内在要求，不仅企业需要提高知识产权特别是技术性知识产权保护意识，加大技术投入和了解国家宏观调控政策以及该技术领域的国内和国际发展走向，而且各级政府也要切实执行《保护知识产权行动纲要（2006—2007 年）》精神。既要打击盗版行为，打击商品交易市场的商标侵权行为，加大对侵犯专利权重点问题的整治力度和加强进出口环节知识产权保护等，使短期工作重点及主要措施体现出来；也要完善法律法规体系，建立高效的执法协调机制，提高企业知识产权保护能力和水平，充分发挥行业协会和知识产权中介组织的作用和加强宣传与培训等，使构建长效机制的努力体现出来；同时还要在借鉴美国、日本和韩国等国家的强保护或弱保护知识产权战略基础上，加快构建适合我国的知识产权战略，从而尽快弥补其制度环境中的现存缺陷。

（三）参考国际通常做法，结合当前具体国情，合理构建我国技术性贸易壁垒体系

从近几年的情况看，国外技术性贸易壁垒有不断扩大和提高的趋势，应对国外技术性贸易壁垒是一项长期的、艰巨的、专业性很强的工作，其中包括积极向 WTO 和有关发达国家成员申请技术援助、延长有关技术性贸易措施实施的适应期或过渡期等。考虑到美国、日本和欧盟等西方发达国家在技术性贸易壁垒体系构建方面，已经积累了比较丰富的经验，既有手段多样、范围广泛、种类齐全和水平较高等特点，也有在立足实际、面向市场和动态调整等方面的灵活机动性。这决定着我们不仅要认真总结经验，还要仔细地分析我国现有做法中一些不当的和空白的地方，有选择地集中力量构建一批技术水平高、国家利益大、涉及面广和非常急需的企业技术标准、行业技术标准、地区技术标准和国家技术标准。同时，要改革标准化工作管理体制以建立以企业为主体制定技术标准的新模式，组建企业技术联盟以突破外国知识产权和技术标准的壁垒，积极推动国内企业在国外申请专利以开拓世界市场，主动参与国际标准化活动以培养国际标准

化人才，提高自主知识产权技术的实施率以积极扶持专利技术产业化，积极推动企业自主知识产权的形成和发展，以为国家技术性贸易壁垒构建奠定较为坚实的微观基础。只要能够采用的且负面影响不大的国际标准和国际先进标准都尽量采用，不过要根据具体国情，或完全采用，或部分调整，或完全调整，或兼而有之，以适合企业要求、行业要求、地区要求和国家要求。

（四）突出电信等重点行业，官产学联合实施"国际标准综合战略"

我国手机年产量已达 3.03 亿部，占全球手机产量的一半左右，但 90% 以上的手机中安装的汉字输入法是国外进口的，为此每年要支付数亿美元的专利费，每部手机的专利费达 0.3 美元。况且，国外公司开发的汉字输入法所采用的汉字标准多为我国 1980 年发布的标准，没有执行 2000 年的强制性汉字标准。纵观中外商界，"三流企业卖苦力，二流企业卖产品，一流企业卖专利，超一流企业卖标准"。可见，要想真正做强做大企业，就必须将国际标准纳入经营战略。不应沾沾自喜于"中国制造"，而应注重"中国创造""中国标准"。

2006 年 10 月 14 日是第 37 届世界标准日，国际标准化组织、国际电工委员会和国际电信联盟联合发出世界标准日祝词，主题是"标准：为小企业创造大效益"。目前，国际标准的平均标龄为 3.5 年，而我国现有的 2.1 万个国家标准平均标龄为 10.2 年，而且有 9500 个老龄的国家标准已不能用了。近几年，我国有 60% 的出口产品直接和潜在经济损失约 500 亿美元，其中原因之一在于老化的标准无法与国际新标准接轨。如洗衣机噪音的国家标准与国际同类标准有较大差距，导致我国出口的部分洗衣机被迫退市。一些令人欣慰的最新信息是，2006 年 10 月国家广播电影电视总局颁布了自主研发的包括手机电视在内的移动多媒体广播行业标准，尽管不是国际标准，但其中涵盖的 21 项核心专利大多是世界领先水平；同时，国家标准委员会也表示用 3 年时间解决我国标准老化问题，争取到 2015 年达到国际先进水平；我国"闪联"标准刚刚被国际标准组织高票接纳为候选方案，可能成为全球第一个 3C（消费电子、通信设备、计算机）国际标准。今后，官产学要共同展开竞争国际标准的活动，以大中小企业的技术专利为基础，并积极加强国际认知度和交涉能力，使我国成为国际标准的大国和强国。

参考文献

［1］《经济问题》编辑部：《高度重视技术标准和知识产权建立自己的知识产权战略——来自"第一届中国信息产业知识产权与技术标准峰会"的报道》，《信息技术与标准化》2004 年第 6 期。

［2］程宏：《论标准与自主知识产权》，《大众标准化》2005 年第 5 期。

［3］高志前：《技术壁垒：各国技术创新能力的较量》，《WTO 经济导刊》2004 年第 4 期。

［4］韩可卫：《欧盟技术性贸易壁垒的主要措施及借鉴》，《现代经济探讨》2006 年第 1 期。

［5］韩灵丽：《高新技术产业竞争法则研究》，《财经论丛》2003 年第 2 期。

［6］洪莹莹：《浅析技术标准及其与知识产权的结合》，《四川教育学院学报》2006 年第 5 期。

［7］黄璐：《企业技术标准战略的基本框架》，《经济管理》2003 年第 24 期。

［8］黄蓉、艾静：《中国正在着力打造技术标准体系》，《中国创业投资与高科技》2005 年第 7 期。

［9］吕铁：《论技术标准化与产业标准战略》，《中国工业经济》2005 年第 7 期。

［10］王黎萤、陈劲、杨幽红：《技术标准战略、知识产权战略与技术创新协同发展关系研究》，《科学学与科学技术管理》2005 年第 1 期。

（原载《经济问题》2007 年第 3 期，第二作者为谢士强）

第六次产业革命"预见"的内核、意义与不足

自 2003 年 1 月 28 日《光明日报》记者访中国国际经济研究会副会长、成都大学副校长、经济学家张其佐博士《第六次产业革命是否已曙光初现》一文发表后①，仁者见仁、智者见智。该文所提出的原创性和开创性的观点，引发了《光明日报》组织的一场参与面广、争论激烈、备受经济学界关注的争鸣。《第六次产业革命是否已曙光初现》，涉及的面很广，要研究的问题很多，本文对它的内核、意义与不足进行了分析。

一 第六次产业革命"预见"的科学内核

一个新学术观点的提出，或是一个新的科学体系的建立，判断它的正确与否，不能从它的枝节、表层上作答案，而应深入它的内层，从它的本质特征，从它的核心内容上进行分析。以此出发，我们认为第六次产业革命"预见"的内核是应予肯定的。

1. 分析的方法是科学的

方法虽不能直接反映对事物分析的正确与否，但分析的方法是否正确却能直接决定对事物分析的正确与否。因而判断第六次产业革命预见的是否正确，有必要研究张其佐教授的分析方法。

（1）以技术革命为出发点分析产业革命发展趋势是正确的

张文提出，自工业革命至今，世界已经历了五次产业革命。这些产业革命是怎样引起和发展的呢？是由技术革命所引起的，技术革命和技术创新必然会演变为产业革命：18 世纪的"早期机械化"技术革命，引发了

---

① 对张其佐教授的引文，凡是未注出处的，都引自此文。

以纺织工业为主导产业的第一次产业革命；"蒸汽动力和铁路"技术革命，引发了以钢铁工业为主导产业的第二次产业革命；"电力和重型工程"的技术革命，引发了以石油和重化工业及电力工业为主导产业的第三次产业革命；"福特制和大生产"式的技术革命，引发了以汽车工业为主导产业的第四次产业革命；"信息和通信"的技术革命，引发了以 IT 为主导产业的第五次产业革命。在此基础上，张文又提出在未来将要爆发的第六次产业革命中，最有可能成为主导产业的，将是与延长人类的生命周期密切相关的生物、生命和基因产业。

自工业革命至今，发生过几次产业革命？有人对张文提出不同的看法："综览工业革命至今的技术发展过程，各类突破性的技术创新演进为真正意义上的产业革命，其实只有三次。18 世纪中叶以牛顿力学以及机械技术为基础的科技创新引发了一系列的技术发明和创新，出现了第一次产业革命。19 世纪 70 年代开始的以电磁理论和电力技术为基础的科技创新引发了能源技术和运输技术的革命，并带动了以电气、有机化学、内燃机为代表的第二次产业革命，其特点是人类进入了电气化时代。20 世纪中叶以现代物理学、计算机和微电子技术为基础的重大技术突破引发了第三次产业革命即当代产业革命，人类进入了信息化时代。由此，张其佐博士关于工业革命以来的五次产业革命的划分法值得商榷。"①

自工业革命以来，到底发生过几次产业革命历来有着不同的划分，把它划得粗一点，则为三次；把它划得细一点，则为五次。是三次正确，还是五次正确，可以另作研究，这对张文提出的第六次产业革命的预见来说，并没有多大关系。

这里的关键在于，张文以技术革命为出发点分析产业革命的发展趋势，这种分析方法是否正确，这是应予回答并有着决定意义的问题。

从生产力发展的观点来说，技术革命是引起社会生产力巨大发展并带动生产关系变革的物质条件。它体现在两个方面：在人和自然之间，技术是人们调节和控制自身和自然之间相互作用的一种手段，是物质生产的前提条件和衡量生产力水平的尺度；在人和社会之间，技术作为劳动资料，

---

① 钟惠波、连建辉：《也读新一轮产业革命》，《新华文摘》2003 年第 Ⅱ 期。

不仅是人类劳动力的测量器，而且是劳动借以进行的社会关系的指示器。每一次重大的技术革命，引发起一次大的产业革命，同时，也把社会制度向前推进一步。因而张文以技术革命为出发点分析产业革命的发展趋势，这种分析方法是符合生产力发展规律的。

（2）以全球经济供需矛盾为切入点分析产业革命发展趋势是客观的

技术革命又是怎样兴起的呢？张文说："技术革命对经济发展过程具有两重性：它在产业结构升级过程中创造投资高潮和生产高潮……周期的主导产品供不应求；另一方面又同时制造着投资低潮和生产低潮的潜在可能性……周期的主导产品供过于求……全社会总供给和总需求呈现相对平衡到严重失衡的状态。"面对这种形势，"一部分企业为提高利润和扩大销售，必然要进行技术创新，等到大部分企业都采用新技术摆脱困境时，便会形成一个新的投资高潮，随之而来的是生产高潮。因此，每个长周期的涨潮时期都伴随着技术革命"。

张文的这一分析，以经济增长长周期理论为基础，以全球经济发展为出发点，并以供需矛盾作为分析的基本点。由此，他分析未来产业革命发展的趋势，明确提出："从全球经济的供给与需求来分析，在未来将要爆发的第六次产业革命中，最有可能成为该周期主导产业的，将是与延长人类的生命周期密切相关的生物产业和基因产业。"

有些学者为什么不同意张文的分析，产生分析的基本点在于是从一个国家的国情出发，还是从全球的供需矛盾出发。如中央党校研究室副主任周天勇博士认为："我们应当积极迎接第六次产业革命浪潮的到来，但总体而言，中国的产业变革只能属于混合型的模式，既要打基础，补四、五次产业革命的课，积极提升已有的产业，还要在新兴产业上有所突破，从而整体推进。"国资委经济研究中心副主任白津夫博士认为：中国的产业革命只能是混合模式。从发展的区域看，台湾、香港、上海、深圳等地，可能要推进第五次和第六次产业革命；中部则要推进第三次和第四次产业革命；西部可能要花大力气补第一次和第二次产业革命的课。① 上述学者的分析显然是以中国为基点，不是以全球经济供需矛盾为出发点。

---

① 以上均见《成都日报》2004 年理论专刊。

产业革命分析的基本点应放在哪里？我们认为它作为全球经济发展的转折和社会生产力发展的标志，应该是从全球出发的。自工业革命以来，不论是"三次产业革命"的划分，还是"五次产业革命"的划分，都是从全球分析出发的。由此分析第六次产业革命的到来，当然也应从全球出发，因而张文的这种分析方法是正确的。

（3）以主导产业为标志分析产业革命发展趋势是合理的

怎样分析未来产业革命的内容，是以主导性产业为分析的基点，还是以综合性产业为分析的基点，这是与张文的又一分歧点。张文以前者为分析的基点，提出在"第六次产业革命中，最有可能成为该周期主导产业的，将是与延长人类的生命周期密切相关的生物产业和基因产业"。有的学者则是以综合性为出发点，不同意张文的分析。如韩民青说："目前正在兴起的新科技革命和新产业革命具有突出的综合性，这表明它不是单一领域的革命而是多领域的全面革命"，它"表现在诸多方面。首先，引发新产业革命的可能是一系列新科技革命，而不是单一领域的科技革命。目前，信息科技、生物科技、纳米科技、新能源科技、新材料科技、环保科技、太空科技等众多领域都在发生重大突破。这充分显示了目前新科技革命的高度综合性。其次，由新科技革命引发的新产业革命也在众多的领域同时发生，例如信息产业、生物工程产业、纳米产业、新能源产业、新材料产业、环保产业、太空产业等新兴产业不断崛起，已充分说明这一点"[1]。

这两种分析哪一种比较正确呢？我们认为需要以分析的要求为依据，是要了解某一时期产业革命的"量"还是"质"。如果要了解某一时期发生了哪些产业革命，那么不管其作用大小如何，应采用韩文的方法。但如果要了解某一时期产业革命的"质"或者具有划时代意义的产业，则需采用主要矛盾和矛盾主导方面的分析方法，因为只有这样才能认识事物的本质，才能区别这一时期产业革命与那一时期产业革命质的不同。因此，在对产业革命历史时期的划分上，人们历来总是把某一时期的主导产业作为这一时代的标志。由此，我们认为张文对第六次产业革命作了单一性的分

---

[1]　韩民青：《新产业革命的综合性及应战性》，《光明日报》2004 年 7 月 20 日第 B2 版。

析是合理的。

2. 基本判断是正确的

（1）从生产力发展规律看，延长人类生命周期的产业是主体对客体的必然要求

研究生产力理论的专家原道谋教授提出，在某些假设条件下，社会生产力发展历程可划分为三个大阶段：第一阶段，原始生产力；第二阶段，农业生产力；第三阶段，工业生产力；第四阶段，亦即未来发展是什么生产力呢？他说：21 世纪生产力发展的主题是环保生产力①。在四个阶段的生产力中，人作为主体对客体有着完全不同的要求：

在原始生产力阶段：由于人类刚从动物中划分出来，生产力水平十分低下，无法摆脱自然的奴役，向客体只能提出最低的要求。

在农业生产力阶段：由于铁器的使用、农具的产生，生产力水平有所提高向客体就提出了较高的要求：吃要有粮、住要有屋、穿要有衣，追求五谷丰登、六畜兴旺。

在工业生产力阶段：由于机械化的大量使用，生产力水平有了很大的提高。但由于人们对于自然界认识的不足，导致出现了双重效应：一面创造了工业文明，另一面则使生态遭到了严重破坏。严重的工业污染、生活污染和环境污染，促使了人们的觉醒。

在环保生产力阶段：这是一个方向目标明确、路径和措施尚在探索的阶段。所谓方向目标明确，既生产力的发展再不能走过去历史的老路，而必须走一条以有利于人们身心健康、延长生命为中心的新路，使人与自然即主体与客体处于最佳的状态。熊映梧教授把人类与自然关系状态分为五个等级：

A 级——最佳状态。人类与自然和谐相处，人类的一切经济活动顺乎自然，不破坏生态平衡，不污染环境。

B 级——人类与自然关系的次佳状态。人类比较了解自然，社会经济活动比较注意生态平衡与环境保护。一旦出现这方面的问题，能及时加以

---

① 原道谋：《环保生产力——21 世纪生产力发展的主题》，载《透过互联经济体系创造财富——第 12 届世界生产力大会北京阶段会议文集》，经济科学出版社 2002 年版，第 425—427 页。

处理。可以基本实现"生态环境——社会经济"的良性互动。这是 21 世纪人类可以争取达到的目标。

C 级——勉强维持人类与自然的共处关系。

D 级——人类与自然的关系处于危险状态，人类生存受到威胁。

E 级——人类无法生存的状态。

对此，有论著指出：纵观世界各国，今日处于 B 级状态者只有少数几个发达的小国，处于 D 级状态的也有不少国家和地区，多数国家处于 C 级状态。向 B 级状态前进，还是向 D 级状态后退，这是 21 世纪（也是下一个千年）全球性的大问题。①

上述两位是中国最早研究生产力理论的著名专家。不论是原道谋教授提出的环保生产力（有人称为绿色生产力），还是熊映梧教授提出的"人类与自然关系"的五个等级，都揭示了生产力发展的一个新方向，即应以人为中心、以人与自然最佳状态为目标。而这一点与张其佐教授提出的未来第六次产业革命的内涵是相一致的。

（2）从社会发展过程看，延长人类生命周期的产业是自然结果

从工业革命以来，人类对社会的追求大致可分为三个时期，即 GDP 时期、HDI 时期和 GGDP 时期。

在 GDP 时期：GDP 或是 GNP 作为一项衡量一个国家经济增长的综合指标，有它的合理性，也反映了人类认识的一个进步。这个时期的基本特征是：完全建立在物质产品的生产、流通、分配和消费基础之上，以满足人类生存与发展对物质产品的需求为主要目的。由此，有的学者称之为这是以物质资源为本的"物质经济"。② 这一时期最大的弊端在于，为了实现 GDP 的增长，人们不惜大量开采和过度消耗各种自然资源，不惜污染和破坏环境，结果导致资源逐渐枯竭甚至全部枯竭；环境恶化、自然灾害频繁（如水灾、旱灾、沙尘暴、泥石流、水质污染等）。

在 HDI 时期：进入 20 世纪中期以后，出现了两个光辉思想：一是人

① 熊映梧：《改善人类与自然的关系——新千年经济学的头号课题》，《透过互联经济体系创造财富——第 12 届世界生产力大会北京阶段会议文集》，经济科学出版社 2002 年版，第 422—423 页。

② 刘思华：《论可持续发展经济学的形成与展望》，载《经济可持续发展论丛》，中国环境出版社 2002 年版。

类应该摒弃把物质看成最重要经济资源的传统认识，而应充分重视人力资源的开发、配置和利用；二是人类应该摒弃传统的发展观，走可持续发展道路。这一时期具有标志性的事件是联合国制定第二个 10 年（1970—1980）国际发展战略，把发展概括为"经济增长加上社会变革"。联合国开发计划署（UNDP）推出了人类发展指数（HDI），从三个方面的平均成就，来衡量一个国家的发展：健康长寿的生活——用出生时预期寿命来表示；知识——用成人识字率、小学中学大学生入学率加权平均来表示；体面的生活水平——用人均 GDP 来表示。① 这一变革，反映了人类对社会发展认识的提高，开始认识到经济增长是经济发展的基本动力，但是经济增长并不意味着经济发展。发展经济并不单是为了经济，而是为了保障人的健康和全面发展。

在 GGDP 时期：亦即绿色 GDP 时期。它是对传统 GDP 指标的调整，是扣除经济活动中投入的环境成本后的国内生产总值。绿色 GDP 的基本点是"以人为本"，发展准则是坚持可持续发展。"以人为本"，就要在经济、政治、科技、文化、教育等各个方面都要以人民的利益、愿望和需求为出发点，都要以有利于人们的健康长寿为落脚点，都要以有利于子孙后代的生产、生活、提高生命质量为着眼点，全力建设好三大系统：（1）生态文明系统，它包括建设科学的生态文明模式、生态文明制度和生态文明意识，杜绝人类对自然环境的破坏，实现人与自然的和谐发展；（2）社会文明系统，它包括建设社会物质文明系统、制度文明系统和精神文明系统，促进人的全面发展和解放；（3）主体文明系统，它包括主体的思想文化建设、道德文化建设和医疗卫生建设，使人的素质和体质得到全面提高。

社会发展的三个时期充分展示了人们追求的一条基本轨迹，即发展经济，人们并不是以经济为目的；促进社会发展，人们也并不是以社会为归宿，而所要追求的是人们生活的仁福和生命的延长。这恰与张文所提出的第六次产业革命的内涵相一致。

（3）从人们的需求看，延长人类生命周期的产业是追求的最终需求

---

① 田向利：《经济增长与社会发展观念的演进》，《经济学动态》2003 年第 12 期。

　　研究马克思主义经济学的学者把人们的需求，一般分为三个层次，即生存需求、享受需求和发展与表现需求。所谓生存需求，就是在一定的自然和社会条件下维持生命的基本需求。所谓享受需求，是在满足生存需求的基础上，提高物质和精神生活的舒适程度的需求。所谓发展与表现需求，是更高层次的要求。它可分为现时的发展需求和最终的发展需求两个阶段。现时发展与表现需求，如接受教育，以发展与展示自己的智力；参加各种锻炼，以发展与表现自己的体力；参与音乐、舞蹈、戏曲等各种文娱活动，以发展与显示自己的艺术力，等等。最终发展与表现需求，既然是要在现时需求的基础上更上一层楼，那么就必然通过延长青春、延长寿命，增加在世逗留的时间和质量来体现。从生存需求、享受需求到发展与表现需求的发展序列，是人们需求追求的必然结果和最终要求。诚然，在不同的自然和社会条件下，其衡量标准不尽一致。

　　英国心理学家马斯洛把人们的需求分为五个层次，即生理需求、安全需求、社交需求、尊重需求和自我成就（实现）需求。马斯洛把人们的需求分为五个层次是否准确，虽有不同的看法，但他对人们需求的揭示由低向高发展，即人们通常是先满足低层次的需求，然后才追求较高层次的需求，一级一级向上攀登，这一规律是为人们所共识的。

　　从马克思主义学者把人们的追求分为三类需求，到马斯洛把人们的需求分为五个层次，撇开他们研究的指导思想和研究目的，就他们所揭示的人们需求的追求来看，方向和目标是相似的，即有了生存要享受，满足了享受要发展，要自我表现或实现，在不断提升享受、发展和表现之过程中，追求延长自身的生命周期就成了必然的最高追求。

　　上述三个方面：从生产力发展的规律、社会发展的过程和人们对需求的追求的分析，概括为一句话：张其佐教授提出的"在未来将要爆发的第六次产业革命中，最有可能成为该周期主导产业的，将是与延长人类的生命周期密切相关的生物产业和基因产业"的判断，我们认为是正确的。

二　第六次产业革命"预见"的现实意义

　　张文发表后，为何能备受国内外经济学界的关注，并有百余人直接书写参与讨论，这是因为张文从理论到实践提出了许多富有挑战性和思考意义的问题。

1. "预见"的理论意义：丰富了分析经济周期的理论内容

引起经济周期变动的根本原因在于技术创新等因素，这一点，张文是继承了前人的理论。张文的创见在于对技术革命进行了较为全面而系统的分析：

——丰富了技术革命的内容。以往谈技术革命一般局限在设备更新、工业改革、技术进步等方面。而张文提出"技术革命包括新的关键技术和新能源、新材料、新产品、新产业、新的基础设施及其新的制度和管理的创新"，拓展了技术革命的范围，这就更为符合现代经济周期变动的实际。

——提出了技术革命的二重性。以往分析技术革命对经济周期的变动，主要是分析其对经济增长的推动，很少分析其对经济增长的阻碍。张文则明确提出"技术革命经济发展过程具有二重性"：它在产业结构升级过程中创造投资高潮和生产高潮，此时经济周期处于繁荣阶段，创新占据主导地位，周期的主导产品供不应求；另一面又同时制造着投资低潮和生产低潮的潜在性，此时经济周期处于衰退阶段，重要的创新活动已经衰竭，周期的主导产品供过于求，全社会总供给与总需求呈现由相对平衡到严重失衡的状态。综观世界经济近几百年发展的历史，每个经济长周期，具体的时间可能会有长短，而每一次的技术革命从产生到消亡的确都遵循着这一规律。"技术二重性"是对马克思主义唯物辩证法的具体运用。

——论述了技术革命、技术创新和产业革命的关系。以往对这三者关系的论述，较为复杂而烦琐，而张文则以最简洁的语言进行了概括：技术革命具有丰富的内容，而每一重大的技术突破才是技术革命的基础，产业革命是技术革命大规模集中的浪潮，由技术创新和技术革命演变为产业革命。在原有技术创新逐渐衰落时，新的技术创新周期又孕育并导致新的产业革命，新的经济周期又被启动，"世界经济发展就是这样循环往复，不断推向前进"。

2. "预见"的方法论意义：经济理论研究要敢于探索

张文发表后，之所以能引起经济学术界众多学者的关注，受其研究方法的启迪，不能不说是其重要原因之一。

启迪之一：对经济需重视前瞻性的研究。张其佐教授对第六次产业革命的研究，就是前瞻性研究的示范。虽然对第六次产业革命是什么，存在不同的看法，但需要重视对未来产业革命的研究，则是完全一致的。对经济需要作前瞻性的研究，不仅是当前我国经济建设和深化经济体制改革的需要，而且更是经济理论本身的需要。

启迪之二：对经济需注重规律性的研究。张文对产业革命进行了规律性研究，对经济长周期进行了规律性研究，对技术革命与经济发展的作用进行了规律性研究等。至于他的这些研究，是否真正把握了规律或可商榷，但他研究的目的和方法是清楚和明了的。只有对经济进行一系列的规律性研究，才能认识事物发展的全过程，不犯以偏赅全错误；才能把握事物的本质，不为表面现象所迷惑；才能上升到理论的高度，不犯就事论事的错误。

启迪之三：对经济需进行创造性的研究。张文具有独创性和新颖性，明确提出"第六次产业革命中，最有可能成为该周期主导产业的，将是与延长人类的生命周期密切相关的生物产业和基因产业"。尽管对此存在个别不同看法，但对未来产业是什么却引起了人们极大的兴趣。求真务实，与时俱进地进行创造性研究，既是个人提高学术素养的关键，也是当前繁荣发展经济学的迫切需要。

3. "预见"的实践意义：集中体现在两个方面

（1）抓住现有机遇，促进产业结构的优化升级

张文指出："我国要充分发挥自己的后发优势，顺应产业革命所具有扩散、辐射、示范和加速效应的规律，促进产业结构再次优化升级。"这是一个富有实践意义的命题。促进我国产业结构的优化升级，必须从我国国情出发，抓住三个环节：

首先，要不要振兴制造业，这是当前战略产业选择问题的焦点。按照有些人的看法，认为制造业是夕阳产业，应予逐步退化、消亡，把主要资源集中投入到网络经济、信息产业等新兴产业上。对此，我们有不同的看法。综观世界主要国家经济发展的过程，可以得出这样一个结论：几乎所有的经济大国都是借助工业化起步的，没有工业化，特别是制造业的支撑，就不可能有经济大国和强国的地位。今天，中国要发展，也不能违背

这个规律。把制造业作为发展战略产业，丝毫不是要放弃新兴产业，我们在经济发展的战略选择上，应当毫不犹豫地把振兴制造业作为一个重要的发展战略。

其次，在产业政策上，要强化宏观调控，严防重复建设。产业结构的优化升级不容许产业结构的雷同，倘若雷同了，不论是低水平重复、还是高水平的重复，就都谈不上产业结构的优化。可是回顾我国制造业发展的历程，致命的一大顽症就是重复建设。在宏观政策的调控上，如果不能解决重复建设的顽症，就不可能有产业结构的优化升级。

再次，在实施部署上，要正确处理好高新产业与传统产业的关系。实行产业结构的优化升级，应以两条腿走路：一条积极创造条件，抓住机遇培育和发展高新产业。另一条需要继续发挥传统产业在国际分工中低成本、低价格的优势，把它做大做强。如果不顾国情、片面追求高新产业，放松或过早放弃传统产业，则不仅会欲速而不达，而且还会造成大批工人失业，引起诸多社会问题。提倡两条腿走路，绝不能把高新产业与传统产业理解为是两股道上跑的车，各管各的发展，而是要求正确处理好高新产业与传统产业的关系。就一般国际经验来看，发展高新技术产业，培育和发展新的主导产业是产业升级的主线。从这一点出发，要毫不动摇地积极培养和发展高新产业；另外，又必须坚持用高新技术对传统产业进行改造，或是传统企业将引入的高新技术与传统技术相结合，形成新的复合性技术，或是投入新的生产要素、新的技术生产高新技术产品，从而提高高新技术在企业技术结构中的比重，加速企业从传统技术向高新技术过渡。

（2）立足跨越式发展，抢先占领科技制高点

新的产业革命和新的核心技术兴起之时，也给各个国家提供了一个重新"洗牌"的机会，它使后进国家通过发展新的主导产业实现经济和技术跨越式发展成为可能。而这正是张文的深意所在。

新周期的到来，是一次难得的机遇。尽管对 IT 产业是否进入相对成熟期，是 IT 的硬件成熟还是整体成熟，存有不同的认识，但有一点参与讨论的人们认识却是一致的，即新的周期的确是曙光初现，摆在中国人民面前的一个重大的课题，就是怎样迎接新周期，抓住新机遇。回顾中国近几百年来在世界经济赛跑中的落伍，原因固然很多，而其中一大原因就是

不懂世界经济周期性的发展，不懂每次产业革命带来的机遇，结果导致屡错良机。张文提出"新的周期有可能即将到来"，这是富有战略启示作用的。

跨越式发展，是时代赋予中国历史使命。而对即将到来的新周期，中国应如何应对？实施跨越式发展，是张文又一立意所在。世界经济近两百年发展的历程，揭示了一个规律：每一次科学技术的革命性突破或重大进步都会导致一次大的产业革命和结构的调整，从而推动一国经济乃至世界经济大发展和大跨越；新的产业革命和新的核心技术兴起之时，也是后进国家赶超先进国家的绝好时机，它给各个国家提供了一个赶超机会，使落后国家通过发展新的主导产业实现经济和技术跨越式发展成为可能。中国作为一个发展中的大国，实行跨越式发展，既有它的必要性，也有它的可能性。所谓必要性，就是中国要全面实现小康目标，并向富裕社会发展，不实行跨越式发展，就无法实现目标，永远只能在贫困线上徘徊；中国作为一个社会主义大国，不可能从发达资本主义国家那里得到无私援助，只有依靠自己的力量奋发拼搏，否则将永远处于被人欺凌的弱国或"躯国"地位，而非"脑国"地位。所谓可能性，就是中国经过五十多年的奋斗，条件初具，可以说，中国的科学技术目前正处于一个"赶超期"和"自主创新期"。只要我们紧紧抓住新周期这一机遇，全力从事技术创新和产业革命，完全是有条件实现跨越式和自主式而非依赖式发展的。

充分发挥后发优势，抢占科技革命制高点。这不仅是张文提出的又一重要命题，而且他还从多方面论证了后进国家抢占科技革命制高点的战略意义：因为只有占领科技革命制高点，才能在新一轮经济周期中赢得竞争先机；因为只有占领科技革命制高点，才能形成强大的垄断优势和进入门槛，阻止其他国家和地区进入；因为只有占领了科技革命的制高点，才能获得高额利润，并避免平均利润下降的厄运。中国有哪些后发优势，本文不再赘述，仅就怎样抢占科技革命制高点谈一点看法：

第一，统一思想为先，自主创新为主。从这次争鸣来看，存在着两种不同思路或看法。一种认为在有可能引发新产业革命的生物工程等新技术方面，我们与发达国家的距离并不大，基本上处于同一起跑线上，我们应当加强相关技术研发，实施以技术进步为核心的科技战略创新，大力提高自主创新能力，依靠自主创新的力量去抢占科技革命的制高点；另一种观点则认为，我们没有必要也没有实力去和发达国家一争高低。如果一个发展中国家想要靠自己的研发取得新技术，在最前沿的技术和发达国家竞争，成功和失败的概率顶多和发达国家一样。如果发展中国家依靠引进技术，最贵的方式是买专利，所花费用一般也只要这项专项技术研发成本的1/3，而且避免自主研发所可能遭遇99%的失败。我们主张前一种思路和看法，坚决反对后一种思路和看法。理由非常简单，靠引进为主而抢占科技制高点的既没有先例，也不可能有后例，更不可能在中国这样的大国中发生。自主创新的资金巨大、风险颇大，这是事实，但对中国来说，经济人均量虽低，而经济总量已有相当水平，只要下定决心，是可以挤出较多的资金搞科技开发的。能不能统一这个思想，这是抢占科技革命制高点的前提条件和思想基础。

第二，划分两类技术，建立两条发展路径。主张自主创新为主，绝不是要排斥技术引进，而是说对技术要进行分类，因类而宜。在关系国家安全的战略技术领域、关系国家核心竞争力的关键产业技术领域，我们必须不惜代价，立足于自主研发。因为对于这些技术即使出最大的高价也是买不到、引不进的。对一般技术领域，只要有条件，则尽可能通过技术贸易，合资合作等多种形式，能引则引，能买则买，完全可以采用"拿来主义"为我们所用。

第三，加速制度创新，调整创新主体。战后经济强国的盛衰揭示了一个规律，即只有通过技术与制度创新相结合，才能抢占科技革命的制高点。英国率先实现第一次科技革命和工业革命，是由于它深化了土地制度改革，进行了"圈地运动"，从而为制造业和产业革命的进一步发展提供了条件。美国所以超过英国，其根本原因就是选择了独特的"制度创新"的产业革命路径。如创建现代工厂制度、标准化流水线生产、股份制等现代企业制度等。由此，中国要抢占科技革命的制高点，加速制度创新是极为重要的。与科技创新关系最直接、最密切的除了建立现代企业制度外，就是要明确企业是技术创新的主体。政府从主体地位转为服务地位，企业从附属地位转为主体地位。有此制度创新，不仅有了抢占科技革命的制高点的"千军万马"，而且增强了取胜的力度。

第四，健全扶持政策，构筑良好"创新"环境。美国近百年来之所以在科技创新上能一路领先，绝非偶然，在于它建立了一个良好的"创新"环境。如果没有对知识产权有效的法律保护，就不可能有巨大的科技投资，也就不可能有领先的科技产业；如果没有创新投资的融资渠道，就不可能出现像微软一类创新企业。因此，中国要在第六次产业革命中抢占科技革命的制高点，从中央政府到地方政府必须有一套保护和促进科技创新的扶持政策。

三 第六次产业革命"预见"的不足

理论需要在争鸣中繁荣，文章需在讨论中完美。正是从此出发，我们认为张文也有某些不足之处：经济长周期时间的划分过于机械。

张文说：每个长经济周期从产生到消亡的时间一般约 50 年（其中前25 年为周期的繁荣期，后 25 年为周期衰退期）。虽然他是借用世界主流经济周期学派的观点，并用了"约"的字眼儿，但基本上他是予以肯定的，如果说这只是对过去四个长周期时间的判断，并不能完全代表张教授的观点，那么，对第五长周期时间的判断，则应该说完全是张教授的观点了。张说：第五次长周期发端于 20 世纪 80 年代中期，经过 20 多年的发展，预计这一长周期持续时间还有 30 年左右。

我们认为对经济长周期的划分过于机械，表现在两个方面：

一是对过去长周期的划分。每个长周期时间为多少年？过去就有不同的看法。一说为 50 年，另一说则为 20 年。50 年是康德拉捷夫的说法，20年则是库兹涅茨的说法。西蒙·库兹涅茨在 1930 年出版的《生产和价格的长期运动》一书中，考查了美、英、德、法、比利时等国从 19 世纪初叶或中叶到 20 世纪初期，60 种工、农业主要产品的产量和 35 种工、农业主要产品的价格变动时间数列。他在剔除了这一时期的"短程"和"中程"周期变动，而着重分析了有关数列的长期稍长过程以后，提出了在主要资本主义国家存在着长度从 15 年到 25 年不等，而平均长度约为 20 年的"长波"或"长期稍长"的论点。其实，在第二次世界大战以后，库兹涅茨关于经济增长的为期约 20 年的"长波"或"长期稍长"的论点，比康德拉捷夫的为期约50年的"长周期"论点，更为受人重视，被称为"库兹涅茨周期"。因此，张文肯定50年一说，就有失偏颇了。

二是对第五次长周期时间的划分，张文仍肯定约为50年，这是有不足的。它的不足在于没有考虑近代科技传播速度的加快。据张塞分析：近代科学技术成果的传播大大加速：19世纪需40—50年，20世纪初叶需30—40年，中叶需10年，下半叶约需4—5年；而近20年来只需3—4年。[①]

科学技术传播速度的加快，当然会影响经济长周期时间的变动。从趋势看，应是周期时间的缩短，这是应当给予充分估计并做好准备的。

（原载《经济学家》2004年第6期，第二作者为陶友之，第三作者为孙明泉）

---

① 张塞：《科学技术的发展是经济全球化的动力本源》，《透过互联经济体系创造财富——第12届世界生产力大会北京阶段会议文集》，经济科学出版社2002年版，第84页。

艺术表演市场与艺术表演团体的市场化改革

要在艺术表演领域进行革新，从根本上摆脱危机感，必须遵照市场经济的一般规律，结合表演艺术生产和经营的特点，构建艺术表演市场的营运机制，从而使艺术表演团体的发展走向有序、规范和健康的道路。

一　艺术表演市场的不断完善

（一）艺术表演市场的市场机制内涵

在市场运行过程中，竞争机制、供求机制、风险机制必然自动地发生作用，要正确地认识艺术表演市场的内涵，并发挥该市场的市场机制的作用，必须正确认识竞争机制、供求机制和风险机制的机理特征和作用条件。

1. 竞争机制。竞争作为市场经济的自然衍生物，是与垄断和封锁相对立的。

——要使艺术表演市场的竞争机制得以充分展开，其先决条件是使艺术表演团体从国家的行政垄断下真正地独立出来，真正成为艺术商品的生产者和经营者，拥有决定自身团体规模的设置权，剧本创作、排练、演出的决定权，资金筹措渠道的选择权，事业发展的规划权。当然，这些权力的行使是以不违反国家法律和政策为前提的。

——保护竞争，防止垄断。习惯于垄断地位的文艺表演团体对市场的竞争机制的作用，反应不积极。一旦离开政府的父爱之手，内部僵化的传统机制必将导致其功能的衰退和自身的没落。要让竞争得以充分的展开，就必须使各艺术表演团体处于同一起跑线上，展开公正而又平等的角逐，各自凭借自身的实力获得利润和收益。

——为竞争创造良好的环境和条件，关键是建立开放的、完整的社会主义表演艺术市场体系。必须做到：第一，完善演出市场的管理机构和中介经营组织；第二，健全经济信号（价格、工资、利率等）；第三，取消行业进退限制；第四，打破地区限制；第五，消除企业化管理单位行政上的等级差别。

2. 风险机制。风险以盈利的动力和亏损的压力而作用于艺术表演团体，推动艺术表演团体走进市场。同时又迫使他们进行自身的革新，以焕发活力去迎合市场的要求。完善市场的风险机制必须做到：

——改变现行体制中国家财政对文艺表演团体的软预算约束关系为硬预算约束，软预算约束是与市场风险相对立的。市场风险机制是调节艺术表演团体活动的有力工具，而软预算约束则使这种调节风险作用失效。因此，必须硬化预算约束，将剧院（团）的利益与其市场活动相挂钩，从而实现其劳动创造的价值。

——完善艺术表演团体的自负盈亏制度，以确保风险机制的作用。关键是要打破两个"大锅饭"。第一，是打破艺术表演团体之间在经济利益关系上的"大锅饭"，承认艺术表演团体在演出技能和演出形式上的差异所引起的经济利益差别，承认艺术表演团体在经营效果上的差异而引起的经济利益差别，承认艺术表演团体在积累能力上的差异而引起的经济利益差别。第二，是打破艺术表演团体与国家在经济利益关系上的"大锅饭"，国家财政不再充当救世主的角色，不再为艺术表演团体承担风险。

——实行优胜劣汰，允许艺术表演团体自主决定进入或退出演出市场，实行破产淘汰制。

3. 供求机制。供求机制是买卖双方供求矛盾运动的平衡机制。在艺术表演市场中，艺术表演团体作为艺术产品的供给者，观众作为消费者、需求者，都是演出市场的主体，处于相互对立的地位，是生产者主权第一，还是消费者主权第一，决定了市场的供求格局，这就使得市场机制呈现出两种不同的形态：一种是买方型市场机体，另一种是卖方型市场机体。在这两种不同的市场机体中，供求机制的作用是不同的。在卖方型市场机体中，由于供不应求，市场由卖方主宰，卖方的经济利益能够得到保障，因此，艺术产品的创作和演出活动失去了动力和压力，阻碍了经济效益的提高。同时，卖方市场的过度需求会使价格、利率、税率、工资等市场信号严重扭曲，并造成严重的分配不合理和苦乐不均状况，结果使市场机制和国家的宏观控制措施无法很好地协调演出市场的格局和比例，造成演出市场的混乱。

整个国家经济的走势和市场经济体制的确立，不可避免地带来演出市场机体由卖方市场向买方市场的演变，这自然地使那些不适合时代和市场需要的演出团体走向困境，使其劳动得不到社会的承认，白白地被浪费，但与此同时也促使这些演出团体进行反省，从而采取积极的态度进行整改。况且买方市场的到来，使得各种市场信号基本趋于正常，并能较准确地为演出团体起导向作用，保证市场机制调节作用的正常发挥，从而使演出市场走向协调和健康发展的道路，走向繁荣的明天。

（二）工资机制对演出市场具体运行过程的意义

在演出市场中，工资机制作为演艺人员劳动力市场的机制，对演出市场的正常营运具有调节功能。作为市场机制组成部分的工资机制可以刺激演出市场的发展，这种刺激作用表现在三个方面：第一，可以促进演职人员的劳动积极性、主动性。第二，可以促进演出团体减少冗员，增大活劳动的使用效益，从而提高自身的经济效益。第三，工资机制作为演艺人才市场的导向器，可以推动演艺人才的流动。

工资机制作用的正常发挥，必须有赖于下列条件的完善：（1）演职人员劳动力市场的开放和日趋完善。演艺人才可以自由流动。（2）工资水平应逐渐由行政决定向市场决定转换。国家必须逐渐放开对工资的直接控制权，应该把演出团体工资的具体决定权交给演出单位，让演艺团体根据市场状况和自身的经营状况自行决定。（3）制定和实施正确的收入政策和劳动政策。收入政策的核心是对工资和物价的指导；劳动政策的核心是演艺人才自由流动。

（三）建立健全演出市场的组织体系

按照市场运行的一般原理可知，演出市场运行机制的实际承担者是旨在追求自身利益的市场主体，即演出团体、演出公司、剧场等。他们之间存在着一定的矛盾。为了保证演出市场的运行顺畅和各类矛盾的有效协调，就必须形成有效的演出市场运行规范，建立和完善演出市场组织。演出市场组织可以分为演出市场流通组织、管理组织和调节组织。发展完善演出市场的重要内容，是健全和完善各种演出市场组织。

1. 发展和完善演出市场流通组织。演出市场流通组织就是具体经营艺术表演商品的流通组织机构以及与之相适应的管理体制和管理方法。其功能是加速艺术表演商品的流通及保证和规范演出市场交换过程的有序化。因此，完善演出市场流通组织是促进演出市场艺术表演商品的交换和保证演出市场有序化的重要条件。包括：（1）完善演出市场商品流通组织；（2）完善演出市场资金流通组织；（3）完善演出市场人才流通组织。

目前，演出市场无序化问题与市场流通组织的不健全，阻滞了演艺事业的发展，造成了演出市场的不景气。有鉴于此，除了要针对演出市场上各类不同的流通组织采取不同的措施外，还要有效地协调各类市场流通组织的相互关系，使它们能有机而灵活地协同发展。特别在完善演出市场流通组织的时候，要花大力气搞好演出市场流通组织的基础建设，如机构的完善与充实，法规制度的健全，从而使演出市场流通组织走向规范化和法制化，通过演出市场流通组织的规范化和法制化推动整个演出市场的有序运行。

2. 发展和完善演出市场的管理组织。演出市场的管理组织是该市场自身活动的管理系统，其主要功能是保证演出市场活动的规范化、有序化。要正确而充分地发挥其功能，必须首先做到职责明确，防止由于职责不清和职能真空造成演出市场的运行紊乱。其次，加强提高各级管理组织的人员素质，使他们充分掌握演出市场的运行知识增强对市场的调控能力。再次，对演出市场上的各种人为因素所造成的市场的复杂性、多变性，必须构建一套指标体系，以增强管理的科学性，防止盲目性。

3. 发展和完善演出市场的调节组织。作为演出市场调节机构的政府行政管理机构、经济调节机构（工商、税务、财政）、国有资产管理机构以及位于国家与市场中间的民间性调节组织，无论是通过立法与执法来确定和维系演出市场的运行规范，还是通过经济参数来对演出市场施加影响，促使演出市场的主体的行为规范化，从而达到繁荣演出市场的目的，都必须尊重演出市场的运行规律，起引导、协助和推进市场良性循环的作用。

（四）完善和发展演出市场的市场主体

艺术表演团体是演出市场主体的最主要构成部分。研究艺术表演团体这个演出市场主体，其任务有二：第一，艺术表演团体如何才能成为演出市场的主体；第二，艺术表演团体作为演出市场主体，是如何规范地运行的。

1. 艺术表演团体要成为演出市场的主体，就必须同演出市场内在地联系在一起，这是艺术表演团体成为演出市场主体的最一般条件。（1）关键在于艺术表演团体及其演职人员经济利益与演出市场的利润挂钩。（2）减少演出团体对国家的各种依赖，把演出团体的全部活动都推向市场，使之与市场建立内在的有机联系使其经营活动的选择主要依赖于市场。要使艺术表演团体内在地同演出市场联系在一起，接受演出市场的调节，对市场进行选择，就必须把独立的法人财产权交给艺术表演团体。第一，演出决策权，特别是经营方式选择权交给艺术表演团体。第二，把演职人员流动选择权交给艺术表演团体。第三，把竞争权交给艺术表演团体，特别是要为各类艺术表演团体创造比较平等的竞争条件。第四，给艺术表演团体相应的财权，包括减免税收。

2. 要使艺术表演团体作为演出市场主体进行规范地运行，首先，就必须变卖方市场格局为买方市场格局。这一演出市场格局的转型，可以说在客观上已经逐渐形成。其次，是使演出市场的市场信号有序化。其内容为：（1）演出市场信号形成主体明确；（2）市场信号形成过程客观化，关键是指国家不能过度干预市场信号的形成过程；（3）市场信号各内容之间具有制约联动关系，即市场信号变动有序，价格、利率和工资等相互配合制约；（4）市场信号要灵敏透明。

二　艺术表演团体市场化改革的基本对策

（一）换脑筋，积极拓展表演市场

为了缓解艺术表演团体的经济困难，争取较好的经济效益，就要以市场化为取向，促进机制的顺利转换。而要实现这一点，又需确立三个观念。首先，必须树立艺术表演服务是商品的观念。这是进行艺术表演体制转换，走向市场的前提条件。其次，必须树立艺术表演团体与观众是平等的观念。这是艺术表演团体放下架子，走向市场的关键。再次，必须树立艺术表演团体是市场主体的观念。要在市场中求生存，求发展。这是艺术表演团体增大自身经济利益，进入市场的精神准备。在这方面，上海的一些沪剧团取得了初步的成功。沪剧是上海的地方剧种，由于近几年来市区演出市场受其他娱乐项目的多元化影响，再加上上海作为移民城市的历史人文原因和大批老观众的凋零，使得沪剧这一剧种的观众人数骤减。对此，沪剧表演团体为求生存和弘扬沪剧艺术，走向上海郊县，寻找观众，取得了良好的社会和经济效益。在他们的演出收入中有 1/2 以上是来自农村的演出收入。如长宁区沪剧团 1994 年演出收入 828879 元中，农村演出收入达 548970 元。这两年上海音乐厅举行的"双周免费音乐会"，外滩广场上的星期日广场音乐会，上海昆剧团到中学、大学举办昆曲演唱培训班，各剧团下学校、下基层举办课本剧专场、艺术普及专场等演出活动，都是具有前瞻性的战略性活动，不仅为现在，更是为将来各剧种和剧团培育了现实的和潜在的观众群，开拓了市场的广度和深度，从而为剧种和剧团的振兴，为演出团体经济效益的提高奠定了较深厚的基础。

（二）根据客观条件合理布局，变剧院（团）管理为剧种管理

艺术表演团体的整体布局取决于国民经济发展状况，取决于各剧种的文化涵盖量和文化承载力，取决于各剧种的地区边界条件，取决于公众的欣赏品位，因而是一个极其复杂的、受多种因素影响的问题。

由于传统体制吃"大锅饭"以及文化建设地区布局同构化的做法，使国家有限的文化资金在分配上必须照顾到各方面的情绪，只能依据定员编制"撒胡椒面"，因而出现各地区艺术表演团体臃肿和冗员较多及国家发展艺术资金变成"吃饭基金"的现象，并导致艺术表演事业所需发展资金被工资、福利、津贴等挤占，失去了发展后劲。鉴于此，必须对全国各地区的艺术表演团体重新布局，扶持重点，根据国家整体文化发展战略和各地区的文化发展战略分别选择重点剧种，建立各个剧种的发展基金。国家拨款可直接拨到各剧种基金会（也可同时吸取海内外其他捐款和赞助），由各剧种发展基金会制订该剧种各艺术表演团体的评估指数系统，择优进行拨款。拨款的原则为"一少二多三有余"。所谓一少，就是接受拨款的艺术表演团体少；所谓二多三有余，就是拨款接受单位收到的款项，不仅能够维持该团体演职人员的生活需求，还要有充裕的发展款项用于该剧种的创新和光大。比如说京剧，全国只需要有五六家高质量和有影响的剧团，就能够弘扬这一优秀民族剧种了。与此相同，地方性剧种因受地域的限制而不具普遍性。但为了弘扬该地区的文化特色和传统，可由地方政府选择剧种建立基金，予以发展。这样，就可以形成粗线条、多层次的表演艺术发展基金。这有利于发挥有限资金的集中优势，取得振兴民族高雅艺术的成效，也就可以自然地淘汰大批不适应市场竞争、由于体制因素而带来的同构化分布格局的艺术表演团体，增强各剧种和剧团的竞争力。

（三）人员分流、减少层次、改变艺术表演团体的组织和管理模式

1. 在管理层级上，现存文化局、剧院、剧团（局、团、队）三个层级，一层管一层，管理成本太大，因而可以通过基金会变直接行政管理为间接经济方式管理，裁减不必要的中间行政层级。

2. 裁并大剧院式的艺术表演团体体制，实行人员分流。对于已不适合直接从事艺术表演事业的人员，可以"三产"形式实行自立。一开始可以由剧院（团）出资帮助他们开办"三产"，以后需要时可逐渐分离出剧院（团）。对直接从事艺术表演事业的演职人员直接组成演出团体，可实行名角负责制、导演中心制和总监负责制。上海从 1986 年下半年开始，在上海越剧院红楼剧团、上海舞剧院仲林舞剧团、上海交响乐团和上海滑稽剧团顺开喜剧社四个艺术表演团体分别实行了名角负责制、导演中心制和总监负责制。其中，红楼越剧团和上海交响乐团的名家领衔率团体制是成功的。但也有不成功的地方，这主要是没有理顺各方面的关系。

（四）完善按劳分配，实行收入分配双重制，以绩效定收入

除了目前国家规定的艺术表演团体演职员的工资以外，在进行其他收入的分配过程中，要根据前台演员在演出时具体角色的变更和排名秩序的更迭，确定包银的数量。包银的来源是演出收入，在分配上一定要扩大差

距，从而促进名角的诞生。而后台人员则根据其工作能力和工作年限在每月拿固定工资的前提下，分发一定的演出津贴。这样，就充分体现了按劳分配、多劳多得的社会主义分配原则。演职人员的收入拉开了档次，使演员的收入与他们的艺术生命曲线相吻合，与他们的艺术生产贡献相一致。

（五）加强立法工作，规范演出市场主体的经营行为

在前面的分析中我们可以看出，机制转换过程中的种种矛盾和冲突，在一定程度上造成了演出市场的混乱，导致艺术表演团体人心涣散，"走穴"成风，票房功能退化，演出质量低下。为了依法治理演出市场，规范各类利益主体的行为，协调他们之间的关系，使国家在宏观上能够进行控制，使艺术表演团体及其演出市场走上有向、有序和有质的发展道路，就必须加快有关法规体系的制定和完善。上海文化局自 1992 年以来，根据国家税务局和文化部联合发布的 54 号文件，结合上海具体情况，与有关单位协调，共同制定了《关于加强本市营业演出广告管理的通知》、《上海市演出经纪机构管理暂行规定》、《上海市营业性演出管理办法》（修订本）、《上海市演出市场管理条例》和《国家赔偿法》等法律条文，对于演出市场从无序到有序，从低序到高序的发展起了促进和强化作用，取得了很好的社会效果，但是还不够。

（六）采取不同的政策和经费管理办法，促进各艺术表演团体走向繁荣之路

由政府有关部门制定我国艺术表演事业的总体发展规划和演出政策，在法规的框架内，确定艺术产业的投放结构和比例。在具体操作上，把全国各艺术表演团体划分为全额拨款单位、差额单位、自收自支单位，从而保证艺术表演市场朝着有序的方向发展。实践已经证明，国有地方剧种剧团完全可能走自收自支的发展道路，在市场中寻找自己的生长点，在这个转化过程中，充分发挥法制建设对艺术表演团体活动的正效应，促进艺术表演团体的发展。

（原载《财经研究》1995 年第 10 期，第二作者为汪洪涛）

逐步推行人民币的区域化和国际化

程恩富：今年（2004 年）2 月 25 日，香港银行正式推出存款、汇款、兑换和银行卡四项个人人民币业务；刚刚编制完成的《推进上海国际金融中心建设行动纲要》中又透露，上海规划到 2010 年建成人民币金融产品创新和交易中心。这些振奋人心的信息，再次引起关于人民币要不要逐步推行区域化乃至国际化，以及怎样去实现的议论，成为社会广泛关注的聚焦点之一。

我认为，若能实现在与日本平等的基础上建立亚洲货币基金，或者在暂不排斥本国货币存在的前提下规划发行"亚元"，对中国都是利大于弊的。不过，即便如此，在此之前和之后的一个较长时期内，中国还是要积极推行人民币的区域化和国际化。所以，根据经济区域化和全球化的客观要求，从理论与实际的结合上探讨人民币走向区域化和国际化的可能性，以及所应采取的相关措施，是非常必要的。

周肇光：这个观察和意见颇有道理。总体上看，人民币逐步走向区域化和国际化，是提高国际金融竞争力的迫切需要。因为中国加入 WTO，带来了巨大的机遇与风险，而要充分利用各种机遇和化解市场风险，提高国际金融竞争力，就必须推进人民币的区域化和国际化。这表现在：

一是在金融管理的目标上，人民币的区域化和国际化能减少汇价风险，有利于促进对外贸易的更快发展。过去我国对外经济交往都使用外币，汇价风险很大，一旦使用币种不当，就要承受巨大损失；如果人民币成为区域性或国际性货币，我们在国际间往来时就可以争取更多地使用本币，使汇价风险减少到最低限度。

二是在金融管理的效果上，人民币的区域化和国际化能减少因使用外币所引起的财富流失，并增加财富集聚效应。把本国货币作为区域或全球流通的货币发行，客观上是把别国的资金筹集到本国来，为本国经济注入新的活力。美国战后及近10年之所以能维持经济霸权地位，财富有较快的增长，是同美元作为世界货币密切相连的。

这进而带来了金融管理上的要求。人民币的区域化和国际化，要求外资银行进入中国并逐步拓展业务范围，中国的银行要更多地走向世界，这就在资金运用、业务品种、服务手段、工作效率以及利率和汇率的风险管理等方面，对银行业提出了更高的要求。同时，人民币的区域化和国际化还将在更深的层次上沟通本币与外币之间的联系，要求加强对本币供应量的调节，改善中央银行宏观调控能力，建立符合市场经济要求的银行体制和金融市场体系，提高银行的生存和发展能力。

程恩富：还不止这三条。比如，在金融管理的质量上，人民币的区域化和国际化能提高国际化金融服务水平。因为它客观上要求中资银行必须更多地面向世界，提供符合国际化要求的金融服务。又如，它有利于改善外商的投资和经营环境，减少外商投资利润的汇出风险，保护外商投资者的合法权益，增强外国投资者的信心，促进更合理地引进外资，提高产业结构的优化率。

因此，人民币逐步区域化和国际化，就是日渐掌握一种区域性和世界性货币的发行和调节权，这对于全球经济新秩序的建立以及提高我国经济的国际地位，均至关重要。

周肇光：另外，应当看到，我国经济的发展为人民币逐步走向区域化和国际化创造了日趋良好的条件。从我国当前的经济发展情况看，这些条件主要表现在：

1. 中国的经济规模和综合国力已有明显提高。目前，中国由GDP所显示的经济规模名列世界第六，再有10年，将成为仅次于美、日的第三经济大国。我国的综合国力现排名世界第七，今后大体上每10年递增一位。

2. 中国对外贸易结构不断优化。"八五"期间，在中国进出口商品结构中，初级产品和制成品各自所占比重，出口约为1∶1，进口约为1∶3，贸易结构的低级化非常明显。在"九五"期间，尽管在东南亚金融危机时承诺人民币汇率保持稳定的前提下，中国外贸仍保持一定增长，上述比重均变为 1:4 左右，标志着中国已基本实现了出口贸易由初级产品和粗加工产品，向工业制成品和精加工产品的结构性转换。"十五"期间，在对外贸易结构优化和外贸交易量方面，都有新的提高。

3. 引进利用外资和对外投资成效显著。按可比汇率计算，我国对外商投资企业的依存度已由 1990 年的 4.9%，上升到 2000 年的 30.97%；引进和利用外资的规模连续多年居世界前列。20 世纪末，已有来自 40 多个国家和地区的外资金融机构在中国 20 多个中心城市设立代表处 500 多个，分支行等营业性机构 120 多家，在华金融资产总额已超过 600 亿美元。中国有 5000 余家生产和流通企业以积极的姿态到海外投资经营，已遍及 120 多个国家和地区，跻身国际经济舞台。我国银行业在海外的分支机构已达 584 个，仅中国银行一家海外分支就遍布 19 个国家和地区，达 521 个，海外机构资产总值、存放款总额大幅度增加。国有工、农、中、建四大专业银行，均已进入世界最大 500 家之列。

程恩富：你是从整个国民经济的角度来分析的，如果从外汇管理和汇率角度观察，也可以说明问题。目前，外汇管理体制改革效果显著。中国外汇交易中心于 1994 年 4 月正式联网运作，标志着我国外汇市场进入了规范和发展的新阶段。进入 1996 年，全国统一金融拆借市场宣告成立，中央银行进行公开市场炒作，及时推出人民币远期外汇买卖，并实现了人民币经常项目的可兑换。这些举措表明，中国外汇管理和金融市场正朝着有利于人民币区域化和国际化的方向发展。

从人民币汇率角度分析，它处于基本稳定状态。自从 1994 年外汇管理体制改革以来，人民币汇率从波动走向稳定。如 1994 年汇率并轨时为 8.7 人民币兑 1 美元，近几年来一直保持在 8.27 元人民币兑 1 美元的汇率，其原因除了与汇率并轨时人民币汇率定值偏低有关以外，主要在于外汇市场持续供大于求。近年来，我国出口创汇形势较好，外汇储备猛增，到 2001 年年底突破 2000 亿美元大关，现已超过 4000 亿美元，居世界前列。在世界经济衰退的形势下，中国人民币汇率仍保持不变，经受住了国际金融危机的考验。特别是与周边国家的边贸往来频繁，人民币成了主要的计价流通工具，并大量流入周边国家和地区，信誉很好，增强了人们对人民币的信心。

最近几个月，西方某些大国给中国施加压力，试图让人民币升值，而我国政府仍坚持继续实行稳定汇率的政策，这是因为这一政策是正确的，有助于继续推行积极的财政政策和稳健的货币政策；而前几年，实施积极的财政政策和稳健的货币政策的效果较为明显。

周肇光：当前，推进人民币逐步区域化和国际化应采取若干对策。例如，推进人民币区域化和国际化进程，需要有牢固的微观基础，这就必须加快建立和完善现代企业制度。因为，人民币区域化和国际化进程，将国外与国内两个市场体系融为一体，客观上迫使企业在全球范围内参与国际竞争，在更大范围内实现社会资源的优化配置。在这种情况下，国际市场价格波动将直接影响到国内市场价格波动，影响本国经济的健康发展。

程恩富：是的。为此，一是应当按照市场经济体制的要求，深化产权制度改革，建立和完善现代企业制度，切实转变企业经营机制，使企业真正成为依法自主经营、自负盈亏、自我发展和自我约束的法人实体和市场主体。二是应当加速建设"三控型"民族企业集团。所谓"三控"，就是控股（资本）、控牌（品牌）、控技（技术），只有实行了"三控"的企业才是比较全面的民族经济成分。三是从根本上提高企业适应国内外两个市场竞争的能力，以适应人民币区域化和国际化进程中所需要的全方位开放度，切实做好人民币区域化和国际化的基础性工作。

周肇光：推进人民币区域化和国际化进程，也需要加强和完善以商业银行为中心的信用制度，并加大在国外推行人民币兑换业务。因为，人民币区域化和国际化属于货币经营范围，它包括国内经营和国际经营两个部分，两者都需要通过建立良好的信用制度来协调运行。要把信用视作金融业发展的生命线，不断完善适合国际要求的信用制度。另外，在世界各国经济交往中，要为人民币可兑换创造条件。如在旅游业相互开放的国家中，尤其是在东亚国家推行定额人民币兑换该国货币。现在，在泰国、越南、缅甸、朝鲜、蒙古、俄罗斯和我国的香港和澳门等国家和地区，人民币可以全境或局部通用（缅甸等国已规定中国游客可自由携带 6000 元人民币入境并用此付费）。在整个东南亚地区流通的人民币不过二三百亿元，而我国人民币总发行量为 16000 亿元，只占不到 2%，人民币在一定程度上的区域化也只是国际化的始点。同时，要在发达国家大力推行人民币兑换该国货币的业务（全球大约有 1500 亿元人民币掌握在外国人手中），为提高人民币区域化和国际化提供良好的软环境。

程恩富：除此之外，推进人民币区域化和国际化，需要建立一个合理的非对称利率市场化机制。非对称利率市场化是相对于完全自由的利率市场化而言的，是指以中央银行利率为核心、货币市场利率为中介、由市场供求决定存贷利率为基础的市场利率体系。从世界金融发展历史看，利率市场化有两种模式，一种是完全自由的利率市场化，它以发达健全的金融市场体系为基础。从有关国家利率市场化改革的实践看，如果金融市场体系不健全，一旦利率放开，完全由市场决定，利率波动就比较剧烈，就会带来巨大的金融风险，1997 年东南亚金融危机就是深刻教训。因此，完全自由的利率市场化模式不适合于发展中国家的改革目标。另一种就是非对称利率市场化模式，从上述概念来看，它是以比较健全的金融市场体系为基础，以中央银行利用经济手段进行适度干预为前提的。对发展中国家来说，由于资本的相对稀缺，若通过市场对资源进行配置就无法满足资金的要求，因此，只能通过政府对利率的干预来增加资本积累。可以这么说，非对称利率市场化在一定条件下对发展中国家的金融和经济发展起着其他因素所无法替代的积极作用。从实质上看，它是一个博弈过程。因此，这种利率市场化模式得到了世界上许多发展中国家甚至一些发达国家的认可。

周肇光：你说得对，更具体地分析，中国要根据非对称利率市场化模式的要求，建立合理的利率市场化机制。（1）要尽快完善短期资金市场和长期资金市场，这是建立非对称利率市场化机制的基础。（2）要规范商业银行的经营行为，提高资金使用效率，实现中央银行间接管理和规范管理的要求，并按照商业银行规范经营的要求进一步公开市场交易，这样，才能使利率波动成为一种正常的市场行为。（3）要注重利率市场化的实际绩效。一是在放开同业拆借利率的基础上，进一步完善和提高原利率的市场调节机制。主要是降低交易成本，提高结算清算效率，加快资金划转和清算速度，以便及时地反映资金供求状况。同时要增加信息提供，降低交易风险，特别要放宽市场化准入标准，将境外资金纳入同业拆借市场，扩大和发挥金融市场的功能作用。二是在国债市场上，进一步完善有利于利率市场化的国债市场联动机制。因为，国债市场利率具有交易量大、信息披露充分等特点。根据利率市场化要求，国债发行可采取全额招标或拍卖等方式，在保留底价和基本承销价的前提下，适当扩大招标或拍卖价格的变动区间，便于投资者自行确定国债发行利率，以此推动其他金融资产的利率市场化。三是在银行存贷关系上，进一步实行存贷款利率的动态机制，调节企业和居民的经济行为和消费行为，引导资金按社会经济发展的需要进行流通，使社会资金供求达到动态的平衡，从而避免金融风险，维护社会经济稳定，为人民币区域化和国际化提供内在基础。

程恩富：同时，在推进人民币区域化和国际化的进程中，需要高度重视和改进开放中的金融监管问题。

第一，积极消除金融隐患，加大金融监管力度。改革开放以来，我国虽然未发生过金融危机，但近年始终存在一些金融隐患，如银行资产质量不高，不良贷款比重较大；某些地方金融秩序混乱，非法集资现象突出；不规范运作的非银行金融机构较多；证券、期货和股份制运行与操作的漏洞较多；金融立法和执法均有疲软之处，致使金融犯罪现象较为严重，影响了金融机构的国际竞争力。因此，必须严格立法和执法，并辅之以诚信教育。

第二，健全具有中国特色的金融监管体系。为了形成稳定的金融市场秩序，保证货币国际化目标顺利实现，一些国家根据本国的国情，建立了各具特色的金融监管体系。中国过去的金融监管体系是以封闭型为特点的，在中央银行内部没有成立统一的金融监管机构。如中央银行监管一司负责对国有银行进行监管，中央银行监管二司负责对非国有银行进行监管，中央银行合作金融机构司负责对合作金融机构进行监管。尽管职责明确，但监管效果不理想，这是导致当前金融监管疲软的主要原因之一。所以，要改变现行金融监管机构的设置，建立和健全一体化的开放性金融监管体系，对各类金融机构进行统一的有效监管。

第三，健全符合金融监管要求的金融安全网。世界上许多国家都十分重视金融安全网建设，主要是为了防范由于一家银行倒闭，因信息不对称而导致众多储户挤兑，致使其他银行发生连锁倒闭的系统风险现象的出现。金融安全网建设包括两个方面：一是建立银行存款保险制度，即通过设立存款保险公司，向金融机构收取一定的保险金，对在该金融机构的存款实行保险，以防止金融机构在经营中所产生的系统风险。二是建立最后贷款制度。中央银行充当最终贷款人，在金融危机期间向有困难的金融机构提供流动资金贷款，以防止银行连锁倒闭和金融危机的爆发。

第四，面对金融日趋自由化和美国为首的国际金融霸权的新态势，中国既要深化国内金融体制的改革，迅速提升本国金融机构的竞争力，也要循序渐进地适时开放金融领域，强调有理、有利、有节，还要加强对国际游资的防范与管理，严格监督外资金融机构的经营行为。

（原载《探索与争鸣》2004 年第 4 期，第二作者为周肇光）

中国可持续发展:回顾与展望

可持续发展观发轫于 20 世纪 60 年代末 70 年代初。1972 年联合国斯德哥尔摩的《人类环境宣言》,1981 年莱斯特·R.布朗的《建设一个可持续发展的社会》,1987 年布伦特兰德的《我们共同的未来》,1992 年里约热内卢"地球首脑会议"的《21 世纪议程》,成为人类可持续发展思想发展史上的一个个里程碑。如果不是持守偏见,现今的人们会惊诧地发现,在"人口和资源总量大国、人均资源小国"这一基本国情的大背景下,中国对可持续发展思想的接受,对可持续发展战略的制定,对建设可持续发展的社会所作的努力,都尽其可能地赶上了世界的步伐,并已逐渐步入了世界的前列。

一 中国可持续发展中的人口、资源、环境发展回顾

(一) 人口

新中国成立 60 年来,中国的人口发展状况出现了多次起伏变化,最终实现了低生育水平总体保持稳定的重大突破,步入持续稳定健康发展的轨道。

1. 20 世纪 50—60 年代属于快速增长阶段。这一阶段中国人口由 1950 年的 5.52 亿,增长到 1970 年的 8.3 亿,总和生育率(TFR)年均逾 5.89,每 10 年增加 1.4 亿人。其间经历了鼓励人口增长、号召节制生育、人口控制政策首次受挫、人口控制政策再起等时期。该阶段中国占世界人口比重为 22.07%。[1]

2. 20 世纪 70 年代属于惯性增长阶段。由 8.3 亿增长到 1980 年的 9.87

---

[1] 资料来源:Population Division of the Department of Economic and Social Affairs of the United Nations Secretariat, World Population Prospects: The 2002 Revision. 下文凡"占世界比重",来源均同此。

亿。由于国家推行"晚稀少"的计划生育政策并在城乡普遍提供免费的计划生育服务，人口自然增长率从 1970 年的 25.95% 下降到 1980 年的 11.87%，总和生育率年均降至 4.09，创造了中外人口控制史上的奇迹。但由于巨大的人口出生惯性，导致 10 年增长了 1.6 亿。该阶段中国占世界人口比重为 22.48%，属历史最高。

3. 20 世纪 80—90 年代属于缓慢增长阶段。由 9.87 亿增长到 2000 年的 12.67 亿，每 10 年增加 1.4 亿。此阶段中国实行约束性计划生育政策，总和生育率年均降至 2.18，1993 年更是实现 2.1 的更替水平以下，并至今一直维持这一水平之下，处于"低生育"阶段。该阶段中国占世界人口比重降至 21.35%。

4. 2001 年以来属于较低生育增长阶段。由 12.67 亿增长到 2007 年的 13.21 亿[1]，8 年增加 0.54 亿人，总和生育率降至 1.72，占世界人口比重 20.09%，为历史最低。该阶段人口和计生工作从以前的"暴风骤雨"、"和风细雨"，实现了到"春风化雨"的转变，计划生育率始终保持在较高水平，"九五"和"十五"控制目标顺利实现，故又叫"优质服务和奖励扶助计划生育"阶段、"统筹解决人口问题"阶段，中国控制人口工作持续发展。

60 年来中国的"人口和计划生育工作发展史，是一部曲折、悲壮、辉煌的历史"，是"前无古人的伟大实践"，总和生育率由 1970 年的 5.8 降至 1993 年 2.1 的更替水平，1998 年以后持续稳定在 1.8 左右，完成了人口再生产类型从"高出生、低死亡、高增长"向"低出生、低死亡、低增长"迅速而重大的转变，人口过快增长的势头被成功遏制住，因政策因素使全国累计少生 4 亿多人[2]，这使中国 13 亿人口日和世界 60 亿人口日均晚到来 4 年，较大地改变了中国和世界人口发展的轨迹。但不能讳言，这一特殊历史时期的特殊政策在成功控制人口过快增长的同时，广大干部和群众为实行基本国策也作出了一定的奉献和牺牲。成就举世瞩目，代价

①　中国社会科学院人口与劳经研究所：《中国人口年鉴—2008》，中国人口年鉴杂志社 2008 年版，第 93 页。

②　张维庆：《深入贯彻落实党的十七大精神，坚定不移地走中国特色统筹解决人口问题的道路》，《人口与计划生育》2008 年第 1 期。

难以全免。

（二）资源

1. 改革前 30 年，资源无偿使用和资源保护工作起步阶段。20 世纪 50—60 年代，是资源无偿使用时期。这一阶段，公有制为基础确立起的自然资源全民所有的形式，计划经济体制的管理方式，决定了国家可以无偿占有和使用各种资源，可以无偿拨付给企业和组织，因而生产中没有资源成本意识，存在资源的过度开发和浪费现象。尽管在资源保护方面也制定和颁布了一些法律法规，如 1950 的《矿业资源保护条例》，1953 年的《国家建设征用土地办法》，1957 年的《水土保持暂行纲要》，1960 年有关保持水土绿化荒山的《农业发展纲要》，1963 年的《森林保护条例》等，但总体上人们强调"征服和改造自然的力量"，"陶醉于对自然界的胜利之中"[1]，谈不上对自然的敬畏，缺乏对资源的有价性、有限性、系统性以及人类活动对资源环境的影响等认知，资源保护意识淡漠。

70 年代初，媒体开始关注"公害"问题。1972—1974 年，大连湾、松花江、北京等相继发生严重的水污染事件，促使政府开始关注资源保护问题。该阶段颁布了针对自然资源利用和保护的政策法规，如 1972 年的育林基金管理办法，1973 年的节约用地指示和森林采伐更新规程，1975 年的水源保护工作意见和珍贵动物资源保护通知等，在实践中发挥了促进作用，中国现代意义上的资源保护利用工作开始加快。

2. 20 世纪 70 年代末至 21 世纪初，建立与市场经济相适应的、可持续发展的资源保护和管理体系阶段。1978 年、1982 年两部宪法和 1979 年中国首部环境保护法的颁布实施，使中国资源管理迈出市场化和法制化的步伐。之后，中国政府制定了关于海洋、文物、森林、草原、土地、矿产、渔业、野生动物、矿产资源、水土等管理和保护法规，《刑法》中还专节设立"破坏环境资源保护罪"等条款，进行了由资源绝对公有、无偿授予到有偿转让的资源产权改革，管理体制上由计划逐步向市场转变。如 1980 年五届人大三次会议首次提出开征资源税，1984 年发布《资源税条例》

---

[1] 方光华：《中国传统文化中的敬畏》，《中国社会科学院报》2009 年 4 月 14 日。

正式建立资源税，1986 年《矿产资源法》确立"税费并存"的资源开发制度，促进了资源管理体制以市场化和法制化为取向的改革和进步。1992年联合国环发大会（UNCED）的召开和1994《中国 21 世纪人口、资源与发展白皮书》的发布，促使可持续发展思想成为指导中国资源管理的核心思想。1996 年修正的《矿产资源法》，确认了"有偿取得"和"依法转让"制度，标志资源产权进入"可交易"阶段。世纪之交中央连续召开了五次资源环境工作座谈会，其间，制定或修订了有关土地、海域使用、草原、水资源、农业、公路、种子等管理法规，进一步明确了资源的占有、使用、开发利用方式，并确立了完全有偿开发的第二代资源税制，资源管理进一步市场化，资源管理法律法规渐趋完善。

3. 2004 年至今，形成以科学发展观为指导的资源保护和管理体系阶段。2004 年 3 月，胡锦涛等中央领导在中央人口资源环境座谈会上指出，要以科学发展观为指导，实现经济发展和人口资源环境协调发展；提出了必须强化中国人口多、人均资源少的国情意识，强化经济、社会和环境效益三统一的效益意识，强化节约资源、保护生态和资源循环利用的可持续发展意识，指出要进一步增强做好人口资源环境工作的责任感和紧迫感。特别是在 2005 年的座谈会上，胡锦涛总书记提出了"建立资源节约型、环境友好型社会"的目标，强调要使经济增长建立在提高人口素质、高效利用资源、减少环境污染、注重质量效益的基础上。为此，中国政府作出了巨大的努力，节约和保护资源也上升为基本国策。这一阶段，科学发展观和建设资源节约型社会的思想深入人心，新的税费改革突飞猛进，资源保护和管理日渐实现科学化。

（三）环境

1. 改革前 30 年，建设带来环境破坏和环境保护工作起步阶段。20 世纪 50—60 年代，大建设带来一定的环境破坏。旧中国饱受列强蚕食战痕累累，共产党领导下的中国大地到处是被推崇的"浓烟滚滚"、"移山填海"等建设场面。在初步建立起工业体系的同时，我国也出现了工业"三废"的任意排放，经济建设取得成绩的同时自然环境遭到严重破坏，环境问题开始凸显出来。70 年代初，环境保护工作逐步迈开步伐。60 年代末和 70 年代初，中国政府受日本和国内"公害"的影响，开始关注中国在工业化过程中面临的环境问题。1972 年中国参加了斯德哥尔摩人类环境会议并提出了保护环境的 32 字方针（全面规划、合理布局、综合利用、化害为利、依靠群众、大家动手、保护环境、造福人民）。1973 年中国召开了第一次环保方面的会议，并开始在各省、区建立三废治理办公室，并在 1974 年 5 月成立了国家一级的环境保护机构——国务院环境领导小组，通过制定政策、行政法规和标准等控制环境污染。1975 年，中国提出环境污染问题"五年控制、十年基本解决"的目标。这一阶段从人们对环境问题的认识和各级环保机构的设立上看，中国环境保护工作迈开了坚定的步伐。

2. 20 世纪 70 年代末至 21 世纪初，建立与市场经济相适应的、可持续发展的环境保护管理体系阶段。1978 年底，中央批准国务院环保小组的《环保工作汇报要点》，指出"绝不能走先建设，后治理的弯路"，这是第一次以党中央的名义对环保工作作出的指示。1979 年 9 月第一部环境保护基本法——《中华人民共和国环境保护法（试行）》的颁布，标志环境保护工作开始步入市场经济所要求的法制化轨道。1981—1985 年的"六五"计划，第一次纳入了环境保护的内容。1982 年修改后的《宪法》第 26 条规定："国家保护和改善生活环境和生态环境，防治污染和其他公害。"1983 年底北京召开的第二次全国环保会议，成为中国环境保护的转折点，会议把环境保护确立为基本国策，制定了世纪末的环保战略目标。1986 年国家"七五"计划把环保五年计划第一次单独成章。1989 年第三次全国环保会议提出要"努力开拓有中国特色的环境保护道路"。至 1989 年 12 月颁布《中华人民共和国环境保护法》，中国已逐步制定了"预防为主，防治结合、综合治理"，"谁污染，谁治理"，"强化环境管理"三项政策和"环境影响评价"等八项制度，并在环保机构设置和环境教育方面也取得了很大成绩。

1992 年联合国环发大会之后，中国公布《中国环境保护与发展十大对策》，明确提出在实现现代化的过程中，必须实施可持续发展战略。1994 年 7 月在北京召开的"中国 21 世纪议程高级国际圆桌会议"上，外方代表赞扬《中国 21 世纪议程——中国 21 世纪人口、资源与发展白皮书》是 1992 年世界环发大会后第一部国家级的可持续发展战略，值得别国效仿。1995 年,《中国环境保护 21 世纪议程》发布。1996 年第四次全国环保会议在进一步强调保护环境基本国策的基础上,确立了跨世纪绿色工程计划。1999 年 3 月中央人口资源环境工作座谈会为贯彻环境可持续发展战略作出部署,进一步指明了中国的环保工作方向。2003 年初第五次全国环保会议要求把环境保护工作摆到同发展生产力同样重要的位置,走市场化和产业化的路子。在 2003 年 3 月的座谈会上,胡锦涛总书记指出:在推进发展中要充分考虑资源环境承受力,积极发展循环经济。至此中国政府共颁布了 800 余项国家环保标准,全国各级环保行政主管部门 3200 多个,从事环境行政管理、监测、科研、宣教等工作人员 16.7 万;各级环境检察执法机构 3800 多个,总人数 5 万多人;并已形成与市场经济相适应的、门类基本齐全的环保产业体系,从业人员 159.5 万人,行业年收入达 4572.1 亿元。①

3. 2004 年至今,建立科学发展观指导的环境保护管理体系阶段。2005 年 12 月国务院《关于落实科学发展观加强环境保护的决定》指出,加强环境保护是落实科学发展观的重要举措,是全面建设小康社会的内在要求。《决定》把环境保护摆到了更加重要的战略位置,迈开了以科学发展观指导环保工作的第一步。2006 年 4 月的第六次环保大会是中国环保事业发展进程中的又一次盛会,政府首脑在大会讲话一开始就明确提出"必须把保护环境摆在更加重要的位置",并提出了做好新形势下环保工作的"三个转变",标志中国环境与发展的关系正在发生战略性、方向性、历史性的转变。2007 年 11 月《国家环境保护"十一五"规划纲要》公布。在科学发展观的指导下,这一阶段中国的环境保护理念上升到前所未有的高度,最广泛的环保"统一战线"逐渐形成,迈出了历史性转变的坚实步伐,环保事业焕发出空前的生机与活力。

---

① 国务院新闻办公室:《中国环境保护 1996—2005》,2006 年 6 月 5 日。http://www.china.com.cn/chinese/zhuanti/book/1227980.htm。

二 中国人口资源环境现状及对可持续发展的制约

美国经济学家赫尔曼·E. 戴利认为，若超越生态有限性所限定的经济绝对规模的限制，就如同超越航船的装载线，必将使人们的经济之船在生物圈中沉没。他指出"总量有限性"应该成为人类认识人口资源环境关系的最高原则和第一性命题。[①] 当以"人口、资源与环境经济学"的视角来讨论三者行为关系时，我们看到，由于国情的特殊性，决定了中国面对着异乎寻常的可持续发展制约问题。一方面是人口资源环境的"总量有限性"问题；另一方面还在于：在由计划体制向市场体制转轨的过程中，政策调整和制度创新的宏阔空间可能使我们走出一条独具特色的可持续发展之路，但转轨极易产生的难以规避的系统残缺、政策体制空白和视阈盲区，也可能使我们的政策和举措面临"打折"之虞。深刻理解这两个方面，要求我们在中国人口资源环境现状及对可持续发展的制约程度上，必须作出客观、理性的审视。

（一）人口方面

1. 人口总量压力。截至 2007 年年末，中国总人口为 13. 21 亿人。尽管自然增长率已处于低位，但是在未来的近 40 年内还将有 3 亿的增幅。仅据学界中位方案预测，2045 年将达峰值规模 15. 34 亿人。人口压力有增无减。这种压力，制约着当代中国社会的政治、经济、文化等各个方面，甚至人们的思维方式、价值观念、行为取向都无不渗透了它的影响。以至离开了人口问题我们就不可能全面认识和理解中国的国情和现状。国家人口计生委主任张维庆强调指出，计划生育是我国必须长期坚持的基本国策没有改变，人口和计划生育工作是"天下第一要事"的地位没有改变，人口和计划生育工作是"天下第一难事"的性质没有改变。这三个"没有改变"，首先就是对中国人口数量因素的客观判断。

① ［美］赫尔曼·E. 戴利：《超越增长：可持续发展的经济学》，诸大健等译，上海译文出版社 2001 年版，第 21、70、46—47 页。

2. 就业压力。就业是民生之本，扩大就业是改善人民生活的最基本途径。尤其在中国，搞好就业是解决民生问题的基础性工程。然而中国前所未有和持续增大的就业压力，随着人口数量的增长愈加严峻。按现行标准，以女 16—54 岁和男 16—59 岁为劳动年龄人口进行预测，2010—2030 年将持续在 9 亿左右，比重约为 64%，21 世纪前 50 年劳动年龄人口增幅将持续快于总人口增幅，每年新增劳动年龄人口 1100 多万。仅就农村来看，21 世纪头 30 年随着非农化速度的加快，农村剩余劳动力人口约保持在 2 亿。尽管持"'人口发展'并非仅指'人口增长'"、"知识和技术可以拓展一国的人口承载能力"等观点的学者看问题的视角是较"全面的"（而笔者认为却是左顾右盼且轻重倒置的，是脱离国情的。并非"既瞻前又顾后"），尽管目前人口年龄结构处于人口红利阶段，但长期大量过剩的劳动力人口，反成在产业结构现代化过程中急需解决而又难以解决的巨大难题。目前就业问题还因大量下岗待业人员和潜在失业人口而更趋复杂，给经济社会发展带来沉重负担。解决就业吃饭问题，早已并将一直是政府工作的首要课题。

3. 对资源环境的冲击。一说到中国的人口，对资源环境的冲击是绕不过去话题。在《资本论》中，马克思指出"劳动首先是人和自然之间的过程，是人以自身的活动来引起、调整和控制人和自然之间的物质变换的过程"[1]。他阐述了"物质变换（代谢）"的理论，提出人类对生态的破坏造成大自然物质代谢出现"裂缝"的严重后果。"物质变换"理论被学界称之为"可持续发展理论的先声"[2]，促使人们对经济系统中人口资源环境这三个最基本的内生变量的密切相关度认识日益深刻。以此观之，中国人口变量膨胀对资源环境的冲击，可见一斑。历史也已反复昭告，规模庞大且增长过快的人口数量是造成资源短缺和环境恶化直接的和主要的诱因。目前乃至未来的中国，显然还远不能只把环境保护当作可持续发展战略的同义语。人口尤其是规模数量问题，更是其中之义。

---

[1]　马克思：《资本论》第 1 卷，人民出版社 2004 年版，第 201—202 页。
[2]　李成勋：《可持续发展理论的先声——马克思论人与自然之间的物质变换》，《当代经济研究》2000 年第 11 期。

（二）资源方面

中国素以"地大物博"著称。但用"13 亿"或"15 甚至 16 亿"这个分母去除，以下人均资源的贫乏，就无法否认了。

土地资源。中国土地资源具有绝对量大而人均占有少、类型复杂多样而耕地比重（仅占 10%，不足世界人均的 1/3）较少、利用情况复杂且生产力地区差异明显、地区分布不均使保护开发问题突出等特点。作为人类生存发展最为重要的综合资源，土地的利用方式和利用强度直接影响着经济社会的发展进程，其利用的可持续性直接影响着经济社会的可持续性。如何合理利用土地这种稀缺资源，以满足生产性、安全性、保护性、可行性、社会可承受性，将是中国长期面对的问题。

淡水资源。中国人均径流量 2200 平方米，是世界人均的 24.7%；水资源南多北少的状况与耕地的南少北多，使水土资源配合欠佳的状况依然突出。中国早已被联合国确定为 13 个严重缺水的国家之一。

矿产和能源。其根本特性之一就是可耗竭性，因而对可持续发展具有非同寻常的制约性质。中国矿产资源总量约占世界的 12%，居世界第 3 位，但人均占有量仅为世界人均的 58%，且大宗支柱性矿产保有储量较低。中国石油可采储量仅占世界总量的 2.4%，人均不足世界平均的 10%，1993 年已成为石油净进口国，每年需大量外汇进口 5 千万吨至 1 亿吨。中国铁矿石世界最多，但也仅占世界人均半数，且贫矿和难选矿多达 98%。

生物资源。中国森林面积仅占世界的 4%，人均占有林地面积和林木总蓄积量仅为世界人均水平的 12.6% 和 14.2%；草地面积居世界第 2 位但仅为世界人均的 1/2，且生产能力极低，平均每公顷草场生产牛羊肉 1.5公斤、牛羊奶 3.75 公斤，而荷兰分别为 300 公斤和 7500 公斤，差距天壤。中国物种资源丰富但近年统计显示，占总数 7.7% 的 398 种脊椎动物濒危，占 3.4% 的 1009 种高等植物濒危，生物多样性受到严重威胁。[①]

海洋资源。中国人均领海面积仅 0.0027 平方公里，为世界人均的

---

① 田雪原等：《21 世纪中国人口发展战略研究》，社会科学文献出版社 2007 年版，第 313 页。

1/10，在世界 137 个沿海国家中排名第 122 位，且正面临两大威胁：一是
外国侵占。目前已有 80 万平方公里海域被海洋邻国侵占，他们在南海上
的油井采量是中国海上石油采量的 40 倍；二是污染日益严重。中国丰富
的海洋资源开发率极低，更有待保护。

结合人口因素看，资源对中国未来可持续发展的制约体现在，一是人
口数量的增加和生活质量的提高，使人均资源的消耗表现出很强的人口
"分母加权效应"，导致目前人均主要资源不足世界水平的 1/3—1/2 的状
况更趋严峻，资源安全问题日益突出；二是总体看中国目前各类资源在经
济技术所能及的范围内都得到了高位开发利用，然而由于总量上的绝对短
缺和结构性相对短缺，资源对经济社会发展的保证程度也将日趋降低。有
研究表明，2001 年中国人均生态足迹、生态承载力分别为 1.47、1.05 公
顷，需求已超过资源的供给，人均生态赤字达 0.42 公顷（而世界人均资
源生态承载力尚有 0.33 公顷盈余）[①]，说明中国目前的资源利用方式是不
可持续的。这种对自然资源长期"赤字"式的耗费将导致中国本已"捉
襟见肘"的自然资源更趋危机。

（三）环境方面

中国的生态环境承载着空前庞大的人口压力，加上历史欠账、人为破
坏等因素，当前环境污染仍相当严重，生态恶化的危险并未消除。竭泽而
渔还是持续发展，即将迈向 14 亿、15 亿人口的中国面临历史性抉择。

水环境状况：2006 年全国废水排放总量 536.8 亿吨，其中城镇生活污水
296.6 亿吨，比上年增加 5.4%。目前污染物排放量超过水环境容量，日益
加重的氮、磷污染加速着水环境的恶化；区域生态破坏，水源涵养功能降
低，更使水体环境恶化雪上加霜。许多河流面目全非，成了黑水河、臭水
河，如淮河 191 条支流有 80% 呈黑绿色，一半以上河段丧失使用价值；许多
湖泊消失，水源减少。"千湖之省"的湖北省，建国初有湖泊 1066 个，目前
数量和水面面积均缩小 3/4，而干涸后的生态影响尚难估量。

---

① 刘宇辉等：《基于生态足迹模型的中国可持续性评估》，《中国人口、资源与环境》2004 年第
5 期。

　　大气环境状况：整体污染较为严重。2006 年，全国废气中二氧化硫排放量为 2588.8 万吨，比上年增加 1.5%。中国能源以煤为主，燃烧时少有脱硫除尘装置，造成大气污染，污染形成的酸雨区面积已占国土面积的 30%，是世界三大酸雨区之一。全国 600 多座城市，大气质量符合国家一级标准的不足 1%。

　　土壤环境状况：一是水土流失严重，目前已逾 356 万平方公里。虽然每年都加大治理力度，但中国每年却新增流失面积 100 万公顷，土壤流失高达 50 多亿吨。如黄河每立方米水含沙量在 37 公斤以上，为世界第一。长江每立方米含沙量也达 1 公斤以上，为世界第四。二是土地荒漠化和沙化严重。截至 2004 年，全国荒漠化土地面积为 263.62 万平方公里，占国土总面积的 27.46%；全国沙化土地面积为 173.97 万平方公里，占国土总面积的 18.12%。① 中国每年因荒漠化而直接损失 540 亿元。其他如盐碱渍化问题仍普遍存在，土壤污染日趋严重，这都给有限的土地资源和日益低下的土地生产能力造成巨大威胁。

　　结合人口因素看，环境在中国未来可持续发展的道路上压力更大。由于人口规模持续庞大，生产力不发达，产业结构和经济结构调整远未完成，粗放型增长方式一时难以改变，加之公众环境意识不强，环境执法"犹抱琵琶"，中国在长期经济高速增长之下已经付出了沉重的环境代价。全国每年因环境失衡、环境污染造成的经济损失高达数千亿元。可持续发展肇始于环境问题，创造有利于人的全面发展的环境又是可持续发展的目标和归宿。而未来日益增长的人口数量及其不断升级的对资源环境消费的"加权效应"，还将不可避免地对环境带来持续的和巨大的压力，使先天脆弱的生态环境"勉为其难"，直接制约着经济社会的可持续发展。有研究显示，今后 20 年中国生态环境的发展走势是：根本遏制土地沙化和水土流失的难度更大（这将是困扰中国生态环境的最主要问题之一）；森林植被结构简单、功能退化的状况短期内难以改变；江河断流与地下水超采将愈演愈烈；土壤污染的潜在危害将逐步凸显；赤潮发生频率和强度继续加大。

---

　　①　国家林业局：《第三次中国荒漠化和沙化状况公报》，中央政府门户网站：http://www.gov.cn/ztzl/fszs/content-650487.htm。

三　中国人口与资源环境可持续发展的路径选择和展望

十六大报告指出："必须把可持续发展放在十分突出的地位，坚持计划生育、保护环境和保护资源的基本国策。"十七大报告强调要"加强能源资源节约和生态环境保护，增强可持续发展能力"，使"经济发展与人口资源环境相协调，使人民在良好生态环境中生产生活，实现经济社会永续发展"。人口资源环境是可持续发展三个最基本的方面，可持续发展其本质要求即协调好人口资源环境承载能力的关系。无疑，三大国策的实施，构成了中国可持续发展战略的核心内容。

（一）坚定不移地走中国特色统筹解决人口问题的道路

"人口是总体可持续发展的关键。"统筹解决人口问题是中国在可持续发展道路上所首先要做，且必须坚持不懈地、毫不动摇地做好的工作，是中国未来可持续发展最主要、最科学、最合理的路径。

1. 控制人口数量，稳定低生育水平，是统筹解决人口问题的首要任务。究竟怎样看待中国人口问题？换言之，究竟怎样看待中国人口政策战略选择上的不同意见？是中国人口的数量、或结构失衡（如老龄化和性别偏差）、或"堪忧的人口素质"？甚或以上的综合构成了对可持续发展首要的和严重的制约？

当中国社会主义的建立还处于初级阶段时，主观上人们因建设新生活的热情而笃信"人多力量大"，客观上经济落后底子薄，人口众多增长快。中国的人口性质正处于马克思所揭示的"人口压迫生产力"的类型。这是人口与生产力不平衡发展的结果，工作失误也难辞其咎。"量大质低"的中国人口，"量大阻碍生产力发展，质低难以发展生产力"。无视我国"人口压迫生产力"的事实，否认在人口问题上个人与社会、局部与全局的矛盾，机械拿来西方一些人口学家（如科赫）通过政治、经济和社会发展而降低人口出生率的理论，主张"发展是最好的避孕"，认为我国应先发展经济后控制人口，而不是计划控制人口以使其有利于经济社会的发展，这是反映"人的依赖关系"社会形态下的不合时宜的价值观。坐等经济高速发展后再降低生育率，无异于望梅止渴。其结果是：庞大的人口会以更加惊人的速度增长，这将大大延缓我国经济现代化的进程，还遑论经济的快速发展？其他认为中国人口结构失衡问题已取代人口数量而上升到中国人口问题的首要方面的说法（如将老龄化放置于人口数量问题之上、认为老龄化将会是压垮21世纪中国社会新的人口"包袱"），认为中国控制人口规模就是以"自残"方式断送中华民族子孙而腾出空间让位于还将继续增长的世界人口等说法，尽管其"未敢忘忧"之情令人感佩，而思维方式上的错误却是明显的。

首先，其认识上的根源，在于"淡忘"了中国的"最大的实际"——初级阶段人口多、底子薄的基本国情，对中国人口仍在继续增长、生育率仍存在反弹（甚至一"放"即发）的可能性（希望生两个及以上孩子的妇女比例达70.7%）视而不见，而对中国控制人口的负面影响却夸大其词。邓小平反复指出："中国最大的问题，就是人口太多"，"人多是中国最大的难题"。指出中国的一切麻烦就在于人口太多。中共中央、国务院《关于加强人口与计划生育工作稳定低生育水平的决定》认为，虽然已经进入低生育水平阶段，但"人口过多仍是我国首要的问题"，人口数量问题在今后相当长的一个时期内仍将是中国社会经济发展的首要制约因素。因此，坚持控制人口数量始终在中国可持续发展进程中占据着极其重要的地位。

其次，是所谓一些"新的人口危机"问题。"从我国国情和国际经验看，在可以预见的将来，低生育水平不会成为一个新的人口危机。"[1] 我们认为，生育率的下降与老龄化和性别比偏高可能接踵而来，但却非完全相关或什么全因全果的关系。放宽生育率是否就能够长期阻止"银发浪潮"的到来和出生性别比的偏差？放宽生育政策当然可以年轻化，但可以肯定的是，那样中国的问题将会更多，更尖锐，更难解决。如人均生活水平、人均资源、人均国力肯定比现在少得多，而失业、城镇化、资源环境等问题会比现在严峻得多。老龄化未必就是天大的坏事，未富先老并非多么可怕，与其推后，不若早来。所谓"新的人口危机"，只能靠综合治理和统

---

① 陈立等：《2007年全国人口和计划生育形势分析报告》，第8页。

筹解决。如解决所谓老龄化问题，绝不能像有些人所主张的"立即全面恢复二胎政策"，而应实行一种有差别的社会保障，如对于不生育的家庭实行高保，生一个女孩的实行中保，生一个男孩的实行低保，违纪生二胎的不保，可考虑变处罚为奖励。在人们享受"人口红利"的今天，把实行严格计划生育所节省的钱物用来老龄化等问题的解决，肯定更为合算。倘使之1%的放宽，十几乃至几十年的叠加就会多有上亿人的增幅，"经济的增长就被人口的增长抵消了"。

再者，还要注意现象与本质之别。如中国经济发展的速度高于人口增长的速度，尤其是沿海发达地区。但这并不能由此认为中国庞大的人口规模并没有成为经济的增长制约因素，更不意味着我国可持续发展之路就一马平川了。从我们对人口资源环境可持续发展的回顾和现状考量来看，"突出的"问题是："经济增长的资源环境代价过大。"[①] 而这种"过大"，根源还在于庞大的人口数量，在于使资源环境不堪重负的人口规模。笔者和一些相关机构的联合调查表明，与现在基本实现"一胎化"政策（总和生育率1.2）相比，若在全国普遍允许双方独生子女夫妇可以生二胎，那么中国的人口总量达到峰值时的规模分别为 13.93 亿和 15.50 亿，两者相差 1.57 亿人；而达到人口零增长的时间，"一胎化"为 2024 年，放开"二胎"为 2045 年，相差 21 年。上海、北京等之所以达到所谓老龄化标准，一个主要原因是没有计算总是有好几百万外来务工人员。另外，放开二胎，会加大同外国的"资源战"、"贸易战"和"移民战"等摩擦，不利于世界和谐和平发展。由此看来，任何形式的放开"二胎"都是不可取的。而若参照美国等发达国家的经济总量与人口比例，中国在整个 21 世纪都难以出现劳动力总量上的供不应求。可见，坚持严格的一胎政策，控制人口这一占有资源的主要形式的总量规模，对于减轻现实的和未来的中国自然资源和环境方面的压力，意义重大。否则，"任何政策的偏差、工作的失误以及外部环境的不利影响，都可能导致生育率的回升"。任何动摇、懈怠、折腾，都可能使我们重蹈覆辙。

---

① 胡锦涛：《高举中国特色社会主义伟大旗帜　为夺取全面建设小康社会新胜利而奋斗》，人民出版社 2007 年版，第 5 页。

2. 在不冲击低生育水平和严格控制人口数量的同时，还要注重人口结构的调整和人口素质的提高。其基本思路是：全面理解三个"没有改变"，努力保持更替水平以下的生育率以使人口总量适应可持续发展在中国国情下所要求的合理规模，并加强对低生育水平的实时监测和前瞻性研究，并及时调整和完善相关公共政策，如通过诸如加大保障力度和范围、取消户籍限制、加快城镇化、人口迁移流动等政策导向，解决老龄化、区域人口负增长、抚养负担差异等结构性问题；通过加大国民教育和计划生育奖励力度，解决就业乃至性别结构性失衡等问题，加快提高人口综合素质。

（二）坚定不移地走人口与资源协调发展的道路

经济在未来持续的快速增长和人口的持续高位，对中国的资源尤其是战略性资源的需求也呈快速增长势头，如原煤、原油、燃料油等。我国诸多重要的战略性资源，在未来的发展道路上其供求差额将持续拉大，资源能源保证率不断降低，总量和结构性矛盾日益突出，成为经济社会发展的严重制约。破解中国人口与资源协调发展的难题，必然要求我们在丝毫不放松人口数量控制的前提下，做到以下几点：

1. 建立与人口发展相协调的促进资源可持续开发利用的宏观管理体制。回顾中国可持续发展对资源的利用开发可见，我们并非缺少宏观管理的理念，而管理体制亟待创新和完善。市场经济的不断发展，对资源利用的宏观管理提出了更高的要求，资源开发利用的总体规划势在必行。总体规划是政府对资源开发利用进行宏观调控的主要手段和有效途径，是确保资源与人口规模相协调的可持续开发利用的基础性工作。加强和规范资源开发利用的规划和管理，尽快完善各项配套政策和管理机制，是实施资源可持续开发利用的保障。

2. 切实提高资源利用效率。如前所述，经济长期的快速增长导致资源的"代价过大"，即中国经济的增长在很大程度上是建立在对资源的高消耗甚至"掠夺"式开发之上的。我们所熟知的数据是，中国资源生产率只相当于美国的 1/10，日本的 1/20，德国的 1/6。可见中国 GDP 因高消耗高污染而"缩水"。照此模式发展 2020 年人均翻两番的目标将难以达到。因此，促进增长方式由主要依靠"拼资源"向主要依靠"提效率"的转变，势在必行。为此，依靠科技进步对提高资源生产率的重大问题进行攻关，就成为中国在资源可持续发展道路上的必然选择。

3. 走节约与开发并举的资源可持续发展道路，倡导和建设资源节约型社会。中国本来人均资源占有量不足世界平均水平的 1/2，但在中国却也看到一些"怪"现象，如作为一个产业的资源回收和循环利用部门发育迟缓，发展严重滞后，且公众节约资源的意识普遍不高。中国废钢铁的回收利用率是 45％，废铜是 30％，废橡胶是 40％，而在发达国家均逾 90％。因此，倡导和建设资源节约型社会，是实现中国资源可持续发展的重要课题。通过科技攻关开发新的资源能源（如加速开发和利用我国丰富的海洋资源等），发展循环经济，建立再生资源产业等，均为中国资源可持续发展的题中应有之义。

（三）坚定不移地走人口与环境协调发展的道路

中国作为一个发展中的大国，正处于工业化和城市化加速发展阶段，处于经济增长和环境保护矛盾十分突出的时期，环境形势依然严峻，环境压力将是长期存在的。保护好赖以生存和发展的环境，实现生态环境的良性循环，是实现人口与环境协调发展以达人与自然和谐相处的前提条件。

1. 切实以科学发展观为指导，尽快转变经济增长方式。中国政府以"发展"取代"增长"的理念，正是"尽快转变经济增长方式"的理性反映。传统的外延式扩大再生产以固定资产投资增量为主要手段，给中国脆弱的自然生态环境留下了千疮百孔式的"遗产"。以内涵式扩大再生产为主要的增长方式，要求在"优化结构"和"提高效益"两个方面下工夫。一般发展中国家第三产业的产值约在 40％左右，一般发达国家在 60％—70％，日本、美国、欧洲一些发达国家在 80％—90％，而中国距 40％还有一些时日。根据国际上产业结构转换的一般规律，中国要达可持续发展的要求，就必须尽快从重化工业阶段向高度开放的信息化和知识经济阶段过渡，从资源能源密集型向依靠人力资本、知识资本、社会资本等知识和技术密集型转变，这样就要求大力提高第一和第三次产业的技术构成和劳动生产率，加快城镇化进程。"提高效益"要求摒弃"资源—生产—污染排放"式的经济增长方式，提倡以最小的投入获得最大产出的"资源—生产—资源再生"式的经济增长方式，使生产和消费做到"资源最小化，废物资源化，排放无害化"。

2. 继续加强制度建设和市场调节的力度。回顾中国环境可持续发展的历程可以看出，尽管在环境保护上一直注意制度建设，市场调节的力度和范围也在不断增大，但有法不依、违法难究的现象还是时有发生。传统的经济利益导向，生产成本的"内部性"利益与生态环境的公共性和公共资源的"外部性"利益形成脱钩局面，加上偏离可持续发展的极端掠夺，以及经济过程中各种社会和政治力量的不合理运作（如地方保护主义和一些领导干部落后的政绩观）等，诸多因素都是造成生态环境持续恶化的制度性原因。因此必须做到通过立法、制定政策、精细规划，并通过完善市场机制对生态环境行为从宏观上进行调控和监督管理，并彻底扭转环境违法成本过低的局面。

3. 提高公众环保意识，倡导和建设环境友好型社会。应该指出，中国环境形势的严峻程度将不可避免地随着人口总量的增长而加深。在人口增长短时期难以抑制的情况下，如何使人口增长而生态环境质量又不至下降，甚至还会有所提高？这时提高公众的环保意识自觉，包括生态平衡意识和人口、资源、经济、社会发展与环境相协调的可持续发展的现代环境意识，就成为我们的必然选择。树立集科学发展意识、适度人口意识、人均资源意识、环境承载意识、绿色消费意识等为一体的科学的可持续发展意识，并非是短时期内所能及的。然而，中国的人口与生态环境现实又显得如此的紧迫。环境保护作为社会性很强的事业，须要广大公众科学合理的社会消费行为和经济责任上的敢于担当。十七大建设"环境友好型社会"的使命，不能仅靠政府的努力，根本的还是要靠中国广大公众的积极参与。

（原载《中州学刊》2009年9月第5期，第二作者为王新建）

应对资本主义危机要超越新自由主义和凯恩斯主义

破解经济危机带来的困局，实现公平而持续的经济发展，是各国关心的共同主题。由于国际金融危机的肆虐，当前世界经济、贸易和工业生产增速出现了放缓趋势。尽管各主要经济体都采取了反危机的各种措施，但资本主义各国经济复苏乏力。美国产能利用率仍处较低水平，而失业率居高不下；欧盟经济受主权债务危机拖累，被迫紧缩财政赤字，可能像日本一样滑向迷失的十年；日本经济继续面临通货紧缩压力，经济增长缓慢。而新兴市场国家经济增长也有快有慢，通胀压力普遍较大。由于各国经济刺激计划已陆续出台，就业、赤字、债务、产能过剩、通胀和美国量化宽松政策等引发的不确定性风险可能继续释放，世界经济发展面临严峻的挑战。

100多年前，马克思就指出，世界市场危机必须看作资产阶级经济一切矛盾的现实综合和强制平衡。100多年过去了，资本主义经济仍然需要通过一次次经济危机这种强制平衡来延续，危机的根源即资本主义基本矛盾仍然没有改变，改变的不过是它的表现形式。当新自由主义在全球肆意横行、有人高呼社会主义"历史终结"的时候，嬗变为国际垄断资本的经济范式和政治纲领的新自由主义和凯恩斯主义药方，并没有给世界经济带来繁荣，却带来了全球性的经济动荡，世界贫富分化的矛盾更加尖锐，地区差距、国家差距、民族差距和阶级差距变得更大。断言以资本主义私有化和西方自由民主制度为人类方向的"普世价值"和"历史终结"神话并没有变成现实，由经济基础决定的世界政治和军事形势也没有因为"一超"主导和欧盟"集体帝国主义"（萨米尔·阿明语）行为而变得更加稳定，资本主义经济、政治、文化和军事的价值观带给世界的不是劳动人民的自由，而是垄断资本的自由及其所导致的前所未有的混乱和无序。现在，一切不带偏见的人都可以看出，由美国主导的各种资产阶级理论和政策，不仅不能挽救资本主义，反而大大地加深了世界经济体系的矛盾，成了历史的反面教材。就连曾经主张"历史终结论"的福山也不得不在其《新保守主义之后》一书中承认：对美国保守主义的批评实在是很让人信服的，而解决方法则是去改善既成事实，搭建一个"多极世界"。

资本主义危机是一面镜子，折射了世界的未来发展方向。在资本主义危机下，资本增值要求与劳动者生活状态恶化、国际垄断资本扩张与民族经济发展、经济增长与生态环境等之间的紧张关系不断加剧，将大大加快世界经济的分化、重组和重建进程，世界格局和世界秩序"一超独霸"的时代也将一去不复返。可以预见，未来世界格局将发生三个"超越"。一是在经济发展上将超越新自由主义和凯恩斯主义的理论枷锁，重新认识国际垄断资本主导下的自由化、私有化、市场化的局限性，使普通民众摆脱贫困的努力建立在其真正的经济权利、特别是对生产资料所有权的掌控之上，构建公正的经济全球化、地区化和集团化机制。二是在政治发展上超越"一超"主导的世界政治力量版图，摆脱少数西方国家频频干涉别国内政和人权进步的状态，保障自由民主的人民性、自由民主表达的多样性，构建民主的政治多极化和国防自卫化机制。三是在文化发展上将超越资本主义的单一价值观，确认各国和各民族文化的差异性，构建丰富的文化多样化和交互化机制。有理由相信，仍在发展和深化的资本主义危机，将不断唤醒世界各国人民对更高社会形态的渴望和探索，逐渐增强世界社会主义理论和运动的力量。

对后资本主义的未来和更高社会形态的不懈探索，是 20 世纪以来人类社会的伟大壮举，其中既有成功的经验，也有严重的曲折。今年是苏联解体 20 周年，苏联的解体使世界由两极对立演变为"一超"主导格局，加速了资本主义在全球的扩张，导致世界范围内的金融、资源、环境、领土、民族、宗教等问题也日益突出。苏联解体并不表明社会主义行不通，更不表明马克思主义已经过时。大量的文献研究表明，苏联解体的最主要原因不在于所谓的苏联计划经济缺陷和生活水平低下以及民主程度不够等，而是苏联领导集团主动背叛马克思主义、放弃社会主义制度的结果。然而，抛弃社会主义制度并没有给俄罗斯和东欧国家带来经济奇迹，却纷纷陷入了经济衰退和发展缓慢的泥潭。

与此同时，实行社会主义市场经济的中国和越南、实行"市场社会主义"的白俄罗斯以及实行"21 世纪社会主义"的委内瑞拉等国家，都呈现发展又好又快的新局面。这些国家的成功经验表明，各种社会主义特征的新型经济体制模式，比美国等新自由主义和北欧等凯恩斯主义主导下的资本主义经济体制框架更加有效。中国特色社会主义道路是发展中大国的一种有益探索。中国经济体制的目标模式是实行公有主体型的多种类产权制度、劳动主体型的多要素分配制度、国家主导型的多结构市场制度和自立主导型的多方位开放制度。中国需要在各种挑战中继续坚持和完善社会主义经济体制和机制。

应当指出，西方国家通过诺贝尔经济学奖在全世界推广其经济价值观、理论和政策。而这个所谓的诺贝尔经济学奖，其全称是"瑞典国家银行纪念阿尔弗雷德·诺贝尔经济学奖"，但"瑞典银行"的股权并不由瑞典人拥有，也不是由瑞典国家拥有，而是由"国际出资人"拥有，使该奖实质上成为借诺贝尔之名颁发的资产阶级经济学奖。它以半秘密的右翼团体即共济会的主流意识形态为标准，具有鲜明的政治和意识形态含义。美国倡导"新社会主义"的加尔布雷斯、英国沟通凯恩斯主义和马克思主义的"剑桥学派"等带有一定进步性的资产阶级和小资产阶级经济学家，都被排挤而未曾获得此奖。对于这种情况，诺贝尔侄孙彼得·诺贝尔先生称之为"占诺贝尔之名的布谷鸟"。

2011 年 5 月 29 日第六届世界政治经济学学会论坛，发表了题为"对资本主义危机的回应：超越新自由主义与凯恩斯主义"的共同宣言，其要义是：

鉴于当前大多数资本主义国家的经济产出已在某种程度上恢复，一些分析人士声称经济大衰退已经结束。然而，始于 2007—2008 年间的经济危机并未结束。当资本家收益增加、首席执行官们涨工资的时候，大多数国家失业率仍居高不下，工人们工资持续减少，中等人均收入都在下降，公共服务和社会事务质量骤降正影响着数以百万的人们。贫穷和饥饿的情形仍很严重。

2008—2009 年间，大银行和非金融公司面临倒闭的威胁，资本主义宣称暂时放弃浮夸的自由市场策略，用纳税人的钱帮助他们脱离困境，与此同时，制定高开支计划来阻止经济崩盘。一旦完成救助，经济产出上的一落千丈的状况停下来，"精英舆论"将迅速变为支持财政紧缩的政策。

全球资产阶级正设法利用经济危机的形势更加全面地执行如今声名狼藉的新自由主义行为。他们突然发现政府预算平衡的优点，并借此来掩盖他们的行动：收回工人阶级在过去政治斗争中所赢得的一切社会利益，暗中破坏公共部门的工会运动。我们不同意把当今财政问题归咎于社会项目法规的论断，我们也尤为反对这种变相的美国式危害：过高地发放工资和红利；我们更加拒斥那些公共部门工人的工会代表权。很多实际问题是晚期资本主义所特有：毫无节制的金融投机，为保护企业利润的减薪需要，勉强要求有钱人公平缴纳应付的税款，高额的私有化医疗开支、军费开支、帝国主义战争开支（最后一条在美国尤为严重）。资本家们甚至连福利领域的增值机会都不放过，例如电力、市容、医疗、电信服务等。

在诸如此次的资本主义经济危机时期总会构成重大的危险。正当无数人遭受着经济危机所带来的负面影响时，右翼学术和政治势力正试图把人们的视线从大银行、大公司和资本主义制度这些经济危机的罪魁祸首身上引开，而将贫困移民、少数民族或非主流宗教作为替罪羊，以赢得公众的支持。在美国，相关的危险还来自对其他国家发展的恐惧。不择手段的政客们把自身的问题怪罪到其他国家。例如，美国的政客和大众媒体将他们的愤怒发泄到近期经济发展迅速而过去贫穷的国家，尤其是中国和印度。

现代马克思主义政治经济学在这场理论和政策斗争中应发挥以下作用：一是推动各个国家出台调控政策和经济计划，以迅速扭转工人所处的恶化环境。二是批判右翼学术和政治势力将人们的注意力从实际问题转向全球和各国工人阶级的主张。三是推动发展非传统意义的 21 世纪社会主义，以解决资本主义所产生的各种问题。四是分析新自由资本主义导致产生这场经济危机的路径和制度根源。五是制止以新帝国主义战争作为解救资本主义危机的手段。

当下的经济危机为我们提供了机遇和挑战。危机明显地暴露了资本主义的非理性和新自由主义行为的非法化。从根本上解决当前和今后金融和经济危机的理论和政策，必须超越各种新自由主义和凯恩斯主义。我们相信，对世界上绝大多数人来说，很多经济问题的长远解决方案是放弃资本主义，建立全球的社会主义制度。对于资本主义制造的巨大麻烦，马克思主义政治经济学家有责任面向急切的公众给出问题的答案。

在理想的社会主义制度之下，每个人都能获得一份工作和满意的工作环境，而不是失业和过劳。每个人都会有一份足够的收入，而不是一小部分人富有而大多数人过着入不敷出的生活。国家将会为人们提供共同的消费需求，而不是去削减有价值的公共项目。保证每个人从出生到终老都有满意的居住条件，而不是资本主义经济所固有的持续不稳定状况。全球的社会主义制度是使得相互尊重国家主权的和平国际关系成为可能的制度，而不是被富于侵略性的资本主义驱使去控制他国的市场、技术、资源和生态。社会主义将会给世界带来一个基于合作和互利之上的经济制度，而不是以全世界工人在持续到底的战斗中彼此对抗为前提的国际经济部署。

全世界的马克思主义经济学家应联合起来，让我们通过文章、交流、合作、组织等各种研究方式，为实现上述价值目标而努力。

（原载《红旗文稿》2011 年第 18 期）

超越霸权,建立全球经济政治文化新秩序

经济全球化要求突破国家的界限,使生产要素在全球统一自觉配置,但是,美国等资本主义国家却要利用知识产权、金融、语言等霸权,来制造和扩大世界财富分配失衡和南北发展失衡。必须超越西方霸权,建立一种各国共同负责的全球经济政治文化新秩序,公正发展经济全球化、政治民主化、文化多样化、军事自卫化,最终用社会主义全球化取代资本主义全球化。为此,中国要认清自己的合作对象。

一 世界财富分配失衡和南北发展失衡

2009 年 9 月匹兹堡 G20 峰会上,针对美国等国家提出解决全球经济失衡问题的动议,胡锦涛主席指出:"失衡既表现为部分国家储蓄消费失衡、贸易收支失衡,更表现为世界财富分配失衡、资源拥有和消耗失衡、国际货币体系失衡……从根本上看,失衡根源是南北发展严重不平衡。"

美国一直强调全球储蓄与消费失衡,但却忽视了这一表象背后更深层的失衡问题——世界财富分配失衡和南北发展失衡。当今世界,财富分布极不均衡。联合国大学世界经济发展研究所 2006 年 12 月发布了《世界家庭财富分配报告》,该报告被认为是国际上首次发布的包含所有国家以及所有财产构成的研究。该研究显示:从人口分布看,全球最富有的 10% 的人拥有世界财富的 85%,世界底层的半数人口仅拥有世界财富的 1%。从区域分布看,世界上的财富主要集中在北美、欧洲和亚太地区部分经济发达的国家和地区,这些国家和地区的人拥有了世界上近 90% 的财富。波士顿企业咨询公司 2009 年 9 月 15 日发布的《世界财富报告》认为,受经济衰退影响财富大幅缩水的美国仍是世界上最富有的国家,同时也拥有最多

的百万富翁，而欧洲则成为世界上最富庶的地区，真是"瘦死的骆驼比马大"。该咨询公司此前的研究结果显示，全球最富裕的1%家庭掌握着全球35%的财富。

发展中国家发展水平低，在全球经济份额中占比少。拿中国来说，尽管GDP总量升至全球第三位，但IMF在2009年4月推出的全球人均GDP排名中，中国仅排在第106位。所以，美国人指责中国人消费少是没道理的。可以说，财富分配不平衡是发展中国家消费不足的根本原因。

发达国家国内的财富分布不均也是一个大问题。英国、法国不超过10%的富人占据社会财富的50%，美国的这一比例则高达70%。此次全球性的金融和经济危机，很大程度上就是美国的贫富差距拉大、负债经济难以为继的恶果。

二　经济全球化与资本主义狭隘利益的矛盾

传统观点认为，经济危机是资本主义基本矛盾即生产的不断社会化与生产资料的资本主义私人占有之间的矛盾造成的，当前的全球危机证明这是完全正确的。不过这还不够，因为这只从一国内部来考察分析，而现在经济社会化已经升级为全球化了。现在是经济全球化时代，科技进步、生产力发展、流通大发展等，使得人类社会作为一个整体的社会化程度越来越高。那么，这种经济全球化条件下的全球基本矛盾是什么呢？笔者认为，那就是经济的不断社会化和全球化与生产要素或生产资料的私人所有之间有冲突，甚至与集体所有、合作所有、国家所有也都有矛盾。也就是说，经济的全球化要求突破国家的界限，以使生产要素在全球统一自觉配置。但是，由于美国等资本主义国家不愿意搞公正发展的经济全球化，它要保持南北之间的差距，维护它本国的狭隘的利益，全球统一自觉配置也就无从谈起。相反，发达国家还要搞资源战、气候战、金融战、贸易战、货币战等，来损人利己。这种种形式的博弈在本质上是因为现在的各种制度包括国有制度，都不适应经济全球化的需求。

既然现今的全球化无法扭转，怎么办才能维护自身利益呢？欧洲首先成立欧盟，东盟也成立起来，这实际上都是在现有的世界资本主义大框架范围内的局部改良，一个部分的质变。欧盟的产生、跨国公司的大规模的出现，实际上是在朝社会主义经济全球化大方向"蠕动"。过去列宁讲，国家垄断资本主义再进一步就是社会主义，现在我们可以称欧盟、跨国公司、国际垄断资本主义比国家垄断资本主义是更进一步的，它们已逐渐站在全球社会主义的入口处。

但是，个别国家地区的联合或合作，根本无法抵消全球资本主义分裂与霸权并存的消极作用。

三　发达国家制造南北失衡的手段

导致全球财富分配失衡的原因，当前最重要的就是知识产权的垄断。以信息技术为代表的现代科技的大发展，拉大了各国之间在信息资源及其占有方面的差距，或者说扩大了知识经济分布的不平衡。现代的南北鸿沟主要来源于发达国家对知识产权的垄断。自由竞争的资本主义阶段，商品输出为主要特征；到了垄断资本主义阶段，其特征是资本输出。现在，资本输出、商品输出仍然是存在的，但是作为20世纪90年代至今以来的经济全球化阶段的输出，其突出特征是知识产权输出，垄断也不是一般的资本垄断，而是知识产权垄断。知识产权垄断导致南北差距比过去更大。它是靠商标、专利，靠核心技术、技术标准、技术许可证转让等手段，来拉大发达国家和发展中国家之间的差距。发达国家是"脑国"，发展中国家是"躯国"，知识产权这个经济发展的脑袋被以美国为代表的发达国家控制了。

西方近现代经济学家在国际贸易方面早就有"比较优势"的说法，20世纪90年代美国经济学家波特又提出了"竞争优势"，包含了六七个主要变量，笔者将其称为综合竞争优势。这两个说法都是有缺陷的。综合竞争优势论最明显的问题是变量太多，不突出，就像一个人成绩好当然是有很多的因素影响，但一定有个最主要的因素。所以，前几年笔者提出了第三种优势理论——"知识产权优势"。站在发展中国家自由公正的立场就会发现，西方经济学、国际贸易学不可能揭示这个真理，即使西方主流经济学家心里明白也不会说。

　　2009 年笔者在上海参加知识产权局的咨询专家会议,讲中国要有自主知识产权,要打破西方的垄断,打破垄断就是和西方一起对人类作出贡献,同时使得国际社会更加自由公正。但在座的一位跨国公司在华联合机构的代言人却说:中国应当提知识产权,但不要提自主知识产权,因为,自主知识产权就是用公的权力来支持私的经济,干预市场经济,会遭到西方发达国家的反对。这显然是站在西方跨国公司的立场上说话的。跨国公司在华的研发机构也是有利有弊的,它的目的是利用中国廉价的高科技人才以及土地、税收等资源来搞发明,但大头都归它。在国内,笔者最早强调"知识产权保护是基础,自主知识产权创新(创造)是目标"。近年来搞高速铁路的做法,应当说是比较成功的,就是除了自主创新之外,我们买发达国家的产品时一定要求对方把核心技术卖给我们。千万不能再重复改革头二十几年"用市场换技术"的老路了。

　　导致南北差距巨大的第二个原因是美元霸权。美国通过美元的国际储蓄机制,合法地掠夺各国的、特别是发展中国家的财富。以中美之间的经济交换方式为例,能很清楚地揭示这种掠夺本质。中国利用廉价的劳动力、土地、生态资源、中高级人才等各类资源进行多种类的生产经营,生产完了廉价卖给美国,美国就不生产了;然后,美国印钞票来换你的商品,你把赚来的钱又存在美国,等于又借给美国用,美国用的时候还不给你保值增值,利息是负的,因为它大量发行美元导致美元贬值;到最后,他还倒打一耙,指控你制造了经济失衡。美国的那么多财富不仅是美国人民创造的,更是全世界、特别是发展中国家的人民创造出来的。所以,笔者主张不仅要搞人民币的区域化和国际化,还要积极推动构建"世界元"体系,统一全球货币。

　　美英等发达国家还通过文化霸权掠夺别国的财富,其中很重要的依赖途径是语言,即英语。《经济动态》曾经发表过华南师大经管学院林勇院长的一篇语言经济学的好文章,就阐述了这一点。首先互联网 92%—95%都是英语,全世界的人都要学习英语,你都要买英语书,那么欧美的出版商也就发达了。英语杂志可以在世界发行,中文和其他国家语言的杂志很难国际化。我们现在要翻译英文书都要 8% 左右的版税,这个钱很轻易地就进了他的腰包。还有影视作品,美国大片占据了发展中国家的巨大市场。所以，现在最应加速的全球化工作，除了"世元"以外，就是语言全球化。取代英语的，要么就是现在的世界语，要么就是联合国领导下再创造一个共同的语言，这样每个人的生命就变相延长了若干年。而且，全球每年几千亿美元的翻译费用，都可以节省下来，一举就能解决全球的很多贫困问题。

但搞"世元"和"世界语"谁最反对呢？是美国。所以，美国是阻碍世界公正发展经济全球化、政治民主化、文化多样化和军事自卫化的世界第一障碍。

四　全球治理的历史类型

20世纪以来全球政治经济的治理大致经历了三种类型。

第一，列强争霸或帝国争夺型治理。1900—1945年，伴随着英国霸权地位的日渐衰落和美国等国势力的不断提升，世界强国之间的冲突和竞争加剧，维护国际政治经济体系稳定的国际组织和国际规则缺失，各国之间弱肉强食，单边主义政策盛行，"以邻为壑"式的贸易战与货币战频发，国际政治经济体系剧烈动荡，爆发了两次世界大战及一系列殖民主义战争和一次严重的世界性经济危机。但是，苏联等社会主义国家的诞生，使全球政治经济的民主治理出现了许多积极的因素。

第二，两超阵营型治理。1946—1989年，美苏两个超级大国分别支配了资本主义和社会主义两大阵营，各方都尽力维持着自己的势力范围，维持了世界政治经济体系的一种相对的平衡和稳定。美国以西方世界霸主自居，出于遏制"苏联共产主义扩张"的政治需要，容忍了西欧和日本等国长期的"搭便车"行为，为西方资本主义世界体系提供了诸如自由开放的国际贸易体制、稳定的国际货币体系、国际安全和对外援助等国际公共物品。在军事政治领域，美国组建了北约集团，向其盟国提供安全和核保护伞；在经济贸易领域，美国主导了以GATT为核心的自由贸易体制和国际贸易规则，从而维系了西方资本主义国际体系的某种长期稳定。在此期间，落后国家的民族解放战争也纷纷胜利，第三世界国家作用不断扩大，世界经济政治的民主治理的积极因素持续提升。但是，主要资本主义国家长期发动的"冷战",严重妨碍全球经济、政治和文化进步,并使军备竞赛加剧。

第三,一霸数强型治理。1990 年至今,随着冷战的结束,美国成为了惟一的超级大国,没有其他国家或国家集团能够扮演平衡者的角色。为了巩固"全球领导地位",美国不断交替使用"单边主义"、"多边主义"战略手段阻遏多极化趋势,从立足于联合国转移到国际货币基金组织、世界银行、世界贸易组织、国际能源机构和北约军事组织等,主导国际规则的制定,推行新自由主义、新帝国主义政策,越来越露骨地把接受西方国家的价值观作为它提供对外援助和贷款的先决条件,越来越露骨地把国际政策变成促进或维护其本国实力、遏制或削弱他国实力以实现自己利益的工具,破坏了全球经济、政治和文化的民主治理。这导致维持国际体系稳定的行动能力明显降低,导致全球公共物品供给相对不足,各种全球性问题不断凸显。仅在经济领域,世界范围内的贸易战、金融战、资源战、科技战等就层出不穷。

五　未来的全球民主治理与中国的举措

展望未来,超越霸权治理、实现全球经济政治的民主治理,任重而道远。为了提升现时期全球经济政治的民主治理水平,必须首先改革联合国以及国际货币基金组织等国际机构,构建联合国主导型治理框架。应改革联合国安理会的构成和机制,增加发展中国家的理事名额,激励世界各国和地区政治实体共同参与全球事务决策,提高其代表性和决策效率;应改革国际货币基金组织和世界银行的代表机制和表决权等,改变少数富国对重大决策拥有否决权的现状,制定更有效的金融规则和危机处理机制,加强对全球资本流动的监管;应改革世界贸易组织及其规则,保证发展中国家更多地参与决策并从中受益,确保贸易活动不损害民族利益和劳工权益;应尽快确立全球统一的货币即"世元"、全球统一的语言即"世界语";取消美国控制下的北约和某些国际法律机构,重新建立联合国领导下的维和部队和国际法律机构。只有这样,才能重新建立一种各国共同负责的全球经济政治文化新秩序,公正发展经济全球化、政治民主化、文化多样化、军事自卫化。

目前，西方金融和经济危机的肆虐，又一次宣告了新自由资本主义的失败，世界体系的变革和再造恰逢其时。对此应该得出三个结论：第一，这一次西方金融和经济危机，不仅是金融危机，不在于什么操作问题，或者是信心不足问题，或者是诚信不足问题，而在于全球资本主义基本矛盾。第二，长期解决的根本出路和办法就是用全球社会主义逐步取代全球资本主义。苏东国家剧变以后，实际上是资本主义的西风逐渐压倒社会主义的东风，而第二次世界大战以后到苏东剧变之前，则是社会主义东风逐步压倒资本主义西风的时期。以这次全球危机为标志和起点，世界社会主义正式走出了低谷，各国进步人士要通过自己的实际工作来逐步促进世界社会主义高潮的出现。第三，中国特色社会主义没有经济危机，中国经济虽受到国际金融和经济危机的影响，但采取强有力的措施后，已经继续高涨。中国模式必将推动世界社会主义的未来发展。

面对现实，发展中国家若要更好地维护本国以及世界劳动者的利益，就必须加强合作。合作对象有哪些呢？一是发展中国家之间的合作。比如说在哥本哈根气候会议上，中国、印度等国家加强了合作，对美国推行"气候霸权"起了重要的遏制作用。我们越是团结得好，合作得好，就越能最大限度地维护发展中国家人民的利益。二是加强政党之间合作。现在是政党政治，尤其是对那些共产党或左翼党没有掌权的国家，只能通过政党的合作在国际上造舆论，使得各国的右翼力量受到遏制，国际社会因此而进步。三是加强全球工会的合作。因为除了共产党、左翼政党外，工会也是代表工人阶级、维护劳动者利益的一支重要力量。四是世界的马克思主义学者和左翼学者的合作。因为他们掌握一定的话语权，可以从学术和政策研究，从舆论方面，来促进世界更加和谐。媒体如果单独拿出来，就是第五个要合作的力量。中国要打破西方的政治封锁，打破他们在新疆、西藏、台湾等问题上丑化、妖魔化中国的局面，就必须加强与世界各国的媒体间的团结合作。中国现在外汇很多，媒体也很多，中国大的媒体集团应该主动地走出去并购（或采取其他合作方式）美国等发达国家的重要媒体，促使它们客观报道中国，维护世界公众的利益。当然美国等肯定会极力反对，那么，我们要以其人之道还治其人之身，指出其虚假的经济自由和新闻自由。

有些合作要加强，有些则要削弱。比如，世界财富论坛以及世界经济论坛为什么总提要保护知识产权而不说财富分配不公的问题呢？因为它是跨国公司搞的，所以强调的始终是片面的经济自由化和全球化，有利于巩固发达国家的各种垄断地位。对这种论坛，不必太热心。全世界左翼则搞了一个世界社会论坛，参会的非政府组织比世界经济论坛更多，出席的人也更多，对于当前的世界，这个论坛揭示了很多真相和真理。笔者主张中国应该派人去参加世界社会论坛，甚至也可以在中国举办。这样，我们才能对世界的经济、政治、文化和军事发展的大趋势有个全面客观清醒的认识。再比如，中国是社会主义大国，大国要有大国的风范，要与其他国家平等交流，外交上要讲对等原则。美国的社会科学学者、哪怕他是诺贝尔奖获得者来华，国家领导人也根本没必要接见他，因为诺贝尔经济学奖是有很强的价值观和政治性的。对待西方左中右学者的方式至少应是一视同仁的。这些所谓的主流经济学大家到底有多少见识呢？面对全球危机他们个个面面相觑，哑口无言，以至于英国女王不久前责问他们为什么没有一个提出预警的。干吗抬举他们？

（原载《绿叶》2010 年第 Z1 期）

后　记

　　2010 年中国社会科学出版社出版了"中国社会科学院学部委员《程恩富选集》",大约 117 万字,但当时容量有限,故还有数十万字文章不能收入。现在,中国社会科学院学部主席团决定出版一套"中国社会科学院学部委员专题文集",本人借此机会整理出其中经济学文章的 40 万字予以出版,每篇文章都不与《程恩富选集》重复。至于还有数十万字文章,以后再找机会汇集出版。

　　鉴于本人主张要把对马克思主义的学术研究、理论宣传和政策探讨三者有机结合起来,以及有些片面的舆论认为马克思主义学者只会宣传和批评,不会提出改革开放发展的政策建议等说法,我特意把书名定为《经济理论与政策创新》,以突出马克思主义经济学家的理论创新和政策创新并不少。这还只是本人的一部分,倘若考量整个中国马克思主义经济学界,那就大大超过非马克思主义经济学家的重要理论和政策的贡献。

　　收录的有些文章是与合作者共同撰写的,往往是我提出基本观点和写作思路,合作者起草,本人充实和删改定稿。在此,对所有合作者和文献的被引用者,深表谢意! 文章有不妥之处,烦请赐教。

程恩富

2012 年 10 月于中国社会科学院马克思主义研究院